전면개정 제36회 공인중개사 시험대비
동영상강의 www.pmg.co.kr

박문각
공인중개사

핵심요약집 1차
단기완성 30DAYS
부동산학개론 | 민법·민사특별법

박문각 부동산교육연구소 편

브랜드만족
1위
박문각
근거자료 후면표기

2025

합격까지 박문각
합격 노하우가 다르다!

박문각 공인중개사

PREFACE

이 책의 머리말

1985년 처음 시행된 공인중개사 시험이 어느덧 제35회를 거쳐 **제36회째 시험**을 맞이하게 되었습니다.

시험이 거듭될수록 시험의 난이도는 점차 어려워지고 있는 추세입니다.
이렇게 점점 폭넓은 이해를 묻는 공인중개사 시험에 합격하기 위해서는 지금까지 공부한 내용에 대해 체계적으로 정리하고 이를 시험장에서 활용할 수 있도록 유기적으로 공부하여야 합니다. 이에 수많은 내용들을 암기해야 하는 수험생들의 노력에 조그만 보탬이 되고자 본 교재를 발간하게 되었습니다.

본서의 특징은 다음과 같습니다.

01 | 기본서와 기출문제의 분석을 통해 반드시 정리해 두어야 할 사항들에 대해 빠짐 없이 정리하였습니다.

02 | 본문 중 핵심요약 사항을 길잡이로 처리하여 쉽게 학습할 수 있도록 하였습니다.

03 | 본서는 암기를 위한 요약집인 만큼 깔끔한 편집과 간결한 내용정리를 통해 수험생들로 하여금 보다 용이하게 내용을 파악할 수 있도록 하였습니다.

04 | 1차와 2차를 나눠서 차수로 공부하는 수험생들이 부담 없이 간편하게 공부할 수 있도록 하였습니다.

본서가 시험의 최종합격이라는 마지막 순간까지 수험생들의 든든한 동반자가 되기를 바라며, 목표를 향해 매진하는 여러분들께 합격의 영광이 있기를 바랍니다.

박문각 부동산교육연구소 씀

GUIDE

공인중개사 개요 및 전망

"자격증만 따면 소자본만으로 개업할 수 있고
'나'의 사업을 능력껏 추진할 수 있다."

공인중개사는 자격증만 따면 개업하고, 적당히 돌아다니기만 해도 적지 않은 수입을 올릴 수 있는 자유직업. 이는 뜬구름 잡듯 공인중개사가 되려는 사람들의 생각인데 천만의 말씀이다. 예전에도 그랬고 지금은 더하지만 공인중개사는 '부동산 전문중개인다워야' 제대로 사업을 유지할 수 있고 괜찮은 소득도 올릴 수 있는 최고의 자유직업이 될 수 있다.

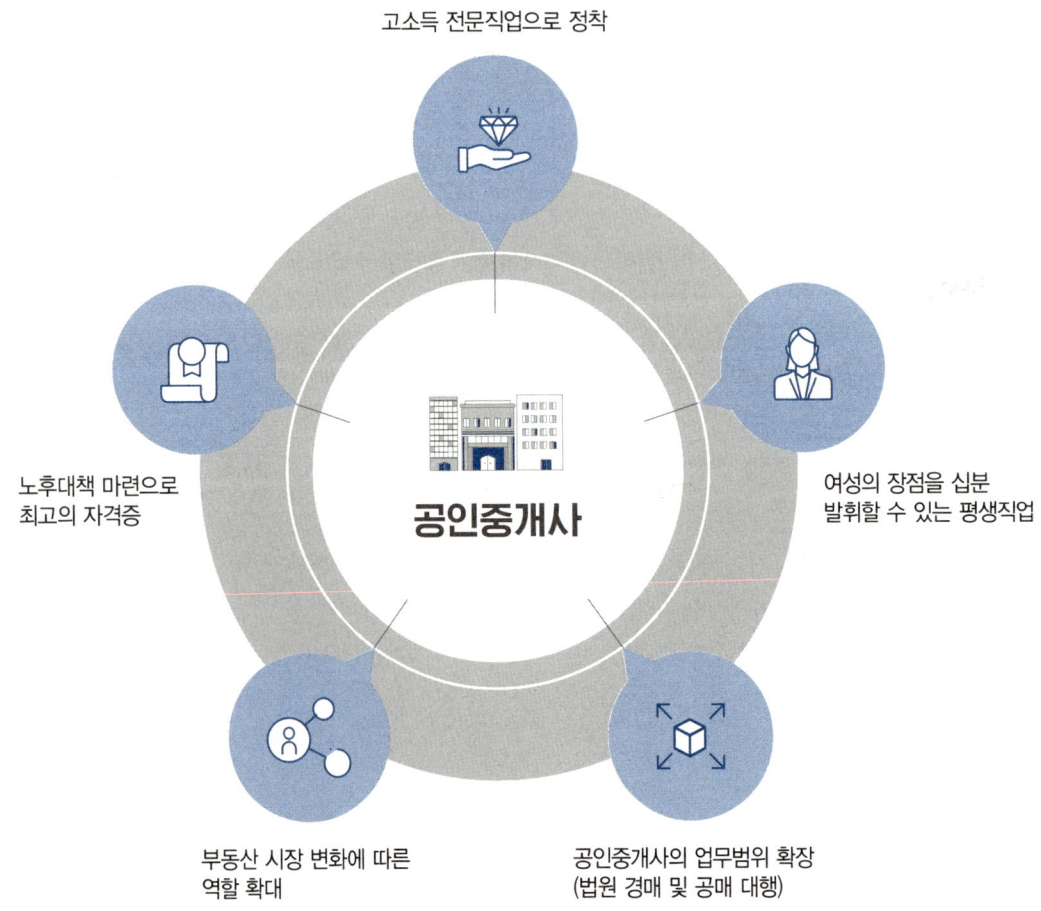

"자격증 취득하면 무슨 일 할까?"

공인중개사 자격증에 대해 사람들이 가장 많이 궁금해하는 점이 바로 '취득 후 무슨 일을 하나'이다. 하지만 공인중개사 자격증 취득 후 선택할 수 있는 직업군은 생각보다 다양하다.

개업공인중개사로서의 공인중개사 업무는 알선·중개 외에도 중개부동산의 이용이나 개발에 관한 지도 및 상담(부동산컨설팅)업무도 포함된다. 부동산중개 체인점, 주택 및 상가의 분양대행, 부동산의 관리대행, 경매 및 공매대상 부동산 취득의 알선 등 부동산의 전문적 컨설턴트로서 부동산의 구입에서 이용, 개발, 관리까지 폭넓은 업무를 다룰 수 있다.

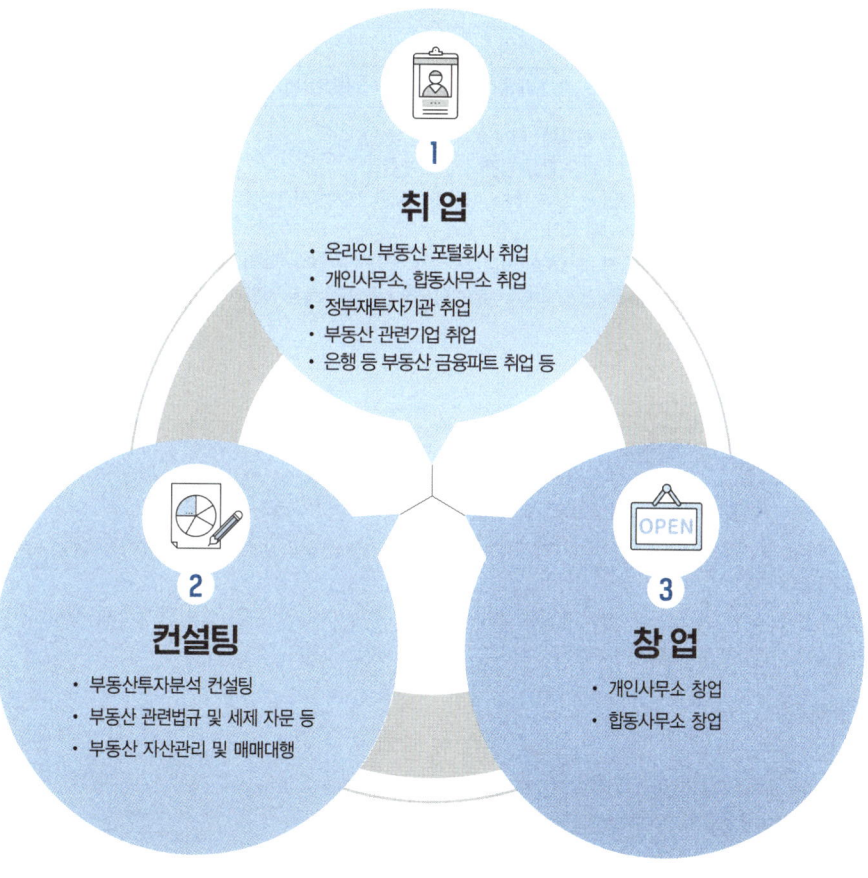

GUIDE

공인중개사 시험정보

시험일정 및 시험시간

1. 시험일정 및 장소

구 분	정기접수	빈자리접수	시험시행일	합격자발표
일 정	2025. 8. 4. ~ 8. 8.	2025. 9. 29. ~ 9. 30.	2025. 10. 25.	2025. 11. 26.
장 소	원서 접수시 수험자가 시험지역 및 시험장소를 직접 선택			

TIP 1. 제1·2차 시험이 동시접수·시행·발표됨
2. 빈자리 접수는 정기접수 환불로 발생한 수용인원 범위 내에서 선착순으로만 이루어져 조기 마감될 수 있음

2. 시험시간

구 분	교 시	시험과목 (과목당 40문제)	시험시간 입실시간	시험시간 시험시간
제1차 시험	1교시	2과목	09:00까지	09:30 ~ 11:10(100분)
제2차 시험	1교시	2과목	12:30까지	13:00 ~ 14:40(100분)
	2교시	1과목	15:10까지	15:30 ~ 16:20(50분)

* 수험자는 반드시 입실시간까지 입실하여야 함(시험 시작 이후 입실 불가)
* 개인별 좌석배치도는 입실시간 20분 전에 해당 교실 칠판에 별도 부착함
* 위 시험시간은 일반응시자 기준이며, 장애인 등 장애유형에 따라 편의제공 및 시험시간 연장가능(장애 유형별 편의제공 및 시험시간 연장 등 세부내용은 큐넷 공인중개사 홈페이지 공지사항 참조)
* 2차만 응시하는 시간연장 수험자는 1·2차 동시응시 시간연장자의 2차 시작시간과 동일 시작

TIP 시험일시, 시험장소, 시험방법, 합격자 결정방법 및 응시수수료의 환불에 관한 사항 등은 '제36회 공인중개사 자격시험 시행공고시 고지

응시자격 및 합격자 결정방법

1. 응시자격: 제한 없음
다만, 다음의 각 호에 해당하는 경우에는 공인중개사 시험에 응시할 수 없음
① 공인중개사시험 부정행위자로 처분 받은 날로부터 시험시행일 전일까지 5년이 경과되지 않은 자(공인중개사법 제4조의3)
② 공인중개사 자격이 취소된 후 합격자발표일까지 3년이 경과하지 않은 자(공인중개사법 제6조)
③ 이미 공인중개사 자격을 취득한 자

2. 합격자 결정방법
제1·2차 시험 공통. 매 과목 100점 만점으로 하여 매 과목 40점 이상, 전 과목 평균 60점 이상 득점한 자

TIP 제1차 시험에 불합격한 자의 제2차 시험은 무효로 함
* 제1차 시험 면제대상자: 2024년 제35회 제1차 시험에 합격한 자

시험과목 및 출제비율

구 분	시험과목	시험범위	출제비율
제1차 시험 (2과목)	부동산학개론 (부동산 감정평가론 포함)	부동산학개론 • 부동산학 총론[부동산의 개념과 분류, 부동산의 특성(속성)] • 부동산학 각론(부동산 경제론, 부동산 시장론, 부동산 정책론, 부동산 투자론, 부동산 금융론, 부동산 개발 및 관리론)	85% 내외
		부동산 감정평가론(감정평가의 기초이론, 감정평가방식, 부동산가격 공시제도)	15% 내외
	민법 및 민사특별법 중 부동산중개에 관련되는 규정	민 법 • 총칙 중 법률행위 • 질권을 제외한 물권법 • 계약법 중 총칙·매매·교환·임대차	85% 내외
		민사특별법 • 주택임대차보호법 • 집합건물의 소유 및 관리에 관한 법률 • 가등기담보 등에 관한 법률 • 부동산 실권리자명의 등기에 관한 법률 • 상가건물 임대차보호법	15% 내외
제2차 시험 1교시 (2과목)	공인중개사의 업무 및 부동산 거래신고 등에 관한 법령 및 중개실무	공인중개사법	70% 내외
		부동산 거래신고 등에 관한 법률	
		중개실무	30% 내외
	부동산공법 중 부동산중개에 관련되는 규정	국토의 계획 및 이용에 관한 법률	30% 내외
		도시개발법	30% 내외
		도시 및 주거환경정비법	
		주택법	40% 내외
		건축법	
		농지법	
제2차 시험 2교시 (1과목)	부동산공시에 관한 법령 및 부동산 관련 세법	부동산등기법	30% 내외
		공간정보의 구축 및 관리 등에 관한 법률 제2장 제4절 및 제3장	30% 내외
		부동산 관련 세법(상속세, 증여세, 법인세, 부가가치세 제외)	40% 내외

TIP 답안은 시험시행일에 시행되고 있는 법령을 기준으로 작성

GUIDE

공인중개사 공략법

📖 학습 정도에 따른 공략법

type 01 입문자의 경우

공인중개사 시험 준비 경험이 전혀 없는 상태라면 먼저 시험에 대한 전체적인 파악과 과목에 대한 이해가 필요하다. 서점에서 공인중개사 관련 서적을 살펴보고 공인중개사 시험에 대한 대략적 지식을 쌓은 후 학원에서 수험상담을 받는 것이 좋다.

type 02 학습경험이 있는 경우

잠시라도 손을 놓으면 실력이 급격히 떨어질 수 있으므로 문제풀이를 통해 학습한 이론을 정리하고, 안정적 실력 향상을 위해 꾸준히 노력해야 한다. 강의 또한 평소 취약하다고 느끼는 과목에 대해 집중 심화학습을 해야 한다. 정기적인 모의고사를 실시하여 결과에 따라 약점을 보완하는 동시에 성적이 잘 나오는 과목에 대해서도 소홀하지 않도록 지속적인 복습을 해야 한다.

type 03 시간이 부족한 직장인 또는 학생의 경우

시험에 올인하는 수험생에 비해 절대적으로 학습시간이 부족하므로 시간을 최대한 아껴가며 효율적으로 공부하는 방법을 찾는 것이 무엇보다도 중요하다. 평소에는 동영상 강의 등을 활용하여 과목별 이해도를 높이고 자투리 시간을 활용하여 지하철이나 버스 안에서 자기만의 암기카드, 핸드북 등을 보며 학습하는 것이 좋다. 주말은 주로 기본이론보다는 주중에 학습한 내용의 심화학습 위주로 공부해야 한다.

학습 방법에 따른 공략법

type 01 독학할 경우

 > +

신뢰할 수 있는 기본서를 선택하여 기본이론을 충실히 학습하면서 문제집 또는 모의고사집을 통하여 실전에 필요한 문제풀이 방법을 터득하는 것이 관건이다. 주기적으로 모의고사 등에 응시하여 자신의 실력을 확인하면서 체계적인 수험계획을 세우고 이에 따라서 공부하여야 한다.

TIP 관련 법령 개정이 잦은 공인중개사 시험의 특성상 시험 전 최신 수험정보를 확인해 보는 자세가 필요하다.

※ 최신 수험정보 및 수험자료는 박문각 홈페이지(www.pmg.co.kr)에서 박문각출판 참고

type 02 학원강의를 수강할 경우

 > +

보통 학원에서는 2달을 기준으로 기본서, 문제집, 모의고사 등에 관련된 강의가 개설·진행되는데 그에 맞춰서 수험 전체의 일정을 잡는 것이 좋다. 학원수업 후에는 개인공부를 통해 실력을 쌓아 나가고, 쉬는 날에도 공부의 흐름을 놓치지 않도록 그 주에 공부한 부분을 가볍게 훑어보는 것이 좋다. 학원 내 스터디 모임과 학원의 전문상담원을 통하여 수험정보를 빠르고 쉽게 접할 수 있는 장점도 있다.

type 03 동영상강의를 수강할 경우

 >  +  =

동영상을 통하여 이론 강의와 문제풀이 강의를 동시에 수강할 수도 있고, 단원별로 이론강의 수강 후에 문제풀이 강의로 즉시 실력을 점검할 수도 있다. 그리고 이해가 안 되거나 어려운 부분은 책갈피해 두었다가 다시 볼 수 있다. 패키지 강좌, 프리미엄 강좌 등을 이용하면 강의료가 할인된다.

※ 공인중개사 동영상강의: www.pmg.co.kr
　박문각 공인중개사 전화문의: 02-6466-7201

GUIDE

이 책의 구성 및 특징

공부한 날
학습한 날을 스스로 표기하여 스케줄을 체킹하며 보다 계획적인 학습이 가능하도록 하였다.

주요 논점 보기
생소하고 방대한 이론들을 공부하다보면 학습방향을 잃을 수 있는데, 소단원 시작마다 목차를 정리함으로써 전체 이론을 유기적으로 공부할 수 있도록 구성하였다.

참고·주의
꼭 짚고 넘어가야 하는 내용을 한 번 더 상기시킬 수 있도록 구성하였다.

판례
판례가 다수 출제되는 최근 시험경향에 맞추어 최신 판례는 물론 중요 판례도 다양하게 수록하였다.

Part 01 민법총칙

공부한 날   월   일

권리변동
01 법률관계와 권리변동
02 법률요건과 법률사실

제1장 권리변동

01 법률관계와 권리변동

(1) 법률관계
사람의 사회생활관계 중에서 법에 의하여 규율되는 생활관계를 말하며, 이는 권리와 의무로 구성된다.

(2) 권리변동
권리의 발생·변경·소멸을 통틀어서 지칭하는 것으로, 이러한 권리의 변동을 권리의 주체의 입장에서 보면 권리의 취득·변경·상실(득실변경)이 된다.

권리의 발생	원시취득		무주물선점, 유실물 습득, 매장물 발견, 건물의 신축, 선의취득, 시효취득, 첨부(부합·혼화·가공)
	승계취득	이전적 승계	특정승계: 매매, 교환, 증여, 사인증여 등
			포괄승계: 상속, 포괄유증, 회사합병 등
		설정적 승계	저당권의 설정 등
권리의 변경	주체의 변경		권리의 양도로 인한 권리자 변경 등
	내용의 변경	성질적 변경	목적물인도채권이 손해배상청구권으로 변경, 물상대위, 대물변제 등
		수량적 변경	물건의 부합, 제한물권의 설정이나 소멸로 인한 소유권의 증감 등
	작용의 변경		저당권의 순위승진, 임차권의 등기 등
권리의 소멸	절대적 소멸		목적물의 멸실, 소멸시효의 완성, 권리포기 등
	상대적 소멸		주체의 변경으로 인한 종전 권리자의 권리 소멸 등

판례
부동산 입찰절차에서 동일 물건에 관하여 이해관계가 다른 2인 이상의 대리인이 된 경우에는 그 대리인이 한 입찰은 무효이다(대판 2003마44).

참고
· 부동산 매매에 의한 소유권 취득 – 특정승계
· 점유취득시효완성으로 인한 소유권 취득 – 원시취득

주의 단독행위의 특징
1. 단독행위는 표의자의 의사표시로 일방적으로 법률효과를 발생시키고, 그에 따라 상대방을 일방적으로 구속하기 때문에 법률의 규정이 있는 경우에만 적용된다.
2. 단독행위는 원칙적으로 조건과 기한에 친하지 않는 법률행위이다. 단, 상대방에게 유리하거나 동의가 있으면 조건이나 기한을 붙일 수 있다.

(2) 물권적 청구권의 법적 근거
민법은 소유권(제213조, 제214조)과 점유권(제204조~제206조)에 관하여 각각 물권적 청구권 규정을 두고 소유권에 기한 물권적 청구권에 관한 규정을 다른 물권에 준용하고 있다.

(3) 물권적 청구권의 종류
① 물권적 반환청구권(제204조, 제213조): 점유 침탈시만, 사기·횡령 등은 안 됨
② 물권적 방해제거청구권(제205조, 제214조): 점유 침탈 이외
③ 물권적 방해예방청구권(제206조, 제214조): 침해 염려(가능성)

(4) 물권적 청구권의 성질
① 물권에 의존하는 권리이므로, 물권의 이전·소멸이 있으면, 그에 따라 이전·소멸한다. 물권과 분리하여 물권적 청구권만을 양도하지는 못한다.
② 물권은 채권에 우선하므로, 물권적 청구권은 채권적 청구권에 우선한다.
③ 소유권에 기한 물권적 청구권은 소유권과 독립하여 소멸시효에 걸리지 않는다.

(5) 발생요건
① 객관적 침해사실(현재사실)만 있으면 침해자의 고의 또는 과실은 필요 없다.
② **주체**: 현재 침해를 당하고 있거나, 장차 당할 염려가 있는 물권자이다. 간접점유자도 주체가 될 수 있다.
③ **상대방**: 현재 물권을 침해하고 있거나 또는 침해할 염려가 있는 상태를 현재 유지하고 있는 자이다. 간접점유자도 상대방이 되며, 직접 침해행위를 한 자가 그 물건을 타인에게 양도한 경우에 물권적 청구권의 상대방은 그 양수인이 된다. 점유보조자는 상대방이 아니다.

> **길잡이** 甲소유 토지 위에 乙이 무단으로 건물을 축조하였다.
> 1. 乙이 건물에 거주하는 경우 甲은 乙을 상대로 그 건물의 철거와 대지인도를 청구할 수 있으나, 퇴거를 청구할 수는 없다.
> 2. 丙이 그 토지의 소유권을 이전받은 경우, 소유권을 상실한 甲은 乙을 상대로 건물의 철거를 청구할 수 없다.
> 3. 乙이 丁에게 건물을 매도한 후 매매대금을 전부 지급받고 인도하였으나 건물이 아직 미등기인 경우, 甲은 丁을 상대로 건물의 철거청구를 할 수 있다.
> 4. 乙이 丙에게 건물을 임대한 경우, 甲은 건물의 철거청구는 乙을 상대로 하여야 하며, 丙을 상대로 철거청구를 할 수 없으나, 퇴거청구를 할 수 있다.
> 5. 만약 乙이 지상권을 취득한 후 건물을 축조하였는데, 乙의 허락 없이 戊가 건물을 점유한다면, 甲은 건물 소유자가 아니므로 戊를 상대로 건물의 인도를 청구할 수 없다.

참고
1. 유치권은 유치권 자체에 기한 물권적 청구권이 없다.
2. 물권적 반환청구권은 점유를 수반하지 않는 물권인 지역권과 저당권에는 인정되지 않는다.
3. 진정명의회복을 원인으로 한 소유권이전등기청구권의 법적 성질은 소유권에 기한 방해배제청구권이다.

참고
1. 물권적 청구권은 손해배상청구권과 병존할 수 있다.
2. 동시이행항변권이 있는 자에 대해서는 물권적 청구권을 행사할 수 없다.

기출 유효하게 부동산을 명의신탁한 자는 자신이 직접 제3자에게 물권적 청구권을 행사하여 신탁재산에 대한 침해배제를 구할 수 없고, 수탁자를 대위해서 물권적 청구권을 행사할 수 있다. (○)

용어 예약완결권
매매의 일방예약에 의하여 일방 당사자는 상대방에 대하여 매매완결의 의사표시를 할 수 있는 권리를 말한다.

GUIDE

30DAYS 단기완성 플래너

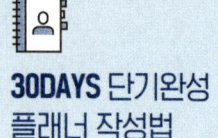

30DAYS 단기완성 플래너 작성법

- 스스로 적합한 계획을 세워서 공부한 후에 평가하는 과정을 통해서 학습자의 학습능률을 향상시키기 위하여 수록하였습니다.
- 매일 학습내용의 중요도를 적어보고 시험 직전에 중요도에 따라서 효율적으로 학습할 수 있습니다.
- 아래의 예시 계획표를 참고하여 자신에게 적합한 학습계획을 세워보세요!

30DAYS 단기완성 플래너 이렇게 작성해 보세요!

날짜	학습단원	학습내용	중요도
1Day (월 일)	부동산학개론 1편	1. 부동산의 개념과 분류, 특성 공부 2. 동영상강의 제1강 수강 3. 중요내용 체크 & 복습	상☐ 중☐ 하☑
2Day (월 일)	부동산학개론 2편 1장 1~2절	1. 경제론의 기본개념~시장의 균형변화 공부 2. 동영상강의 제2강 수강 3. 중요내용 체크 & 복습	상☑ 중☐ 하☐
3Day (월 일)	부동산학개론 2편 1장 3~4절	1. 수요와 공급의 탄력성~경제론 계산문제 2. 동영상강의 제3강 수강 3. 중요내용 체크 & 복습	상☐ 중☑ 하☐
4Day (월 일)	부동산학개론 2편 2장	1. 부동산 시장론 공부 2. 동영상강의 제4강 수강 3. 중요내용 체크 & 복습	상☐ 중☑ 하☐
5Day (월 일)	부동산학개론 2편 3장 1~3절	1. 부동산 정책론 공부 2. 동영상강의 제5강 수강 3. 중요내용 체크 & 복습	상☐ 중☑ 하☐

TIP 단원별 중요도에 따라 상, 중, 하로 나누어 복습시간을 효과적으로 투자하세요!

박문각 공인중개사

30DAYS 단기완성 플래너 직접 작성해 보세요!

날짜	학습단원	학습내용	중요도
1Day (월 일)			상☐ 중☐ 하☐
2Day (월 일)			상☐ 중☐ 하☐
3Day (월 일)			상☐ 중☐ 하☐
4Day (월 일)			상☐ 중☐ 하☐
5Day (월 일)			상☐ 중☐ 하☐
6Day (월 일)			상☐ 중☐ 하☐
7Day (월 일)			상☐ 중☐ 하☐
8Day (월 일)			상☐ 중☐ 하☐
9Day (월 일)			상☐ 중☐ 하☐
10Day (월 일)			상☐ 중☐ 하☐

GUIDE

30DAYS 단기완성 플래너

날 짜	학습단원	학습내용	중요도
11Day (월 일)			상☐ 중☐ 하☐
12Day (월 일)			상☐ 중☐ 하☐
13Day (월 일)			상☐ 중☐ 하☐
14Day (월 일)			상☐ 중☐ 하☐
15Day (월 일)			상☐ 중☐ 하☐
16Day (월 일)			상☐ 중☐ 하☐
17Day (월 일)			상☐ 중☐ 하☐
18Day (월 일)			상☐ 중☐ 하☐
19Day (월 일)			상☐ 중☐ 하☐
20Day (월 일)			상☐ 중☐ 하☐

날 짜	학습단원	학습내용	중요도
21Day (월 일)			상☐ 중☐ 하☐
22Day (월 일)			상☐ 중☐ 하☐
23Day (월 일)			상☐ 중☐ 하☐
24Day (월 일)			상☐ 중☐ 하☐
25Day (월 일)			상☐ 중☐ 하☐
26Day (월 일)			상☐ 중☐ 하☐
27Day (월 일)			상☐ 중☐ 하☐
28Day (월 일)			상☐ 중☐ 하☐
29Day (월 일)			상☐ 중☐ 하☐
30Day (월 일)			상☐ 중☐ 하☐

CONTENTS

이 책의 차례

부동산학 개론

제1편	부동산학 총론

제1장 부동산학 ···· 20
제2장 부동산의 개념과 분류 ···· 22
제3장 부동산의 특성 ···· 28

제2편	부동산학 각론

제1장 부동산 경제론 ···· 35
제2장 부동산 시장론 ···· 52
제3장 부동산 정책론 ···· 61
제4장 부동산 투자론 ···· 74
제5장 부동산 금융론 ···· 94
제6장 부동산 개발 및 관리론 ···· 113
제7장 입지 및 공간구조론 ···· 129

제3편	부동산 감정평가론

제1장 감정평가론 ···· 146
제2장 부동산 가격공시제도 ···· 172

민법·민사특별법

제1편 민법총칙
- 제1장 권리변동 ···· 180
- 제2장 법률행위 ···· 181
- 제3장 의사표시 ···· 189
- 제4장 대리 ···· 197
- 제5장 무효와 취소 ···· 207
- 제6장 법률행위의 부관 ···· 212

제2편 물권법
- 제1장 물권법 총설 ···· 216
- 제2장 물권의 변동 ···· 220
- 제3장 점유권 ···· 226
- 제4장 소유권 ···· 231
- 제5장 용익물권 ···· 244
- 제6장 담보물권 ···· 257

제3편 계약법
- 제1장 계약총론 ···· 268
- 제2장 계약각론 ···· 282

제4편 민사특별법
- 제1장 주택임대차보호법과 상가건물 임대차보호법 ···· 300
- 제2장 가등기담보 등에 관한 법률 ···· 317
- 제3장 집합건물의 소유 및 관리에 관한 법률 ···· 322
- 제4장 부동산 실권리자명의 등기에 관한 법률 ···· 328

최근 5개년도 출제비율

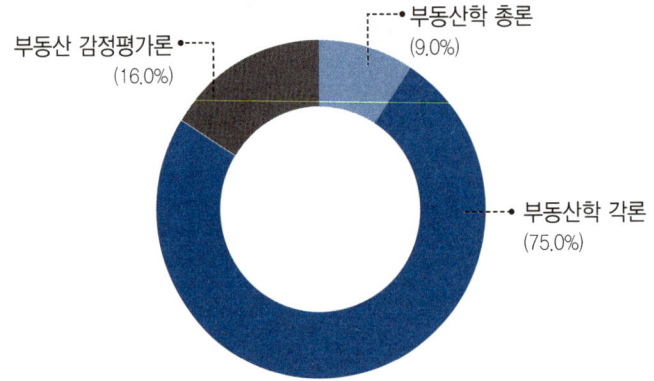

- **부동산학 총론** 부동산의 개념과 분류 6.5%, 부동산의 특성 2.5%
- **부동산학 각론** 부동산 경제론 13.0%, 부동산 시장론 13.0%, 부동산 정책론 13.0%, 부동산 투자론 13.0%, 부동산 금융론 12.0%, 부동산 개발 및 관리론 11.0%
- **부동산 감정평가론** 감정평가의 기초이론 3.0%, 감정평가의 방식 10.5%, 부동산 가격공시제도 2.5%

제35회 출제경향

제35회 부동산학개론의 난이도는 작년 제34회 시험보다 다소 높게 출제되었다. 앞부분에 어려운 문제를 집중적으로 배치하고 지엽적인 곳에서 정답을 주는 등 의도적으로 부동산학개론의 난이도를 올리려고 하는 의도가 보였다.
문제분포는 총론 5문제, 정책론과 금융론, 개발론에서 6문제로 출제 비중이 늘었고, 투자론은 4문제로 작년 대비 줄어든 것을 볼 수 있다. 계산문제는 9문제가 출제되었는데, 7문제는 충분히 풀 수 있는 전형적인 패턴의 문제가 출제되었다.
최근 시험은 난이도 '상'과 난이도 '하' 문제가 뚜렷이 구분되고 있어, 버릴 것은 버리고 취할 것은 확실하게 공부하는 기존의 방식(선택과 집중)을 그대로 유지하는 전략이 필요하다.
또한 이번 시험에서도 2차 과목을 통해 합격난이도를 조절하는 모습을 볼 수 있었는데, 공법(4문제), 지적법(1문제), 세법(1문제) 등이 출제되어 1차 과목에만 집중하지 말고 처음부터 1차·2차 전 과목에 골고루 시간투자를 하기 바란다.

수험대책

시험은 주로 종합적인 사고와 응용능력을 묻고 있기 때문에 이론에 대한 철저한 이해 위주의 학습이 요구된다. 이에 따라 기본서를 중심으로 전체적인 흐름을 이해하는 것이 우선이며, 정확한 이해를 바탕으로 이론적인 틀을 잡아놓은 상태에서 문제풀이를 통한 핵심부분의 암기가 이루어진다면 분명 좋은 결과가 있을 것이다.

부동산학개론

제1편 부동산학 총론
제2편 부동산학 각론
제3편 부동산 감정평가론

Part 01 부동산학 총론

공부한 날   월   일

부동산학

01 부동산학의 이해
  1. 부동산학의 정의 및 연구대상
  2. 부동산학의 학문적 성격

02 부동산 활동
  1. 부동산 활동의 이해
  2. 한국표준산업분류상의 부동산업의 분류

제1장 부동산학

01 부동산학의 이해

1 부동산학의 정의 및 연구대상

(1) 부동산학의 정의

① 부동산학이란 부동산 활동의 능률화의 원리 및 그 응용기술을 개척하는 종합응용과학이다.

② 부동산학이란 부동산과 관련된 의사결정과정을 연구하기 위하여 법률적·경제적·기술적 측면 등 다양한 측면의 접근을 시도하는 종합응용과학이다.

(2) 부동산학의 연구대상

① **부동산 현상**: 부동산과 인간과의 관계에서 나타나는 여러 가지 현상
② **부동산 활동**: 인간이 부동산을 대상으로 전개하는 관리적 측면의 행위

◇기출 부동산학의 연구대상에는 토지의 자연적 현상도 포함된다. (×)

2 부동산학의 학문적 성격

① 부동산학은 부동산과 관련된 자연현상을 연구하는 자연과학이 아니라 부동산과 관련된 사회현상을 연구하는 사회과학이다.

② 부동산학의 성격

경험과학	인간의 구체적 경험을 바탕으로 한다.
규범과학	바람직한 부동산 활동(규범)을 유도하고자 한다.
사회과학	부동산과 관련된 사회현상과 사회활동을 연구한다.
응용과학	현실의 부동산 활동에 응용하고자 한다.
종합과학	여러 학문과 연계되어 있다.

⚠주의
1. 순수과학(×)
2. 자연과학(×)
3. 추상적 학문(×)

02 부동산 활동

1 부동산 활동의 이해

① **정의**: 부동산 활동이란 인간이 부동산을 대상으로 전개하는 관리적 측면의 행위 또는 태도를 말한다.

② **부동산 활동의 성격**

기술성·응용성	부동산 활동은 실무활동으로 기술성 또는 응용성이 인정된다.
전문성·과학성	부동산 활동은 전문활동으로 전문성 및 과학성이 인정된다.
기 타	• 대인활동이면서 대물활동이다. • 정보활동이 강조된다. • 임장활동 또는 현장활동이다. • 사회성 및 공공성이 강조되는 활동이다.

◇**기출** 부동산 활동은 고객을 대상으로 하는 대인활동이지 대물활동이 될 수 없다. (×)

◇**기출** 부동산 활동은 체계화된 이론활동이므로 기술성보다는 과학성이 강조되어야 한다. (×)

2 한국표준산업분류상의 '부동산업'의 분류 제31회

중분류	소분류	세분류
부동산 임대 및 공급업	부동산 임대업	• 주거용 건물임대업 • 비주거용 건물임대업 • 기타 부동산 임대업
	부동산 개발 및 공급업	• 주거용 건물 개발 및 공급업 • 비주거용 건물 개발 및 공급업 • 기타 부동산 개발 및 공급업
부동산 관련 서비스업	부동산 관리업	• 주거용 부동산 관리업 • 비주거용 부동산 관리업
	부동산 중개, 자문 및 감정평가업	• 부동산 중개 및 대리업 • 부동산 투자 자문업 • 부동산 감정평가업 • 부동산 분양대행업

◇**기출** 한국표준산업분류상의 부동산업에는 금융업이 포함된다. (×)

◇**기출** 아파트 관리는 주거용 부동산 관리업의 사례이다. (○)

◇**기출** 사업시설의 유지·관리는 비주거용 부동산 관리업의 사례이다. (×)

부동산의 개념과 분류
01 부동산의 개념
1. 부동산의 복합개념
2. 부동산의 법률적 개념
02 부동산의 분류
1. 토지의 분류
2. 토지의 용어
3. 주택의 분류

제2장 부동산의 개념과 분류

01 부동산의 개념

1 부동산의 복합개념 제31회, 제34회

(1) 의미

① 부동산 개념은 하나의 속성으로 정의될 수 없고 다양한 속성에 의해 정의되는데, 이를 부동산의 복합개념이라고 한다.

② '복합개념'은 '복합부동산'과 구별되어야 한다. 복합부동산은 독립된 둘 이상의 부동산이 하나의 용도로 이용될 때에 이를 지칭하는 용어이다.

▶기출 물리적 측면의 부동산에는 생산요소, 자산, 공간, 자연이 포함된다. (×)

▶기출 토지는 생산재이지만 소비재는 아니다. (×)

(2) 복합개념의 구분

물리적 개념	공간, 위치, 환경, 자연 등
경제적 개념	자산, 자본, 가격·가치, 상품, 소비재, 생산요소(생산재) 등
법률적 개념	협의의 부동산, 광의의 부동산, 준부동산 등

2 부동산의 법률적 개념 제31회, 제33회, 제35회

(1) 법률적 개념의 구분

▶기출 협의의 부동산이란 민법상의 개념으로 민법 제99조 제1항에서의 '토지 및 그 정착물'을 말한다. (○)

▶참고 토지와 그 정착물은 협의의 부동산으로 당연히 광의의 부동산에 속한다.

협의의 부동산	• 민법에 규정된 부동산 개념 • 민법 제99조: 토지 및 그 정착물은 부동산이다.
광의의 부동산	• 부동산을 보다 넓게 파악하고자 도입된 개념 • 협의의 부동산 + 준부동산

(2) 정착물

① **의미**: 정착물이란 물리적으로 토지에 단단히 고정되어 있고, 토지에 고정되어 이용되는 것이 사회적·경제적인 측면에서 합리적이라고 인정되는 물건이다.

▶기출 가식중인 수목은 정착물에 해당한다. (×)

② **정착물의 구분**

종속정착물	• 토지의 일부로 간주되는 정착물이다. • 대부분의 정착물은 종속정착물에 해당한다.
독립정착물	• 토지와 별개로 간주되고 토지와 독립하여 거래가 가능한 정착물이다. • 사례: 건물, 등기된 입목, 명인방법을 갖춘 수목의 집단, 권원에 의하여 타인의 토지에서 재배되고 있는 농작물 등

③ **정착물과 동산**(건축설비)**의 구분기준**

구분기준	정착물로 구분되는 경우
부착방법 (손상·효용)	건물에서 제거될 때 건물의 물리적·기능적 손상을 주는 설비는 정착물이다.
물건의 성격	처음부터 건물의 특정 위치나 용도에 맞추어 제작된 것이라면 정착물이다.
설치의도	부동산의 가치나 효용을 증대시킬 목적으로 부착된 설비라면 정착물이다.
당사자 관계	일반적으로 임대인이 설치한 물건은 정착물로 간주된다.

(3) **준부동산**(의제부동산)

① **의미**: 준부동산이란 민법상의 부동산(토지와 정착물)은 아니지만, 다른 법률에 의해 부동산처럼 취급되는 동산이나 권리를 말한다.

② **특징**: 등기 또는 등록 등의 공시수단을 가지고 있다.

◇**기출** 총톤수 25톤인 기선(機船)은 등기의 방법으로 소유권을 공시한다. (○)

③ **종 류**

구 분	유 형
등기대상물	입목, 공장재단, 광업재단, 선박(20톤 이상)
등록대상물	자동차, 항공기, 건설기계
등록대상권리	광업권, 어업권

02 부동산의 분류

1 토지의 분류

(1) **공간정보의 구축 및 관리 등에 관한 법률상의 분류**(28개의 지목)

전(田), 답(畓), 과수원, 목장용지, 임야, 광천지, 염전, 대(垈), 학교용지, 주유소용지, 창고용지, 도로, 철도용지, 제방, 구거, 유지, 양어장, 수도용지, 공원, 체육용지, 종교용지, 사적지, 묘지, 잡종지, 주차장, 공장용지, 하천, 유원지

📖**주의**
1. 사찰용지(×)
2. 저수지(×)
3. 선하지(×)
4. 유휴지(×)

◇**기출** 공간정보의 구축 및 관리 등에 관한 법령상 용수를 위하여 일정한 형태를 갖춘 인공적인 수로·둑 및 그 부속시설물의 부지의 지목을 유지라고 한다. (×)

(2) 국토의 계획 및 이용에 관한 법률상의 분류(용도지역에 따른 분류)

용도지역의 의미	용도지역이란 토지의 이용 및 건축물의 용도, 건폐율, 용적률, 높이 등을 제한함으로써 토지를 경제적·효율적으로 이용하고 공공복리의 증진을 도모하기 위하여 서로 중복되지 아니하게 도시·군관리계획으로 결정하는 지역을 말한다.
용도지역의 분류	① 도시지역(주거, 상업, 공업, 녹지) ② 관리지역(보전, 생산, 계획) ③ 농림지역 ④ 자연환경보전지역

(3) 부동산 활동상의 토지 분류

① 감정평가활동에 따른 토지의 분류

대분류	소분류
택지지역(택지)	주거지역(주거지), 상업지역(상업지), 공업지역(공업지)
농지지역(농지)	전지지역(전지), 답지지역(답지), 과수원지역(과수원)
임지지역(임지)	용재림지역(용재림), 신탄림지역(신탄림)

② 후보지, 이행지: 용도가 변화되고 있는 지역 내의 토지

후보지 (候補地)	택지지역, 농지지역, 임지지역 등 대분류 상호간에 용도가 전환되고 있는 지역 내의 토지
이행지 (移行地)	택지지역 내, 농지지역 내, 임지지역 내 소분류 상호간에 용도가 이행되고 있는 지역 내의 토지

> **참고** 후보지와 이행지
> 1. 후보지와 이행지는 용도가 변화되고 있는 지역 내의 토지를 의미하는 것이지, 용도가 변화된 토지를 의미하는 것은 아니다.
> 2. 후보지
>   • 대분류 상호간
>   • 용도의 전환
> 3. 이행지
>   • 소분류 상호간
>   • 용도의 이행(또는 전환)

> **기출** 택지지역, 농지지역, 임지지역 상호간에 다른 지역으로 전환되고 있는 지역의 토지를 이행지라고 한다. (×)

> **기출** 택지는 주거·상업·공업지 등의 용도로 이용되고 있거나 해당 용도로 이용할 목적으로 조성된 토지이다. (○)

2 토지의 용어 _{제31회, 제32회, 제33회, 제34회, 제35회}

(1) 부지, 택지, 대지

부지(敷地)	• 일정한 용도에 제공되어 있는 바닥 토지 • 토지 용어 중 가장 포괄적인 용어이다.
택지(宅地)	• 주거·상업·공업용 건축물이 현재 있거나 앞으로 이를 건축할 수 있는 토지 • 부지 중에 건축물의 부지로 이용되는 토지이다.
대지(垈地)	지목이 대인 토지

(2) 나지와 건부지

나지(裸地)	토지에 건물 기타의 정착물이 없고 지상권 등 토지의 사용·수익을 제한하는 사법상의 제한을 받지 않는 토지
건부지	현재 건축물 등의 부지로 제공되어 있는 토지

◇기출 나지는 공법상의 제한도 받지 않는 토지이다. (×)

◇기출 나지는 토지 위에 정착물이 없고 공법상 및 사법상의 제한이 없는 토지를 말한다. (×)

(3) 필지와 획지

필지(筆地)	• 하나의 지번을 가진 토지의 등록단위 • 소유권의 범위로서 매매·교환에 있어 중시되는 용어이다.
획지(劃地)	• 용도 및 이용상황이 유사하여 가격수준이 유사한 일단의 토지 • 이용, 개발 등 부동산 활동에서 중시되는 용어이다.

◇기출 획지는 토지의 등기·등록의 단위이다. (×)

(4) 법지와 빈지

법지(法地)	• 소유권은 인정되나 활용실익이 적은 토지 • 경사지를 의미한다.
빈지(濱地)	• 소유권은 인정되지 않지만 활용실익이 있는 토지 • 개펄 또는 갯벌 등 바다와 육지 사이의 해변토지를 의미한다.

◇기출 법지는 소유권은 인정되지만 이용실익이 없거나 적은 토지를 말한다. (○)

(5) 휴한지와 유휴지

휴한지(休閑地)	농지 등의 지력회복을 위해 정상적으로 쉬게 하는 토지
유휴지(遊休地)	바람직스럽지 못하게 놀리는 토지
공한지(空閑地)	도시토지로서 지가상승만을 기대하고 투기목적으로 장기간 방치하는 토지

◇기출 공지는 지력회복을 위해 정상적으로 쉬게 하는 토지를 말한다. (×)

참고 공한지는 도시지역 내에 존재하는 유휴지라고 할 수 있다.

(6) 기타 토지의 용어

맹지(盲地)	타인의 토지에 둘러싸여 도로와 맞닿은 부분이 없는 토지
대지(袋地)	좁은 통로를 가지고 있는 토지(자루형 토지)
공지(空地)	택지 중 건축물이 건축된 부분을 제외한 빈 공간의 토지
소지(素地)	개발되기 이전의 자연 상태로 존재하는 토지(원지)
선하지(線下地)	고압선 아래의 토지
포락지(捕落地)	하천이 범람함으로써 전·답 등이 하천으로 변한 토지

◇기출 빈지는 물에 의한 침식으로 인해 수면 아래로 잠기거나 하천으로 변한 토지를 말한다. (×)

◇기출 포락지는 고압선 아래의 토지로 이용 및 거래의 제한을 받는 경우가 많다. (×)

> **주의** 최근 주택에 대한 정의를 묻는 문제가 계속 출제되고 있습니다. 공법을 공부하는 것처럼 암기할 필요는 없지만, 개념 정도는 꼭! 확인해 주시기 바랍니다.

3 주택의 분류 제31회, 제32회, 제33회, 제34회, 제35회

(1) 주택법령상 주택의 정의와 분류

① **주택**: 세대의 구성원이 장기간 독립된 주거생활을 할 수 있는 구조로 된 건축물의 전부 또는 일부 및 그 부속토지를 말하며, 단독주택과 공동주택으로 구분한다.

　㉠ **단독주택**: 1세대가 하나의 건축물 안에서 독립된 주거생활을 할 수 있는 구조로 된 주택

구 분	요 건
단독주택	단독으로 소유하고 있는 주택
다중주택	• 여러 사람이 장기간 거주할 수 있는 구조로 되어 있는 것 • 독립된 주거의 형태가 아닐 것 • 1개 동의 주택으로 쓰이는 바닥면적의 합계가 660m^2 이하이고, 층수가 3개 층 이하일 것
다가구주택	• 주택으로 쓰이는 층수가 3개 층 이하일 것 • 1개 동의 주택으로 쓰이는 바닥면적의 합계가 660m^2 이하일 것 • 19세대 이하가 거주할 수 있을 것

　㉡ **공동주택**: 건축물의 벽·복도·계단이나 그 밖의 설비 등의 전부 또는 일부를 공동으로 사용하는 각 세대가 하나의 건축물 안에서 각각 독립된 주거생활을 할 수 있는 구조로 된 주택

> **기출** 연립주택은 주택으로 쓰는 1개 동의 바닥면적 합계가 660m^2 이하이고, 층수가 4개 층 이하인 주택이다. (×)

> **기출** 다세대주택은 주택으로 쓰는 1개 동의 바닥면적 합계가 330m^2 이하이고, 층수가 5개 층 이하인 주택이다. (×)

구 분	요 건
아파트	• 주택으로 쓰는 층수가 5개 층 이상인 주택
연립주택	• 주택으로 쓰는 층수가 4개 층 이하인 주택 • 주택으로 쓰는 바닥면적 합계가 660m^2 초과 주택
다세대주택	• 주택으로 쓰는 층수가 4개 층 이하인 주택 • 주택으로 쓰는 바닥면적 합계가 660m^2 이하 주택

② **준주택**: 주택 외의 건축물과 그 부속토지로서 주거시설로 이용가능한 시설 등(기숙사, 다중생활시설, 노인복지주택, 오피스텔)을 말한다.

③ **국민주택**: 다음의 어느 하나에 해당하는 주택으로서 국민주택규모(주거전용면적이 85m^2 이하인 주택)에 해당하는 주택

　㉠ 국가·지방자치단체, 한국토지주택공사 또는 지방공사가 건설하는 주택

　㉡ 국가·지방자치단체의 재정 또는 주택도시기금으로부터 자금을 지원받아 건설되거나 개량되는 주택

④ **민영주택**: 국민주택을 제외한 주택

⑤ **임대주택**: 임대를 목적으로 하는 주택으로서, 「공공주택 특별법」에 따른 공공임대주택과 「민간임대주택에 관한 특별법」에 따른 민간임대주택으로 구분한다.

⑥ **도시형 생활주택**: 300세대 미만의 국민주택 규모에 해당하는 다음의 주택
  ㉠ 단지형 연립주택
  ㉡ 단지형 다세대주택
  ㉢ 아파트형 주택

⚑기출 도시형 생활주택은 350세대 미만의 국민주택규모에 해당하는 주택이다. (×)

⑵ **공공주택**(공공주택 특별법)

① 공공주택이란 국가·지방자치단체, 한국토지주택공사, 지방공사 등 공공주택사업자가 국가 또는 지방자치단체의 재정이나 주택도시기금을 지원받아 건설, 매입 또는 임차하여 공급하는 주택을 말한다.

② 공공주택은 임대와 분양을 기준으로 공공임대주택과 공공분양주택으로 구분된다.
  ㉠ 공공임대주택: 임대 또는 임대한 후 분양전환을 할 목적으로 공급하는 다음의 어느 하나에 해당하는 주택

> 1. 영구임대주택: 국가나 지방자치단체의 재정을 지원받아 최저소득 계층의 주거안정을 위하여 50년 이상 또는 영구적인 임대를 목적으로 공급하는 공공임대주택
> 2. 국민임대주택: 국가나 지방자치단체의 재정이나 주택도시기금의 자금을 지원받아 저소득 서민의 주거안정을 위하여 30년 이상 장기간 임대를 목적으로 공급하는 공공임대주택
> 3. 행복주택: 국가나 지방자치단체의 재정이나 주택도시기금의 자금을 지원받아 대학생, 사회초년생, 신혼부부 등 젊은 층의 주거안정을 목적으로 공급하는 공공임대주택
> 3의2. 통합공공임대주택: 국가나 지방자치단체의 재정이나 주택도시기금의 자금을 지원받아 최저소득 계층, 저소득 서민, 젊은 층 및 장애인·국가유공자 등 사회 취약계층 등의 주거안정을 목적으로 공급하는 공공임대주택
> 4. 장기전세주택: 국가나 지방자치단체의 재정이나 주택도시기금의 자금을 지원받아 전세계약의 방식으로 공급하는 공공임대주택
> 5. 분양전환공공임대주택: 일정 기간 임대 후 분양전환할 목적으로 공급하는 공공임대주택
> 6. 기존주택매입임대주택: 국가나 지방자치단체의 재정이나 주택도시기금의 자금을 지원받아 기존주택을 매입하여 「국민기초생활 보장법」에 따른 수급자 등에게 공급하는 공공임대주택
> 7. 기존주택전세임대주택: 국가나 지방자치단체의 재정이나 주택도시기금의 자금을 지원받아 기존주택을 임차하여 저소득 서민에게 전대(轉貸)하는 공공임대주택

⚑기출 장기전세주택이란 국가, 지방자치단체, 한국토지주택공사 또는 지방공사가 임대할 목적으로 건설 또는 매입하는 주택으로서 20년의 범위에서 전세계약의 방식으로 공급하는 임대주택을 말한다. (○)

⚑기출 국민임대주택은 국가나 지방자치단체의 재정이나 주택도시기금의 자금을 지원받아 대학생, 사회초년생, 신혼부부 등 젊은 층의 주거안정을 목적으로 공급하는 공공임대주택을 말한다. (×)

◇기출 장기전세주택은 공공주택 특별법 시행령에 따른 국가나 지방자치단체의 재정이나 주택도시기금의 자금을 지원받아 전세계약의 방식으로 공급하는 공공임대주택이다. (○)

　　ⓛ 공공분양주택: 분양을 목적으로 공급하는 주택으로서 국민주택규모 이하의 주택
③ 공공주택은 건설과 매입을 기준으로 공공건설임대주택과 공공매입임대주택으로 다시 구분된다.
　　㉠ 공공건설임대주택: 공공주택사업자가 직접 건설하여 공급하는 공공임대주택
　　ⓛ 공공매입임대주택: 공공주택사업자가 직접 건설하지 않고 매매 등으로 취득하여 공급하는 공공임대주택

부동산의 특성

01 부동산 특성의 구분
02 토지의 특성
　1. 자연적 특성과 그 파생현상
　2. 인문적 특성과 그 파생현상
03 부동산 공간가치와 위치가치
　1. 부동산의 공간가치
　2. 부동산의 위치가치

제3장 부동산의 특성

01 부동산 특성의 구분

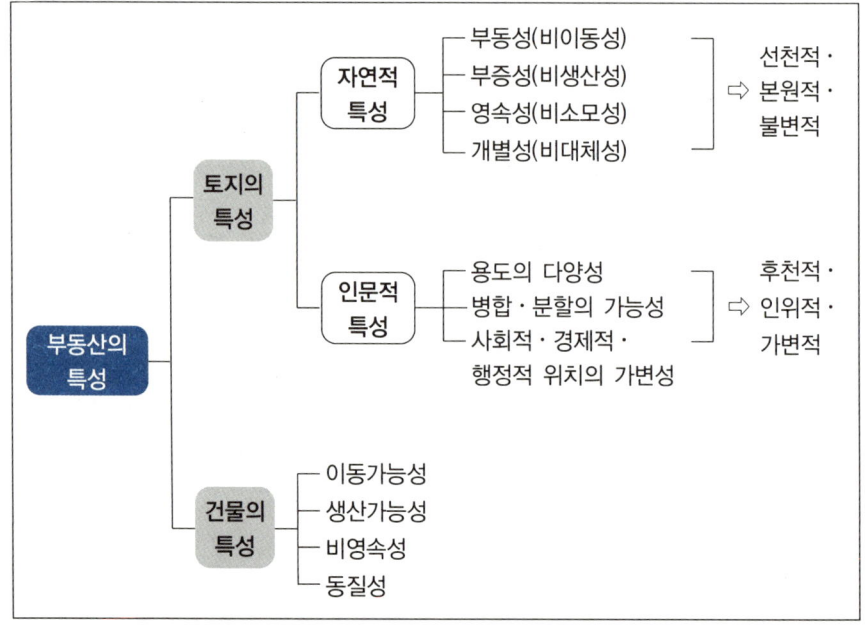

◇기출 자연적 특성은 가변적이다. (×)

◇기출 자연적 특성이란 토지가 가지고 있는 경제적 특성이다. (×)

토지의 특성

구 분	자연적 특성	인문적 특성
의 의	자연이 토지에 부여한 물리적 특성	인간이 토지에 부여한 특성
성 격	선천적 · 본원적 · 불변적	후천적 · 인위적 · 가변적
특 성	토지가 본원적으로 가지고 있는 물리적 특성	토지를 인간이 활용하면서 토지와 인간과의 관계에서 나타나는 특성

02 토지의 특성

1 자연적 특성과 그 파생현상 제31회, 제32회, 제33회, 제34회, 제35회

(1) **부동성**(지리적 위치의 고정성, 비이동성)

① 의 미
  ㉠ 토지의 물리적 위치(지리적 위치)는 고정되어 있다.
  ㉡ 부동성은 토지의 물리적 위치 또는 지리적 위치 등 토지가 점하고 있는 장소가 고정되어 있음을 의미한다.
  ㉢ 토지의 사회적·경제적·행정적 위치, 즉 인문적 위치는 주변 환경의 변화에 의해 끊임없이 변화함에 주의하여야 한다.

주의: 토지의 물리적 위치란 장소를 의미한다.

② 파생현상

구 분	파생현상
시 장	• 시장의 지역화·국지화, 시장의 추상화 • 지역적 시장의 세분화 • 외부효과의 중요성
가 격	• 지역에 따른 가격수준의 차이 • 위치가치의 중요성
활 동	• 부동산과 동산의 구별기준 • 임장활동(현장활동)의 중요성 • 입지선정활동의 중요한 이유 • 부동산 현상과 활동의 국지화·지역화 • 지역분석의 근거

기출: 토지의 영속성은 부동산 시장을 국지화시키는 역할을 한다. (×)

기출: 개별성으로 인해 부의 외부효과가 발생한다. (×)

(2) **부증성**(비생산성)

① 의 미
  ㉠ 토지의 물리적 절대량(지표면적)은 인간이 증가시킬 수 없다.
  ㉡ 용도변경을 통한 토지의 경제적 공급 또는 용도적 공급은 항상 가능함에 주의하여야 한다.
  ㉢ 토지의 간척·매립은 새로운 토지를 만드는 행위가 아니라 쓸모없었던 바다의 밑바닥 토지를 쓸모 있는 토지로 만드는 행위라고 할 수 있다. 따라서 이 경우에도 부증성의 특성은 적용되고 있음에 주의하여야 한다.

기출: 부증성은 토지의 경제적 공급이 불가능함을 의미한다. (×)

기출: 용도의 다양성으로 인해 토지의 경제적 공급은 증가할 수 있다. (○)

기출: 매립이나 산지개간을 통한 농지나 택지의 확대는 부증성의 예외이다. (×)

② **파생현상**

구 분	파생현상
시 장	• 토지에 대한 생산비 법칙의 부정 • 완전비탄력적인 물리적 공급곡선 • 토지의 공급조절 어려움
가 격	• 지가고 및 경제지대의 발생 근거 • 단기적인 가격의 왜곡 현상
활 동	• 집약적 토지이용 및 건물의 고층화 현상 • 최유효이용의 근거 • 토지 소유욕의 증대 • 토지공개념 및 토지 규제에 대한 근거

> **주의**
> 1. 생산비 법칙의 적용 (×)
> 2. 수직의 경제적 공급곡선 (×)
> 3. 장기적인 가격 왜곡 현상 (×)
> 4. 조방적 토지이용 (×)

> **기출** 부증성으로 인해 토지이용이 집약화 된다. (○)

(3) **영속성**(비소모성)

① **의 미**
  ㉠ 토지는 물리적인 측면에서 소모되거나 파괴되지 않는다.
  ㉡ 영속성이란 물리적 측면의 파괴가 없음을 의미하는 것이지, 경제적 측면에서 가치 변화가 없음을 의미하는 것은 아니다.
  ㉢ 홍수 등으로 인한 토지의 유실은 물리적(외형적)으로 토지가 사라진 것이 아니라, 경제적인 측면의 가치가 하락된 것을 의미한다. 따라서 이 경우에도 영속성의 특성은 적용되고 있음에 주의하여야 한다.

> **기출** 토지는 경제적 측면에서 소모되거나 파괴될 수 없다. (×)

② **파생현상**

구 분	파생현상
시 장	• 부동산 임대차 시장의 발달 • 재고시장의 형성
가 격	• 부동산 가치 정의(장래 기대이익에 대한 현재가치 합)의 근거 • 임대차 시장 및 재고시장의 근거 • 토지에 대한 물리적 감가상각이론의 배제 • 토지의 가치보존력이 우수한 이유 • 자본이득의 근거
활 동	• 장기적 배려와 신중한 의사결정의 중요성 • 관리의 중요성

> **기출** 토지는 영속성으로 인해 원칙적으로 감가상각이 적용되지 않는다. (○)

> **기출** 토지의 영속성은 부동산 관리의 중요성을 강조하게 한다. (○)

> **기출** 영속성은 소유함으로써 생기는 자본이익과 이용하여 생기는 운용이익을 발생시킨다. (○)

(4) 개별성(비대체성, 대체성의 부정)

① 의미: 토지는 물리적 측면에서 동일하지 않다.

② 파생현상

구 분	파생현상
가 격	• 대체성의 부정 또는 부동산의 비대체성 • 일물일가 법칙의 부정 • 부동산 가격 및 수익의 개별화 • 부동산 활동과 현상의 개별화
활 동	• 개별분석의 근거 • 가치추계의 어려움

▶ 기출 토지의 부증성은 토지 사용이나 판매를 둘러싼 계약에 있어 법적으로 대체가능성을 없게 만드는 원인이 되기도 한다. (×)

▶ 주의
1. 대체성의 긍정 (×)
2. 일물일가 법칙의 적용 (×)

(5) 인접성(연결성)

① 의미: 토지는 물리적 측면에서 서로 연접하고 있다.

② 파생현상
   ㉠ 외부효과의 근거
   ㉡ 협동적 이용의 중요성, 경계문제의 발생, 개발이익의 사회적 환수의 근거

▶ 주의 인접성은 일부 학자가 토지의 자연적 특성에 포함시키고 있다. 따라서 인접성의 파생현상은 앞에서 언급된 특성의 파생현상과 중복되고 있다.

2 인문적 특성과 그 파생현상 제33회, 제34회, 제35회

(1) 용도의 다양성

① 의미: 하나의 토지는 다양한 용도로 이용될 수 있다.

② 파생현상
   ㉠ 최유효이용의 근거
   ㉡ 용도적 공급(경제적 공급)의 근거
   ㉢ 가치다원론의 근거

▶ 주의 최유효이용의 근거는 부증성과 용도의 다양성이다.

▶ 기출 용도의 다양성으로 인해 두 개 이상의 용도가 동시에 경합할 수 없고 용도의 전환 및 합병·분할을 어렵게 한다. (×)

(2) 병합·분할의 가능성

① 의미: 토지는 이용목적에 따라 분할 또는 합병될 수 있다.

② 내용: 용도의 다양성을 지원하는 특성이다.

(3) 사회적·경제적·행정적 위치의 가변성

① 의미: 토지의 인문적 위치는 끊임없이 변화한다.

② 내용: 물리적 위치 또는 지리적 위치는 고정되어 있지만, 사회적·경제적·행정적 측면의 위치인 인문적 위치는 끊임없이 변화한다.

▶ 주의 토지의 인문적 위치란 인문적 측면의 중요도를 의미한다.

☑ **기타 부동산의 경제적 특성**

특 성	내 용
고가성	• 부동산 가격수준이 다른 재화에 비해 대단히 높다는 특성 • 부동산 시장의 진입과 퇴거가 쉽지 않다. • 부동산 수요와 공급이 대출의 유용성과 깊은 관계를 갖는다.
토지이용의 비가역성	• 부동산의 이용이 한 번 잘못되면 이를 되돌리기 쉽지 않다는 특성 • 부동산의 이용은 장기적인 관점에서 결정되어야 한다.
가격의 하방경직성	• 부동산 가격이 쉽게 하락되지 않는 특성 • 부동산 가격이 한 번 상승되면 쉽게 하락하지 않는다.
거래의 개별성	• 부동산 거래가 거래당사자를 중심으로 이루어진다는 특성 • 부동산 거래가 대단히 사적인 경향을 보이기 때문에 부동산 활동에서 거래 정보를 획득하기 위해서는 많은 시간과 비용이 필요하다.

🖉 **기출** 부동산 거래는 고도의 공적인 경향을 보인다. (×)

03 부동산 공간가치와 위치가치

1 부동산의 공간가치 제34회

(1) 토지의 입체공간

① **의미**: 토지는 수평·공중·지하 공간을 가진 입체공간으로 존재한다.

② **법률적 근거**

소유권의 내용	• 소유자는 법률의 범위 내에서 그 소유물을 사용, 수익, 처분할 권리가 있다(민법 제211조).
소유권의 공간적 범위	• 토지의 소유권은 정당한 이익이 있는 범위 내에서 토지의 상하에 미친다(민법 제212조). • '정당한 이익이 있는 범위'에 대해서는 민법에 규정되어 있지 않기 때문에, 사회 통념이나 법원의 판례에 의해 결정된다.
구분지상권	• 지하 또는 지상의 공간은 상하의 범위를 정하여 건물 기타 공작물을 소유하기 위한 지상권의 목적으로 할 수 있다(민법 제289조의2).

🖉 **기출** 공간적 측면의 부동산에는 지하, 지표, 공중공간이 포함된다. (○)

(2) 토지소유권의 분류

🏠 부동산소유권의 공간적 범위

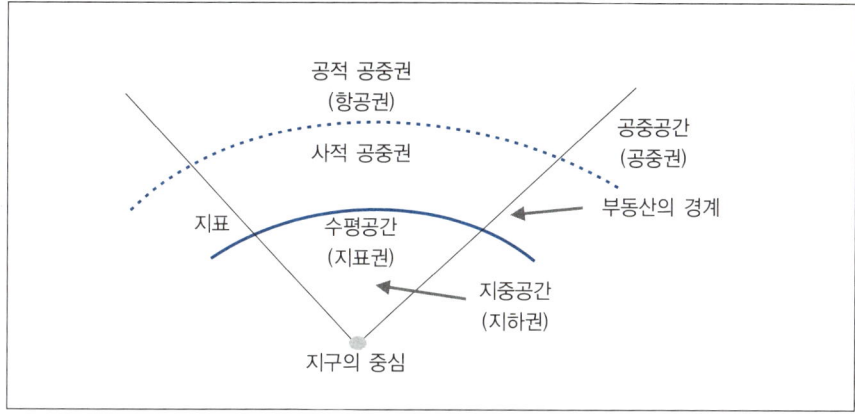

> 주의 공중공간 중 정당한 이익이 있는 범위 내라고 인정되어 개인의 소유권이 인정되는 공중공간을 사적 공중권이라고 한다.

① **지표권**
   ㉠ 의미: 수평공간을 독점적·배타적으로 이용할 수 있는 권리
   ㉡ 활용방안: 지상권, 임차권 등

② **공중권**
   ㉠ 의미: 정당한 이익이 있는 범위 내에서 공중공간을 독점적·배타적으로 이용할 수 있는 권리
   ㉡ 활용방안: 구분지상권, 개발권양도제도, 용적률 인센티브제도 등

◇기출 개발권양도제도는 지하공간을 활용하는 방법이다. (×)

③ **지하권**
   ㉠ 의미: 정당한 이익이 있는 범위 내에서 지하공간을 독점적·배타적으로 이용할 수 있는 권리
   ㉡ 주의: 광물에 관한 권리는 지하권의 내용에 포함되지 않는다.
   ㉢ 활용방안: 구분지상권 등

◇기출 지하권에는 광물에 대한 권리를 포함한다. (×)

② 부동산의 위치가치

(1) 위치가치

① 위치가 좋은 부동산은 그렇지 않은 부동산에 비해 보다 높은 가치를 갖는데, 위치가 좋음으로 인하여 추가되는 가치를 위치가치라고 한다.
   ㉠ 위치란 물리적 위치와 인문적 위치를 포함한다.
   ㉡ 위치가치는 부동산을 둘러싼 환경과 밀접한 관련을 가진다.
   ㉢ 위치가치는 부지의 선정주체·용도·규모에 따라 달라진다.

② **근거**: 부동성 또는 지리적 위치의 고정성

◇기출 위치가치는 환경과 관련이 없다. (×)

(2) **접근성**

① **의미**: 어떤 목적물에 도달하는 데에 소요되는 시간적·거리적·경제적 부담의 정도를 접근성이라고 한다.
　㉠ 위치가치는 어떤 대상과의 접근성에 의해 판단되는 경우가 많다.
　㉡ 접근성은 거리의 가까움을 나타내는 근접성과 구별된다.

② **접근성을 통한 위치가치의 판단**
　㉠ 접근성은 대상 부동산의 용도와 접근 대상물의 용도가 무엇인지에 따라 달리 평가되어야 한다.
　㉡ 물리적 거리가 가깝다고 반드시 접근이 편리한 것은 아니다. 횡단보도가 없거나 일방통행이라면 시간과 비용 측면에서 오히려 불리할 수 있다.
　㉢ 접근 대상물이 위험·혐오시설이 아니더라도 너무 근접되어 있다면 오히려 가치형성에 불리할 수 있다.
　㉣ 접근성이 중요치 않은 부동산도 있다.

기출 접근성은 근접성과 동일한 개념이다. (×)

Part 02 부동산학 각론

제1장 부동산 경제론

01 경제론의 기본 개념

1 유량 변수와 저량 변수 제31회, 제35회

(1) **유량**(flow) **변수**

의 미	일정기간을 설정하고 측정되는 변수
유 형	• 수요량과 공급량, 아파트 생산량, 주택 거래량 • (월)임대료 수입, 지대수입, 연간이자비용 • (월)급여, 가계소득, 순영업소득, 당기순이익 • 기타: 수출, 수입, 소비, 투자 등

(2) **저량**(stock) **변수**

의 미	일정시점을 설정하고 측정되는 변수
유 형	• 부동산 가치, 부동산 가격 • 자산, 순자산 가치, 부동산투자회사의 자산 가치 • 도시 인구 규모, 주택 재고량 • 기타: 국부, 통화량, 외환보유고, 자본량, 외채 등

2 부동산 수요와 공급 제34회

(1) **수 요**

① **의미 및 특징**

의 미	일정기간 동안, 소비자들이 재화나 서비스를 구매하고자 하는 수량
특 징	• 일정기간을 설정하고 측정하는 유량 변수 • 앞으로 구매하고자 하는 수량을 의미하는 계획된 수량 또는 사전적 수량 • 구매력이 뒷받침된 수요를 의미하는 유효수요

부동산 경제론

01 경제론의 기본 개념
 1. 유량 변수와 저량 변수
 2. 부동산 수요와 공급
 3. 수요량의 변화와 수요의 변화
 4. 균형가격과 균형거래량

02 시장의 균형 변화
 1. 균형을 변화시키는 4가지 규칙
 2. 수요와 공급의 변화 요인
 3. 균형의 변화

03 수요와 공급의 탄력성
 1. 수요의 가격탄력성
 2. 공급의 가격탄력성
 3. 탄력성의 응용

04 경제론 계산 문제
 1. 균형의 계산
 2. 수요와 공급의 탄력성

② **수요량에 대한 시장조사**
  ㉠ 수요곡선을 도출하기 위해서는 소비자들의 수요량을 시장조사를 통해 확인해야만 한다.
  ㉡ 다음에 제시된 내용은 개별소비자들을 대상으로 조사된 가격과 수요량의 관계이다.

가 격	수요량
3만원	100개
2만원	200개
1만원	300개

> **참고** 수요곡선이 우하향하는 이유
> 1. **대체효과**
>   해당 재화의 가격이 상승하면 다른 재화의 가격이 상대적으로 싸지기 때문에 다른 재화의 소비는 늘어나고 당해 재화의 수요량이 감소하는 효과
> 2. **소득효과**
>   해당 재화의 가격이 상승하면 소비자의 소득이 상대적으로 감소한 것과 같게 되므로 그 재화에 대한 수요량이 감소하는 효과

③ **개별수요곡선**
  ㉠ 개별수요곡선은 개별소비자를 대상으로 조사된 가격과 수요량의 관계를 그래프로 표시한 것을 말한다.

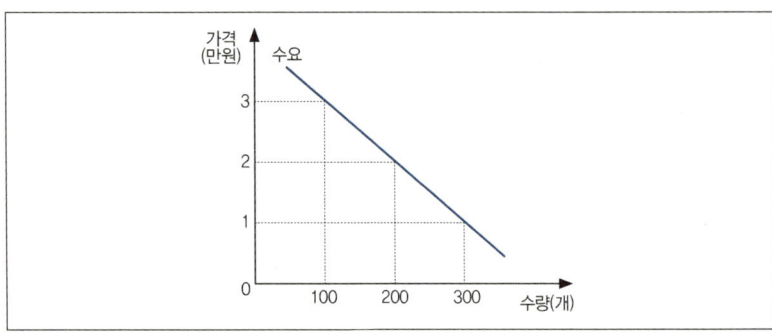

> **기출** 수요의 법칙에 의하면 가격과 수요량은 비례관계에 있다. (×)

  ㉡ 개별수요곡선에 대한 해석

수요량	주어진 가격에서 소비자가 사고자 하는 최대 수량
수요의 법칙	가격과 수요량은 반비례(−) 관계에 있다.

> **참고** 수요자 가격
> 주어진 수량에서 소비자가 지불하고자 하는 최대 금액

④ **시장수요곡선**
  ㉠ 시장수요곡선은 시장 전체의 가격과 수요량의 관계를 그래프로 표시한 것을 말한다.
  ㉡ 시장수요곡선은 주어진 가격에서 개별소비자를 대상으로 조사된 수요량을 합산함으로써 구할 수 있다.

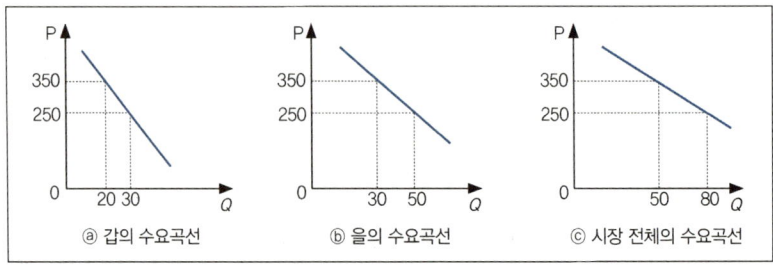

ⓐ 갑의 수요곡선   ⓑ 을의 수요곡선   ⓒ 시장 전체의 수요곡선

ⓒ 시장수요곡선과 개별수요곡선과의 관계

도 출	시장수요곡선은 개별수요곡선을 수평으로 합하여 구할 수 있다.
관 계	• 시장수요곡선은 개별수요곡선에 비해 보다 완만한 형태를 가진다. • 시장수요곡선은 개별수요곡선에 비해 보다 탄력적인 형태를 가진다.

◇기출 개별수요곡선은 시장수요곡선에 비해 보다 완만한 형태를 가진다. (×)

◇기출 부동산 시장수요곡선은 개별수요곡선을 수직으로 합하여 도출한다. (×)

(2) 공급

① 의미 및 특징

의 미	일정기간 동안, 생산자들이 재화나 서비스를 판매하고자 하는 수량
특 징	• 일정기간을 설정하고 측정하는 유량 변수 • 앞으로 생산하고자 하는 수량을 의미하는 계획된 수량 또는 사전적 수량

② 공급량에 대한 시장조사

㉠ 공급곡선을 도출하기 위해서는 생산자들의 공급량을 시장조사를 통해 확인해야만 한다.

㉡ 다음에 제시된 내용은 개별생산자들을 대상으로 조사된 가격과 공급량의 관계이다.

가 격	공급량
3만원	300개
2만원	200개
1만원	100개

③ 개별공급곡선

㉠ 개별공급곡선은 개별생산자를 대상으로 조사된 가격과 공급량의 관계를 그래프로 표시한 것을 말한다.

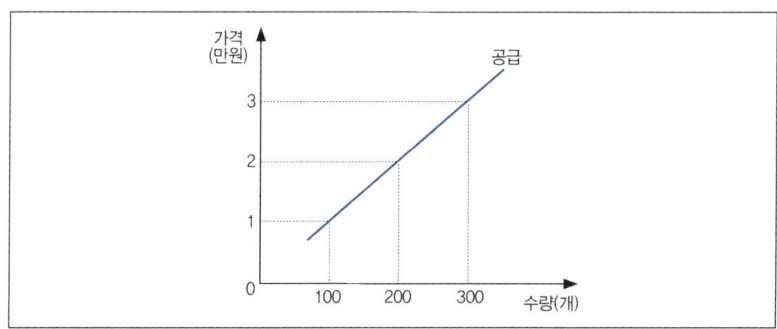

[참고] **공급곡선의 의미**
공급곡선은 생산에 소요되는 비용을 반영한다. 공급곡선은 한계비용곡선을 의미한다.

ⓒ 개별공급곡선에 대한 해석

공급량	주어진 가격에서 생산자가 팔고자 하는 수량
공급의 법칙	가격과 공급량은 비례(+)관계에 있다.

④ **시장공급곡선**
 ㉠ 시장공급곡선은 시장 전체의 가격과 공급량의 관계를 그래프로 표시한 것을 말한다.
 ㉡ 시장공급곡선은 주어진 가격에서 개별생산자를 대상으로 조사된 공급량을 합산함으로써 구할 수 있다.

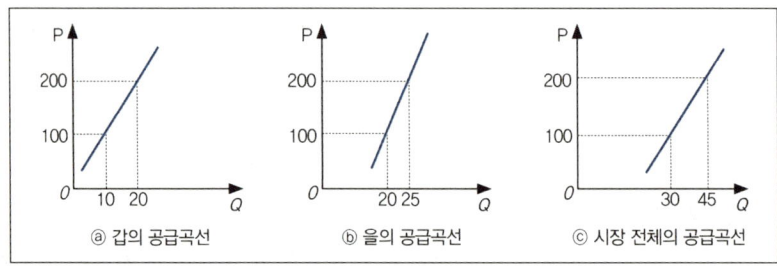

ⓐ 갑의 공급곡선 ⓑ 을의 공급곡선 ⓒ 시장 전체의 공급곡선

[기출] 시장공급곡선은 개별공급곡선에 비해 보다 비탄력적이다. (×)

 ㉢ 시장공급곡선과 개별공급곡선과의 관계

도 출	시장공급곡선은 개별공급곡선을 수평으로 합하여 구할 수 있다.
관 계	• 시장공급곡선은 개별공급곡선에 비해 보다 완만한 형태를 가진다. • 시장공급곡선은 개별공급곡선에 비해 보다 탄력적인 형태를 가진다.

(3) **수요와 공급 모형**

의 미	여러 가지 경제현상을 설명하기 위해 고안된 모형
수요·공급 모형	(가격(P)축, 수량(Q)축의 그래프: S(시장공급곡선) 우상향, D(시장수요곡선) 우하향)

(4) 부동산 수요와 공급의 특징

① 부동산 수요와 공급의 일반적 특징
㉠ 부동산은 고가이기 때문에 유효수요가 특히 중요하다.
㉡ 부동산 수요는 지역을 바탕으로 하는 지역적 수요이다.
㉢ 일반적으로 부동산 공급이 제한되어 있기 때문에 부동산 시장에서는 치열한 수요자 경쟁현상이 나타난다.
㉣ 부동산 공급자에는 생산자뿐만 아니라 기존 주택이나 건물의 소유주도 포함된다.
㉤ 부동산은 영속성에 의해 기존의 수요량이 다시 새로운 공급으로 전환될 수 있다.

② 단기공급곡선과 장기공급곡선
㉠ 부동산 공급은 단기적으로 제한되어 있다. 따라서 공급에서 단기와 장기는 중요한 개념이다.
㉡ 단기와 장기

단 기	공급이 변화될 수 없는 짧은 시기
장 기	• 공급이 변화될 수 있는 충분히 긴 시기 • 공장의 건축 및 시설물의 설치 등을 위해 필요한 시기

㉢ 형태와 관계

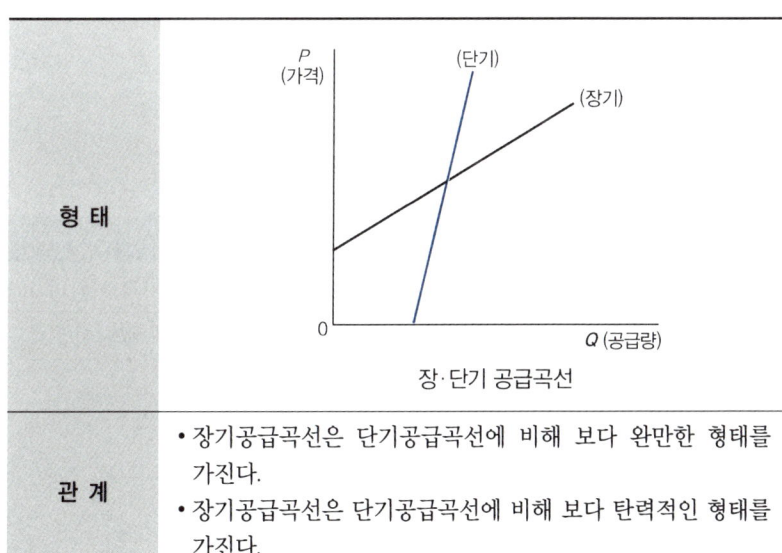

장·단기 공급곡선

관 계	• 장기공급곡선은 단기공급곡선에 비해 보다 완만한 형태를 가진다. • 장기공급곡선은 단기공급곡선에 비해 보다 탄력적인 형태를 가진다.

> **기출** 주택의 단기공급곡선은 가용생산요소의 제약으로 장기공급곡선에 비해 더 비탄력적이다. (○)

> **기출** 장기공급곡선은 단기공급곡선에 비해 보다 비탄력적이다. (×)

> **기출** 장기공급곡선은 단기공급곡선에 비해 보다 가파른 형태로 나타난다. (×)

③ 토지의 물리적 공급과 경제적 공급

㉠ 토지의 물리적 공급

의 미	물리적으로 공급되어 있는 토지의 지표면적
내 용	• 자연적으로 존재하는 지표면적을 의미한다. • 물리적 공급곡선은 수직선의 형태로 표시된다.

◇기출 토지의 물리적 공급곡선은 우상향하는 형태로 나타난다. (×)

◇기출 물리적 토지공급량이 불변이라면 토지의 물리적 공급은 토지 가격 변화에 대해 완전비탄력적이다. (○)

㉡ 토지의 경제적 공급

의 미	물리적으로 공급되어 있는 토지의 이용도를 증대시키는 행위
내 용	• 용도 전환, 토지의 개발, 이용의 집약화, 공법상 규제의 완화 등에 의해 토지이용도가 증대되는 것이 경제적 공급의 사례이다. • 경제적 공급곡선은 일반재화와 동일하게 우상향하는 형태로 나타난다.

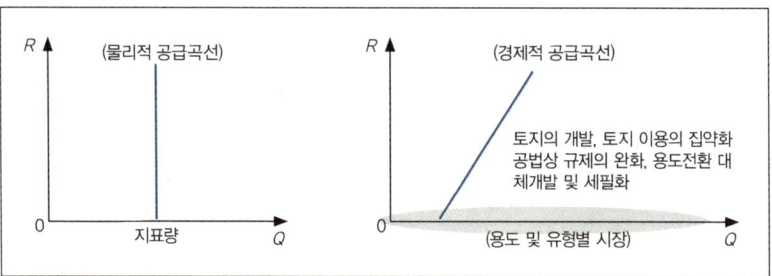

3 수요량의 변화와 수요의 변화

(1) 수요량의 변화와 수요의 변화

◇기출 아파트 가격의 하락은 아파트 수요량의 변화 요인이며, 가구 수의 증가는 수요의 변화 요인이다. (○)

◇기출 가격이 변화하여 수요곡선이 이동하는 것을 수요의 변화라고 한다. (×)

📌주의 **아파트 시장을 대상으로 하는 수요량의 변화 요인**
1. 아파트의 가격 변화 (○)
2. 아파트 가격 변화에 대한 예상 (×)
3. 오피스텔의 가격 변화 (×)
4. 건축원자재 가격 변화 (×)

구 분	수요량의 변화	수요의 변화
원 인	해당 재화의 가격 변화	해당 재화 가격 이외의 요인 변화
형 태	수요곡선 내부에서의 이동	수요곡선 자체의 이동
그래프		

(2) 공급량의 변화와 공급의 변화

구 분	공급량의 변화	공급의 변화
원 인	해당 재화의 가격	해당 재화 가격 이외의 요인 변화
형 태	공급곡선 내부에서의 이동	공급곡선 자체의 이동
그래프		

4 균형가격과 균형거래량

(1) 균형의 의미

① 균형이란 소비자와 생산자의 행동이 일치됨으로써 시장이 더 이상 변화하지 않는 상태를 의미한다.

② 수요곡선과 공급곡선이 만나는 지점에서 형성되는 가격과 거래량을 균형가격과 균형거래량이라고 한다.

(2) 가격의 조정 과정

① 시장에 초과수요 현상이 나타난 경우, 초과수요 현상은 가격 상승을 통해 해소된다.

② 시장에 초과공급 현상이 나타난 경우, 초과공급 현상은 가격 하락을 통해 해소된다.

◇기출 시장에 초과수요가 나타나면 시장의 가격은 하락한다. (×)

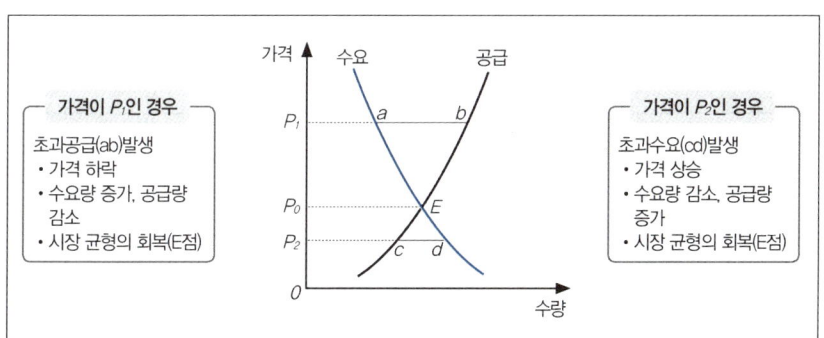

02 시장의 균형 변화

1 균형을 변화시키는 4가지 규칙 제33회

(1) **수요의 변화**(수요의 증가와 감소)

구 분	수요의 증가	수요의 감소
의 미	(수요곡선의 우측 이동)	(수요곡선의 좌측 이동)
균형 변화	• 가격: 상승 • 거래량: 증가	• 가격: 하락 • 거래량: 감소

(2) **공급의 변화**(공급의 증가와 감소)

구 분	공급의 증가	공급의 감소
의 미	(공급곡선의 우측 이동)	(공급곡선의 좌측 이동)
균형 변화	• 가격: 하락 • 거래량: 증가	• 가격: 상승 • 거래량: 감소

2 수요와 공급의 변화 요인 제31회, 제32회, 제33회, 제34회, 제35회

(1) 수요의 증가 요인과 감소 요인

구 분	수요의 증가 요인 (수요곡선을 우측으로 이동시키는 요인)	수요의 감소 요인 (수요곡선을 좌측으로 이동시키는 요인)
인 구	• 인구증가, 인구유입량 증가 • 핵가족화, 가구 수의 증가	• 인구의 감소 • 가구 수의 감소
금 융	• 시장이자율의 하락 • 대부비율(LTV)의 상승	• 대출금리의 인상 • 총부채상환비율(DTI) 하락
소 득	• 소득 수준의 향상(정상재)	• 수요자의 소득 감소(정상재)
관련재화 가격	• 대체부동산의 가격 상승 • 보완부동산의 가격 하락	• 대체부동산의 가격 하락 • 보완부동산의 가격 상승
정 책	• 주택거래규제의 완화	• 재산세의 강화
기 타	• 주변 환경의 개선 • 미래 가격상승에 대한 기대	

주의 아파트 시장을 대상으로 하는 수요의 변화 요인
1. 아파트의 가격 변화 (×)
2. 아파트 가격 변화의 예상 (○)
3. 오피스텔의 가격 변화 (○)
4. 건축원자재 가격 변화 (×)

(2) 소득 변화에 따른 수요의 변화

① 정상재와 열등재

정상재	소득과 수요의 변화 방향이 비례(+)관계에 있는 재화
열등재	소득과 수요의 변화 방향이 반비례(−)관계에 있는 재화

기출 소득이 10% 증가하자 어떤 부동산의 수요량이 8% 증가하였다면 이 부동산은 정상재이다. (○)

② 소득 변화에 따른 수요 변화

소득 증가	• 소득이 증가하면, 정상재의 수요는 증가한다. • 소득이 증가하면, 열등재의 수요는 감소한다.
소득 감소	• 소득이 감소하면, 정상재의 수요는 감소한다. • 소득이 감소하면, 열등재의 수요는 증가한다.

기출 소득이 증가하면, 정상재의 수요는 감소한다. (×)

(3) 관련 재화의 가격 변동에 따른 수요의 변화

① 대체재와 보완재

대체재	• 용도가 유사하여 소비에 있어서 서로 대체될 수 있는 재화 • 커피와 녹차, 사이다와 콜라, 버터와 마가린 등
보완재	• 함께 사용하는 경우에 보다 만족감이 증가하는 재화 • 커피와 설탕, 자동차와 휘발유, 컴퓨터와 소프트웨어 등

기출 A부동산의 가격이 5% 상승할 때, B부동산의 수요는 10% 증가하고 C부동산의 수요는 5% 감소한다. A와 B의 관계는 대체관계이고, A와 C의 관계는 보완관계이다. (○)

기출 A부동산 상품의 가격이 5% 상승하였을 때, B부동산 상품의 수요가 4% 하락했다면, A와 B의 관계는 보완관계이다. (○)

◆기출 대체주택 가격의 하락은 아파트 시장의 수요곡선을 좌측으로 이동시킬 수 있는 요인이다. (○)

◆기출 빌라의 가격이 상승하면, 아파트의 수요는 감소한다. (×)

② **대체재의 가격 변동에 따른 당해 재화의 수요 변화**

원칙	대체재의 가격 변동과 당해 재화의 수요 변화는 비례(+)관계에 있다.
내용	• 대체재 가격 상승 ⇨ 당해 재화 수요 증가 • 대체재 가격 하락 ⇨ 당해 재화 수요 감소

③ **보완재의 가격 변동에 따른 당해 재화의 수요 변화**

원칙	보완재의 가격 변동과 당해 재화의 수요 변화는 반비례(−)관계에 있다.
내용	• 보완재 가격 상승 ⇨ 당해 재화 수요 감소 • 보완재 가격 하락 ⇨ 당해 재화 수요 증가

(4) **공급의 증가 요인과 감소 요인**

⚠주의 생산기술의 변화와 생산요소 가격의 변화는 공급에만 영향을 주는 요인이다.

구 분	공급의 증가 요인	공급의 감소 요인
생산기술	• 건축기술의 진보	
생산요소 가격	• 생산요소 가격의 하락 • 건축 원자재 가격의 하락	• 생산요소 가격의 상승 • 건설 노동자의 임금 상승
금융	• 프로젝트 대출의 활성화	• 대출 이자율 상승
정책	• 기업에 대한 조세감면	• 건축허가 요건의 강화

3 균형의 변화 제32회, 제33회, 제35회

(1) **수요와 공급 중 하나만 변화하는 경우**

◆기출 공급이 불변이고 수요가 감소하는 경우 새로운 균형가격은 상승하고 균형거래량은 감소한다. (×)

◆기출 균형 상태인 시장에서 건축 원자재의 가격이 하락하면 균형거래량은 감소하고 균형가격은 하락한다. (×)

◆기출 수요가 불변이고 공급이 증가하는 경우 새로운 균형가격은 하락하고 균형거래량은 증가한다. (○)

구 분	균형가격	균형거래량
수요증가	상승	증가
수요감소	하락	감소
공급증가	하락	증가
공급감소	상승	감소

(2) 수요와 공급이 동시에 변화하는 경우

구 분	균형가격	균형거래량
① 수요증가, 공급증가	알 수 없음	증가
㉠ 수요증가 > 공급증가	상승	증가
㉡ 수요증가 < 공급증가	하락	증가
㉢ 수요증가 = 공급증가	불변	증가
② 수요증가, 공급감소	상승	알 수 없음
㉠ 수요증가 > 공급감소	상승	증가
㉡ 수요증가 < 공급감소	상승	감소
㉢ 수요증가 = 공급감소	상승	불변
③ 수요감소, 공급증가	하락	알 수 없음
㉠ 수요감소 > 공급증가	하락	감소
㉡ 수요감소 < 공급증가	하락	증가
㉢ 수요감소 = 공급증가	하락	불변
④ 수요감소, 공급감소	알 수 없음	감소
㉠ 수요감소 > 공급감소	하락	감소
㉡ 수요감소 < 공급감소	상승	감소
㉢ 수요감소 = 공급감소	불변	감소

기출 수요와 공급이 모두 감소하고 수요의 감소폭보다 공급의 감소폭이 더 큰 경우, 균형거래량은 감소한다. (○)

기출 수요의 증가가 공급의 증가보다 큰 경우 새로운 균형가격은 상승하고 균형거래량도 증가한다. (○)

기출 수요와 공급이 모두 증가하는 경우, 균형가격의 상승여부는 수요와 공급의 증가폭에 의해 결정된다. (○)

03 수요와 공급의 탄력성

1 수요의 가격탄력성 제32회, 제33회, 제34회

(1) 의미

① 수요의 가격탄력성은 한 재화의 가격이 변화할 때 그 재화의 수요량이 얼마나 변화하는지를 측정하는 지표이다.

$$수요의\ 가격탄력성(Ed) = \left| \frac{수요량의\ 변화율(\%)}{가격의\ 변화율(\%)} \right|$$

② 수요의 가격탄력성은 가격변화율(%)에 대한 수요량의 변화율(%)이다. 또는 수요의 가격탄력성은 수요량의 변화율(%)을 가격변화율(%)로 나눈 값이다.
③ 수요의 가격탄력성은 재화의 가격이 1% 변화할 때, 수요량이 몇 % 변화하는지를 측정하는 지표이다.
④ 수요의 가격탄력성은 수치화를 통해 정보를 제공하는 정량적 지표에 해당한다.

주의 수요의 가격탄력성은 가격을 특별히 명시하지 않고, 단순히 수요의 탄력성이라고 하는 반면에, 수요의 소득탄력성이나 교차탄력성은 꼭 '소득' 또는 '교차'를 명시한다.

주의 $\frac{A}{B}$를 읽는 방법
1. A를 B로 나눈 값
2. B에 대한 A의 비율

기출 수요의 가격탄력성은 수요량의 변화에 대한 가격의 변화율을 측정한 지표이다. (×)

(2) 수치 및 구분

① **탄력성의 수치**: 수요의 가격탄력성은 절댓값으로 표시하는 것이 관행이기 때문에 측정된 수치는 0 또는 양수로 표시된다.

② **탄력성의 구분**: 수요의 가격탄력성은 1을 기준으로 구분한다. 1보다 크면 탄력적으로 구분하고 1보다 작으면 비탄력적이라고 구분한다.

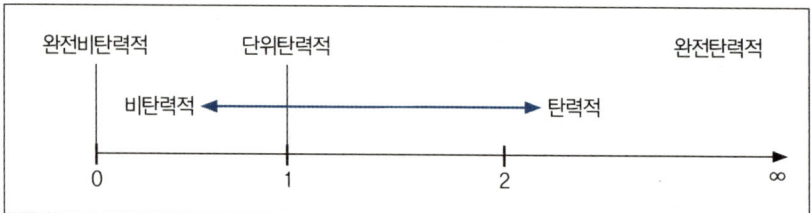

③ **탄력성과 수요곡선 기울기**
  ㉠ 수요의 가격탄력성이 클수록 수요곡선의 기울기는 보다 완만한 형태로 나타난다.
  ㉡ 탄력성이 완전비탄력적이라면 수요곡선은 수직선으로 나타난다.
  ㉢ 탄력성이 완전탄력적이라면 수요곡선은 수평선으로 나타난다.

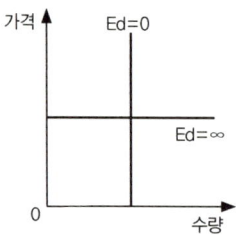

☑ **탄력성 종합**

탄력성의 크기	탄력성	수요곡선의 기울기
탄력성 = 0	완전비탄력적	수직선
0 < 탄력성 < 1	비탄력적	가파른 기울기
탄력성 = 1	단위탄력적	
1 < 탄력성 < ∞	탄력적	완만한 기울기
탄력성 = ∞	완전탄력적	수평선

(3) 수요의 가격탄력성을 결정하는 요인

탄력적	비탄력적
① 대체재가 많을수록	① 대체재가 적을수록
② 부동산의 분류 범위를 좁게 할수록	② 분류 범위를 넓게 할수록
③ 탄력성 측정기간이 장기일수록	③ 탄력성 측정기간이 단기일수록
④ 주거용 부동산	④ 상·공업용 부동산
⑤ 사치재	⑤ 생활필수품

2 공급의 가격탄력성 제34회

(1) 의미와 구분

① 공급의 가격탄력성은 한 재화의 가격이 변화할 때 그 재화의 공급량이 얼마나 변화하는지를 측정하는 지표이다.

$$공급의\ 가격탄력성(Es) = \frac{공급량의\ 변화율(\%)}{가격의\ 변화율(\%)}$$

◇기출 공급의 가격탄력성이 탄력적이면 가격의 변화율보다 공급량의 변화율이 더 크다. (○)

② 탄력성의 구분

탄력성의 크기	탄력성	공급곡선의 기울기
탄력성 = 0	완전비탄력적	수직선
0 < 탄력성 < 1	비탄력적	가파른 기울기
탄력성 = 1	단위탄력적	
1 < 탄력성 < ∞	탄력적	완만한 기울기
탄력성 = ∞	완전탄력적	수평선 bn

◇기출 한 국가 전체의 토지 공급량이 불변이라면 토지공급의 가격탄력성은 '0'이다. (○)

◇기출 공급의 가격탄력성이 클수록 공급곡선은 보다 완만한 형태로 나타난다. (○)

◇기출 공급의 가격탄력성이 0이라면, 완전탄력적이다. (×)

(2) 공급의 가격탄력성을 결정하는 요인

탄력적	비탄력적
① 용도전환이 용이할수록	① 용도전환이 곤란할수록
② 측정기간이 장기일수록	② 측정기간이 단기일수록
③ 생산에 소요되는 기간이 짧을수록	③ 생산에 소요되는 기간이 길수록
④ 생산량이 증가할 때 생산비가 하락하는 재화일수록	④ 생산량이 증가할 때 생산비가 급격히 상승하는 재화일수록
⑤ 건축의 인·허가가 보다 쉬울수록	⑤ 건축의 인·허가가 어려울수록

◇기출 관찰기간이 길어질수록 공급의 가격탄력성은 작아진다. (×)

◇기출 생산에 소요되는 기간이 길수록 공급의 가격탄력성은 탄력적이다. (×)

◇기출 용도변경을 제한하는 법규가 강화될수록 공급곡선은 이전에 비해 비탄력적이 된다. (○)

3 탄력성의 응용

(1) 매출액 증대를 위한 판매자의 가격 전략

① 매출액 증대를 목적으로 하는 기업의 가격 전략은 소비자를 대상으로 측정된 수요의 가격탄력성에 의해 달라진다.

② 판매자의 가격 전략
 ㉠ 소비자가 탄력적인 경우: 가격 하락 전략을 통해 매출액 증대
 ㉡ 소비자가 비탄력적인 경우: 가격 상승 전략을 통해 매출액 증대

수요의 가격탄력성	가격 하락	가격 상승
탄력적인 소비자	총수입 증가	총수입 감소
비탄력적인 소비자	총수입 감소	총수입 증가

◇기출 수요의 가격탄력성이 '1' 보다 작을 경우, 전체수입은 임대료가 상승하면 감소한다. (×)

(2) 극단적인 탄력성과 균형의 변화

① 완전탄력적인 경우

㉠ 수요의 가격탄력성이 완전탄력적이라면 수요곡선은 수평선의 형태로 나타난다. 이 경우 공급곡선이 어떤 방향으로 이동하더라도 가격은 변화하지 않는다.

㉡ 공급의 가격탄력성이 완전탄력적이라면 공급곡선은 수평선의 형태로 나타난다. 이 경우 수요곡선이 어떤 방향으로 이동하더라도 가격은 변화하지 않는다.

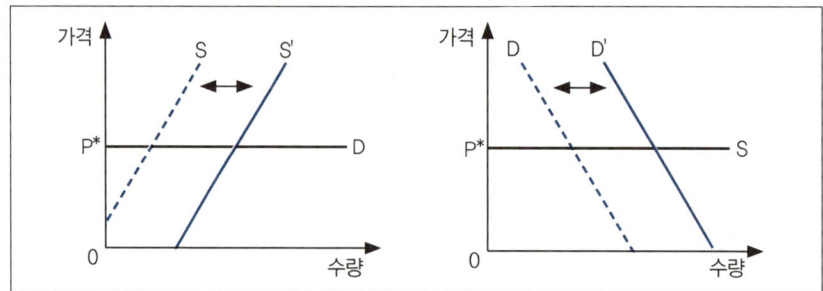

② 완전비탄력적인 경우

㉠ 수요의 가격탄력성이 완전비탄력적이라면 수요곡선은 수직선의 형태로 나타난다. 이 경우 공급곡선이 어떤 방향으로 이동하더라도 거래량은 변화하지 않는다.

㉡ 공급의 가격탄력성이 완전비탄력적이라면 공급곡선은 수직선의 형태로 나타난다. 이 경우 수요곡선이 어떤 방향으로 이동하더라도 거래량은 변화하지 않는다.

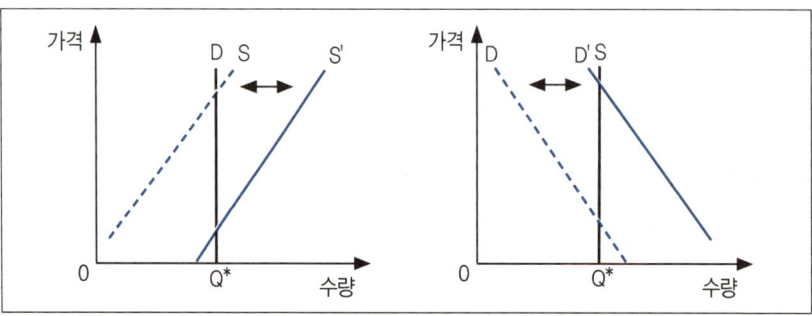

극단적인 탄력성	시장 변화	균형가격	균형거래량
수요가 완전탄력적	공급 증가	불변	증가
수요가 완전비탄력적	공급 증가	하락	불변
공급이 완전탄력적	수요 증가	불변	증가
공급이 완전비탄력적	수요 증가	상승	불변

(3) 수요의 가격탄력성과 가격변화의 폭

① 공급이 증가할 때 수요의 가격탄력성이 탄력적이건 비탄력적이건 가격은 모두 하락한다. 이때 수요의 가격탄력성이 탄력적이라면 가격은 덜 변화하고, 수요의 가격탄력성이 비탄력적이라면 가격은 더 변화한다.

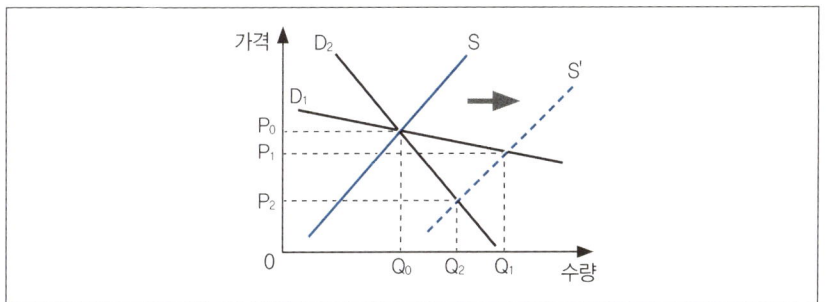

② 수요가 증가할 때 공급의 가격탄력성이 탄력적이건 비탄력적이건 가격은 모두 상승한다. 이때 공급의 탄력성이 탄력적이라면 가격은 덜 변화하고, 공급의 탄력성이 비탄력적이라면 가격은 더 변화한다.

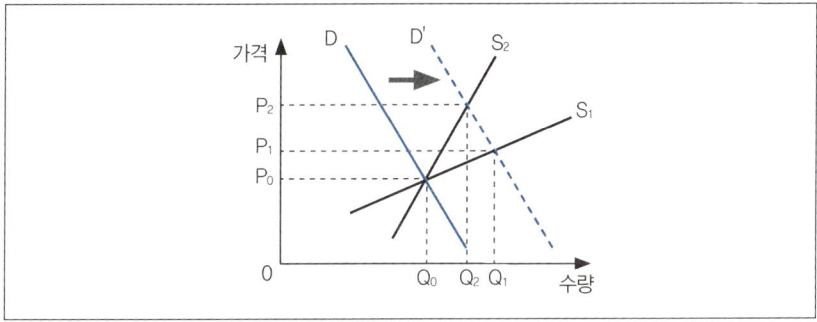

(4) 수요의 소득탄력성

① **의미**: 수요의 소득탄력성은 소비자의 소득이 변화할 때 재화의 수요량이 얼마나 변화하는지를 측정하는 지표이다.

$$\text{수요의 소득탄력성(Ed, I)} = \frac{\text{수요량의 변화율(\%)}}{\text{소득의 변화율(\%)}}$$

② **소득탄력성의 수치와 재화의 구분**
  ㉠ 소득탄력성이 양수(+)로 측정된 경우: 정상재
  ㉡ 소득탄력성이 음수(−)로 측정된 경우: 열등재

(5) 수요의 교차탄력성

① **의미**: 수요의 교차탄력성은 관련 재화의 가격이 변화할 때 당해 재화의 수요량이 얼마나 변화하는지를 측정하는 지표이다.

[문제 3] 아파트 매매가격이 16% 상승함에 따라 다세대주택의 매매수요량이 8% 증가하고 아파트 매매수요량이 4% 감소하였다. (단, 수요의 가격탄력성은 절댓값으로 표시하며, 다른 조건은 불변이라고 가정함)

> 1. 아파트 매매수요의 가격탄력성은?
> 2. 다세대주택 매매수요의 교차탄력성은?
> 3. 아파트에 대한 다세대주택의 관계는?

1. 아파트 매매수요의 가격탄력성: 0.25

   아파트 수요의 가격탄력성 = $\left| \dfrac{\text{아파트 수요량(\%)}}{\text{아파트 가격(\%)}} \right| = \left| \dfrac{-4\%}{+16\%} \right| = 0.25$

2. 아파트 가격에 대한 다세대주택 매매수요의 교차탄력성: 0.5

   다세대주택 매매수요의 교차탄력성 = $\left| \dfrac{\text{다세대주택 수요량(\%)}}{\text{아파트 가격(\%)}} \right| = \left| \dfrac{+8\%}{+16\%} \right| = 0.5$

3. 아파트에 대한 다세대주택의 관계: 대체관계

제2장 부동산 시장론

01 부동산 시장의 이해

1 부동산 시장의 정의와 기능

(1) 부동산 시장의 정의

① 부동산 시장은 부동산이 가지는 다양한 특성에 의해 일반 재화의 시장과 다른 특성을 갖는다.

② 부동산 시장은 양, 질, 위치 등 여러 가지 측면에서 유사한 부동산에 대해 유사한 가격이 형성되는 지리적 구역으로 정의된다.

(2) 부동산 시장의 기능

① **교환 기능**: 부동산 시장에서는 부동산과 현금, 부동산과 부동산, 부동산과 다른 자산이 교환된다.

② **가격 창조 기능**: 부동산 시장은 부동산을 구입하기 위한 대가를 지불하게 함으로써 가격을 창조한다.

③ **자원 및 공간의 배분 기능**: 부동산 시장은 부동산이 필요한 사람에게 부동산이라는 자원과 임대공간을 분배한다.

④ **정보 제공 기능**: 부동산 시장은 매수자와 매도자에게 다양한 정보를 제공한다.

⑤ **부동산의 양과 질의 조절 기능**

◇기출 부동산 시장은 부동산 소유권을 할당하고 공간을 배분하는 기능을 한다. (○)

② 부동산 시장의 특성 제33회

(1) 부동산 시장의 특성

지역적 시장	• 추상적 시장, 시장의 국지성(지역성) • 지역 및 용도에 따른 시장의 세분화
공급의 장기성	• 공급의 장기성 • 단기적인 수급조절의 곤란성, 단기적인 가격왜곡 현상
비공개성 등	• 거래의 개별성 또는 거래의 비공개성 • 상품의 비표준화, 시장의 비조직화
기 타	• 과다한 법적 제한, 다양한 공·사법적 제한 • 시장의 외부성 • 자금의 유용성과 밀접하게 연관 • 부동산 가격의 하방경직성 • 정보의 비대칭성으로 인한 가격왜곡 현상

◇기출 부동산 시장은 국지성으로 인해 동일한 가격이 형성된다. (×)

◇기출 부동산 시장은 거래와 관련된 정보가 공개되지 않거나 불완전한 경우가 많다. (○)

◇기출 부동산 시장은 장기보다 단기에서 공급의 가격탄력성이 크므로 단기 수급조절이 용이하다. (×)

(2) 부동산 시장의 불완전성

① 부동산 시장은 완전경쟁시장이 가져야 할 요건을 갖지 못한다. 따라서 부동산 시장은 대표적인 불완전경쟁시장이다.

② 부동산 시장의 불완전성

◇기출 진입장벽의 존재는 부동산 시장을 불완전하게 만드는 원인이다. (○)

☑ 완전경쟁시장과 불완전경쟁시장

완전경쟁시장의 요건	부동산 시장의 불완전성
㉠ 다수의 판매자와 구매자 ㉡ 재화의 동질성 ㉢ 자유로운 진입과 퇴거 ㉣ 정보의 대칭성	㉠ 제한된 판매자와 구매자 ㉡ 개별적인 재화 ㉢ 진입과 퇴거의 어려움 ㉣ 정보의 비대칭성

🏠주의 부동산은 고가의 재화이기 때문에 판매자와 구매자가 제한된다.

02 부동산 시장 이론

① 주택시장의 특성

(1) 주택시장의 의미와 특성

① 주택시장은 주택이 가지는 여러 가지 특성으로 인해 일반 재화와 구별되는 특징을 가진다.

② **주택시장의 특성**
   ㉠ 주택시장은 지역을 바탕으로 형성되며, 지역수요에 의존한다.
   ㉡ 주택의 가격은 그 주변 환경에 의해 많은 영향을 받는다.
   ㉢ 주택은 이질성이 강한 상품이지만 용도와 효용의 측면에서 동질적인 상품으로 분석할 수도 있고, 용도적인 측면에서 동질적인 주택 상품은 물리적 측면에서 서로 다른 이질적 상품으로 분석할 수도 있다.

(2) **주택 저량과 주택 유량**

① **주택 저량과 주택 유량의 구분**

저량 분석	저량의 수요량	일정시점 사람들이 보유하고자 하는 주택의 양
	저량의 공급량	일정시점 시장에 존재하는 주택의 양
유량 분석	유량의 수요량	일정기간 사람들이 보유하고자 하는 주택의 양
	유량의 공급량	일정기간 신규로 공급하고자 하는 주택의 양

> ◎ 기출 현재 우리나라에 총 1,500만 호의 주택이 존재하고 그중 100만 호가 공가로 남아 있다면, 현재 주택 유량의 수요량은 1,400만 호이다. (×)

② 주택시장의 공급은 단기적으로 제한되어 있기 때문에, 주택시장의 분석은 유량과 함께 저량을 함께 고려한다.
   ㉠ 단기에는 주택의 신규공급이 제한된다. 따라서 단기공급은 '현재 시장에 존재하는 주택량'으로 분석된다. 즉, 단기공급은 저량개념이다.
   ㉡ 반면, 장기에는 신규공급이 가능하다. 따라서 장기공급은 일정기간 동안 신규로 공급하고자 하는 주택량으로 분석된다. 즉, 장기공급은 유량개념이다.
   ㉢ 결국, 주택시장의 단기공급곡선은 저량개념이며, 주택시장의 장기공급곡선은 유량개념이다.

> ◎ 기출 주택시장의 단기공급곡선은 저량개념이고, 장기공급곡선은 유량개념이다. (○)

2 주거분리와 주택여과 제31회

(1) **주거분리**

① **의미**: 주거지역이 소득계층별로 서로 분리되는 현상

② **원인**
   ㉠ 외부효과
   ㉡ 정(+)의 외부효과는 받으려고 하고 부(−)의 외부효과는 피하려는 성질로부터 주거지역은 소득계층별로 서로 분리된다.

③ **주택 가격의 형성**
   ㉠ 고소득층 주거지역과 인접한 저소득층 주택은 할증료가 붙어 거래된다.
   ㉡ 저소득층 주거지역과 인접한 고소득층 주택은 할인되어 거래된다.

> **참고** 주거분리와 직주분리
> 1. **주거분리**: 고가와 저가의 분리
> 2. **직주분리**: 직장(상업)과 주거의 분리

> ◎ 기출 주거분리란 주거지역이 상업지역과 분리되는 현상을 말한다. (×)

(2) 주택의 여과과정

① **의미**: 서로 다른 소득계층 간에 주택이 순환되는 현상

② **구 분**

　㉠ 하향여과

의 미	저소득층이 노후화되어 가격이 하락한 고소득층의 주택을 사용하는 현상
성 격	능동적 순환
원 인	저소득층의 소득이 증가하거나, 저소득층에 대한 정부의 주택보조로 인하여 저소득층의 주택 수요가 증가할 때 나타나는 현상이다.

　㉡ 상향여과

의 미	고소득층이 수선된 저소득층의 주택을 사용하는 현상
성 격	예외적 순환
원 인	저급주택이 수선되거나 재개발될 때 나타나는 현상이다.

③ **유용성**

주택의 여과과정은 주택의 질적 변화와 가구의 이동을 설명하는 데 유용하게 활용된다.

(3) 주택수요와 주택소요

구 분	주택수요(housing demand)	주택소요(housing needs)
의 의	주택의 사고자 하는 수량	정부가 추계한 주택의 필요량
적용개념	시장경제상의 개념	사회·복지정책상의 개념
특 징	구매력이 있는 유효수요	구매력과 상관없는 주택 필요량
적용대상	구매력이 있는 중산층 이상의 계층	구매력이 없는 무주택 저소득계층

기출 고소득층 주거지역으로 저소득층이 들어오게 되어 상향여과과정이 계속되면, 고소득층 주거지역은 점차 저소득층 주거지역으로 바뀔 것이다. (×)

기출 저소득층의 주택수요가 증가할 때 상향여과가 나타난다. (×)

기출 저소득층 주거지역에서 주택의 보수를 통한 가치상승분이 보수비용보다 크다면 상향여과가 발생할 수 있다. (○)

기출 주택의 하향여과과정이 원활하게 작동하면 저급주택의 공급량이 감소한다. (×)

3 부동산 시장의 효율성 제32회

(1) 효율적 시장

① 의 미
   ㉠ 효율적 시장은 새로운 정보가 지체 없이 가격에 반영되는 시장이다.
   ㉡ 부동산 시장의 효율성은 다양한 측면에서 측정될 수 있는데, 효율적 시장은 정보의 측면에서 시장의 효율성을 설명하고자 하는 이론이다.

② 효율적 시장의 구분

구 분	반영정보
약성 효율적 시장	• 과거의 정보가 가격에 즉각적으로 반영되는 시장 • 세 가지 효율적 시장 중 정보의 효율성이 가장 낮은 시장이다.
준강성 효율적 시장	• 과거 정보와 현재 공표된 정보가 가격에 즉각적으로 반영되는 시장 • 준강성 시장은 약성 시장을 포함하는 시장이다.
강성 효율적 시장	• 모든 정보(과거 정보, 현재 공표된 정보 및 내부 정보)가 가격에 즉각적으로 반영되는 시장 • 현실에 존재하지 않는 이상적인 시장이다.

③ 투자시장을 분석하는 방법

기술적 분석	과거 정보를 이용하여 시장을 분석하는 방법
기본적 분석	과거 정보와 현재 공표된 정보를 함께 이용하여 시장을 분석하는 방법

④ 효율적 시장의 유형에 따른 초과이윤 획득 가능성
   ㉠ 모든 유형의 효율적 시장에서 정상이윤은 획득 가능하다.
   ㉡ 약성 시장에서 기본적 분석을 하면 초과이윤을 획득할 수 있다.
   ㉢ 준강성 시장에서 내부 정보를 획득하면 초과이윤을 획득할 수 있다.
   ㉣ 강성 시장은 어떤 정보를 분석하더라도 초과이윤을 획득할 수 없다.

⑤ 부동산 시장의 효율성
   ㉠ 어떠한 형태의 효율적 시장이 부동산 시장에 존재하는가는 국가마다 다르며 그 효율성의 정도도 다르게 나타난다.
   ㉡ 일반적으로 부동산 시장은 준강성 효율적 시장의 형태를 보인다. 따라서 내부 정보를 획득한 소수의 사람들이 부동산을 매수하여 초과이윤을 획득할 수 있다.

(2) 할당 효율적 시장

① **의미**: 할당 효율적 시장이란 모든 투자 시장에서 위험을 감안한 수익률이 동일하여 어느 시장에서도 초과이윤을 획득할 수 없는 시장을 말한다.

② **내용**
  ⊙ 완전경쟁시장은 초과이윤이 없기 때문에 자본이 효율적으로 할당되는 시장이다.
  ⓒ 불완전시장이라도 초과이윤이 없다면 자본은 효율적으로 할당될 수 있다. 불완전시장(독점시장)이라도 정보를 통해 획득하는 수익과 정보를 획득하기 위한 비용이 일치하여 초과이윤이 없다면, 자본은 효율적으로 할당될 수 있다.

③ **시사점**: 부동산 시장의 투기현상은 부동산 시장 자체가 불완전하기 때문이 아니라 정보의 비대칭성에 의해 시장이 할당 효율적이지 못하기 때문이다.

> **주의** 초과이윤은 경쟁을 유발하고, 경쟁은 초과이윤을 다시 소멸시킨다.

> **기출** 부동산 시장은 여러 가지 불완전한 요소가 많으므로 할당 효율적 시장이 될 수 없다. (×)

> **기출** 불완전경쟁시장에서도 할당 효율적 시장이 이루어질 수 있다. (○)

03 부동산의 경기변동

1 경기변동의 의미와 유형

(1) 경기변동의 의미

① 경기란 경제활동 수준을 의미한다. 따라서 부동산 경기변동이란 부동산 시장의 경제활동 수준이 변동하는 것을 의미한다.

② 일반적으로 부동산 경기는 주택의 건축경기를 의미한다.

(2) 부동산 경기변동의 유형

순환적 변동	• 부동산 경기가 주기적인 상승과 하강을 반복하는 현상 • 부동산 경기변동은 일반적으로 순환적 경기변동을 의미한다.
계절적 변동	• 계절이 원인이 되어 부동산 경기가 변동되는 현상 • 대학교 근처의 임대주택시장이 방학을 주기로 공실률이 높아지는 현상 • 매년 12월에 건축허가량이 줄어드는 현상
장기적 변동	• 통상적으로 50년 또는 그 이상의 기간으로 측정되는 경기변동 • 새로운 도시가 개발되고 쇠퇴하는 과정
무작위적 변동	• 지진·전쟁 등 예기치 못한 사태로 인해 발생되는 경기변동 • 정부의 정책변화로 부동산 경기가 변동하는 현상 • 불규칙적 변동 또는 우발적 변동

> **기출** 부동산 경기변동이란 부동산 시장이 일반경기변동처럼 상승과 하강국면이 반복되는 현상을 말한다. (○)

> **기출** 정부가 DTI와 LTV를 완화하자 부동산 경기가 상승했다면, 이는 장기적 변동에 해당한다. (×)

2 부동산 경기순환 제31회, 제33회

(1) 부동산 경기순환의 특징과 구분

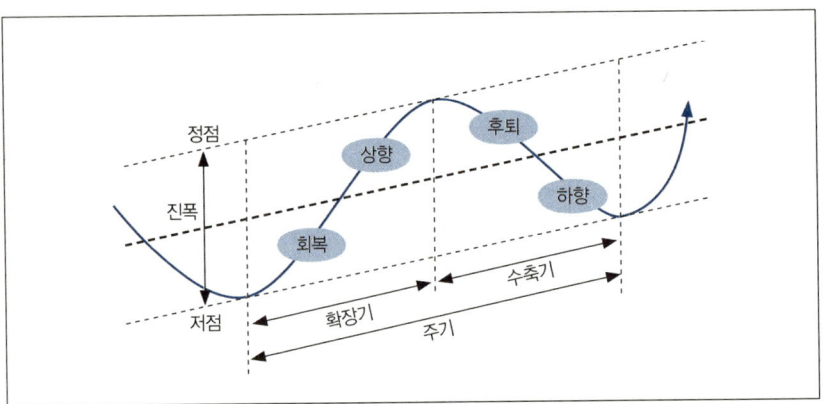

① **경기순환의 특징**
  ㉠ 주기와 진폭: 일반 경기에 비해 주기는 길고 진폭은 크다.
  ㉡ 우경사비대칭: 확장기는 천천히 진행되고 수축기는 빠르게 진행된다.
  ㉢ 명확성: 부동산 경기의 각 국면은 명백하지 않으며 일정하지 않다.

② **경기순환의 구분**
  ㉠ 2단계: 확장기(회복기, 상향기), 수축기(후퇴기, 하향기)
  ㉡ 4단계: 회복시장, 상향시장, 후퇴시장, 하향시장

(2) 전체 부동산 경기와 다른 경기와의 관계

① **전체 부동산 경기와 부동산 부분시장과의 관계**
  ㉠ 부동산 경기는 지역별·용도별·유형별 부분시장에 따라 달리 나타난다.
  ㉡ 전체 부동산 경기는 서로 다른 형태를 보이는 부분시장의 가중평균치로 설명된다.

② **전체 부동산 경기와 일반 경기와의 관계**
  ㉠ 부동산 경기는 시간적으로 일반 경기에 후행하며, 형태적으로 일반 경기와 병행한다.
  ㉡ 일반 경기가 좋다면 일반적으로 부동산 경기도 좋다고 할 수 있다. 그러나 부동산 부분시장의 구체적 경기는 부분시장에 따라 달리 나타난다.
  ㉢ 상업용·공업용 부동산 경기는 일반 경기와 병행하는 경향이 있으나 주거용 부동산 경기는 일반 경기에 역행하는 경향이 있다. 이는 자금의 유용성과 관련 깊다.

(3) 부동산 경기순환에 따른 각 국면의 특징

국 면	특 징
회복 시장	• 부동산 거래가 늘어나고 부동산 가격이 상승하기 시작한다. • 경기의 회복에 대한 기대감으로 건축허가 신청건수가 점차 증가한다. • 매도자 중시 시장이다. • 과거의 사례가격은 새로운 거래가격의 기준선이 되거나 하한선이 된다.
상향 시장	• 건축허가건수가 최대인 시기이다. • 언젠가는 정점에 도달하여 경기가 후퇴할 조짐을 보인다. • 매도자 중시 시장이다. • 과거의 사례가격은 새로운 거래가격의 기준선이 되거나 하한선이 된다.
후퇴 시장	• 수요와 공급이 감소하고 점차 공실률이 커진다. • 매수자 중시 시장이다. • 과거의 사례가격은 새로운 거래가격의 기준선이 되거나 상한선이 된다.
하향 시장	• 거래가 저조하여 부동산 가격이 하락한다. • 매수자 중시 시장이다. • 과거의 사례가격은 새로운 거래가격의 기준선이 되거나 상한선이 된다.

◇ 기출 상향시장에서 직전 국면의 거래사례가격은 현재시점에서 새로운 거래가격의 상한이 되는 경향이 있다. (×)

◇ 기출 후퇴국면은 매수자가 중시되고, 과거의 거래사례가격은 새로운 거래의 기준가격이 되거나 하한이 되는 경향이 있다. (×)

◇ 기출 하향시장에서 직전 국면의 거래사례가격은 현재시점에서 새로운 거래가격의 상한이 되는 경향이 있다. (○)

(4) 안정시장

① 안정시장의 의미
  ㉠ 실수요자에 의해 유지되는 부동산 시장을 의미한다.
  ㉡ 위치가 좋고 규모가 적당한 주택이나 점포 등 불황에 강한 유형의 부동산 시장이다.

② 안정시장의 특징
  ㉠ 안정시장은 경기순환에 의해 분류되는 것은 아니지만 경기순환과 전혀 무관하다고는 할 수 없다.
  ㉡ 안정시장은 회복시장, 상향시장, 후퇴시장 및 하향시장과 별도로 부동산 경기의 특징이 되는 시장이다.

◇ 기출 부동산 시장은 일반 경기변동과 같은 회복·상향·후퇴·하향의 4가지 국면 외에 안정시장이라는 국면이 있다. (○)

(5) 부동산 경기 측정지표

건축량	건축착공량, 건축허가량, 건축완공량
거래량	정부의 취득세액, 등기실적, 양도소득세의 납부실적, 공실·공가 등의 동향
가격변동 (보조지표)	• 일반적으로 경기가 좋다면 부동산 가격이 상승하는 경향이 있다. 그러나 부동산 가격이 상승한다 하여 반드시 경기가 좋은 것은 아니다. • 건축 원자재 가격이 상승하거나 투기가 발생한 경우에도 가격은 상승하는데, 이 경우에는 경기가 좋다고 할 수 없기 때문이다.

참고 선행지표(건축허가량, 택지분양실적), 동행지표(건축착공량, 거래량), 후행지표(건축완공량)

3 에치켈의 거미집 이론 제31회, 제32회, 제34회

(1) 의 미

① 거미집 이론(cobweb theorem)은 수요와 공급의 시차(time-lag) 또는 공급의 장기성이 농산물 가격의 주기적인 폭등과 폭락을 만들어낸다는 이론이다.

② 성격 및 기본가정

성 격	거미집 이론은 시간의 흐름에 따라 가격의 변화 과정을 동태적으로 분석한 이론이다.
기본가정	• 공급자의 비합리성을 가정한다. • 현재(t기)의 수요량은 현재(t기) 가격에 의존한다. • 그러나 현재(t기)의 공급량은 전기(t−1기) 가격에 의존한다.

⚙️ **기출** 거미집 이론은 가격이 변해도 수요량은 일정기간 후에 변한다고 가정한다. (×)

⚙️ **기출** 가격이 변동하면 수요와 공급은 모두 즉각적으로 반응한다는 가정을 전제하고 있다. (×)

(2) 거미집 모형의 안정조건

① 거미집 모형은 수렴형, 발산형 및 순환형의 모형으로 구분할 수 있다.

② 구 분

수렴형	• 수요의 가격탄력성 수치 > 공급의 가격탄력성 수치 • 수요곡선 기울기 절댓값 < 공급곡선 기울기 절댓값
순환형	• 수요의 가격탄력성 수치 = 공급의 가격탄력성 수치 • 수요곡선 기울기 절댓값 = 공급곡선 기울기 절댓값
발산형	• 수요의 가격탄력성 수치 < 공급의 가격탄력성 수치 • 수요곡선 기울기 절댓값 > 공급곡선 기울기 절댓값

⚙️ **기출** 수요곡선의 기울기 절댓값이 공급곡선의 기울기 절댓값보다 작으면 수렴형이다. (○)

⚙️ **기출** 수요의 가격탄력성이 공급의 가격탄력성보다 크면 발산형이다. (×)

③ 구분 사례

탄력성을 제시한 경우	• 수요의 가격탄력성 1.5, 공급의 가격탄력성 0.9 • 수요의 가격탄력성 0.9, 공급의 가격탄력성 0.9 • 수요의 가격탄력성 0.7, 공급의 가격탄력성 0.9	수렴형 순환형 발산형
기울기를 제시한 경우	• 수요곡선 기울기 −2, 공급곡선 기울기 +3 • 수요곡선 기울기 −3, 공급곡선 기울기 +3 • 수요곡선 기울기 −5, 공급곡선 기울기 +4	수렴형 순환형 발산형
함수를 제시한 경우	• 수요함수[$P=400-2Q_D$], 공급함수[$P=100+4Q_S$] • 수요함수[$2P=500-2Q_D$], 공급함수[$3P=300+6Q_S$]	수렴형 수렴형

(3) 거미집 모형의 평가

① 거미집 모형은 주거용 부동산보다 상·공업용 부동산에 더욱 잘 적용된다.

② 거미집 모형은 공급자가 언제나 현재 시장가격에만 반응함을 가정한다는 점에서 현대 사회에서 일반화하기 어렵다는 비판을 받는다.

04 시장론 계산 문제

1 정보가치

[문제] 제시된 자료를 통해 정보의 현재가치를 구하면 얼마인가?

> • ○○ 지역 계획에 따라 1년 후 신역사가 들어설 가능성은 50%로 알려져 있다.
> • 이 토지의 1년 후 예상가격은 신역사가 들어서는 경우 4억원, 들어서지 않는 경우 2억원이다.
> • 甲의 요구수익률은 10%라고 한다(천원 단위 미만은 절사한다).

1. 1년 후 상황을 상정한 정보가치
   ① 정보가 있는 경우 달성 가능한 토지 가치 : 4억원
   ② 정보가 없는 경우 달성 가능한 가치 : 3억원(= 0.5 × 4억 + 0.5 × 2억)
   (확실한 정보가 없다면, 사람들은 평균적으로 가치를 예상한다. 따라서 지하철역이 들어올 확률과 상황별 가치를 가중평균하여 구할 수 있다)
   ③ 정보가치(① − ②) : 1억원

2. 정보의 현재가치 : $\dfrac{1억}{(1 + 0.1)^1} = \dfrac{1억}{1.1} = 90,909,000원$

제3장 부동산 정책론

01 부동산 정책의 이해 제31회, 제34회

1 정부가 시장에 개입하는 이유

(1) 정책의 의미

① 정책이란 부동산을 둘러싼 여러 문제를 해결함으로써 부동산과 인간과의 관계를 개선시키고자 하는 정부의 노력이다.
② 부동산 정책은 부동산 시장에 개입하는 정부의 여러 가지 행위를 의미한다.

부동산 정책론

01 부동산 정책의 이해
1. 정부가 시장에 개입하는 이유
2. 정책의 구분

02 외부효과와 공공재
1. 외부효과와 시장실패
2. 공공재와 시장실패

03 임대주택정책
1. 임대료 규제
2. 임대료 보조 정책
3. 공공임대주택정책

04 조세정책
1. 조세정책의 이해
2. 조세정책의 구체적 사례

05 기타 부동산 정책
1. 용도지역제
2. 개발권양도제도
3. 토지은행제도

06 정책론 계산 문제

(2) 정부가 시장에 개입하는 이유

① **구분**: 경제적 기능과 정치적 기능으로 구분할 수 있다.

경제적 기능	시장실패를 수정하기 위한 정부의 공적인 노력
정치적 기능	특정한 사회적 목표를 달성하기 위한 정부의 공적인 노력

② **시장실패**

의 미	시장의 가격기구가 자원을 효율적으로 배분하지 못하는 상황
시장실패의 원인	• 불완전 경쟁: 규모의 경제, 비용체감산업, 독·과점 등 • 공공재, 외부효과 • 정보의 비대칭성 • 위험과 불확실성

◇기출 공공재 또는 외부효과의 존재는 정부의 시장개입 근거가 된다. (○)

◇기출 정부가 주택시장에 개입하는 이유는 주택시장에서는 시장실패의 요인이 있기 때문이다. (○)

◇기출 정부가 주택시장에 개입하는 이유는 주택시장은 시장으로의 진입과 퇴거가 자유롭기 때문이다. (×)

③ **특정 사회적 목표**

의 미	• 정부는 시장이 정상적이더라도 특정 사회적 목표를 달성하기 위하여 시장에 개입한다. • 정부의 사회적 목표는 효율성일 수도 있고 형평성일 수도 있다.
다양한 사회적 목표	• 저소득층 주택문제의 해결 • 주거복지의 증진 • 주택보급률의 향상 • 주택의 질적 수준의 향상 • 소득의 재분배 등

때참고 소득재분배란 개인 간의 소득격차를 시정하거나 축소화하고자 하는 것으로, 사회보장제도 및 누진세 부과 등이 이를 위한 정책이다.

2 정책의 구분 제31회, 제33회, 제34회

(1) 직접개입방식

의 미	국가 등이 직접 수요자 또는 공급자의 역할을 수행함으로써 정책목표를 달성하는 방법
유 형	• 가격 통제, 임대료 규제 정책 • 토지은행제도, 토지수용, 선매제도 • 공공임대주택사업, 토지구획정리사업, 택지개발사업 등 공적 개발

◇기출 토지은행제도는 간접개입방식에 해당한다. (×)

◇기출 금융지원, 보조금 지급은 직접개입방식이다. (×)

◇기출 토지수용, 종합부동산세, 담보인정비율, 개발부담금은 부동산 시장에 대한 직접개입수단이다. (×)

(2) 간접개입방식

의 미	정부가 다양한 수단들로 수요자 또는 공급자의 행동을 변화시킴으로써 정책 목표를 달성하는 방법
유 형	• 정부의 각종 규제: 조세 및 부담금 • 정부의 각종 지원: 보조금, 주택에 대한 금융 지원 등 • LTV·DTI 등 대출 규제

(3) 정부실패

① 의 미
  ㉠ 정부의 시장개입이 오히려 전보다 못한 결과를 초래하는 경우이다.
  ㉡ 정부실패는 시장실패와 구분되는 개념임에 주의하여야 한다.

② 정부실패의 원인
  ㉠ 정부의 정보 부족 및 관료 제도의 문제
  ㉡ 정책에 대한 시장 반응의 시간적인 차이
  ㉢ 정부가 예상하지 못한 민간의 반응

◇기출 정부의 시장개입이 오히려 전보다 못한 결과를 초래한다는 것을 시장실패라고 한다. (×)

02 외부효과와 공공재

1 외부효과와 시장실패

(1) 외부효과의 이해

① 의 미
  ㉠ 어떤 경제주체가 다른 경제주체에게 시장의 가격기구를 통하지 않고 의도하지 않은 이익이나 손해를 주는 것을 외부효과라고 한다.
  ㉡ 근거: 토지의 부동성과 인접성

② 구 분
  ㉠ 외부효과는 생산과정과 소비과정 모두에서 발생될 수 있다.
  ㉡ 의도하지 않은 이익을 주는 경우: 외부경제 또는 정의 외부효과
  ㉢ 의도하지 않은 손해를 주는 경우: 외부불경제 또는 부의 외부효과

◇기출 외부효과는 어떤 경제주체의 경제활동의 의도적인 결과가 시장을 통하여 다른 경제주체의 후생에 영향을 주는 것을 말한다. (×)

(2) 외부효과와 시장실패

① 외부경제와 시장실패

의 미	제3자에게 의도하지 않은 이익을 주면서도 그에 대한 대가를 지불받지 않는 경우
유 형	• 과소 생산 또는 과소 소비 • 사회적으로 바람직한 적정량보다 과소하게 생산되거나 소비된다. • PIMFY(please in my front yard) 현상을 유발
정부대책	보조금 지급 등 혜택 부여

◇기출 어떤 재화의 생산에 있어 외부경제가 발생하면, 그 재화는 사회적 적정 수준보다 과대하게 생산된다. (×)

② **외부불경제와 시장실패**

의 미	제3자에게 의도하지 않는 손해를 주면서도 그에 대한 대가를 지불하지 않는 경우
유 형	• 과대 생산 또는 과대 소비 • 사회적으로 바람직한 적정량보다 과대하게 생산되거나 소비된다. • NIMBY(not in my back yard) 현상을 유발
정부대책	벌금, 부담금, 조세 부과 등 규제 부여

(3) **외부효과에 대한 다양한 해결책**

① **협상**: 공해로 피해를 받은 사람과 공해를 유발한 공장이 서로 협상을 통해 해결할 수 있다.

② **코즈 정리**: 재산권이 확립되어 있고 거래비용이 없다면 정부 개입 없이도 이해관계 당사자 간의 협상에 의해 외부효과를 효율적으로 해결할 수 있다.

2 공공재와 시장실패

(1) **공공재의 이해**

① **의 미**
  ㉠ 공공이 함께 사용할 수 있는 재화 또는 서비스를 말한다.
  ㉡ 사례: 국방, 법률, 치안, 소방 서비스, 가로등, 도로 등

② **공공재의 특성**

소비의 비경합성	• 먼저 소비하기 위해 경쟁하지 않는다는 특성 • 공공재는 동시에 다수가 소비할 수 있기 때문에 한 개인의 소비가 다른 개인의 소비를 감소시키지 않는다.
소비의 비배제성	• 비용을 부담하지 않는 사람도 소비를 할 수 있다는 특성 • 공공재의 경우에 일단 공급이 이루어지면 생산비를 부담하지 않는 개인이라도 소비에서 배제시킬 수 없다.

(2) **공공재와 시장실패**

① **무임승차자의 문제**
  ㉠ 공공재는 소비의 비배제성으로 인하여 개인들이 생산비를 부담하지 않고 이를 최대한 이용하려고 하는데, 이를 무임승차자의 문제라고 한다.
  ㉡ 공공재의 소비에 무임승차자가 발생되면 시장은 실패하게 된다.

② 공공재와 시장실패

유형	• 과소 생산 또는 생산 불가능 • 공공재의 생산을 시장 기구에 맡기는 경우에 무임승차자들에 의해 공공재는 사회적 최적수준에 미달되어 생산되거나 생산이 이루어지지 않는다.
정부대책	강제력이 있는 정부가 직접 생산하고 공급한다.

◇기출 공공재는 생산을 시장에 맡길 경우 사회적 적정 생산량보다 과다하게 생산되는 경향이 있다. (×)

03 임대주택정책

1 임대료 규제 제34회

(1) 임대료 규제 정책의 이해

① **의미**: 정부가 시장 균형임대료 이하로 임대료를 통제하는 정책
② **목적**: 임차인의 주거생활 보호
③ **성격**: 직접개입방식

◇기출 임대료 규제 정책은 소득재분배 효과를 발생시킬 수 있다. (○)

(2) 임대료 규제의 효과

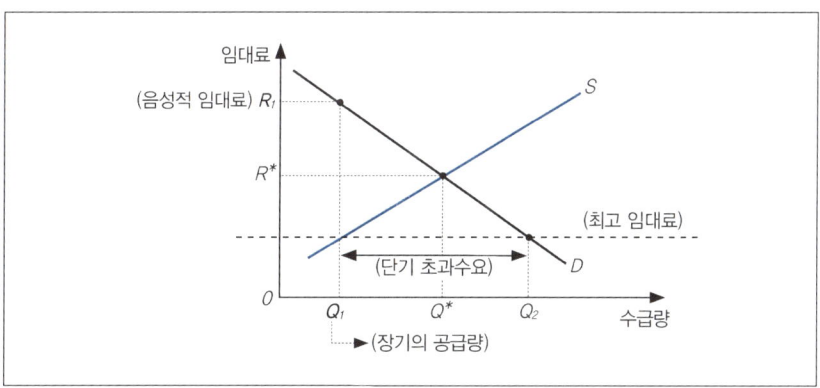

① **최고 임대료 또는 임대료 상한**

㉠ 정부가 규제한 임대료를 최고 임대료 또는 임대료 상한이라고 한다.
㉡ 최고 임대료는 반드시 시장 균형임대료 이하로 규제되어야 한다. 만약, 최고 임대료가 시장 균형임대료보다 높은 수준으로 규제되면 임대료 규제 정책은 시장에 아무런 영향을 주지 못한다.

◇기출 정부의 규제임대료가 시장의 균형임대료보다 낮게 설정되면 시장에 아무런 영향을 주지 못한다. (×)

② **초과수요 현상**
  ㉠ 임대료 규제 정책이 정상적으로 작동되면 시장에 초과수요 현상이 나타난다.
  ㉡ 임대료 규제 정책으로 임대료가 낮아지면 시장에 수요량은 증가하고 공급량은 감소한다.

③ **임대주택의 공급 감소**
  ㉠ 임대료 규제 정책이 정상적으로 작동되면 임대주택의 사업성이 악화되기 때문에 장기적으로 임대주택의 물량은 Q_1으로 감소한다.
  ㉡ 임대주택 물량이 감소하면 임차인의 주거이동이 제한된다.
  ㉢ 임대주택 물량이 감소하지 않더라도 임대주택의 사업성이 악화되기 때문에 임대주택의 질적 수준이 저하될 수 있다.

④ **암시장의 형성**
  ㉠ 임대료 규제 정책에 의하여 임대주택 물량이 대폭 감소되면 임대주택시장에 암시장이 형성될 수 있다.
  ㉡ 암시장의 이론적인 최고 임대료는 R_1이 된다.

(3) **임대료 규제 효과의 단·장기 분석**

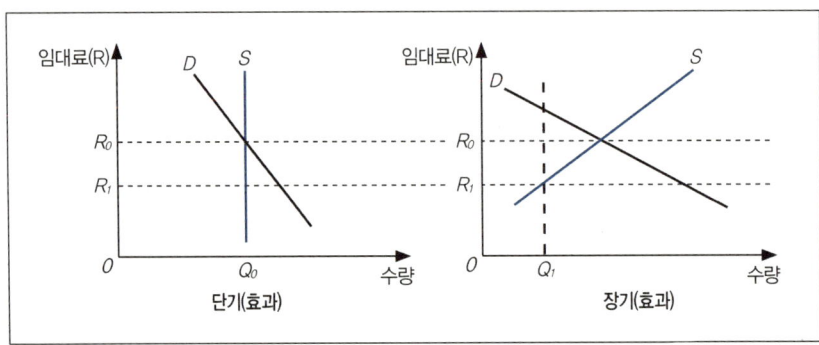

① 임대료 규제는 실패한 정책이다. 이는 임대주택 공급이 감소하기 때문이다. 따라서 임대료 규제는 임대주택 물량이 감소되지 않는 단기에 효과가 있다.

② 임대료 규제는 장기적으로 임대주택의 물량을 감소시키기 때문에 오히려 저소득층의 주택난을 가중시키거나 주거이동을 제한시킨다.

③ 임대료 규제로 발생하는 초과수요는 단기보다 공급량이 감소하는 장기에 더욱 증가한다.

(4) 분양가 규제 정책(분양가상한제)

① 분양가 규제 정책의 이해
  ㉠ 의미: 시장 균형분양가 이하로 분양가를 통제하는 정책
  ㉡ 목적: 주택가격의 안정과 무주택자들의 주택가격 부담 완화
  ㉢ 성격: 직접개입방식

② 분양가 규제 정책의 효과
  ㉠ 분양가 규제 정책의 효과는 원칙적으로 임대료 규제 정책의 효과와 동일하다.
  ㉡ 분양가격이 시장가격 이하로 통제되면 분양주택에 대한 프리미엄이 형성되고 그 결과 분양권 전매 등의 투기현상이 발생한다.
  ㉢ 분양가 규제가 소형주택에 대해서만 이루어지면, 소형주택의 공급은 감소하고 대형주택의 공급은 증가한다.

◇기출 분양가상한제에서 상한가격이 시장가격보다 낮을 경우 일반적으로 초과공급이 발생한다. (×)

◇기출 분양가상한제는 주택건설업체의 수익성을 낮추는 요인으로 작용하여 주택공급을 감소시킬 수 있다. (○)

◇기출 분양가상한제는 시장가격 이상으로 상한가격을 설정하여 무주택자의 주택가격 부담을 완화시키고자 하는 제도이다. (×)

② 임대료 보조 정책 제34회

(1) 임대료 보조 정책의 이해
① 의미: 임대료의 일부 또는 전부를 정부가 임차인에게 보조하는 정책
② 목적: 임차인 보호
③ 성격: 간접개입방식

(2) 임대료 보조 정책의 효과
① 정부가 임차인에게 임대료를 보조하면 단기적으로 임대주택에 대한 수요가 증가한다.
② 정부가 임차인에게 임대료를 보조하면 장기적으로 임대주택에 대한 공급이 증가한다.

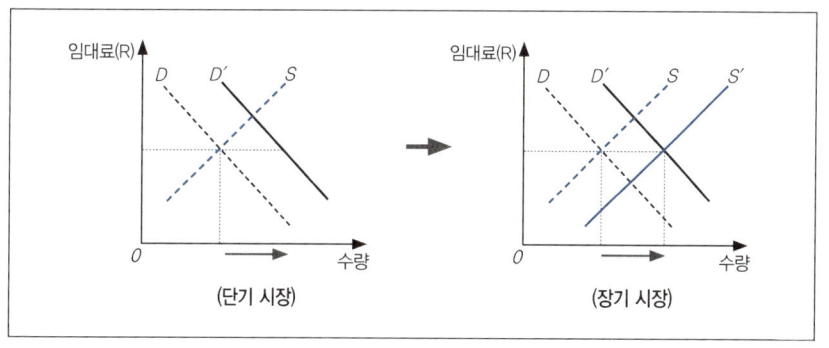

◇기출 임대료 보조 정책은 다른 조건이 같을 경우 임대주택의 공급을 감소시킨다. (×)

◇기출 임대료 보조 정책은 저소득층의 실질소득을 증가시키는 효과를 가지며, 다른 조건이 같을 경우 임대주택의 수요를 증가시킨다. (○)

◇기출 임대료 보조 정책은 민간임대주택의 공급을 장기적으로 감소시키고 시장임대료를 높인다. (×)

(3) 구별 개념

① **공급자 보조**
   ㉠ 공급자 보조는 정부가 임대주택 공급자에게 건축비의 일부를 보조하는 정책이다.
   ㉡ 임차인에게 임대료를 보조하는 수요자 보조가 임차인의 주거 선택의 입장에서 보다 유리하다.

② **현금 보조 또는 소득 보조**
   ㉠ 현금 보조(또는 소득 보조)란 사용목적에 제한이 없는 현금을 보조하는 방식이다.
   ㉡ 임차인에게 동일한 현금이 지불되더라도 사용목적이 임대료 지불에 한정된다는 점에서 임대료 보조는 현금 보조와 구별된다.
   ㉢ 일반적으로 현금 보조가 임차인의 효용 측면에서 보다 유리한 정책으로 이해된다.

3 공공임대주택정책

(1) 공공임대주택의 이해

① **의미**: 국가 등이 임대주택을 직접 건설하여 임차인에게 공급하는 정책
② **성격**: 직접개입방식

(2) 공공임대주택의 효과

① 정부가 공급하는 공공임대주택의 임대료는 시장 임대료보다 낮기 때문에 공공임대주택의 거주자들은 사적 시장의 임대료와의 차이만큼 정부로부터 주거비를 보조받는 효과가 발생한다.
② 공공임대주택이 공급되면 일반적으로 임대주택시장의 수요의 탄력성을 높일 수 있다.

◇기출 주택바우처는 저소득임차가구에 주택임대료를 일부 지원해주는 소비자보조방식의 일종으로 임차인의 주거지 선택을 용이하게 할 수 있다. (○)

◇기출 공공임대주택정책은 간접개입방식에 해당한다. (×)

04 조세정책

1 조세정책의 이해

(1) 조세의 기능

① 조세는 기본적으로 정부의 활동에 필요한 재원을 조달하는 기능을 수행한다.

② 조세의 기능

소득 재분배	고소득층에 높은 세율을 적용하고 저소득층에 낮은 세율을 적용함으로써 소득을 재분배하고자 한다.
자원의 배분	특정 상품에 대한 세율을 조정함으로써 자원 배분의 방향에 영향을 줄 수 있다. 사치품에 고율의 세금을 부과하면 생산과 소비가 감소할 수 있다.
경기의 조절	경기가 침체될 때 세율을 인하함으로써 정부는 경기를 활성화 시킬 수 있다.

◇ **기출** 부동산 조세는 소득재분배 효과를 기대할 수 있다. (○)

참고 누진세 체계
소득세에 적용되는 누진세 체계는 소득이 낮은 계층에게는 낮은 세율을 부과하고, 소득이 높은 계층에게는 높은 세율을 부과함으로써 소득에 따른 세율에 차등을 두는 제도이다.

주의 구분 개념
1. **절세**: 세금의 절약(합법)
2. **탈세**: 부정한 방법으로 세금의무를 면탈하는 범죄행위
3. **조세회피**: 세법의 미비점을 활용하여 세금의무를 완화하거나 피하는 것으로 사회적 비난의 대상은 되지만 불법은 아니다.

(2) 조세의 전가와 귀착

① **조세의 전가**: 조세가 부과되면 각 경제주체들은 조세부담을 다른 경제주체에게 이전시키고자 한다.

② **조세의 귀착**: 조세 전가가 이루어지면 납세의무자와 실제로 조세를 부담하는 담세자가 달라진다.

길잡이 조세의 전가 과정

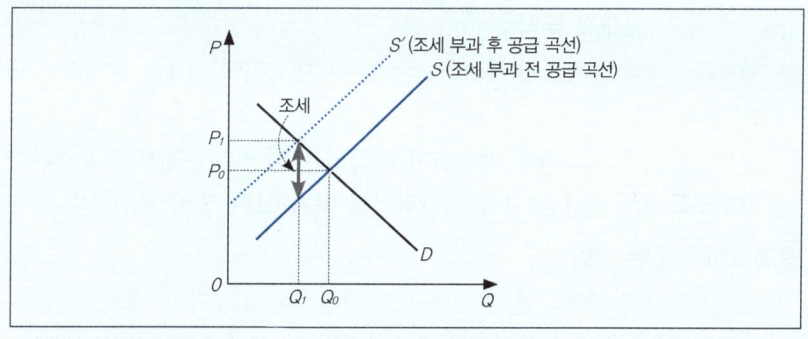

1. 어떤 재화의 공급자에게 세금이 부과되면 재화의 생산비용이 증가하기 때문에 공급이 감소한다.
2. 공급이 감소하면 가격이 P_1으로 상승하고 수요자는 가격상승분$(P_0 \sim P_1)$만큼을 추가 부담해야만 한다.
3. 그 결과 공급자와 수요자가 함께 조세를 부담하는 결과가 된다.

(3) 조세부담의 상대적 크기

① 조세부담은 수요자와 공급자의 가격탄력성의 정도에 의해 결정된다.

② 일반적으로 조세부담은 보다 비탄력적인 상대방이 보다 많이 부담한다.

수요자 측면	공급자 측면
• 수요 비탄력 ⇨ 수요자 많이 부담 • 수요 탄력 ⇨ 공급자 많이 부담 • 수요 완전비탄력 ⇨ 수요자 전부 부담 • 수요 완전탄력 ⇨ 공급자 전부 부담	• 공급 비탄력 ⇨ 공급자 많이 부담 • 공급 탄력 ⇨ 수요자 많이 부담 • 공급 완전비탄력 ⇨ 공급자 전부 부담 • 공급 완전탄력 ⇨ 수요자 전부 부담

◈기출 조세부담은 가격탄력성이 보다 낮은 상대방이 보다 적게 부담한다. (×)

2 조세정책의 구체적 사례 제31회, 제32회, 제33회, 제34회, 제35회

(1) 임대주택에 대한 재산세 부과

① 재산세가 임대인에게 부과되더라도 조세 전가 현상이 나타나면 임대인과 임차인은 재산세를 함께 부담하게 된다.

② 재산세의 상대적 부담

　㉠ 조세의 부담은 가격탄력성이 보다 낮은 쪽이 보다 많이 부담한다.

　㉡ 임차인의 가격탄력성이 임대인보다 탄력적이라면, 재산세는 임대인이 보다 많이 부담한다.

　㉢ 임대인이 완전탄력적이라면, 재산세는 임차인이 전부 부담한다.

　㉣ 임차인이 완전탄력적이라면, 재산세는 임대인이 전부 부담한다.

◈기출 임대인이 완전탄력적이라면 재산세는 임대인이 전부 부담한다. (×)

◈기출 소유자가 거주하는 주택에 재산세를 부과하면 주택수요가 증가한다. (×)

(2) 양도소득세 부과

① 양도소득세의 상대적 부담

　㉠ 양도소득세가 중과되면 세금을 납부한 후 매도인이 실제로 수령하는 대금은 감소한다.

　㉡ 양도소득세가 중과되면 매수인이 지급하는 대금은 종전보다 올라간다.

　㉢ 양도소득세의 부담은 보다 비탄력적인 자가 보다 많이 부담한다.

② 동결효과가 있는 경우

　㉠ 양도소득세가 중과되면, 가격이 오른 부동산의 소유자가 양도소득세를 납부하지 않기 위해서 주택의 처분을 연기하는 현상이 발생되는데, 이를 동결효과라고 한다.

　㉡ 주택의 동결효과가 발생되면 주택의 공급이 감소하여 주택의 가격이 상승할 수 있다.

◈기출 주택의 동결효과가 발생하면 주택의 가격은 하락할 수 있다. (×)

◈기출 주택공급의 동결효과(lock-in effect)란 가격이 오른 주택의 소유자가 양도소득세를 납부하기 위해 주택의 처분을 적극적으로 추진함으로써 주택의 공급이 증가하는 효과를 말한다. (×)

(3) 헨리조지의 토지단일세

① **의미**: 헨리조지는 다른 모든 조세를 철폐하고 토지에 대한 재산세만을 단일하게 부과해야 한다고 주장하였다.

② **근 거**
   ㉠ 토지의 공급은 완전비탄력적이기 때문에 토지세는 토지소유자가 임차인에게 조세를 전가시킬 수 없는 효율적인 조세이다.
   ㉡ 다른 모든 조세를 철폐하더라도 토지세만으로 충분히 국가의 재정을 확보할 수 있다.

(4) 우리나라 조세법상의 부동산 관련 조세

구 분	취득단계	보유단계	처분단계
국 세	취득세	종합부동산세	양도소득세
지방세		재산세	

⚠ 기타: 상속세(국세), 증여세(국세)는 취득단계와 관련된 세금이다.

◇ **기출** 재산세는 지방세로서 취득단계에 부과되는 조세이다. (×)

◇ **기출** 상속세와 재산세는 부동산의 취득단계에 부과한다. (×)

◇ **기출** 증여세와 종합부동산세는 부동산의 보유단계에 부과한다. (×)

◇ **기출** 취득세와 등록면허세는 지방세에 속한다. (○)

05 기타 부동산 정책

1 용도지역제

(1) 용도지역제의 이해

① **의 미**
   ㉠ 토지이용을 토지이용계획에 부합되도록 유도하기 위하여 토지와 건축물의 용도 및 건축물의 높이 등을 법률에 의해 통제하는 제도이다.
   ㉡ 용도지역제는 토지이용계획의 내용을 구현하는 법적 수단이다.

② **목 적**
   ㉠ 부(−)의 외부효과의 제거 및 감소를 목적으로 하는 제도이다.
   ㉡ 용도지역이 설정되면 지정된 용도와 어울리지 않는 토지이용이 제한됨으로써 부(−)의 외부효과를 제거하거나 감소시킬 수 있다.
   ㉢ 용도지역은 토지를 경제적·효율적으로 이용하고 공공복리의 증진을 도모하기 위하여 지정한다.

◇ **기출** 토지이용에 있어서 용도지역·지구는 사회적 후생손실을 완화하기 위해 지정된다. (○)

📌 **주의** 사전적 독점의 문제
어떤 지역의 용도가 개발이 가능한 용도로 변경되었을 때 용도변경으로 발생한 이득은 모두 기존 토지소유자에게 돌아간다. 따라서 기존 토지소유자들의 재산권을 과도하게 보호한다는 비판을 받는다.

(2) **유용성과 한계**

유용성	• 각 지역마다 허용되는 용도를 법으로 규정했기 때문에 예측가능성이 있다. • 토지용도의 결정과 개발계획이 신속하게 수립할 수 있다.
한 계	• 토지이용이 경직적이다. • 지역별 규제 내용에 차이가 있다면 지역 간 형평성의 문제를 발생시킨다.

2 개발권양도제도

(1) **의 미**

① 개발권양도제도(Transfer of Development Right)는 강력한 토지이용규제가 필요한 경우에 국가재정의 부담 없이 개인의 재산권을 보호하고자 하는 제도이다.

② **도입 여부**: 우리나라는 현재 개발권양도제도가 도입되어 있지 않다.

> **기출** 개발권양도제란 규제지역 토지소유자의 손실을 개발지역 토지에 대한 소유권 부여를 통해 보전하는 제도이다. (×)

> **기출** 개발권양도제는 공공이 부담해야 하는 비용을 절감하면서 규제에 따른 손실의 보전이 이루어진다는 점에 의의가 있다. (○)

> **기출** 개발권양도제는 규제지역 토지소유자의 재산상의 손실을 시장을 통해서 해결하려는 제도이다. (○)

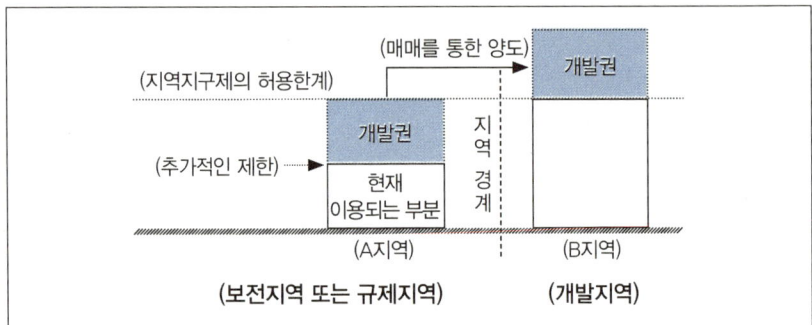

(2) **내 용**

① 1970년대 뉴욕시에서 고안된 개발권양도제도는 도시 등 고밀도지역에서 역사적 구조물의 보존을 위해 처음 등장하였다.

② 역사적 구조물로 인하여 개발이 제한된 지역의 토지소유자에게 개발권이 인정되면, 개발권 양도를 통해 이용규제에 따른 손실을 보전받을 수 있다.

③ 개발권양도제도가 도입되면 정부는 별도의 재정지출이나 민원에 대한 부담 없이 개발제한구역이나 환경 및 문화재보전 등의 공익목적을 달성할 수 있다.

③ 토지은행제도 제33회

(1) 토지은행제도(공공토지비축제도)의 이해

① **의미**: 공익사업에 필요한 토지의 원활한 공급과 토지시장의 안정을 위하여 장래 이용 가능한 토지를 미리 확보하고 필요한 시기에 이를 공급하는 제도이다.

② **성격**: 직접개입방식

③ **도입 여부**: 현재 우리나라는 「공공토지비축에 관한 법률」에 의거 이를 도입하여 시행하고 있다.

◇ **기출** 토지은행제도는 간접개입방식에 해당한다. (×)

(2) 유용성과 한계

유용성	• 토지은행제도는 공익사업에 필요한 토지를 미리 확보함으로써 공공시설, 산업·주택 용지 등을 저렴하게 공급할 수 있다. • 토지비축제도는 사적 토지소유의 편중현상으로 인해 발생가능한 토지보상비 등의 고비용 문제를 완화시킬 수 있다. • 민간에 의한 무질서하고 무계획적인 토지개발을 막을 수 있다. • 공익사업에 필요한 토지를 사전에 계약 등의 방식으로 확보하기 때문에 토지를 수용하는 것보다 토지소유자의 권리침해가 적다.
한 계	비축토지의 용도에 대한 계획을 분명하게 설정하지 않은 상태에서 정부가 대량으로 토지를 매입한다면 지가상승을 유발할 수 있다.

◇ **기출** 공공토지의 비축에 관한 법령상 비축토지는 각 지방자치단체에서 직접 관리하기 때문에 관리의 효율성을 기대할 수 있다. (×)

참고 토지은행
토지은행이란 공공토지의 비축 및 공급을 위하여 한국토지주택공사에 설치하는 토지은행계정을 말한다.

06 정책론 계산 문제

① 임대료 규제

[문제] 다음은 정부의 임대료 규제 정책의 내용이다. 이를 통해 임대아파트 시장의 초과수요 또는 초과공급 상황과 그 수량은 얼마가 될 것인가? (단, 가격의 단위는 만원이고, 수량의 단위는 m²이다)

> 임대아파트의 수요함수는 $Q_D = 1,400 - 2P$이며, 공급함수는 $Q_S = 200 + 4P$라고 하자. 이때 정부가 아파트 임대료를 150만원/m²로 규제했다.

1. 정부 규제 임대료 상황에서의 수요량
   ① 정부의 규제 임대료 150만원을 수요함수에 대입한다.
   ② 수요량(Q_D): $Q_D = 1,400 - 2P$, $Q_D = 1,400 - (2 \times 150) = 1,100$

2. 정부 규제 임대료 상황에서의 공급량
   ① 정부의 규제 임대료 150만원을 공급함수에 대입한다.
   ② 공급량(Q_S): $Q_S = 200 + 4P$, $Q_S = 200 + (4 \times 150) = 800$

3. 초과수요(수요량 − 공급량): $1,100 - 800 = 300$m²

제4장 부동산 투자론

01 부동산 투자의 이해

1 부동산 투자의 의미와 특징

(1) 부동산 투자의 의미
① 부동산 투자는 장래 불확실한 수익을 목적으로 자금을 투입하는 행위이다.
② 부동산 투자는 부동산을 소유하고 운영하는 활동을 말하며, 부동산 투자는 취득·운영 및 처분의 3단계로 구성된다.

(2) 부동산 투자의 특징

높은 수익성	• 부동산 투자는 자본이득과 함께 소득이득을 얻을 수 있다. • 대출에 대한 이자비용과 건물의 감가상각비는 과세대상 소득에서 공제된다. • 타인자본을 통해 지분수익률을 올리는 지렛대 효과를 얻을 수 있다.
높은 안전성	• 실물자산으로서 원금의 손실 가능성이 적다. • 실물자산으로 인플레이션 헷징(구매력 보호)이 가능하다.
낮은 유동성	• 부동산을 처분하기 위해서는 상당한 기간이 필요하다. • 부동산을 투자자가 원하는 시기에 현금으로 교환하기 위해서는 손실을 부담하여야만 한다.

2 부동산 투자의 수익

(1) 투자의 성과측정
① 부동산 투자자는 투자를 통해 얻은 수익과 투자를 위해 투입된 비용을 비교하여 투자의 성과를 측정하고자 한다.
② 수익률과 지분수익률은 투자의 성과를 측정하는 대표적인 지표이다.

(2) 수익률과 지분수익률
① 수익률

의미	투자금액에 대한 수익의 비율
공식	수익률 = $\dfrac{수익}{투자금액}$ = $\dfrac{소득이득 + 자본이득}{투자금액}$

> **주의 구분 개념**
> 1. **소득이득**: 부동산 임대차를 통해 발생하는 임대소득을 통해 얻는 이득
> 2. **자본이득**: 부동산 처분을 통해 발생하는 가격 차액을 통해 얻는 이득

② **지분수익률**

의 미	지분투자액에 대한 지분수익의 비율
공 식	지분수익률 = $\dfrac{\text{지분수익}(= \text{세전현금수지} + \text{기말 가치증감분})}{\text{지분투자액}}$

> ◇**기출** 지분수익률은 총투자금액에 대한 지분수익의 비율을 의미한다. (×)

(3) **지렛대 효과**

① 의 미
  ㉠ 지렛대 효과란 타인자본을 이용하여 지분수익률을 증가시키는 효과이다.
  ㉡ 주택구입과 관련된 관행 중에 전세를 안고 부동산을 구입하는 것은 지렛대 효과를 기대한 것으로 볼 수 있다.

② 구 분
  ㉠ 정(+)의 지렛대 효과: 타인자본을 통해 지분수익률이 증가하는 경우
  ㉡ 중립적 지렛대 효과
  ㉢ 부(−)의 지렛대 효과: 타인자본을 통해 지분수익률이 감소하는 경우

③ 정(+)의 지렛대 효과를 발생시키는 요인
  ㉠ 부동산 투자를 통해 얻을 수 있는 (종합)수익률보다 낮은 금리로 대출을 받을 수 있는 경우에 지분수익률은 증가한다.
  ㉡ 투자수익률보다 낮은 금리로 대출이 가능하다면, 차입비율이 보다 클수록 지분수익률은 증가한다.
  ㉢ 지렛대 효과에 의해 지분수익률이 증가하면 부담해야 할 위험도 그 만큼 증가함에 주의하여야 한다.

> ◇**기출** 대부비율이 높아질수록 투자의 재무레버리지 효과는 작아진다. (×)

> ◇**기출** 투자자는 지렛대 효과를 통해 투자의 위험을 줄일 수 있다. (×)

3 부동산 투자의 위험 제34회

(1) **위험의 의미**

① 위험은 부동산 투자에서 예상했던 결과와 실제 실현된 결과가 달라질 가능성을 의미한다.
② 투자의 목적이 되는 수익은 장래 실현된다는 점에서 부동산 투자에는 항상 위험이 존재한다.

(2) 부동산 투자 위험의 종류

사업상의 위험 (경영위험)	부동산 사업 자체에서 연유하는 수익성에 관한 위험 ① 시장위험: 시장의 수요·공급상황의 변화 ② 운영위험: 근로자 파업, 영업경비의 변동 ③ 위치적 위험: 적절하지 못한 입지선정, 상대적 위치의 변화
금융적 위험	대출금리 변화 등 대출 환경의 변화에 따른 투자의 불확실성
법적 위험	정부의 정책이나 규제 변화에 따른 투자의 불확실성
인플레 위험	인플레이션(물가 상승)이 주는 투자의 불확실성
유동성 위험	부동산을 현금으로 전환하는 과정에서 발생하는 손실

> **기출** 부동산 투자사업 자체에서 발생되는 수익성에 관한 위험을 유동성 위험이라고 한다. (×)

> **기출** 투자자가 대상 부동산을 원하는 시기에 현금화하지 못할 가능성은 유동성 위험에 해당한다. (○)

(3) 위험과 수익의 관계

① 위험에 대한 투자자의 태도
  ㉠ 위험에 대한 태도는 투자자에 따라 달라진다.
  ㉡ 위험에 대한 투자자의 태도는 위험 회피형(위험 혐오형), 위험 중립형, 위험 선호형(위험 추구형)으로 구분할 수 있다.
  ㉢ 일반적으로 투자이론은 위험 회피형 투자자를 가정한다.

② 위험과 수익의 비례관계
  ㉠ 위험이 예상되는 경우에 위험 회피형 투자자는 예상되는 위험에 대해 보상을 요구한다.
  ㉡ 투자자가 예상되는 위험에 대해 보상을 요구한다고 가정하면 투자로부터 예상되는 수익(보상)은 예상되는 위험에 비례하여 증가한다.

> **기출** 부동산 투자위험(표준편차)과 기대수익률은 부(−)의 상관관계를 가진다. (×)

(4) 위험의 측정

① 위험은 통계학의 분산 또는 표준편차로 측정된다.
② 측정된 분산이나 표준편차가 클수록 보다 위험한 투자대안으로 평가된다.

> **기출** 표준편차가 작을수록 투자에 수반되는 위험은 커진다. (×)

02 투자를 결정하는 이론

1 수익률을 통한 의사결정   제32회, 제33회, 제34회, 제35회

(1) 수익률의 종류

기대수익률	• 투자대안으로부터 기대되는 수익률 • 시장으로부터 산출되는 객관적 수익률이다.
요구수익률	• 투자자가 투자를 하기 위해 투자안에 요구하는 최소한의 수익률 • 투자대상과 투자자에 따라 달라지는 주관적 수익률이다.

(2) 수익률을 통한 의사결정

① **원칙**: 기대수익률이 요구수익률보다 높은 경우에 투자는 이루어진다.

② **의사결정**
  ㉠ 기대수익률 > 요구수익률: 투자대안 선택
  ㉡ 기대수익률 < 요구수익률: 투자대안 기각

> **주의** 기대수익률과 요구수익률은 장기적으로 일치되려는 경향이 있다. 따라서 기대수익률이 요구수익률보다 크다면 장기적으로 기대수익률은 하락한다.

(3) 수익률의 산정

① **기대수익률의 산정**
  ㉠ 기대수익률은 미래 시장상황에 대한 확률과 시장상황에 따른 추정수익률을 가중평균하여 산정한다.
  ㉡ 산정방법

  > 기대수익률 = Σ(각 시장상황별 확률 × 각 시장상황별 추정수익률)

② **요구수익률의 산정**
  ㉠ 요구수익률은 무위험률에 위험할증률을 가산하여 산정한다.
  ㉡ 산정방법

  > 요구수익률 = 무위험률 + 위험할증률 + 예상 인플레이션율

  - **무위험률**: 위험이 없는 상황에서 투자자가 요구하는 수익률(시간에 대한 대가 또는 예금이자율)
  - **위험할증률**: 위험에 대한 보상률

◇ **기출** 무위험률의 하락은 투자자의 요구수익률을 상승시키는 요인이다. (×)

◇ **기출** 금리상승은 투자자의 요구수익률을 상승시키는 요인이다. (○)

◇ **기출** 동일 투자자산이라도 개별투자자가 위험을 기피할수록 요구수익률이 높아진다. (○)

◇ **기출** 시중금리 상승은 부동산 투자자의 요구수익률을 하락시키는 요인이다. (×)

2 평균·분산 지배원리 제34회, 제35회

(1) 평균·분산 지배원리의 의미

① 평균은 가중평균을 통해 산정된 기대수익률을 의미하고, 분산은 통계학의 분산을 통해 산정된 위험을 의미한다.

② 결국 평균·분산 지배원리란 수익(기대수익률)과 위험을 동시에 활용하여 투자를 결정하는 방법이라고 할 수 있다.

(2) 평균·분산 지배원리

① 위험이 동일하다면 수익이 높은 투자대안을 선택한다.
② 수익이 동일하다면 위험이 낮은 투자대안을 선택한다.

> **참고** 지배원리의 정리
> 1. 투자안 A는 B를 지배한다.
> 2. 투자안 C는 B를 지배한다.
> 3. 투자안 A는 C를 지배하지 못한다.
> 4. 투자안 C는 A를 지배하지 못한다.

③ 평균·분산 지배원리의 적용 사례

투자대안	기대수익의 평균(%)	표준편차(%)
A	10	10
B	10	30
C	15	30

㉠ 수익 기준: 수익이 가장 큰 C를 선택한다.
㉡ 위험 기준: 위험이 가장 낮은 A를 선택한다.
㉢ 적용 한계: C와 A는 더 이상 평균·분산 지배원리에 의하여 어느 하나로 선택될 수 없다. 이는 수익과 위험이 비례관계에 있기 때문이다. 즉 C는 A에 비해 수익이 크지만 위험도 높고, A는 C에 비해 위험이 낮지만 수익도 작기 때문이다.

(3) 보조지표

① 변이계수

$$변이계수 = \frac{위험(표준편차)}{수익(기대수익률)}$$

㉠ 변이계수는 위험을 수익으로 나눈 값으로, 단위수익당 위험의 크기를 의미한다.
㉡ 변이계수가 작은 투자대안일수록 보다 우월한 투자대안으로 평가된다.

> **기출** 위험회피형 투자자는 변이계수(변동계수)가 작은 투자안을 더 선호한다. (○)

② 위험 1단위당 수익의 크기
㉠ 위험 1단위당 수익의 크기는 수익을 위험으로 나눈 값이다.
㉡ 위험 1단위당 수익의 크기는 클수록 보다 우월한 투자대안으로 평가된다.

3 위험의 관리 제33회

(1) 위험을 관리하는 일반적인 방법

① 위험한 투자를 제외시키는 방법

의 미	위험한 대안에 투자를 하지 않고 안전한 대안에만 투자를 하는 방법
한 계	이 방식의 투자는 안전하지만 수익도 낮다는 문제가 있다.

② 보수적 예측방법

의 미	수익은 가능한 낮게 예측하고, 비용은 가능한 높게 예측하는 방법
한 계	이 방식의 투자는 부의 극대화를 달성하기 어려운 방법이다.

> **기출** 보수적 예측방법이란 수익은 가능한 높게 예측하는 방법이다. (×)

③ 위험조정할인율의 사용

의미	위험한 투자대안에 대해 보다 높은 할인율을 적용하는 방법
내용	위험한 투자안일수록 할인율(요구수익률)을 상향조정하는 방법이다.

◇ 기출 위험조정할인율법은 위험한 투자대안에 대해 할인율을 하향조정하는 방법이다. (×)

④ 민감도 분석(감응도 분석)

의미	투자수익률에 영향을 미치는 요인과 수익률의 변화관계의 분석을 통해 위험을 관리하는 방법
절차	• 투자자의 수익률에 영향을 미치는 요인(임대료·영업경비·보유기간) 또는 미래 현금흐름에 영향을 주는 요인을 찾아낸다. • 투자수익에 영향을 줄 수 있는 요소 등을 개별적 혹은 집단적으로 변화했을 때 투자의 결과치(순현가나 내부수익률)가 어떻게 변하는가를 분석한다. • 투자요인의 변동에 따른 수익률의 변화 정도를 '민감도'라고 하는데, 민감도가 큰 투자대안일수록 보다 위험한 투자대안으로 평가된다.

◇ 기출 일반적으로 민감도가 작을수록 보다 위험한 투자대안으로 평가된다. (×)

◇ 기출 민감도 분석을 통해 미래의 투자환경 변화에 따른 투자가치의 영향을 검토할 수 있다. (○)

⑤ 포트폴리오 이론(후술)

(2) 위험의 회피, 위험의 축소, 위험의 전가

위험의 회피	• 위험한 투자대안을 제외시키는 방법 • 기대수익률이 요구수익률보다 작은 투자대안을 제외하는 방법
위험의 축소	• 보수적으로 예측하는 방법 • 위험조정할인율을 사용하는 방법 • 감응도 분석기법 • 포트폴리오를 구성하는 방법
위험의 전가	• 보험 등의 가입을 통해 위험을 전가시키는 방법 • 물가가 상승하는 경우에 임대인이 임대료를 인상시키는 방법 • 물가가 상승하는 경우에 은행이 대출금리를 인상시키는 방법

◇ 기출 임대인이 화재보험에 가입하는 것은 위험을 회피하는 방법이다. (×)

4 포트폴리오 이론 제32회, 제33회, 제34회

(1) 포트폴리오 이론의 의미

① 포트폴리오란 투자가 하나에 집중될 때 나타날 수 있는 불확실성을 제거하거나 감소시키기 위한 자산 관리의 방법 또는 원리를 의미한다.

② 포트폴리오는 단순히 분산투자를 의미하는 것이 아니라, 투자대안이 갖고 있는 위험과 수익을 분석하여 불필요한 위험이 제거되도록 자산을 구성하는 방법 또는 원리를 의미한다.

(2) **포트폴리오 위험**

① **위험의 구분**
　㉠ 포트폴리오의 위험은 체계적 위험과 비체계적 위험으로 구분할 수 있다.
　㉡ 체계적 위험과 비체계적 위험

체계적 위험	• 일반 시장으로부터 발생되는 위험이다. • 포트폴리오 구성을 통해 제거될 수 없는 위험이다.
비체계적 위험	• 개별 투자자산이 가지고 있는 고유한 위험이다. • 포트폴리오 구성을 통해 제거될 수 있는 위험이다.

▶ **주의** 투자의 총위험
총위험 = 체계적 위험
　　　 + 비체계적 위험

② **포트폴리오를 통해 감소되는 위험**
　㉠ 분산투자는 모든 위험을 감소시키는 것이 아니라 비체계적 위험만을 감소시킬 수 있다.
　㉡ 시장상황으로부터 발생되는 체계적 위험은 분산투자를 통해서도 제거될 수 없다.

◆ **기출** 체계적 위험은 지역별 또는 용도별로 다양하게 포트폴리오를 구성하면 피할 수 있다. (×)

(3) **위험분산 효과**

① **의미**
　㉠ 포트폴리오를 통해 위험이 감소되는 현상을 말한다.
　㉡ 일반적으로 포트폴리오에 편입되는 자산의 수가 늘어날수록 비체계적 위험이 감소하는데, 이를 포트폴리오 효과 또는 위험분산 효과라고 한다.

② **수익률의 상관계수**
　㉠ 포트폴리오 구성을 통한 위험분산 효과는 수익률의 상관계수를 통해 확인할 수 있다.
　㉡ 상관계수란 서로 다른 두 자산 사이에 나타나는 수익률의 관계를 수치로 표시한 것이다.
　㉢ 상관계수는 −1과 +1 사이의 값을 갖는다.

상관계수 −1	• 두 자산 사이에 나타나는 수익률의 변화 방향이 완전히 상반됨을 의미한다. • 상관계수가 −1이라면, 비체계적 위험을 0까지 줄일 수 있다.
상관계수 +1	• 두 자산 사이에 나타나는 수익률의 변화 방향이 완전히 동일함을 의미한다. • 상관계수가 +1이라면, 위험분산 효과는 없다.

◆ **기출** 상관계수가 −1이라면 체계적 위험을 0까지 줄일 수 있다. (×)

◆ **기출** 상관계수가 "0"인 두 개의 자산으로 포트폴리오를 구성할 때 포트폴리오의 위험감소 효과가 최대로 나타난다. (×)

③ **자산의 구성**
　㉠ 위험분산 효과는 상관계수의 수치가 작은 자산끼리 결합될 때 극대화된다.
　㉡ 투자자는 상관계수가 작은 자산에 분산 투자하는 것이 좋다. 즉, 투자자는 수익률의 변화 방향이 서로 다를 것으로 예상되는 자산에 분산 투자하는 것이 좋다.

◆ **기출** 상관계수가 작은 자산에 분산투자하는 것은 좋지 않다. (×)

(4) **최적 포트폴리오**

① 최적의 포트폴리오는 효율적 전선과 투자자의 무차별곡선이 접하는 지점의 포트폴리오이다.

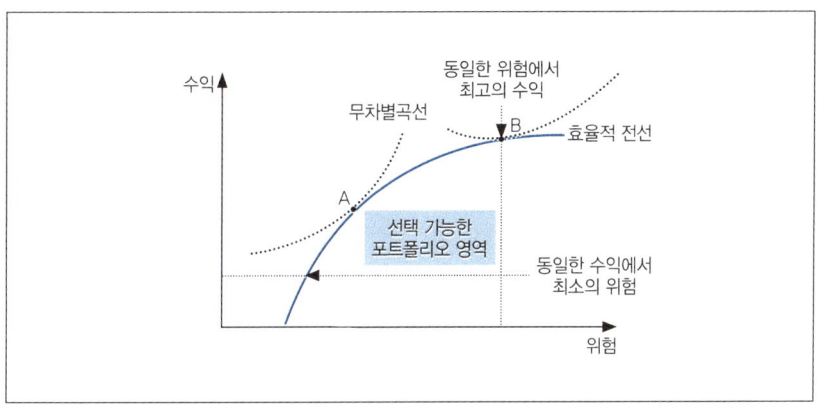

◇기출 공격적 투자자의 무차별곡선은 보다 가파른 형태로 나타난다. (×)

◇기출 최적 포트폴리오는 투자자의 무차별곡선과 효율적 프론티어의 접점에서 선택된다. (○)

참고 무차별곡선은 투자자에게 동일한 효용을 주는 수익과 위험의 조합을 나타낸 곡선이다.

㉠ 보수적인 투자자는 위험이 낮은 지점의 포트폴리오(A)를 선택한다.
㉡ 공격적인 투자자는 수익이 높은 지점의 포트폴리오(B)를 선택한다.

② **효율적 전선**

㉠ 효율적 전선은 평균·분산 지배원리에 의해 선택된 포트폴리오를 연결한 선이다.
㉡ 효율적 전선에 포함된 포트폴리오는 동일한 위험에서 최고의 수익률을 가지거나 동일한 수익률에서 최소의 위험을 가지는 포트폴리오이다.

03 투자분석을 위한 기초 수학

1 화폐의 시간가치 제31회, 제32회

(1) **6계수(자본환원계수)의 의미와 공식**

① 미래가치계수

구 분	일시불의 내가계수	연금의 내가계수
개 념	단일금액(일시불) 1원을 예금했을 때, n년 후에 달성되는 금액	매년 1원을 연금의 형태로 적립했을 때, n년 후에 달성되는 금액
공 식	$(1+r)^n$	$\dfrac{(1+r)^n - 1}{r}$

참고 일반적으로 이자계산은 복리방식을 원칙으로 한다. 복리방식은 원금에 대한 이자뿐만 아니라 이자에 대한 이자도 함께 계산하는 방식이다.

② 현재가치계수

구 분	일시불의 현가계수	연금의 현가계수
개 념	미래금액 1원을 현재시점으로 환원한 금액	장래 연금의 형태로 받게 될 1원을 현재시점으로 환원한 금액
공 식	$\dfrac{1}{(1+r)^n}$	$\dfrac{(1+r)^n - 1}{r(1+r)^n}$

③ 응용계수

구 분	저당상수	감채기금계수
개 념	은행으로부터 대출을 받은 경우, 은행에 지급해야 할 매년 원리금 상환액을 구하는 수식	미래 목표금액(기금)이 설정된 경우, 기금을 만들기 위한 매년 적립액을 구하는 수식
공 식	연금의 현가계수의 역수	연금의 내가계수의 역수
활 용	대출금액 × 저당상수 = 매기 원리금상환액	기금 × 감채기금계수 = 매기 적립액

(2) 6계수의 활용

① 현재 3억원인 주택의 10년 후 주택가격을 추정하기 위해서는 일시불의 미래가치계수를 활용한다.

② 매월 연금형태로 예금하는 정기적금을 10년 동안 적립한 후에 달성되는 금액을 계산하기 위해서는 연금의 미래가치계수를 활용한다.

③ 10년 후에 1억원이 될 것으로 예상되는 토지의 현재가치를 계산하기 위해서는 일시불의 현재가치계수를 활용한다.

④ 매월 50만원씩 10년 동안 들어올 것으로 예상되는 임대료 수입의 현재가치를 계산하기 위해서는 연금의 현재가치계수를 활용한다.

⑤ 주택마련을 위해 은행으로부터 원리금균등분할상환방식으로 대출을 받은 가구가 매월 상환해야 할 금액을 산정하기 위해서는 저당상수를 활용한다.

⑥ 10년 후 주택을 구입하기 위한 목돈을 마련하기 위해서 매년 적립해야 할 금액을 산정하기 위해서는 감채기금계수를 활용한다.

기출 원금균등분할상환방식으로 대출을 받은 가구가 매월 상환해야 할 금액을 산정하기 위해서는 저당상수를 활용한다. (×)

(3) 6계수의 관계

① 일시불의 내가계수와 일시불의 현가계수는 역의 관계이다.

② 연금의 내가계수와 연금의 현가계수는 역의 관계가 아니다.

③ 연금의 내가계수의 역수는 감채기금계수이다.

④ 연금의 현가계수의 역수는 저당상수이다.

기출 연금의 현재가치계수와 감채기금계수는 역수관계에 있다. (×)

기출 연금의 내가계수와 연금의 현가계수는 역의 관계이다. (×)

② 투자의 현금흐름분석 제34회

(1) 보유기간 현금흐름분석

① 보유기간 현금수지표

구 분	계산과정
가능총소득	단위당 예상임대료 × 임대 단위수 = 가능총소득
유효총소득	가능총소득 − 공실 및 불량부채 + 기타 소득 = 유효총소득
순영업소득	유효총소득 − 영업경비 = 순영업소득
세전현금수지	순영업소득 − 부채서비스액 = 세전현금수지
세후현금수지	세전현금수지 − 영업소득세 = 세후현금수지

> **참고** 부채서비스액
> = 저당지불액
> = 융자지불액, 융자월부금
> = 원리금 상환액
> = 원금 + 이자

◇ **기출** 순영업소득과 세전현금수지는 동일할 수 없다. (×)

◇ **기출** 가능총소득은 유효총소득보다 일반적으로 작다. (×)

② 영업경비 항목
  ㉠ 포함되는 항목: 유지·수선비, 관리비, 전기·가스·수도료, 화재보험료 및 임대부동산에 대한 재산세 등
  ㉡ 제외되는 항목: 공실 및 불량부채, 부채서비스액, 영업소득세, 자본이득세, 개인적 업무비, 자본적 지출, 감가상각비 등

◇ **기출** 순영업소득의 산정과정에서 해당 부동산의 재산세는 차감하나, 영업소득세는 차감하지 않는다. (○)

◇ **기출** 영업소득세를 계산하기 위해서는 이자와 감가상각비를 알아야 한다. (○)

◇ **기출** 공실률, 부채서비스액은 유효총소득을 산정하는 데 필요한 항목이다. (×)

③ 영업소득세의 계산

```
    순영업소득              세전현금수지
  + 대체충당금            + 대체충당금
  − 이자지급분            + 원금상환분
  − 감가상각액            − 감가상각액
  ─────────            ─────────
    과세소득                과세소득
  ×   세  율             ×   세  율
  ─────────            ─────────
    영업소득세              영업소득세
```

(2) 기간 말 현금흐름분석

구 분	내 용
순매도소득	매도가격(매도소득) − 매도경비 = 순매도소득
세전지분복귀액	순매도소득 − 미상환 저당잔금 = 세전지분복귀액
세후지분복귀액	세전지분복귀액 − 자본이득세 = 세후지분복귀액

04 부동산 투자분석기법

1 투자분석기법의 구분 제33회

(1) **할인법**(할인현금수지분석법)

의 미	• 수익과 비용을 현재가치로 환산하여 투자를 분석하는 방법 • 화폐의 시간가치를 고려하는 방법
유 형	• 순현가법(NPV법) • 내부수익률법(IRR법) • 수익성지수법(PI법) • 현가회수기간법

> 주의 단순회수기간법은 화폐의 시간가치를 고려하지 않는 방법이나, 현가회수기간법은 화폐의 시간가치를 고려하는 방법이다.

> 기출 수익률법과 승수법은 화폐의 시간가치를 고려하는 방법이다. (×)

> 기출 현가회수기간법은 화폐의 시간가치를 고려하지 않는 방법이다. (×)

> 주의
> 1. 단순회수기간법 – 비할인법
> 2. 현가회수기간법 – 할인법

(2) **비할인법**

의 미		• 현재가치를 하지 않은 수익과 비용으로 투자를 분석하는 방법 • 화폐의 시간가치를 고려하지 않는 방법
유 형	어림셈법	• 수익률법 • 승수법
	비율분석법	다양한 재무비율을 이용하는 방법
	전통적인 방법	• (단순)회수기간법 • 회계적 이익률법

2 할인법 제31회, 제32회, 제33회, 제34회, 제35회

(1) **순현가법**

① **순현가**: 수익의 현가 – 비용의 현가

② **순현가법**
　㉠ 순현가 ≥ 0 ⇨ 투자채택
　㉡ 순현가가 0보다 큰 투자대안을 선택하는 방법이다.

> 주의
> 1. 할인율이란 현재가치에 적용되는 이자율이다.
> 2. 일반적으로 투자분석에서 할인율은 투자자의 요구수익률이 활용된다.
> 3. 할인율이 클수록 현재가치는 작아진다.

(2) **수익성지수법**

① **수익성지수**: 수익의 현가 ÷ 비용의 현가

② **수익성지수법**
　㉠ 수익성지수 ≥ 1 ⇨ 투자채택
　㉡ 수익성지수가 1보다 큰 투자대안을 선택하는 방법이다.

> 기출 수익성지수는 순현금 투자지출 합계의 현재가치를 사업기간 중의 현금수입 합계의 현재가치로 나눈 상대지수이다. (×)

(3) 내부수익률법

① 내부수익률
  ㉠ 순현가를 0으로 만드는 할인율
  ㉡ 수익성지수를 1로 만드는 할인율

② 내부수익률법
  ㉠ 내부수익률 ≧ 요구수익률 ⇨ 투자채택
  ㉡ 내부수익률은 투자대안의 기대수익률을 의미한다.
  ㉢ 내부수익률이 요구수익률보다 큰 투자대안을 선택하는 방법이다.

(4) 할인법의 관계

① 순현가와 수익성지수의 관계
  ㉠ 순현가가 0이라면, 수익성지수는 1이 된다.
  ㉡ 순현가가 0보다 크다면, 수익성지수는 1보다 크다.

② 순현가법과 내부수익률법의 비교
  ㉠ 순현가를 산정할 때 적용되는 할인율은 투자자의 요구수익률이고, 내부수익률법을 적용하여 산정된 내부수익률은 투자대안의 기대수익률이다.
  ㉡ 순현가법을 활용하기 위해서는 사전에 할인율이 결정되어야 하지만 내부수익률법을 활용하기 위해서는 사전에 할인율이 결정될 필요가 없다.

③ 순현가법과 내부수익률법의 일치 여부
  ㉠ 하나의 투자대안을 분석하는 경우에 순현가법을 통한 결과와 내부수익률법을 통한 결과는 동일하다.
  ㉡ 여러 투자대안 중 하나를 선택하는 경우에 순현가법과 내부수익률법의 결과는 달라질 수 있다.

3 비할인법   제31회, 제32회, 제33회, 제34회, 제35회

(1) 어림셈법

① 수익률과 승수의 종류

수익률		관계	승수	
순소득률 (자본환원이율)	순영업소득 / 투자금액	⇔	순소득승수 (자본회수기간)	투자금액 / 순영업소득
세전현금수지율 (지분배당률)	세전현금수지 / 지분투자금액	⇔	세전현금수지 승수	지분투자금액 / 세전현금수지
세후현금수지율 (세후수익률)	세후현금수지 / 지분투자금액	⇔	세후현금수지 승수	지분투자금액 / 세후현금수지

② **수익률과 승수의 역수 관계**
  ㉠ 순소득률은 순소득승수와 역의 관계에 있다.
  ㉡ 순소득률은 자본회수기간과 역의 관계에 있다.
  ㉢ 순소득승수는 자본환원이율과 역의 관계에 있다.

(2) **비율분석법**

① **비율분석법의 이해**

의 미	간단한 재무비율을 이용하여 투자를 결정하는 방법
특 징	화폐의 시간가치를 고려하지 않는 방법이다.
한 계	• 주어진 비율 자체만으로 투자안의 좋고 나쁨을 평가하지 못한다. • 동일한 투자대안이라도 사용하는 지표에 따라 투자결정이 달라질 수 있다.

◇기출 부채비율은 부채총액을 자본총액으로 나눈 비율이다. (○)

② **대부비율과 부채비율**

$$\text{대부비율} = \frac{\text{대출금액}}{\text{부동산의 가격}} \qquad \text{부채비율} = \frac{\text{타인자본}}{\text{자기자본}}$$

◇기출 부채감당률이 1보다 작으면 차입자의 원리금 지불능력이 충분하다. (×)

◇기출 부채서비스액은 매월 또는 매년 지불하는 이자지급액을 제외한 원금상환액을 말한다. (×)

③ **부채감당률**

$$\text{부채감당률} = \frac{\text{순영업소득}}{\text{부채서비스액}}$$

㉠ 부채감당률은 순영업소득이 부채서비스액을 감당할 수 있는지를 나타내는 지표이다.
㉡ 부채감당률 > 1: 순영업소득이 부채서비스액을 감당하기에 충분하다.
㉢ 부채감당률 < 1: 순영업소득이 부채서비스액을 감당하기 어렵다.

◇기출 채무불이행률은 순영업소득이 영업경비와 부채서비스액을 감당할 수 있는 능력이 있는가를 측정한다. (×)

④ **채무불이행률**

$$\text{채무불이행률} = \frac{\text{영업경비} + \text{부채서비스액}}{\text{유효총소득}}$$

⑤ **총자산회전율(총소득률)**

$$\text{총자산회전율} = \frac{\text{총소득}}{\text{부동산의 가치}}$$

(3) 전통적인 방법

① **단순회수기간법**

$$단순회수기간 = \frac{투자금액}{순영업소득}$$

㉠ 회수기간이란 순영업소득으로 투자금액을 회수하는 데 걸리는 기간을 의미한다.
㉡ 투자자는 투자대안의 회수기간을 분석한 후 목표회수기간보다 짧은 투자대안을 선택한다.

② **회계적 수익률법**(회계적 이익률법, 평균수익률법)

$$회계적\ 수익률 = \frac{평균\ 세후이익}{연평균\ 투자액}$$

◈ 기출 회수기간법은 회수기간이 가장 장기인 투자안을 선택한다. (×)

참고 투자판단
1. 순현가 ≥ 0
2. 내부수익률 ≥ 요구수익률
3. 수익성지수 ≥ 1
4. 기대수익률 ≥ 요구수익률
5. 투자가치 ≥ 시장가치
6. 부채감당률 ≥ 1
7. 목표회수기간 ≥ 자본회수기간

05 투자론 계산 문제

1 지분수익률 산정

[문제] 부동산 투자에 따른 1년간 자기자본수익률은? (단, 주어진 조건에 한함)

- 투자 부동산 가격: 3억원
- 금융기관 대출: 2억원, 자기자본: 1억원
- 대출조건
  - 대출기간: 10년
  - 대출이자율: 연 6%
  - 대출기간 만료시 이자지급과 원금을 일시상환
- 1년간 순영업이익(NOI): 2천만원
- 1년간 부동산 가격 상승률: 0%

$$자기자본수익률 = \frac{세전현금수지 + 기말\ 부동산\ 가치증감분}{자기자본(= 지분투자금액)}$$

1. 자기자본에 대한 수익(= 1년간 지분수익 + 1년간 부동산 가격 상승분)
   1) 1년간 세전현금수지
      : 2,000만(순영업소득) − 1,200만(= 2억원 × 6%, 이자비용) = 800만원
   2) 1년간 부동산 가격 상승분: 0원
2. 자기자본: 1억원
3. 자기자본수익률: $\frac{800만 + 0원}{1억} = 0.08(8\%)$

2 기대수익률

[문제 1] 아파트의 시장상황별 추정수익률의 예상치가 다음과 같을 때, 아파트의 기대수익률은 얼마인가?

시장상황	확 률	수익률
불 황	30%	10%
보 통	40%	20%
호 황	30%	30%

1. 개별자산의 기대수익률은 시장상황이 발생할 확률과 각각의 시장상황에서 달성 가능한 추정수익률을 가중평균하여 산정할 수 있다.
2. 아파트의 기대수익률: (불황 확률×불황 수익률) + (보통 확률×보통 수익률) + (호황 확률×호황 수익률) = 개별자산 기대수익률
3. 기대수익률: (0.3×10%) + (0.4×20%) + (0.3×30%) = 20%

[문제 2] A, B, C 3개의 자산으로 이루어진 포트폴리오가 있다. 제시된 자료를 통해 전체 포트폴리오의 기대수익률은? (단, 호황과 불황의 확률은 각각 50%이다)

구 분	포트폴리오 비중(%)	경제상황별 예상 수익률(%)	
		호 황	불 황
A부동산	20	6	4
B부동산	30	8	4
C부동산	50	10	2

1. 포트폴리오 전체 기대수익률을 계산하기 위해서는 먼저 포트폴리오를 구성할 개별자산의 기대수익률을 알아야만 한다.
2. 개별자산의 기대수익률
    ① 산식: (호황 확률×호황 수익률) + (불황 확률×불황 수익률) = 기대수익률
    ② A부동산: (0.5×6%) + (0.5×4%) = 5%
    ③ B부동산: (0.5×8%) + (0.5×4%) = 6%
    ④ C부동산: (0.5×10%) + (0.5×2%) = 6%
3. 포트폴리오 기대수익률
    ① 산식: (A부동산 자산비중×A부동산 기대수익률) + (B부동산 자산비중×B부동산 기대수익률) + (C부동산 자산비중×C부동산 기대수익률) = 포트폴리오 기대수익률
    ② 포트폴리오 기대수익률: (0.2×5%) + (0.3×6%) + (0.5×6%) = 5.8%

3 미래가치와 현재가치

[문제 1] 투자자 甲은 부동산 구입자금을 마련하기 위하여 예금에 가입하였다. 甲은 3년 동안 불입할 예정이며, 1년 말에 1,000만원, 2년 말에 2,000만원, 3년 말에 3,000만원을 불입할 예정이다. 3년 후 이 예금의 미래가치는 얼마인가? (단, 적금의 이자율은 복리로 연 10%이다)

1. 적금의 현금흐름

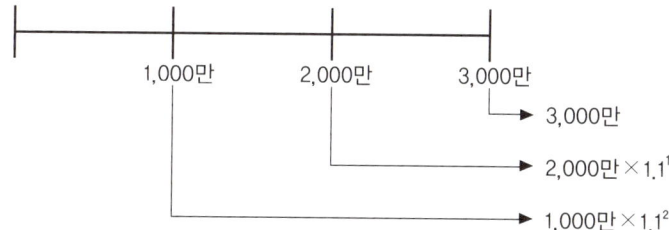

2. 적금의 미래가치: $(1{,}000만 \times 1.1^2) + (2{,}000만 \times 1.1^1) + 3{,}000만 = 6{,}410만원$

[문제 2] 투자자 甲은 부동산 구입자금을 마련하기 위하여 3년 동안 매년 연말 1,000만원씩을 불입하는 정기적금에 가입하였다. 이 예금의 현재가치는 얼마인가? (단, 예금의 이자율은 복리로 연 5%이다)

1. 예금의 현금흐름

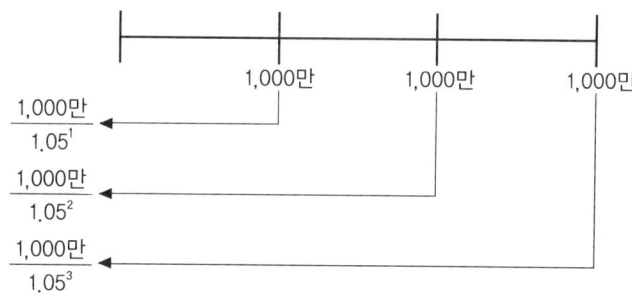

2. 적금의 현재가치: $\dfrac{1{,}000만}{1.05^1} + \dfrac{1{,}000만}{1.05^2} + \dfrac{1{,}000만}{1.05^3} = 2{,}723만원$

[문제 3] 5년 후 1억원의 현재가치는? (할인율은 연 7%이고, 십만원 자리에서 반올림한다)

1. 현금흐름

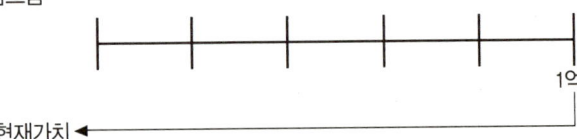

2. 1억원의 현재가치 : $\dfrac{100,000,000}{1.07^5}$ = 71,298,617원(71,000,000원)

4 투자의 현금흐름분석

[문제 1] 임대주택의 1년간 운영실적에 관한 자료이다. 세후현금수지는 얼마인가?

• 호당 임대료	6,000,000원
• 임대가능호수	40호
• 공실률	10%
• 운영비용	16,000,000원
• 원리금상환액	90,000,000원
• 융자이자	20,000,000원
• 감가상각액	10,000,000원
• 소득세율	30%

1. 가능총소득 : 6,000,000원 × 40호 = 240,000,000원

2. 유효총소득 : 240,000,000원 − 10% = 240,000,000원 × 0.9 = 216,000,000원
　　　　　　　　　　　(공실률)

3. 순영업소득 : 216,000,000원 − 16,000,000원 = 200,000,000원
　　　　　　　　　　　　　(영업경비)

4. 세전현금수지 : 200,000,000원 − 90,000,000원 = 110,000,000원
　　　　　　　　　　　　[부채서비스액(= 원금 + 이자)]

5. 세후현금수지
   ① 영업소득세 : (200,000,000원 − 20,000,000원 − 10,000,000원) × 30% = 51,000,000원
　　　　　　　　　　(순)　　　　　(이자)　　　　(감가상각비)
   ② 세후현금수지 : 110,000,000원 − 51,000,000원 = 59,000,000원
　　　　　　　　　　　(영업소득세)

[문제 2] 어느 회사의 1년 동안의 운영수지다. 세후현금수지는 얼마인가?

- 가능총소득 : 4,800만원
- 영업소득세율 : 연 20%
- 이자비용 : 800만원
- 감가상각비 : 200만원
- 공 실 : 가능총소득의 5%
- 원금상환액 : 200만원
- 영업경비 : 240만원

1. 가능총소득 : 4,800만원
2. 유효총소득 : 4,800만 − 5% = 4,800만 × 0.95 = 4,560만원
   (공실률)
3. 순영업소득 : 4,560만 − 240만 = 4,320만원
   (영업경비)
4. 세전현금수지 : 4,320만 − (800만 + 200만) = 3,320만원
   [부채서비스액(= 원금 + 이자)]
5. 세후현금수지
   ① 영업소득세 : (4,320만 − 800만 − 200만) × 20% = 664만원
      (순)   (이자) (감가상각비)
   ② 세후현금수지 : 3,320만원 − 664만 = 2,656만원
                              (영업소득세)

5 순현가와 수익성지수

[문제 1] 다음은 각 투자안의 현금흐름을 조사한 것이다. A와 B의 순현재가치와 C와 D의 수익성지수를 구하시오. (다만, 할인율은 5%이며, 사업기간은 1년으로 가정한다)

투자안	기초 현금지출	기말 현금유입
A	300만원	630만원
B	100만원	315만원
C	100만원	420만원
D	100만원	262.5만원

1. 수익의 현가와 비용의 현가 산정

투자안	수익의 현가	비용의 현가
A	$\dfrac{630}{1.05} = 600$만원	300만원
B	$\dfrac{315}{1.05} = 300$만원	100만원
C	$\dfrac{420}{1.05} = 400$만원	100만원
D	$\dfrac{262.5}{1.05} = 250$만원	100만원

2. A와 B의 순현가
   ① 순현가: 수익의 현가 − 비용의 현가 = 순현가
   ② A안: 600만 − 300만 = 300만
   ③ B안: 300만 − 100만 = 200만

3. C와 D의 수익성지수
   ① 수익성지수: $\dfrac{수익의\ 현가}{비용의\ 현가}$ = 수익성지수

   ② C안: $\dfrac{400만}{100만} = 4$

   ③ D안: $\dfrac{250만}{100만} = 2.5$

[문제 2] 다음은 투자부동산의 매입, 운영 및 매각에 따른 현금흐름이다. 이에 기초한 순현재가치는? (단, 0년차 현금흐름은 초기투자액, 1년차부터 7년차까지 현금흐름은 현금유입과 유출을 감안한 순현금흐름이며, 기간이 7년인 연금의 현가계수는 3.50, 7년 일시불의 현가계수는 0.60이고, 주어진 조건에 한함)

(단위: 만원)

기간(년)	0	1	2	3	4	5	6	7
현금흐름	−1,100	120	120	120	120	120	120	1,420

1. 수익의 현가: 120만 × 3.50 + 1,300만 × 0.60 = 1,200만

2. 비용의 현가: 1,100만

3. 순현재가치: 1,200만 − 1,100만 = 100만

6 비할인법

[문제 1] 제시된 자료를 이용하여 대부비율, 지분비율, 부채비율을 구하면 얼마인가?

> 투자자 甲은 10억원에 해당하는 부동산에 투자하기 위해 8억원의 대출을 받았다.

1. 대부비율: $\dfrac{\text{대출금액}}{\text{부동산 가격}} = \dfrac{8억}{10억} = 0.8(80\%)$

2. 지분비율: $\dfrac{\text{자기자본}}{\text{부동산 가격}} = \dfrac{2억}{10억} = 0.2(20\%)$

3. 대부비율 + 지분비율 = 1(100%)

4. 부채비율: $\dfrac{\text{부채}(= \text{대출금액})}{\text{자기자본}} = \dfrac{8억}{2억} = 4.0(400\%)$

[문제 2] 제시된 자료를 이용하여 자본환원이율, 자본회수기간, 부채감당률을 구하면 얼마인가?

> 甲은 자기자본 5억원을 투자하여 순영업소득이 연간 8천만원이고 저당지불액이 연간 4천만원인 부동산을 8억원에 구입하였다.

1. 자본환원이율: $\dfrac{\text{순영업소득}}{\text{부동산 가격}} = \dfrac{80,000,000원}{800,000,000원} = 0.1(10\%)$

2. 자본회수기간: $\dfrac{\text{부동산 가격}}{\text{순영업소득}} = \dfrac{800,000,000원}{80,000,000원} = 10(10년)$

3. 부채감당률: $\dfrac{\text{순영업소득}}{\text{부채서비스액}} = \dfrac{80,000,000원}{40,000,000원} = 2.0$

[문제 3] 단순회수기간법으로 투자대안 A, B, C의 자본회수기간을 산정하시오. (단, 현금흐름은 기간 중에 균등하게 발생한다고 가정)

기 간	투자안별 현금흐름(단위: 만원)		
	A	B	C
현 재	−500	−700	−600
1년	100	200	200
2년	300	300	100
3년	200	100	300
4년	100	100	200
5년	400	300	200

1. A투자안: 2.5년

2. B투자안: 4년

3. C투자안: 3년

제 5 장 부동산 금융론

01 부동산 금융의 이해

1 부동산 금융의 의미와 기능

(1) 부동산 금융의 의미

① 부동산 금융이란 부동산을 목적으로 자본을 조달하는 일련의 과정이다.

② 부동산 금융은 부동산의 개발, 취득 등의 목적으로 화폐와 신용을 이전하기 위하여 사용되는 제도, 시장, 수단과 관계된 영역을 말한다.

(2) 부동산 금융의 기능

① **담보 기능**: 부동산은 실물자산으로 사라지지 않는다.

② **절세 기능**: 차입금에 대한 이자비용과 감가상각비는 절세의 대상이다.

③ **정부의 경기 조절 수단**
  ㉠ 대출이자율이 낮을수록 주택 수요는 증가한다.
  ㉡ 저당대출의 대부비율이 상승할수록 주택 수요가 증가한다.
  ㉢ 대출의 상환기간이 길어질수록, LTV·DTI가 높을수록 주택 수요는 증가한다.

④ **기타**: 주택거래 활성화 기능, 주거안정 기능, 시장 활성화 기능 등

2 부동산 금융의 구분 제31회, 제32회

(1) 부채금융과 지분금융

① 부채금융

의 미	상환의 의무가 있는 금융
유 형	• 채권, 사채발행 • 저당금융, 신탁증서금융 • 주택저당담보부채권, 자산유동화 증권

② 지분금융

의 미	상환의 의무가 없는 금융
유 형	• 주식, 공모 • 부동산 신디케이션, 조인트 벤처, 부동산투자회사

(2) 주택금융

① 주택소비금융
  ㉠ 주택을 구입하거나 개량하는 데 필요한 자금을 대출받는 것
  ㉡ 주택저당대출(mortgage)

② 주택개발금융
  ㉠ 주택건설에 필요한 자금을 건설업자에게 빌려주는 것
  ㉡ 공급자 금융 또는 건축 대부

> ◇ 기출 주택소비금융은 주택을 구입하려는 사람이 주택을 담보로 제공하고 자금을 제공받는 형태의 금융을 의미한다. (○)
>
> ◇ 기출 주택소비금융은 주택 구입능력을 제고시켜 자가주택 소유를 촉진시킬 수 있다. (○)

3 부동산 금융의 위험 제33회

(1) 채무불이행 위험

의미	차입자가 원금과 이자를 갚지 못하는 경우에 은행이 부담하는 위험
금융기관의 대책	• 대출을 실행하기 전에 차입자에게 담보를 요구한다. • 차입자의 소득수준이나 재산상태를 고려하여 대출을 행한다. • 부채감당률이 1.0 이상이 되는 투자대안에 대출한다. • 담보인정비율(LTV)과 총부채상환비율(DTI)을 낮춘다.

> ◇ 기출 금융기관은 위험을 낮추기 위하여 부채감당률이 '0' 이상이 되는 투자대안에 대출한다. (×)
>
> ◇ 기출 총부채상환비율(DTI)이 높을수록 채무불이행 위험이 높아진다. (○)

(2) 이자율 위험

의미	• 시장금리가 상승하는 경우에 은행이 부담하는 위험 • 대출금리가 고정된 상태에서 시장금리가 상승하면 대출자인 은행의 수익성이 악화된다.
금융기관의 대책	금융기관은 이자율 위험을 피하기 위해 고정금리보다 변동금리 상품을 선호한다.

(3) 조기상환 위험

의미	• 차입자의 조기상환이 은행에 부담지우는 위험 • 대출금리가 고정된 상태에서 시장금리가 하락하면 차입자는 조기상환을 고려한다.
금융기관의 대책	금융기관은 조기상환 위험을 회피하기 위해 조기상환위약금, 조기상환벌금 등을 대출약정에 포함시키고 있다.

> ◇ 기출 차입자의 조기상환은 시장금리가 상승하는 시기에 발생한다. (×)

(4) 인플레이션 위험

의미	예상치 못한 인플레이션이 발생하면 채권자는 불리해지고 채무자는 유리해진다.
금융기관의 대책	금융기관은 인플레이션 위험을 피하기 위해 변동금리상품을 선호한다.

> ◇ 기출 장래에 인플레이션이 예상되는 경우 대출자는 변동이자율 대신 고정이자율로 대출하기를 선호한다. (×)

02 주택저당대출의 3대 요소

1 대출금액 및 잔금비율 <small>제31회, 제32회, 제33회, 제34회, 제35회</small>

(1) 대출금액의 결정 기준

① **대부비율**(저당비율, 융자비율, 담보인정비율)(LTV ; Loan To Value)

$$대부비율 = \frac{대출금액}{부동산의\ 가격}$$

㉠ 대부비율은 부동산 가격에서 대출금액이 차지하는 비율이다.
㉡ 대부비율이 높아지면 대출금액이 증가한다.
㉢ 부동산 경기가 너무 과열되면 정부는 대부비율을 하향조정함으로써 경기를 조정한다.

② **총부채상환비율**(DTI ; Debt To Income)

$$DTI = \frac{주택담보대출의\ 원리금\ 상환액}{차입자의\ 연소득}$$

㉠ 총부채상환비율이란 차입자의 연간 소득에서 당해 주택담보대출의 원리금 상환액이 차지하는 비율이다.
㉡ 정부가 총부채상환비율을 높이면 대출금액은 증가한다.
㉢ 부동산 경기를 활성화시키기 위해서 정부는 DTI를 상향조정할 것이다.

③ **총부채원리금상환비율**(DSR ; Debt Service Ratio)

$$DSR = \frac{차입자의\ 모든\ 부채의\ 원리금\ 상환액}{차입자의\ 소득}$$

㉠ 총부채원리금상환비율이란 차입자의 연간 소득에 대한 차입자의 모든 부채의 원리금 상환액이 차지하는 비율을 말한다.
㉡ 주택대출 원리금 외에 모든 신용대출 원리금을 포함한 총 대출 원리금 상환액이 연간 소득액에서 차지하는 비중으로, 대출 상환 능력을 심사하기 위해 도입된 지표이다.

기출 부동산 경기가 너무 과열되면 정부는 대부비율을 상향 조정함으로써 경기를 조정한다. (×)

기출 담보인정비율(LTV)은 부동산 가치에 대한 융자액의 비율이다. (○)

기출 정부가 DTI를 높이면 대출금액은 감소한다. (×)

(2) 잔금비율과 상환비율

① **잔금비율**

$$t\text{시점의 잔금비율} = \frac{t\text{시점의 미상환저당잔금}}{\text{저당총액}}$$

$$= \frac{\text{연금의 현가계수}(r\%, \text{잔여기간})}{\text{연금의 현가계수}(r\%, \text{저당기간})}$$

◇ **기출** 저당대출액 중 미상환된 원금인 잔금은 연금의 내가계수를 이용하여 계산된다. (×)

㉠ 잔금비율이란 대출총액에서 미상환된 저당원금이 차지하는 비율이다.
㉡ 잔금비율은 연금의 현가계수를 통해 구할 수 있다.

② **잔금비율과 상환비율의 관계**
㉠ 상환비율과 잔금비율을 합하면 1이 된다. (상환비율 + 잔금비율 = 1)
㉡ 상환비율은 1에서 잔금비율을 차감한 값이다.

🔔 **주의** 상환비율과 잔금비율의 관계
1. 상환비율 = 1 − 잔금비율
2. 잔금비율 = 1 − 상환비율
3. 상환비율 + 잔금비율 = 1

2 대출금리 제32회

(1) 고정금리와 변동금리
① **고정금리**: 대출기간 동안 대출금리를 고정시키는 방식
② **변동금리**: 사전에 약정한 방법으로 일정기간마다 대출금리를 변동시키는 방식

(2) 변동금리의 구성
① 변동금리는 기준금리와 가산금리로 구성되어 있다.

$$\text{변동금리형 대출금리} = \text{기준금리} + \text{가산금리}$$

📣 **참고** 금리상한 변동금리
은행이 시장금리에 연동해 대출금리를 인상할 수 있는 최고한도를 설정한 상품이다. 이는 금리 상승기에 차입자의 부담을 완화시켜 줄 수 있다.

② **기준금리**
㉠ 대출금리를 변동시키기 위한 기준으로 선택된 지표이다.
㉡ 현재 양도성예금증서(CD) 유통수익률과 자금조달비용지수(COFIX)가 기준금리로 함께 활용되고 있다.

③ **가산금리**
㉠ 대출기간, 신용도, 담보 유무 등으로 판단된 대출 위험에 따라 기준금리에 가산되는 금리이다.
㉡ 가산금리는 대출계약을 체결할 때, 한번 결정되면 일반적으로 변화하지 않고 고정된다.

◇ **기출** 차입자의 신용도가 낮으면 가산금리는 높아진다. (○)

(3) 변동금리의 특징
① 대출기관은 이자율 위험을 회피하기 위해 변동금리상품을 판매한다.
② 변동금리상품은 은행의 위험을 차입자에게 전가하기 위한 상품이다.

③ 변동금리방식을 적용함에 있어서 이자율 조정주기를 짧게 할수록 은행의 위험은 보다 감소한다.
④ 향후 시장 이자율 상승이 예상되면 차입자는 고정금리를 선호한다.
⑤ 향후 시장 이자율 하락이 예상되면 차입자는 변동금리를 선호한다.

③ 고정금리방식의 대출상환방식 제31회, 제32회, 제35회

(1) 대출의 상환방식

① **원리금균등상환방식**
  ㉠ 의미: 매기 상환하는 원금과 이자 합계가 균등하도록 상환하는 방식
  ㉡ 상환구조

원금과 이자 합계	매년 동일하다.
이자 지급액	원금을 상환함에 따라 매년 감소한다.
원금 상환액	이자 지급액이 감소함에 따라 매년 증가한다.

② **원금균등상환방식**
  ㉠ 의미: 매기 상환되는 원금이 균등하도록 상환하는 방식
  ㉡ 상환구조

원금 상환액	매년 동일하다.
이자 지급액	원금을 상환함에 따라 매년 감소한다.
원금과 이자 합계	이자가 감소함에 따라 매년 감소한다.

  ㉢ 대출 잔액은 상환기간이 경과할수록 우하향의 직선으로 나타난다.

③ **체증식(점증식) 상환방식**
  ㉠ 의미: 원금과 이자의 합계가 점점 증가하도록 상환하는 방식
  ㉡ 미래에 소득이 증가할 것으로 기대되는 젊은 계층에 유리한 방식이다.
  ㉢ 미래에 소득이 증가할 것으로 기대되는 부동산에 유리한 방식이다.
  ㉣ 초기에 부(−)의 상환이 발생할 수 있다.

(2) 상환방식의 비교

① **저당지불액(원금 + 이자)의 크기**

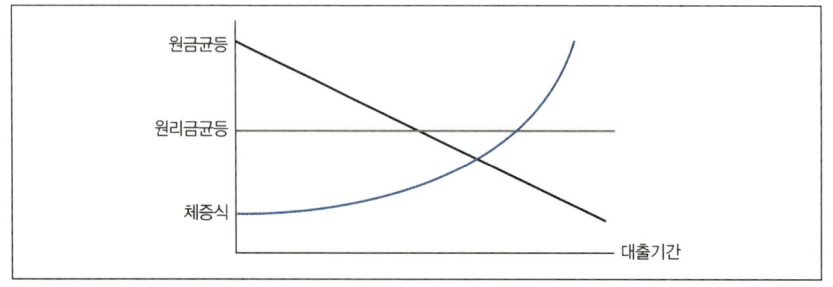

② 원금 및 이자 지급액의 비교

구 분	비교 내용
기초 원금상환액	원금균등방식 > 원리금균등방식 > 점증상환방식
기초 저당지불액	원금균등방식 > 원리금균등방식 > 점증상환방식
기초 저당 잔금	점증상환방식 > 원리금균등방식 > 원금균등방식

③ 은행의 원금회수에 대한 위험
 ㉠ 원금균등상환방식은 다른 방식에 비해 기초에 원금을 보다 많이 상환받는 방식이다.
 ㉡ 따라서 대출자(은행) 측면에서 원금회수 위험이 가장 낮은 방식은 원금균등상환방식이다.

◇기출 원리금균등분할상환방식은 원금균등분할상환방식에 비해 대출 직후에는 원리금의 상환액이 적다. (○)

◇기출 중도상환시 차입자가 상환해야 하는 저당잔금은 원리금균등분할상환방식이 원금균등분할상환방식보다 적다. (×)

(3) 방식별 상환의 흐름

① 공통 자료

- 대출금액: 1억
- 대출금리: 10%, 고정금리
- 저당기간: 10년 만기
- 저당상수(10%, 10년): 0.163

② 원리금균등상환방식의 상환의 흐름

구 분	0기	1기	2기	3기	…
㉠ 저당지불액 주1)		1,630만	1,630만	1,630만	
㉡ 이자(㉣×0.1)		1,000만	937만	868만	
㉢ 원금(㉠−㉡)		630만	693만	762만	
㉣ 저당잔금	1억	9,370만	8,677만	7,915만	

주1) 저당지불액(원금 + 이자): 1억 × 0.163 = 1,630만원
　　　　　　　　　　　　　　(대출금액 × 저당상수)

🏠 도식화

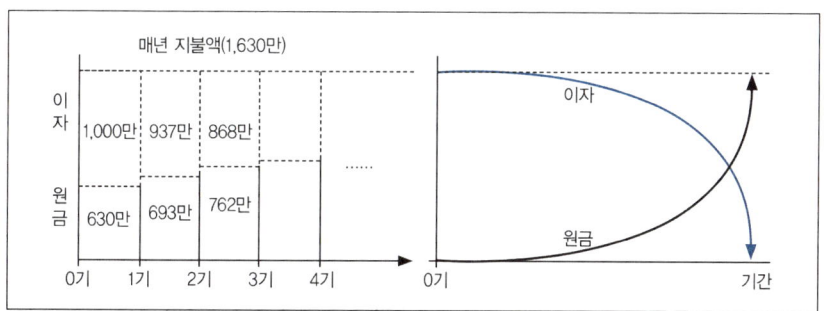

③ 원금균등상환방식의 상환의 흐름

구 분	0기	1기	2기	3기	…
㉠ 원금 주1)		1,000만	1,000만	1,000만	
㉡ 이자(㉣×0.1)		1,000만	900만	800만	
㉢ 매기 지불액(㉠+㉡)		2,000만	1,900만	1,800만	
㉣ 저당잔금	1억	9,000만	8,000만	7,000만	

주1) 원금 : 1억 ÷ 10년 = 1,000만원

🏠 도식화

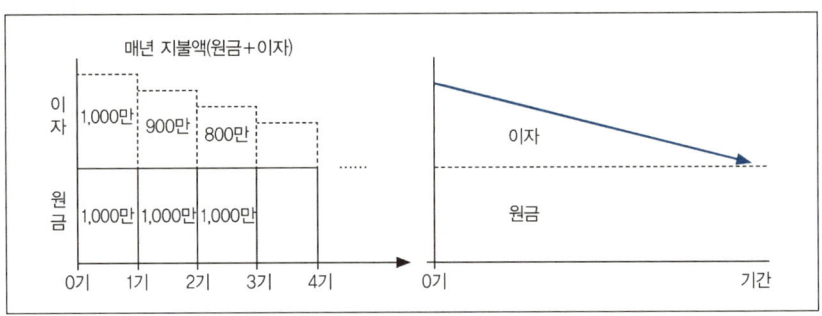

03 주택저당채권 유동화 제도

1 주택저당채권 유동화의 이해

(1) 용어 정리

① **주택저당채권**(Mortgage)
   ㉠ 주택저당채권이란 주택구입에 필요한 자금을 대출하고 발생된 채권으로서 저당권에 의해 담보된 채권을 말한다.
   ㉡ 은행은 주택저당대출 또는 주택담보대출을 통해 무주택자에게 주택구입에 필요한 자금을 대출해주고 이에 대한 채권인 주택저당채권을 보유한다.

② **주택저당증권**(MBS ; Mortgage Backed Securities)
   ㉠ 주택저당증권은 주택저당채권의 유동화 과정에서 만들어진 새로운 행태의 증권을 말한다.
   ㉡ 주택저당채권의 유동화를 위해 유동화 중개기관은 주택저당채권을 기초로 새로운 형태의 증권을 발행하는데, 이때 발행된 증권을 주택저당증권이라고 한다.

(2) 주택저당채권 유동화의 의미

① 주택저당채권 유동화 제도는 은행이 새로운 자금을 안정적으로 마련하기 위하여 도입되었다.

② 은행은 새로운 자금을 마련하기 위해서 은행이 가지고 있는 자산 중 주택저당채권을 투자자들에게 매각할 수 있는데, 이를 주택저당채권 유동화라고 한다.

(3) 유동화의 구조

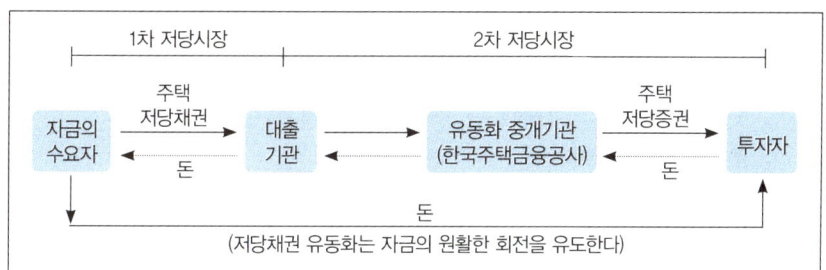

① **유동화 중개기관**
　㉠ 유동화 중개기관이란 주택저당채권을 기초로 새로운 증권을 발행하는 기관이다.
　㉡ 우리나라는 정부가 출자한 한국주택금융공사가 유동화 중개기관의 역할을 수행하고 있다.

② **1차 저당시장과 2차 저당시장**

1차 저당시장	• 주택저당을 통해 주택저당채권이 형성되는 시장 • 1차 저당시장은 저당대출을 원하는 수요자와 융자를 제공하는 금융기관으로 이루어지는 시장이다.
2차 저당시장	• 1차 저당시장에서 형성된 주택저당채권을 사고파는 시장 • 주택저당채권의 유동화가 이루어지는 시장이다.

◇**기출** 제2차 저당대출시장은 저당대출을 원하는 수요자와 저당대출을 제공하는 금융기관으로 형성되는 시장을 말하며, 주택담보대출시장이 여기에 해당한다. (×)

◇**기출** 2차 저당시장은 1차 저당시장에 자금을 공급하는 역할을 한다. (○)

(4) 유동화의 효과

① **대출기관**: 은행은 유동화 제도를 통해 새로운 자금을 조달할 수 있기 때문에 보다 많은 자금을 다양한 분야에 지원할 수 있게 된다.

② **주택구입자**: 금융기관의 대출재원이 증가하면 주택구입자는 보다 쉽고 보다 유리한 조건으로 대출을 받을 수 있다.

③ **투자자**: 투자자는 안정적인 장기투자의 기회를 획득할 수 있다.

④ **정부**: 정부는 유동화 제도를 통해 주택금융의 세계화, 주택금융의 투명화, 국민의 주거 안정 등을 달성할 수 있다.

2 주택저당증권의 유형 제32회, 제35회

(1) MPTS(Mortgage Pass-Through Securities)

① 의 미
  ㉠ 전부 이전형 또는 Pass-Through형
  ㉡ 이체증권(MPTS)은 기초자산인 주택저당채권과 새로운 형태의 증권이 모두 연관되어 있는 형태이다.

② 특 징
  ㉠ 주택저당채권의 원리금 수취권 ⇨ 투자자에게 이전
  ㉡ 주택저당채권의 소유권 ⇨ 투자자에게 이전
  ㉢ 조기상환에 대한 위험 ⇨ 투자자에게 이전

③ 성격: 지분형 증권

(2) MBB(Mortgage-Backed Bond)

① 의 미
  ㉠ 무이전형
  ㉡ 주택저당채권담보부채권(MBB)은 주택저당채권을 담보로 발행하는 새로운 형태의 채권으로서 원래의 주택저당채권과 연계되지 않은 채권이다.

② 특 징
  ㉠ 주택저당채권의 원리금 수취권: 발행자 보유
  ㉡ 주택저당채권의 소유권: 발행자 보유
  ㉢ 조기상환에 대한 위험: 발행자 보유

③ 성격: 채권형 증권

(3) MPTB(Mortgage Pay-Through Bond)

① 의 미
  ㉠ 원리금 수취권 이전형 또는 Pay-Through형
  ㉡ 지불이체채권(MPTB)은 증권화 대상인 주택저당채권의 원리금 수취권만이 연계된 채권이다.

② 특 징
  ㉠ 주택저당채권의 원리금 수취권 ⇨ 투자자에게 이전
  ㉡ 주택저당채권의 소유권: 발행자 보유
  ㉢ 조기상환에 대한 위험 ⇨ 투자자에게 이전

③ 성격: 혼합형 증권

기출 MPTS는 지분형 증권이기 때문에 증권의 수익은 기초자산인 주택저당채권집합물의 현금흐름(저당지불액)에 의존한다. (○)

기출 MPTS의 경우 주택저당채권의 소유권은 발행기관이 보유한다. (×)

기출 MPTS의 조기상환 위험은 투자자가 부담한다. (○)

기출 MBB의 투자자는 최초의 주택저당채권 집합물에 대한 소유권을 갖는다. (×)

기출 MPTB는 MPTS와 MBB를 혼합한 특성을 지닌다. (○)

기출 MPTB의 투자자는 최초의 주택저당채권 집합물에 대한 소유권을 갖는다. (×)

(4) 다계층저당채권(CMO ; Collateralized Mortgage Obligations)

① 의미
  ㉠ 다계층채권(CMO)은 주택저당채권의 현금흐름을 다양한 형태의 채권에 재분배한 형태이다.
  ㉡ 다계층채권(CMO)은 다양한 형태의 채권을 동시에 발행함으로써 주택저당채권이 가지는 조기상환위험을 낮추고자 한다.
  ㉢ 다계층채권은 주택저당채권의 집합을 기초로 이자율 및 만기가 서로 다른 여러 계층으로 구분되어 발행된다.
  ㉣ 다계층채권은 고정이자율이 적용되는 트랜치(계층)도 있고, 변동이자율이 적용되는 트랜치도 있다.

② 특징: 원리금 수취권 연계형 또는 Pay-Through형
  ㉠ 주택저당채권의 원리금 수취권 ⇨ 투자자에게 이전
  ㉡ 주택저당채권의 소유권: 발행자 보유
  ㉢ 조기상환에 대한 위험 ⇨ 투자자에게 이전

> ◇ 기출 우리나라에서 발행된 증권은 대부분이 다계층저당증권(CMO)이다. (○)
>
> ◇ 기출 CMO의 발행자는 주택저당채권집합물을 가지고 일정한 가공을 통해 위험-수익 구조가 다양한 트랜치의 증권을 발행한다. (○)

☑ 주택저당증권(MBS)의 종류

구 분	MPTS	MBB	MPTB	CMO
성 격	지분형	채권형	혼합형	혼합형
저당채권의 소유권	투자자	발행기관	발행기관	발행기관
원리금 수취권	투자자	발행기관	투자자	투자자
조기상환 위험	투자자	발행기관	투자자	투자자
발행기관의 초과담보	없다.	있다.		

04 부동산투자회사 제도

1 부동산투자회사의 이해

(1) **부동산투자회사**(REITs ; Real Estate Investment Trusts)**의 의미**
① 부동산투자회사란 부동산 간접투자를 위해 도입된 부동산 간접투자기구이다.
② 부동산투자회사란 다수의 투자자로부터 자금을 모집하고, 이것을 부동산 및 부동산 관련 증권에 투자·운영한 후, 발생한 수익을 투자자들에게 다시 배당하는 부동산 간접투자기구이다.

> **참고** 발전과정
> 리츠제도는 1938년 스위스에서 처음으로 실시된 후, 제2차 세계대전 후 급속히 발달하여, 1959년 이후 구미 여러 나라에서 잇달아 시작되었다. 특히 독일·미국 등에서 많은 발전이 있었으며, 우리나라는 2001년 제정된 부동산투자회사법에 그 근거를 두고 있다.

(2) **도입 목적**

① 기업구조조정의 지원

② 부동산 경기의 활성화

③ 장기 투자로의 전환과 소액 투자자의 보호

④ 부동산 유동화의 지원

2 부동산투자회사법의 주요 내용 제33회, 제34회, 제35회

(1) **부동산투자회사의 정의와 구분**

① **정의**: 자산을 부동산에 투자하여 운용하는 것을 주된 목적으로 설립된 회사

② **부동산투자회사의 구분**

  ㉠ 자기관리 부동산투자회사: 자산운용 전문인력을 포함한 임직원을 상근으로 두고 자산의 투자·운용을 직접 수행하는 회사

  ㉡ 위탁관리 부동산투자회사: 자산의 투자·운용을 자산관리회사에 위탁하는 회사

  ㉢ 기업구조조정 부동산투자회사: 기업의 구조조정 대상 부동산을 투자 대상으로 하며 자산의 투자·운용을 자산관리회사에 위탁하는 회사

③ **자산관리회사**

  ㉠ 정의: 위탁관리 부동산투자회사 또는 기업구조조정 부동산투자회사의 위탁을 받아 자산의 투자·운용 업무를 수행하는 것을 목적으로 설립된 회사

  ㉡ 요건: 자본금 70억원 이상, 전문인력 5명 이상, 국토교통부장관의 인가

(2) **회사의 설립**

① **법인격**

  ㉠ 부동산투자회사는 주식회사로 한다.

  ㉡ 부동산투자회사는 이 법에서 특별히 정한 경우를 제외하고는 「상법」의 적용을 받는다.

② **설립자본금**

  ㉠ 자기관리 부동산투자회사: 5억원 이상

  ㉡ 위탁관리 부동산투자회사 및 기업구조조정 부동산투자회사: 3억원 이상

◊기출 자산운용 전문인력을 상근으로 두고 자산의 투자운용을 직접 수행하는 회사는 위탁관리 부동산투자회사이다. (×)

◊기출 위탁관리 부동산투자회사는 본점 외의 지점을 설치할 수 있으며, 직원을 고용하거나 상근 임원을 고용할 수 있다. (×)

◊기출 자산관리 부동산투자회사는 그 자산을 투자·운용할 때에는 전문성을 높이고 주주를 보호하기 위하여 자산관리회사에 위탁하여야 한다. (×)

◊기출 기업구조조정 부동산투자회사의 설립자본금은 10억원 이상으로, 자기관리 부동산투자회사의 설립자본금은 5억원 이상으로 한다. (×)

③ 국토교통부장관의 인가 및 등록
  ⊙ 설립보고서 제출: 자기관리 부동산투자회사는 그 설립등기일부터 10일 이내에 설립보고서를 작성하여 국토교통부장관에게 제출하여야 한다.
  ⊙ 인가: 부동산투자회사는 업무를 하려면 부동산투자회사의 종류별로 국토교통부장관의 인가를 받아야 한다.
  ⊙ 등록: 일정 요건을 갖춘 위탁관리 부동산투자회사 및 기업구조조정 부동산투자회사는 업무를 하려면 국토교통부장관에게 등록하여야 한다.

> **주의** 위탁관리 및 기업구조조정 부동산투자회사는 본점 외의 지점을 설치할 수 없으며, 직원을 고용하거나 상근 임원을 둘 수 없다.

(3) **최저자본금의 모집**
① 인가를 받거나 등록을 한 날부터 6개월이 지난 부동산투자회사의 자본금
  ⊙ 자기관리 부동산투자회사: 70억원 이상
  ⊙ 위탁관리 부동산투자회사 및 기업구조조정 부동산투자회사: 50억원 이상
② 주식의 공모(제14조의8)
  ⊙ 부동산투자회사는 영업인가를 받거나 등록을 하기 전(개발사업의 투자비율이 30%를 초과하는 부동산투자회사의 경우에는 개발사업에 관한 인가·허가 등이 있기 전)까지는 발행하는 주식을 일반의 청약에 제공할 수 없다(기업구조조정 부동산투자회사는 적용 제외).
  ⊙ 부동산투자회사는 영업인가를 받거나 등록을 한 날(개발의 인가·허가 등이 있는 날)부터 2년 이내에 발행하는 주식 총수의 30% 이상을 일반의 청약에 제공하여야 한다.
  ⊙ 예외: 국민연금공단 등
③ 주식의 분산(1인당 주식소유 한도)(제15조)
  ⊙ 주주 1인과 그 특별관계자는 발행주식 총수의 50%(1인당 주식소유한도)를 초과하여 소유하지 못한다(기업구조조정 부동산투자회사는 적용 제외).
  ⊙ 예외: 국민연금공단 등

> **기출** 위탁관리 부동산투자회사의 경우 주주 1인과 그 특별관계자는 발행주식 총수의 20%를 초과하여 소유하지 못한다. (×)

④ **주식의 상장**: 상장요건을 갖추게 될 때에는 지체 없이 상장하여야 한다.
⑤ **현물출자**
  ⊙ 부동산투자회사는 현물출자에 의한 설립을 할 수 없다.
  ⊙ 부동산투자회사는 영업인가를 받거나 등록을 하고 최저자본금 이상을 갖추기 전에는 현물출자를 받는 방식으로 신주를 발행할 수 없다.
  ⊙ 현물출자를 하는 경우에 현물출자 재산은 부동산 관련 자산(부동산, 지상권·임차권, 신탁의 수익권)이어야 한다.

> **기출** 부동산투자회사는 현물출자에 의해서도 설립할 수 있다. (×)

(4) 자산의 운영과 구성

① **자산의 투자 및 운영 방법**

> - 부동산의 취득·관리·개량 및 처분, 부동산개발사업, 부동산의 임대차
> - 증권의 매매, 금융기관의 예치
> - 지상권·임차권 등 부동산 사용에 관한 권리의 취득·관리·처분
> - 신탁이 종료된 때에 신탁재산 전부가 수익자에게 귀속하는 부동산 신탁의 수익권의 취득·관리 및 처분

② **자기관리 부동산투자회사의 자산운용 전문인력**

> - 감정평가사 또는 공인중개사로서 해당 분야에 5년 이상 종사한 사람
> - 부동산 관련 분야의 석사학위 이상의 소지자로서 부동산의 투자·운용과 관련된 업무에 3년 이상 종사한 사람
> - 그 밖에 경력이 있는 사람으로서 대통령령으로 정하는 사람

③ **부동산 처분에 대한 제한**(제24조)
  ㉠ 원칙적으로 부동산투자회사는 부동산을 취득한 후 5년의 범위에서 대통령령으로 정하는 기간 이내에는 부동산을 처분하여서는 아니 된다.
  ㉡ 국내 주택 및 국내 주택이 아닌 부동산: 1년

④ **자산의 구성**(제25조)
  ㉠ 부동산투자회사는 매 분기 말 현재 총자산의 80% 이상을 부동산, 부동산 관련 증권 및 현금으로 구성하여야 한다.
  ㉡ 이 경우 총자산의 70% 이상은 부동산(건축 중인 건축물을 포함한다)이어야 한다.

(5) 수익의 배당 및 차입

① **배 당**
  - 원칙: 해당 연도 이익배당한도의 90% 이상을 주주에게 배당하여야 한다. 이 경우 이익준비금은 적립하지 아니한다.

② **차입**: 자산을 투자·운용하기 위하여 또는 기존 차입금 및 발행사채를 상환하기 위하여 자금을 차입하거나 사채를 발행할 수 있다.

☑ REITs의 종류별 비교

구 분	자기관리 REITs	위탁관리 REITs	기업구조조정 REITs
회사 형태	실질형	명목형	명목형
법인세 면제 가능성	불가능	가능	가능
투자대상	모든 부동산	모든 부동산	기업구조조정용 부동산
설립자본금	5억원 이상	3억원 이상	3억원 이상
최저자본금	70억원 이상	50억원 이상	50억원 이상
주식공모	주식 총수의 30% 이상을 일반의 청약에 제공하여야 한다.		적용 제외 [사모(私募) 가능]
주식분산 (1인당 주식소유한도)	주주 1인과 그 특별관계자는 발행주식 총수의 50%를 초과하여 소유하지 못한다.		적용 제외
자산의 구성	• 총자산의 70% 이상: 부동산(건축 중인 건축물 포함) • 총자산의 80% 이상: 부동산, 부동산관련 증권, 현금		적용 제외
부동산 처분 제한	적용 받음		적용 제외
배 당	원칙적으로 90% 이상을 주주에게 배당		
차입 및 사채발생	일정한 경우에 가능		

> **주의** 기업구조조정 부동산 투자회사의 특례(적용 제외)
> 1. 주식의 공모
> 2. 주식의 분산
> 3. 부동산 처분에 대한 제한
> 4. 자산의 구성

05 기타 부동산 관련 금융 제도

1 한국주택금융공사 제33회

(1) 한국주택금융공사는 주택금융 등의 장기적·안정적 공급을 촉진하여 국민의 복지증진과 국민경제의 발전에 이바지함을 목적으로 2004. 3. 1. 출범한 공기업이다.

(2) 한국주택금융공사의 주요 업무

> • 채권유동화
> • 채권 보유
> • 주택저당증권, 학자금대출증권 등에 대한 지급보증
> • 금융기관에 대한 신용공여
> • 주택저당채권 또는 학자금대출채권에 대한 평가 및 실사
> • 주택담보노후연금보증
> • 주택담보노후연금보증채무의 이행 및 구상권의 행사

2 주택연금제도 제35회

(1) 주택연금제도의 의미

① 주택연금은 집은 소유하고 있지만 소득이 부족한 어르신들에게 매달 안정적인 수입을 가질 수 있도록 집을 담보로 평생 동안 생활비를 지급하는 제도이다.

② 주택연금은 금융제도와 복지제도가 결합된 형태라고 할 수 있다.

> **주의** 자주 개정되는 주제입니다. 항상 개정 여부를 꼭 확인하시기 바랍니다.
>
> **기출** 주택담보노후연금은 연금개시 시점에 주택소유권이 연금지급기관으로 이전된다. (×)
>
> **기출** 주택소유자가 담보를 제공하는 방식에는 저당권 설정 등기 방식과 신탁 등기 방식이 있다. (○)

(2) 가입 요건

① **연령 요건**
  ㉠ 단독 소유: 주택소유자 또는 배우자가 만 55세 이상(근저당권 설정일 기준)
  ㉡ 부부 공동소유: 소유자 중 한 사람만 55세 이상이면 가입 가능

② **주택 요건**
  ㉠ 주택법상 주택, 지방자치단체에 신고된 노인복지주택, 주거목적 오피스텔
  ㉡ 상가 등 복합용도주택은 전체 면적 중 주택이 차지하는 면적이 1/2 이상인 경우에 가입 가능
  ㉢ 오피스텔, 상가주택, 상가, 판매 및 영업시설, 전답, 업무용 오피스텔은 제외

③ **주택보유수(부부기준)**
  ㉠ 부부기준 공시가격 등이 12억원 이하 1주택을 소유한 자
  ㉡ 공시가격 등의 합산가격이 12억원 이하의 다주택을 보유한 자

④ **거주요건**: 원칙적으로 주택연금 가입주택에 가입자 또는 배우자가 실제 거주하여야 한다.

(3) 지급방식(원칙)

① **종신방식**: 월지급금을 종신토록 지급받는 방식
  ㉠ 종신지급방식: 인출한도 설정 없이 월지급금을 종신토록 지급받는 방식
  ㉡ 종신혼합방식: 인출한도 설정 후 나머지 부분을 종신토록 지급받는 방식

② **확정기간방식**: 선택한 일정기간 동안만 월지급금을 지급받는 방식

③ **대출상환방식**: 주택담보대출 상환용으로 인출한도(대출한도의 50% 초과 70% 이내) 범위 안에서 일시에 찾아 쓰고 나머지 부분을 월지급금으로 종신토록 지급받는 방식

④ **우대방식**: 부부기준 1.5억원 이하 1주택 보유자가 종신방식보다 월지급금을 최대 17% 우대하여 지급받는 방식

> **참고** 내집연금 3종세트
> 1. **주택담보대출 상환용 주택연금**: 주택담보대출상환을 위해 주택연금 인출한도의 70%까지 인출 가능
> 2. **저가주택 우대형 주택연금**: 저가주택(1억 5천만원 이하) 보유 가입자에게 최대 17% 더 많은 연금을 지급
> 3. **주택연금 사전예약 보금자리론**: 향후 주택연금 가입을 조건으로 보금자리론의 금리 혜택을 제공

(4) 주택연금 지급정지 사유

① 부부 모두 사망하는 경우(가입자만 사망하는 경우에는 배우자가 채무인수 후에 계속 이용 가능)
② 주택 소유권을 상실하는 경우(매각, 양도, 화재 등으로 인한 주택 소실 등)
③ 주택연금 이용자와 배우자가 1년 이상 계속하여 거주하지 않는 경우
④ 처분조건약정 미이행 및 주택의 용도 외 사용

(5) 대상주택의 재개발 또는 재건축

① 가입 당시 재개발 또는 재건축이 예정된 경우 관리처분계획인가 전 단계까지는 주택연금에 가입할 수 있다.
② 이용 도중에 재개발 또는 재건축이 되더라도 주택연금 계약은 유지된다.

(6) 기말 자산 처리 및 대출금 상환

① 기간 말 자산 처리
  ㉠ 주택가격 < 대출 잔액: 부족 금액을 가입자의 상속인에게 청구하지 않음.
  ㉡ 주택가격 > 대출 잔액: 남은 금액은 상속인이 수령
② **대출금 상환**: 중도 상환수수료 없이 전액 또는 일부를 언제든지 상환 가능

3 프로젝트 파이낸싱(PF ; Project Financing)

(1) PF의 의미

① 프로젝트 파이낸싱은 특정한 프로젝트로의 완성으로부터 발생하는 미래 현금 흐름을 상환 재원으로 프로젝트에 필요한 자금을 조달하는 금융기법이다.
② 외환위기 이후 주택산업의 침체를 극복하기 위해 공급자 금융의 새로운 방식인 프로젝트 파이낸싱 기법이 도입되었다.
③ 프로젝트 파이낸싱은 일반적으로 대규모 자금이 소요되고 공사기간이 장기인 사업에 적합한 자금조달수단이다.

> **기출** 연금 수령 중 담보 주택이 주택재개발, 주택재건축이 되면 계약을 유지할 수 없다.
> (×)

(2) PF의 특징

① 비소구 금융 또는 제한적 소구 금융
- ㉠ 사업주와 개발사업의 현금흐름을 분리시켜 개발사업주의 파산이 개발사업에 영향을 미치지 못한다.
- ㉡ 사업주는 해당 프로젝트가 파산한 경우에도 개인적인 채무를 부담하지 않는다.

② 부(簿)외 금융효과
- ㉠ 당해 프로젝트의 대출은 사업주의 회계 장부에 부채로 표시되지 않는다.
- ㉡ 프로젝트 대출은 부외 금융효과를 통해 사업주의 채무수용능력이 제고된다.

③ 기타 특징
- ㉠ 이해 당사자들은 개발사업에 수반되는 각종 위험을 극복하기 위해 다양한 보증을 제공함으로써 위험을 감소시킨다.
- ㉡ 대출기관은 자금관리를 위해 자금관리계정(Escrow Account)을 설치하고 사전에 약정된 항목과 순서에 따라 수입이 출금되도록 관리한다.
- ㉢ PF는 일반 대출과 비교하여 발생 가능한 위험이 크고 그 절차가 복잡하기 때문에 금융기관은 높은 이자 및 수수료를 요구한다.

(3) 우리나라의 PF 현황

① 국내 부동산 개발 PF는 시공사의 채무인수, 연대보증 등 신용보강을 전제로 하고 있기 때문에 이론적인 PF와 다소 차이가 있다.

② 국내 PF는 시공사가 사업 위험의 대부분을 부담하는 특징을 가진다.
- ㉠ 시행사와 시공사의 부도 등과 같은 사유가 발생할 경우 사업권이나 시공권을 포기하겠다는 각서를 받는다.
- ㉡ 시공사에게 책임준공 의무를 지우는 동시에 PF대출의 채무를 인수하거나 이에 대한 보증을 제공하도록 한다.
- ㉢ 부동산 개발 사업지를 부동산 신탁회사에 담보신탁하고 받은 수익권 증서에 질권을 설정한다.

◇기출 프로젝트 대출은 부외 금융효과를 통해 금융기관의 채무수용능력이 제고된다. (×)

◇기출 프로젝트로부터 발생된 현금은 사업완성을 위한 개발에 우선적으로 투입되도록 관리한다. (○)

◇기출 일정한 요건을 갖춘 프로젝트 회사는 법인세 감면을 받을 수 있다. (○)

06 금융론 계산 문제

1 대출금액

[문제 1] 甲은 시중은행에서 주택을 담보로 대출을 받고자 한다. 甲이 받을 수 있는 최대 대출금액은 얼마인가?

> - 甲소유 주택의 담보평가가격: 400,000,000원
> - 甲의 연간소득: 40,000,000원
> - 연간저당상수: 0.1
> - 대출승인기준(두 가지 대출승인기준을 모두 충족시켜야 함)
>   - 담보인정비율(LTV): 70%
>   - 소득대비 부채비율(DTI): 50%

1. 담보인정비율(LTV) 기준

    1) $LTV = \dfrac{대출금액}{주택담보가격}$, $70\% = \dfrac{대출금액}{4억}$

    2) 대출금액: 2억 8천만원

2. 소득대비 부채비율(DTI) 기준

    1) $DTI = \dfrac{당해\ 대출의\ 원금과\ 이자}{차입자의\ 연간\ 소득}$, $50\% = \dfrac{원금 + 이자}{40,000,000원}$

    2) 당해 대출의 원금과 이자 상환액: 20,000,000원
    3) 대출금액
        ① 대출금액 × 저당상수 = (원금 + 이자)
        ② 대출금액 × 0.1 = 20,000,000원
        ③ 대출금액 = 2억원

3. 최대 대출금액: 2억원(두 조건을 모두 만족시키는 금액)

[문제 2] 80,000,000원의 기존 주택담보대출이 있는 甲은 A은행에서 추가로 주택담보대출을 받고자 한다. A은행의 대출승인기준이 다음과 같을 때, 甲이 추가로 대출 가능한 최대금액은 얼마인가?

> - 甲소유 주택의 담보평가가격: 400,000,000원
> - 甲의 연간소득: 40,000,000원
> - 연간저당상수: 0.1
> - 대출승인기준(두 가지 대출승인기준을 모두 충족시켜야 함)
>   - 담보인정비율(LTV): 70%
>   - 소득대비 부채비율(DTI): 50%

1. 최대 대출금액: 2억원(1번 문제와 동일함)
2. 추가 대출금액: 2억원 − 8천만원(기존 대출금액) = 120,000,000원

[문제 3] 시장가격이 5억원이고 순영업소득이 연 1억원인 상가를 보유하고 있는 A가 추가적으로 받을 수 있는 최대 대출가능 금액은? (단, 주어진 조건에 한함)

- 연간 저당상수 : 0.2
- 대출승인조건(모두 충족하여야 함)
  - 담보인정비율(LTV) : 시장가격기준 60% 이하
  - 부채감당률(DCR) : 2 이상
- 상가의 기존 저당대출금 : 1억원

1. 담보인정비율(LTV) 기준

   1) $LTV = \dfrac{대출금액}{주택담보가격}$, $60\% = \dfrac{대출금액}{5억}$

   2) 대출금액 : 3억원

2. 부채감당률(DCR) 기준

   1) $DCR = \dfrac{순영업소득}{부채서비스액(원금+이자)}$, $2 = \dfrac{1억}{원금 + 이자}$

   2) 당해 대출의 원금과 이자 상환 : 50,000,000원

   3) 대출금액
      ① 대출금액 × 저당상수 = (원금 + 이자)
      ② 대출금액 × 0.2 = 50,000,000원
      ③ 대출금액 = 2억 5천만원

3. 최대 대출금액 : 2억 5천만원(두 조건을 모두 만족시키는 금액)

4. 추가 대출금액 : 2억 5천만원 − 1억원(기존 대출금액) = 150,000,000원

제6장 부동산 개발 및 관리론

01 부동산 개발론

1 부동산 개발의 이해

(1) **개발의 의미**

① 부동산 개발이란 토지의 유용성을 증가시키기 위하여 토지를 조성하고 건축물을 건축하거나 공작물 등을 설치하는 행위를 말한다.
② 부동산 개발에는 시공을 담당하는 행위는 제외한다.

(2) **개발의 주체**

① 부동산 개발은 민간과 공공이 함께 담당하고 있다.
② **개발 주체의 구분**
  ㉠ 공적 주체 : 국가, 지방자치단체, 토지주택공사, 공공기관 등
  ㉡ 사적 주체 : 개인, 기업, 토지소유자 조합 등
  ㉢ 제3섹터 : 공공과 민간이 함께 하는 경우

(3) **개발의 단계**

① **워포드(L. E. Worford)의 개발의 7단계**

구 분	7단계	내 용
1단계	아이디어	개발에 대해 구상하는 단계
2단계	예비적 타당성 분석	개발 전 개략적인 타당성을 분석하는 단계
3단계	부지모색 및 확보	개발에 필요한 토지를 구입하는 단계
4단계	타당성 분석	구체적인 타당성을 분석하는 단계
5단계	금융	필요한 개발자금을 대출받는 단계
6단계	건설	물리적인 공간을 만드는 단계
7단계	마케팅	판매 또는 분양을 통한 수익획득 단계

② **예비적 타당성 분석** : 개발사업으로부터 예상되는 수입과 비용을 개략적으로 계산하여 경제성을 검토하는 단계이다.
③ **타당성 분석** : 사업의 실행가능성을 구체적이고 세부적으로 판단하는 단계이다.

부동산 개발 및 관리론

01 부동산 개발론
 1. 부동산 개발의 이해
 2. 부동산 개발의 위험
 3. 개발을 위한 부동산 분석
 4. 개발의 방식
02 부동산 관리
 1. 부동산 관리의 이해
 2. 부동산 관리의 분류
 3. 부동산 관리의 구체적 내용
03 부동산 마케팅
 1. 부동산 마케팅의 이해
 2. 부동산 마케팅의 구체적 전략
 3. 부동산 광고
04 부동산 이용론
 1. 최유효이용
 2. 토지이용의 현상
05 개발론 계산 문제

◇**기출** 재개발조합, 재건축조합은 개발의 공적 주체에 해당한다. (×)

2 부동산 개발의 위험

(1) 위험의 의미
① 개발의 위험이란 개발사업에 내포되어 있는 불확실성을 의미한다.
② 개발사업의 준공까지는 상당한 기간이 소요되기 때문에 개발에는 항상 불확실성 또는 위험이 존재한다.

(2) 위험의 종류
① **법률적 위험**
  ㉠ 공법적 위험: 토지이용계획 및 토지이용규제가 사업에 주는 불확실성
  ㉡ 사법적 위험: 소유권 관계 등에서 발생하는 사업의 불확실성
② **시장위험**: 시장 상황이 개발업자에게 주는 불확실성
③ **비용위험**: 예상한 비용이 증가될 가능성

(3) 위험의 통제 가능성과 단계별 위험
① **통제 가능성**
  ㉠ 위험은 개발업자가 통제할 수 있는 것도 있지만 통제할 수 없는 것도 있다.
  ㉡ 시장에서 발생되는 위험은 통제할 수 없는 것이 일반적이다.
② **개발의 단계와 위험**
  ㉠ 위험: 개발 초기에 가장 높고 완공에 가까워질수록 점점 낮아진다.
  ㉡ 가치: 개발 초기에 가장 낮고 완공에 가까워질수록 점점 상승한다.

3 개발을 위한 부동산 분석 제31회, 제32회

(1) 부동산 분석의 의미
① 부동산 분석이란 부동산 시장의 동향과 추세를 연구하는 활동을 말한다.
② 개발업자는 시장위험을 줄이기 위해서 시장에 대한 연구를 철저히 하여야 한다.
③ 부동산 분석은 개발 착수 전에 행해지는 것이 일반적이지만 후속사업이나 계속적인 투자를 위해 사후검증차원에서 사업 완성 이후에 이루어지기도 한다.

(2) 부동산 분석의 단계
① **지역경제 분석**
  ㉠ 도시 내 모든 부동산에 대한 기본적 수요요인을 분석하는 과정이다.
  ㉡ 대상 지역의 모든 부동산의 수요에 영향을 미치는 인구, 고용, 소득, 인구의 특성, 가구의 특성, 교통망 등의 요인을 분석한다.

② **시장 분석**
  ㉠ 특정 유형의 부동산에 대한 수요와 공급을 분석하는 과정이다.
  ㉡ 특정 지역에서 특정 부동산 유형에 대한 성장성, 점유율, 개발 타당성 등을 파악한다.

③ **시장성 분석**
  ㉠ 시장 분석과 시장성 분석은 구별되는 개념이다.
  ㉡ 시장성 분석은 완성될 부동산이 현재나 미래의 시장상황에서 매매 또는 임대될 가능성(흡수율)을 조사하는 것이다.
  ㉢ 시장성 분석은 부동산의 과거 및 현재의 추세를 분석하고 그 원인을 분석한 후에 미래의 흡수율을 파악하는 것이 궁극적인 목적이다.

④ **타당성 분석**
  ㉠ 타당성 분석은 법률적·기술적·경제적 측면 모두에서 이루어져야 한다.
  ㉡ 타당성 분석 중 가장 중요한 측면은 경제적 타당성 분석이다.
  ㉢ 타당성 분석은 개발사업이 투자자를 유인할 만큼 충분한 수익성이 있는지를 분석하는 것이다.

⑤ **투자 분석**
  ㉠ 투자분석기법을 활용하여 최종적인 개발 대안을 결정하는 과정이다.
  ㉡ 개발사업에 타당성이 인정된다고 하더라도 모두 채택되는 것은 아니다. 개발업자는 목적을 고려해서 최종적인 개발대안을 선택한다.

(3) 경제기반분석

① **의미**: 도시의 산업은 기반산업과 비기반산업으로 구분될 수 있는데, 기반산업의 발전이 도시의 성장을 좌우한다.

② **입지계수**(LQ ; Locational Quotient)

$$입지계수(LQ) = \frac{A지역의\ X산업\ 구성비}{전국의\ X산업\ 구성비}$$

  ㉠ 입지계수는 기반산업과 비기반산업을 구분하는 기준이다.
  ㉡ LQ > 1: 해당 산업은 기반산업이다.
  ㉢ LQ < 1: 해당 산업은 비기반산업이다.

③ **경제기반승수**

$$경제기반승수(K) = \frac{총고용인구}{기반활동인구} = \frac{총고용인구}{1 - 비기반활동인구}$$

◇**기출** 부동산 개발에 있어 시장성 분석은 개발된 부동산이 현재나 미래의 시장상황에서 매매·임대될 수 있는 가능성 정도를 조사하는 것을 말한다. (○)

◇**기출** 시장성 분석의 최종 목적은 과거 및 현재의 흡수율을 파악하는 것이다. (×)

◇**기출** 시장성 분석은 특정 부동산이 가진 경쟁력을 중심으로 해당 부동산이 분양될 수 있는 가능성을 분석하는 것이다. (○)

◇**기출** 기반산업은 입지계수가 1보다 작은 산업이다. (×)

◇**기출** 비기반산업의 인구 수가 클수록 경제기반승수는 커진다. (○)

㉠ 경제기반승수는 기반산업인구에 대한 총고용인구의 비율이다.
㉡ 경제기반승수를 통해서 기반산업의 고용인구 변화가 지역의 전체 고용인구에 미치는 영향을 예측할 수 있다.
㉢ 경제기반분석은 고용인구 변화가 부동산 수요에 미치는 영향을 예측하는 데 사용될 수 있다.

4 개발의 방식 제31회, 제32회, 제34회, 제35회

(1) 공영개발의 방식

① 매수방식
㉠ 개발에 필요한 토지를 전부 매수하는 방식이다.
㉡ 사업을 빠르게 진행할 수 있지만 과도한 보상비용이 발생한다.

② 환지방식
㉠ 토지의 권리를 교환하는 방식이다.
㉡ 사업시행 전에 존재하던 토지의 권리를 사업시행 이후에 새로이 조성된 토지에 이전시키는 방식이다.

③ 혼합방식
㉠ 일부는 매수하고 일부는 환지방식을 활용하는 방식이다.
㉡ 혼합방식은 환지방식과 매수방식을 혼합한 방식으로 도시개발사업, 산업단지개발사업 등에 사용한다.

(2) 민간개발의 방식

① 자체개발방식
㉠ 토지소유자가 개발의 모든 과정을 담당하는 방식이다.
㉡ 자기자금과 관리능력이 충분하다면 자체개발방식은 이익 측면에서 유효한 방식이다.
㉢ 토지소유자가 모든 과정을 담당한다는 점에서 위험성이 높다.

② 지주공동사업의 유형
㉠ 공사비 대물 변제형 : 토지소유자가 건설업자에게 시공을 맡기고 건설에 소요된 비용을 완성된 건축물로 변제하는 방식이다.
㉡ 공사비 분양금 지급형 : 토지소유자가 건설업자에게 시공을 맡기고 건설에 소요된 비용을 완성된 건물의 분양 수익금으로 지급하는 방식이다.
㉢ 투자자 모집형 : 재건축 또는 재개발 조합처럼 토지의 소유자를 투자자(조합원)로 모집하고 조합이 사업을 시행하는 방식이다.

◎기출 개발절차상 환지방식은 토지소유자의 동의를 받아야 하는 단계(횟수)가 수용방식에 비해 적어 절차가 간단하다. (×)

◎기출 자체개발사업은 불확실하거나 위험도가 큰 부동산 개발 사업에 대한 위험을 토지 소유자와 개발업자 간에 분산할 수 있는 장점이 있다. (×)

ⓔ 사업위탁(수탁)형

의 미	토지소유자가 개발업자에게 개발사업을 위탁하는 방식
내 용	• 사업 전반이 토지소유자의 명의로 행해지며 개발업자는 위탁수수료를 지급받는다. • 사업위탁방식에서는 토지소유자와 개발업자 간의 수수료 문제가 발생할 수 있다.

◇기출 사업위탁(수탁)방식이란 토지소유자가 토지소유권을 유지한 채 개발업자에게 사업시행을 맡기고 개발업자는 사업시행에 따른 수수료를 받는 방식이다. (○)

ⓜ 토지신탁형

의 미	부동산 개발 노하우나 자금이 부족한 토지소유자가 신탁회사에 토지를 신탁하면 신탁회사는 개발에 필요한 자금, 공사발주, 관리·운영 등을 대신하고 그 수익을 토지소유자에게 돌려주는 신탁상품 또는 개발방식
내 용	• 토지신탁은 사업위탁방식과 유사하나 신탁회사에 형식상의 소유권이 이전된다는 점에서 차이가 있다. • 신탁방식에서는 건설단계의 부족자금은 신탁회사(수탁자)가 조달한다.

◇기출 신탁개발이란 토지소유자로부터 형식적인 토지소유권을 이전받은 신탁회사가 사업주체가 되어 개발·공급하는 방식이다. (○)

◇기출 신탁방식에서는 건설단계의 부족자금을 위탁자가 조달한다. (×)

ⓗ 등가교환방식: 토지소유자가 토지를 제공하고 개발업자가 건물을 건축하여 그 기여도에 따라 토지와 건물의 지분을 나누는 방식이다.

ⓢ 컨소시엄형: 대규모 개발에 필요한 사업자금을 조달하고 부족한 기술을 상호 보완하기 위하여, 법인 간 컨소시엄을 구성하여 사업을 수행하는 방식이다.

◇기출 등가교환방식은 공사비 대물변제형과 유사한 방식이다. (○)

◇기출 컨소시엄 구성방식은 출자회사 간 상호 이해조정이 필요하다. (○)

(3) **민간투자사업방식**

① 의미: 민간의 자본과 기술력을 유치하여 사회간접시설을 확충하는 방식이다.

② BTO방식과 BTL방식

BTO방식	• B(built) - T(transfer) - O(operate) 방식 • 민간이 사회간접시설을 건설(B)하고, 소유권을 주무관청에 양도(T)한 후, 일정기간 시설에 대한 운영권(O)을 부여받는 방식
BTL방식	• B(built) - T(transfer) - L(lease) 방식 • 민간이 사회간접시설을 건설(B)하고, 소유권을 주무관청에 양도(T)한 후, 정부 등에 그 시설을 임차(L)하는 방식
비 교	• BTO방식은 대부분의 사회간접시설에 활용되는 방식으로, 운영권을 기초로 한 운영수익으로 건설비용을 회수하는 방식이다. • BTL방식은 최근 학교건물, 기숙사, 도서관, 군인아파트 등의 개발에 많이 활용되고 있다.

☞참고 BTO방식과 BTL방식

1. BTO방식: 국가기관산업에 속하는 도로, 공항, 항만 등과 같은 시설물에 주로 적용되는 방식으로, 준공 즉시 그 소유권은 국가에 귀속되며, 개발사업주는 총소요자금의 범위 내에서 일정기간 동안 운영권을 얻어 그 시설물을 통해 수익을 취한다.

2. BTL방식: 민간이 자금을 투자해서 공공시설을 건설하고 시설의 완공시점에서 소유권을 정부에 기부채납의 방식으로 이전하는 대신 일정기간 동안 시설의 사용과 수익권한을 획득한다. 최근 우리나라에서는 학교건물, 기숙사, 도서관, 군인아파트 등의 개발에 활용하고 있다.

③ BOT방식, BOO방식, BLT방식

BOT	• B(built) − O(own) − T(transfer) 방식 • 민간이 사회간접시설을 건설(B)하고, 일정기간 소유(O)한 후, 계약기간 종료 시점에 소유권을 주무관청에 양도(T)하는 방식
BOO	• B(built) − O(own) − O(operate) 방식 • 민간이 사회간접시설을 건설(B)하여, 당해 시설의 소유권(O)을 갖고, 시설을 운영(O)하는 방식
BLT	• B(built) − L(lease) − T(transfer) 방식 • 민간이 사회간접시설을 건설(B)하고, 일정기간 주무관청에 임차(L)해주고, 임차기간이 종료되면 소유권을 주무관청에 양도(T)하는 방식

(4) 신개발과 재개발

신개발		일단의 주택지 조성사업, 아파트지구 개발사업, 토지형질변경사업
재개발	시행 방법	• 보전재개발: 사전에 노후화·불량화 방지(가장 소극적) • 수복재개발: 노후화·불량화의 요인만 제거(소극적) • 개량재개발: 기존시설의 확장·개선, 새로운 시설의 추가 • 철거재개발: 기존환경을 완전히 제거, 새로운 시설물 대체

◎기출 보전재개발은 현재의 시설을 대부분 그대로 유지하면서 노후·불량화의 요인만을 제거하는 재개발을 말한다. (×)

02 부동산 관리

1 부동산 관리의 이해

(1) 부동산 관리의 의미

① 부동산 관리란 부동산을 그 목적과 용도에 적합하게 이용하기 위해 부동산을 취득·유지·보존하고 그 이용·개량을 하는 모든 행위를 말한다.
② 부동산 관리는 부동산 소유자의 목적에 따라 대상 부동산을 관리상 운영·유지하는 것이다.
③ 우리나라에는 전문자격제도로 주택관리사 제도가 있다.

(2) **전문적인 부동산 관리의 필요성**

① 도시화로 인한 공동주택의 증가
② 건축기술 발전으로 인한 초고층 건물의 등장
③ 부재 소유자의 요구
④ 부동산 간접투자의 증가

② 부동산 관리의 분류 제33회, 제34회, 제35회

(1) 부동산 관리의 3가지 측면

① **기술적 관리(유지관리, 협의의 관리)**

의 미	부동산의 물리적·기능적 하자에 대한 예방 또는 대응 활동	
내 용	토지관리	• 경계확정(측량) • 사도방지, 경사지의 옹벽설치, 배수시설 설치 • 건물과 부지의 부적응 개선
	건물관리	• 위생관리(청소, 위생, 해충방지) • 설비관리(냉·난방 설비 등의 수선 및 보수) • 보안관리(방범, 방재) • 보전관리(건물의 유지·보수)

◇ 기출 토지의 경계측량과 경계확정은 법률적 측면의 관리이다. (×)

◇ 기출 건물과 부지의 부적응을 개선하는 활동은 경제적 측면의 관리이다. (×)

② **경제적 관리(경영관리)**

의 미	부동산으로부터 발생하는 수익의 극대화를 목적으로 하는 활동	
내 용	수지관리	• 순수익의 관리, 손익분기점 관리, 회계 관리 • 유효 활용 방안의 모색, 재무적 효율성 증대 모색
	인력관리	• 인사관리, 노무관리

◇ 기출 인사관리와 노무관리는 법률적 측면의 관리이다. (×)

③ **법률적 관리**

의 미	발생 가능한 공·사법상의 손실을 제거하거나 예방하는 활동	
내 용	권리분석	• 권리관계의 조정 • 권리의 보존 및 관리
	계약관리	• 임대차 계약 및 예약 등
	규제관리	• 각종 인허가, 신고 등 공법상 규제사항의 관리

(2) 시설관리, 임대차관리 및 자산관리

① **시설관리(Facility Management)**

의 미	부동산 시설의 운영 및 유지를 목적으로 하는 관리(소극적 관리)
내 용	• 설비의 운전 및 보수 • 에너지 관리, 방재·방범 등 보안 관리, 건물 청소 관리

② **건물 및 임대차관리(Property Management)**

의 미	부동산 임대차 수익의 극대화를 목적으로 하는 관리
내 용	• 부동산 공간의 마케팅, 임차인 관리 • 현금흐름의 관리, 회계 관리

③ **자산관리**(Asset Management)

의 미	부동산 소유주의 부를 극대화하기 위하여 해당 부동산의 가치를 증진시킬 수 있는 다양한 방법을 모색하는 관리
내 용	• 포트폴리오 관리 • 부동산 매입 및 매각 관리 • 재투자 또는 재개발 결정, 리모델링 결정, 프로젝트 파이낸싱

> 기출: 부동산 소유주의 부를 극대화하기 위하여 부동산의 매각을 결정했다면, 이는 시설관리에 해당한다. (×)

(3) 자가관리, 위탁관리 및 혼합관리

① **자가관리**

의 미	부동산 소유자가 직접 관리하는 방식
장 점	• 소유자가 관리 업무에 대한 지시 및 통제권한이 강하다. • 의사 결정과 업무 처리가 신속하다. • 관리하는 각 부분을 종합적으로 운영할 수 있다. • 기밀유지 및 보안관리 측면에서 유리하다. • 일반 주택이나 소규모 부동산의 관리에 유효한 방법이다. • 자기가 직접 관리함으로써 관리비가 절약된다.
단 점	• 관리의 전문성이 결여되기 쉽다.

> 기출: 직접관리방식은 관리업무의 타성을 방지할 수 있고 인건비의 절감효과가 있다. (×)

> 기출: 자가관리방식은 대형건물의 관리에 보다 유용하다. (×)

주의
1. 자가관리 = 직접관리
2. 위탁관리 = 외주관리

② **위탁관리**

의 미	부동산을 전문 관리업자에게 위탁하여 관리하는 방식
장 점	• 전문가에 의한 효율적이고 합리적인 관리가 가능하다. • 전문적인 계획 관리를 통해 시설물의 노후화를 늦출 수 있다. • 아파트 등 대형 건물에 유효한 관리이다. • 소유자는 위탁관리 후 자기 본업에 전념할 수 있다.
단 점	• 관리업체가 영리만을 추구하면 부실관리가 초래될 수 있다. • 관리업의 역사가 짧아 신뢰할 수 있는 업자를 만나기가 어렵다.

③ **혼합관리**

의 미	자가관리와 위탁관리가 혼합된 관리 방식
장 점	• 자가관리에서 위탁관리로 이행하는 과도기에 유용할 수 있다. • 자가관리가 곤란한 부분만 선별하여 위탁할 수 있다. • 자가관리와 위탁관리의 장점을 살릴 수 있다. • 자가관리의 강한 지도력과 위탁관리의 전문성을 모두 활용할 수 있다.
단 점	• 문제가 발생한 경우 관리의 책임 소재가 불분명하다. • 운영이 잘못되면 자가관리와 위탁관리의 단점만 노출될 수 있다.

> 기출: 혼합관리는 위탁관리에서 자가관리로 이행하는 과도기에 유용한 방법이다. (×)

> 기출: 혼합관리방식은 필요한 부분만 선별하여 위탁하기 때문에 관리의 책임소재가 분명해지는 장점이 있다. (×)

3 부동산 관리의 구체적 내용

(1) 유지활동

① **의미**: 부동산의 외형·형태를 변화시키지 않으면서 부동산의 양호한 상태를 지속시키는 행위를 말한다.

> **기출** 유지활동이란 부동산의 외형을 변화시키면서 부동산의 양호한 상태를 지속시키는 것이다. (×)

② 유지활동의 구분

일상적 유지활동	• 정기적 유지활동 • 청소, 소독, 쓰레기 수거, 조경 등과 같이 일상적인 유지활동
예방적 유지활동	• 사전적 유지활동 • 사전에 수립된 유지계획에 따라 문제가 발생하기 전에 미리 시설이나 장비를 점검하고 이를 유지하는 활동
대응적 유지활동	• 사후적 유지활동 • 문제가 발생하고 난 후에 이를 대처하는 유지활동

③ 일단 문제가 발생되면 많은 비용이 지출될 뿐 아니라 임차인의 불편 등이 발생한다. 따라서 사전에 이를 예방하는 예방적 유지활동이 가장 중요하며 바람직하다.

(2) 임대차 활동

구 분	주거용 부동산	매장용 부동산	공업용 부동산
임차자 선정	유대성	가능매상고	적합성
임대차 유형	조임대차	비율임대차	순임대차(3차)

> **참고** 비율임대차
> 비율임대차는 기본임대료 외에 총수입의 일정비율을 임대료로 지불하는 방식이다.

(3) 건물의 생애주기

전개발단계	앞으로 건물이 건축될 용지의 상태에 있는 단계
신축단계	• 건물이 새로 태어나는 단계 • 물리적·기능적 유용성이 최고인 단계
안정단계	• 건물이 완공된 후 제 기능을 발휘하는 단계 • 건물의 전체 수명을 결정하는 단계
노후단계	• 건물의 물리적 상태가 급격히 악화되는 단계 • 건물의 유지 및 수선에 대한 지출을 억제하고 교체를 계획하는 단계
폐물단계	건물의 가격이 상당히 저하되고, 설비 등이 쓸모없을 정도로 악화된 단계

> **참고** 건물의 생애주기 비용
> 1. 건물의 생애에 걸쳐 필요한 비용의 총액이다.
> 2. 건축물의 계획·설계 비용으로부터 건설·유지·관리 비용 및 폐기처분 비용까지를 포함한다.

03 부동산 마케팅

1 부동산 마케팅의 이해

(1) 부동산 마케팅의 의미

① 부동산 마케팅이란 부동산 공급자가 수익을 극대화시키기 위해 행하는 모든 활동을 말한다.

② 공급자 주도시장에서 구매자 주도시장으로 전환되고 있는 현대사회에 있어 마케팅은 그 중요성이 더욱 높아지고 있다.

◇기출 부동산 마케팅은 공급자 주도시장이 형성되면서 그 중요성이 강조된다. (×)

(2) 마케팅 전략

① **의미**: 부동산 수익을 극대화시키기 위하여 공급자가 설정한 기본 노선 또는 기본 전략을 말한다.

② **구 분**

㉠ 마케팅 전략은 시장점유마케팅, 고객점유마케팅, 관계마케팅 등 세 가지 차원에서 접근이 가능하다.

㉡ 내 용

◇기출 부동산 마케팅 전략에 있어 표적시장선정 전략은 세분화된 수요자 집단에서 경쟁 상황과 자신의 능력을 고려하여 가장 자신 있는 수요자 집단을 찾아내는 것을 말한다. (○)

◇기출 부동산 마케팅 전략에 있어 시장점유마케팅 전략은 소비자의 구매의사결정 과정의 각 단계에서 소비자와의 심리적인 접점을 마련하고 전달하려는 메시지의 취지와 강약을 조절하는 전략이다. (×)

시장점유 마케팅	• 공급자의 전략 차원 • 표적시장을 선점하거나 틈새시장을 점유하고자 하는 전략 • STP 전략, 4P Mix 전략
고객점유 마케팅	• 소비자행동이론 차원 • 소비자의 행태·심리를 분석하여 고객을 점유하고자 하는 전략 • AIDA 전략
관계 마케팅	• 공급자와 소비자의 상호작용을 중요시하는 마케팅 • 점유한 고객을 계속하여 유지하고자 하는 전략 • 브랜드 전략, 프랜차이즈 전략

2 부동산 마케팅의 구체적 전략 제31회, 제32회, 제33회, 제34회, 제35회

(1) 시장점유마케팅

① **STP 전략**

◇기출 시장세분화란 마케팅 활동을 수행하기 위하여 구매자 집단을 세분하는 것이다. (○)

㉠ 시장세분화(Segmentation): 수요자 집단을 인구·경제학적 특성에 따라 세분하고, 세분된 시장에 있어서 상품의 판매지향점을 분명히 하려는 전략

㉡ 표적시장의 설정(Target): 세분된 시장에서 자신의 상품과 일치되는 수요집단을 확인하거나 선정된 표적집단으로부터 신상품을 기획하는 전략

ⓒ 경쟁적 위치의 설정 또는 차별화(Positioning) : 동일한 표적시장을 갖는 다양한 공급경쟁자들 사이에서 자신의 상품을 어디에 위치시킬 것인가 하는 전략

② 4P Mix 전략

㉠ 4P : 제품(Product), 가격(Price), 유통경로(Place), 촉진(Promotion)
㉡ 4P 전략의 구체적 사례

제품 전략	• 기존과 차별화된 아파트 평면 설계 • 거주자 라이프스타일을 반영한 평면 설계 • 단지 내 자연친화적인 실개천 설치 • 보안설비의 디지털화, 지상주차장의 지하화
가격 전략	• 가격 수준 정책 : 시가 정책, 저가 정책, 고가 정책 • 가격 신축성 정책 : 단일 가격 정책, 신축 가격 정책 • 할인 및 할부 정책 • 스키밍 전략(초기 고가 전략), 시장침투가격 전략(초기 저가 전략)
유통경로 전략	• 직접 판매 전략 • 분양대행사를 활용할 것인지 중개업소를 활용할 것인지에 대한 전략
촉진 전략	• 광고 : 신원을 밝힌 스폰서가 돈을 지불하고 라디오·TV·신문 등과 같은 대량매체를 통해 상품 등을 알리는 수단 • 홍보 : 제품, 서비스, 기업 등을 뉴스나 논설의 형태로 다루게 함으로써 이것들에 대한 수요를 자극하는 것 • 인적 판매 : 설명을 잘하는 판매사원이 예상고객과 직접 접촉하여 구매를 하도록 하는 활동 • 기타 판매촉진 : 판매를 늘리기 위해서 벌이는 마케팅 활동으로 광고, 홍보, 인적 판매에 속하지 않는 모든 촉진활동(사은품 및 경품 제공 등)

◇ **기출** 마케팅 믹스는 마케팅 목표의 효과적인 달성을 위하여 이용하는 마케팅 구성요소인 4P의 조합을 말한다. (○)

참고 신축가격정책
부동산을 위치, 방위, 층, 지역 등에 따라 부동산의 가격을 달리 책정하는 정책이다.

◇ **기출** 가격 전략 중 빠른 자금회수를 원하고 지역구매자의 구매력이 낮은 경우에는 고가 전략을 이용한다. (×)

(2) **고객점유마케팅**

① 소비자행동이론 차원으로서 소비자의 행태·심리측면에서 등장한 마케팅
② AIDA전략 : 주의(Attention), 관심(Interest), 욕망(Desire), 행동(Action)으로 이어지는 소비자의 구매의사결정의 각 단계에서 소비자와 심리적 접점을 마련하고, 전달되는 메시지의 통과 강도를 조절하여 마케팅 효과를 극대화하는 것

(3) **관계마케팅**

① 생산자와 소비자 간의 1회성 거래를 전제로 한 종래의 마케팅이론에 대한 반성으로 양자 간의 지속적·우호적 관계유지를 주축으로 하는 마케팅
② 최근 새로이 대두되고 있는 공급자와 소비자의 상호작용을 중시하는 브랜드(Brand) 마케팅

◇ **기출** 관계마케팅 전략은 AIDA의 원리에 기반을 두면서 소비자의 욕구를 파악하여 마케팅효과를 극대화하는 전략이다. (×)

◇ **기출** AIDA원리는 주의(Attention), 관심(Interest), 욕망(Desire), 행동(Action)의 단계를 통해 공급자의 욕구를 파악하여 마케팅 효과를 극대화하는 시장점유마케팅 전략의 하나이다. (×)

3 부동산 광고

(1) 부동산 광고의 특징

① **광고의 양면성**: 구매자뿐만 아니라 판매자도 대상으로 하는 양면성이 있다.

② **광고의 개별성**: 부동산의 개별적 특성을 고려한 광고가 되어야 한다.

③ **지역적 · 시간적 제한성**

(2) 부동산 광고의 분류

① 목적에 따른 분류
  ⊙ 기업광고: 기업 자체에 대해 좋은 이미지를 가지도록 하는 광고
  ⊙ 물건광고: 특정 상품의 광고, 대부분의 부동산업자의 광고(특정 광고)
  ⓒ 계몽광고: 부동산의 중요성이나 부동산에 관한 지식을 제공할 목적으로 하는 광고

② 광고매체에 따른 분류
  ⊙ 신문광고
    ⓐ 안내광고(小): 한정된 광고에 많은 분량을 넣어야 하므로 독특한 약어를 많이 사용(부동산, 공장, 구인 등의 분류하에 동종의 광고를 여러 개 나열한 것)
    ⓑ 전시광고(大): 공간이 크기 때문에 사진이나 상세한 설명문 등을 자유로이 기재
  ⓒ 점두광고: 영업점포의 간판이나 색채 등에 의한 외부광고
  ⓒ DM(Direct Mail)광고: 안내엽서 등의 운송
  ⓔ 업계출판물광고: 출판물을 이용하는 광고
  ⓜ 교통광고: 전철, 버스 등 대중교통수단이나, 역구내의 간판광고
  ⓑ 노벨티광고: 실용적 · 장식적인 조그만 물건을 광고매체로 이용(볼펜, 라이터)
  ⓢ TV · 라디오 광고: 광고효과는 크나, 비용이 많이 드는 단점이 있음.
  ⓞ 애드믹스(Ad Mix) 광고
    ⓐ 한 가지 매체에 집중투자하지 않고 여러 매체에 나누어 분산광고하는 방법. 광고에 마케팅 믹스의 개념 적용
    ⓑ 광고효과지수의 크기에 따라 신문광고 ⇨ 팸플릿 ⇨ 텔레비전 순으로 광고비 책정

04 부동산 이용론

1 최유효이용(최고·최선의 이용)

(1) 최유효이용의 의미

① 최유효이용이란 객관적으로 보아 양식과 통상의 이용능력을 가진 사람들의 합리적·합법적, 최고·최선의 이용방법을 말한다.
② 근거: 부증성과 용도의 다양성

(2) 최유효이용의 판단 기준

① **객관적 이용**: 소유자의 주관적인 이용은 최유효이용이 될 수 없다.
② **합리적 이용**: 투기나 장래 불확실한 이용은 최유효이용이 될 수 없다.
③ **합법적 이용**: 토지이용규제, 환경기준 등에 적합해야 한다.
④ 물리적으로 채택 가능한 이용이어야 한다.
⑤ 경험적 자료를 통해 최고 수익에 대한 지지 가능성이 있어야 한다.

(3) 특수상황의 최유효이용

단일 이용	• 의미: 주위 토지 용도와는 다른 특이한 이용 • 사례: 주거지역 내 하나 있는 대형마트
비적법 이용	• 의미: 건축 당시에는 합법적인 이용이었으나 건축 규제의 강화 등으로 더 이상 현재의 법률에 부합되지 않는 이용 • 사례: 개발제한구역 내 건부지
중도적 이용	• 의미: 장래 최유효이용이 도래할 것으로 예상되어 최유효이용을 대기하는 과정에서 일시적으로 활용되는 이용 • 사례: 신도시 도심에 있는 주차장이나 야구연습장
잉여토지와 초과토지	• 잉여토지: 자투리 토지, 독립적 이용이 불가능한 토지 • 초과토지: 건물에 필요한 적정면적을 초과하는 부분의 토지, 일부분의 토지이나 독립적 이용(최유효이용)이 가능한 토지
기 타	• 특수목적 이용 • 복합이용, 투기적 이용

2 토지이용의 현상

(1) 토지이용의 집약도(토지와 자본의 대체성)

① **의미**: 토지의 단위면적당 투입되는 노동과 자본의 크기

$$집약도 = \frac{투입되는\ 노동과\ 자본의\ 양}{단위면적당\ 토지}$$

◇기출 자본의 대체성이 높을수록 토지이용은 집약화된다. (○)

② **집약도를 증가시키는 원인**
  ㉠ 이용 가능한 토지의 한정, 인구밀도의 증가
  ㉡ 지가의 상승
  ㉢ 규모의 경제, 경영효율의 증가, 산업의 발달 등

③ **집약도에 따른 토지이용의 구분**
  ㉠ 집약적 토지이용: 집약도가 높은 토지이용, 도시적 토지이용
  ㉡ 조방적 토지이용: 집약도가 낮은 토지이용, 비도시적 토지이용

(2) 직주분리와 직주접근

□참고
1. **도심공동화현상**: 직주분리의 결과 주간에 분주하던 도심이 야간에 텅 비는 현상
2. **도시회춘화현상**: 도시가 재건축 등으로 인하여 높은 계층의 주민이 이주해 옴으로써 도시 내의 기능이 다시 활발해지는 현상

구 분	직주분리	직주접근
의 의	직장과 주거지가 분리되는 현상	직장과 주거지가 가까워지는 현상
원 인	① 도심 지가의 상대적 상승 ② 출·퇴근 교통의 발전 ③ 도심 환경의 악화	① 도심 지가의 상대적 하락 ② 출·퇴근 교통의 체증 ③ 도심의 환경개선
결 과	① 도심공동화현상(도넛현상) ② 외곽은 침상도시(Bed Town)화 ③ 도심고동의 비율이 커져, 출퇴근시 교통혼잡이 발생	① 도심 건물의 고층화 ② 도시회춘화 현상

(3) 도시스프롤 현상

① **의미**: 도시의 성장 과정에서 토지이용이 무계획적으로 확대되는 현상이다.

◇기출 도시스프롤 현상은 도시중심부의 오래된 상업지역과 주거지역에서 집중적으로 발생한다. (×)

② **형태**: 일반적으로 외곽방향을 향해 평면적으로 확산하는 형태를 보이나 어떤 경우에는 입체 형태로 나타나기도 한다.

③ **유 형**
  ㉠ 고밀도 연쇄개발현상: 합리적 밀도 수준 이상의 개발이 인접지역을 잠식
  ㉡ 저밀도 연쇄개발현상: 합리적 밀도 수준 이하의 개발이 인접지역을 잠식
  ㉢ 비지적 현상: 개구리가 뜀을 뛰듯 중간에 공지를 남기면서 확산

◇기출 스프롤 현상이 발생한 지역의 토지는 최유효이용에서 괴리될 수 있다. (○)

(4) 지가구배현상

① **의미**: 도시의 지가는 외곽에서 도심에 가까울수록 빠르게 상승한다.

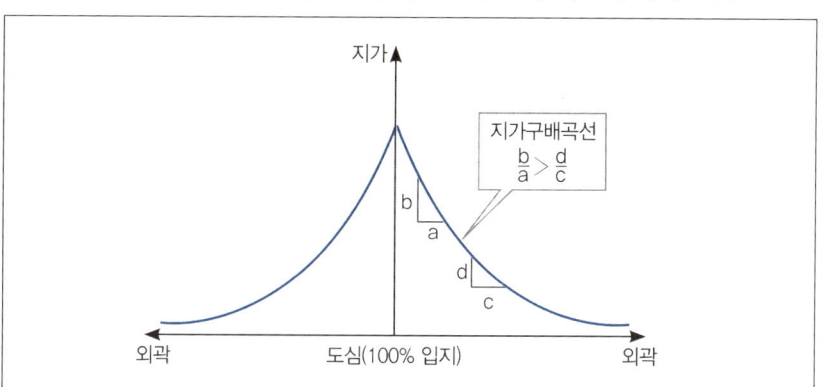

> **참고** 지가구배현상
> 1. 부심이 존재하는 대도시에선 보다 복잡한 지가구배의 모습이 나타난다.
> 2. 방사형 교통망이 개선되면 외곽에서 도심으로 들어오기 편리해지므로 상대적으로 외곽에 대한 수요가 증가하고 따라서 외곽의 지가가 상승한다.

② **토페카 현상**: 소도시의 경우에 외곽으로 벗어날수록 지가가 급격하게 저하되는데 이러한 현상을 토페카 현상이라고 한다.

(5) 침입과 계승

① **침입**: 어떤 지역에 새로운 지역 기능이 개입되는 현상이다. 낮은 지가수준을 가진 지역과 개발가능성이 있는 지역에서 빈번히 나타난다.
② **계승**: 침입의 결과 새로운 차원의 인구 집단 또는 토지이용이 종래의 것을 교체하는 현상이다.

(6) 택지 한계지의 지가

① 택지 한계지란 택지이용의 최원방권상의 토지를 말한다.
② 택지 한계지는 택지의 끝을 의미하기 때문에 한계지의 지가현상은 농경지의 지가수준과 무관한 경향이 있다.
③ 교통수단이 발달되면 한계지는 외곽으로 연장된다.

> **기출** 교통수단이 발달하면 한계지는 도심에 근접한다. (×)

05 개발론 계산 문제

1 입지계수(LQ)

[문제 1] 제시된 자료를 이용하여 A도시에 있는 모든 산업의 입지계수를 산정하고, A도시에 특화되어 있는 산업(기반산업)을 찾으시오. (수치는 고용자 수를 나타낸다)

산업 구분	전 국	A도시	B도시
제조업	4,000명	300명	1,200명
금융업	5,000명	500명	1,500명
부동산업	1,000명	200명	300명
합 계	10,000명	1,000명	3,000명

1. 특정 산업의 입지계수 = $\dfrac{\text{지역의 산업구성비}}{\text{전국의 산업구성비}}$

2. A도시의 산업별 입지계수
   ① A도시의 산업구성비와 전국의 산업구성비 산정

산업 구분	A도시(산업구성비)	전국(산업구성비)
제조업	300명($\dfrac{300}{1,000}=30\%$)	4,000명($\dfrac{4,000}{10,000}=40\%$)
금융업	500명($\dfrac{500}{1,000}=50\%$)	5,000명($\dfrac{5,000}{10,000}=50\%$)
부동산업	200명($\dfrac{200}{1,000}=20\%$)	1,000명($\dfrac{1,000}{10,000}=10\%$)
합 계	1,000명	10,000명

   ② A도시의 산업별 입지계수

산업 구분	A도시	전 국	입지계수(도시/전국)
제조업	30%	40%	30/40 = 0.75
금융업	50%	50%	50/50 = 1.0
부동산업	20%	10%	20/10 = 2.0

3. A도시의 기반산업
   ① 기반산업은 입지계수가 1보다 큰 산업이다.
   ② A도시에의 기반산업은 부동산업이다.

[문제 2] 다음은 각 도시별·산업별 고용자 수를 나타낸 표이다. 섬유산업의 입지계수가 높은 도시 순으로 나열하시오(다만, 전국에 세 개의 도시와 두 개의 산업만이 존재한다고 가정함).

(단위: 수)

구 분	섬유산업	전자산업	전체산업
A도시	250	150	400
B도시	250	250	500
C도시	500	600	1,100
전 국	1,000	1,000	2,000

1. 도시별 및 전국 섬유산업의 산업구성비와 입지계수를 산정하면 다음과 같다.

구 분	섬유산업의 산업구성비	도시별 섬유산업의 입지계수
A도시	$\frac{250}{400} = 0.625(62.5\%)$	$\frac{62.5\%}{50\%} = 1.25$
B도시	$\frac{250}{500} = 0.5(50\%)$	$\frac{50\%}{50\%} = 1$
C도시	$\frac{500}{1,100} = 0.45(45\%)$	$\frac{45\%}{50\%} = 0.9$
전 국	$\frac{1,000}{2,000} = 0.5(50\%)$	

2. 결국 섬유산업의 입지계수가 높은 도시 순은 A > B > C이다.

제7장 입지 및 공간구조론

01 지대이론

1 지대논쟁

① 의 미
  ㉠ 지대의 성격에 대한 고전학파와 신고전학파의 논쟁을 말한다.
  ㉡ 지대가 재화의 가격에 영향을 주는 비용인지 아닌지에 대한 논쟁이다.

② 고전학파와 신고전학파의 지대논쟁

고전학파	• 토지는 자연이 준 선물로서, 다른 생산요소와 구별된다. • 지대는 토지소유자가 농부의 순이익을 착취해가는 것이다. • 지대는 지주의 불로소득 또는 잉여에 해당한다.
신고전학파	• 토지는 노동이나 자본과 동일하게 생산요소에 해당한다. • 지대는 생산요소를 빌려준 것에 대해 지불받는 것으로 정당하다. • 지대는 생산물의 가격에 반영되는 비용에 해당한다.

입지 및 공간구조론

01 지대이론
 1. 지대논쟁
 2. 지대이론
 3. 지가이론
02 도시성장구조이론
 1. 버제스의 동심원이론
 2. 호이트의 선형이론
 3. 해리스와 울만의 다핵심이론
03 부동산 입지론
 1. 입지론의 이해
 2. 공업입지이론
 3. 상업입지이론
 4. 소매입지이론
04 입지론 계산 문제

◇기출 고전학파에 의하면 지대는 생산요소에 대해 지불하는 비용으로 정당한 대가이다. (×)

2 지대이론 제31회, 제34회, 제35회

(1) 리카도의 차액지대론

① 의미
  ㉠ 영국의 경제학자 리카도(D. Ricardo)는 1817년 그의 저서 '경제학 및 과세의 원리'에서 차액지대론을 설명하였다.
  ㉡ 차액지대란 비옥도에 따른 토지 생산력 차이에 의해 발생되는 지대를 의미한다.

◇기출 리카도는 지대 발생의 원인으로 비옥한 토지의 부족과 수확체감의 법칙을 제시하였다. (○)

② 기본가정
  ㉠ 비옥한 토지의 희소성
  ㉡ 수확체감의 원칙(수확량에는 일정한 한계가 있다는 원칙)

③ 지대의 발생과 크기

◇기출 리카도의 차액지대설에서 지대는 토지의 생산성과 운송비의 차이에 의해 결정된다. (×)

발생	• 지대는 한계지보다 생산력이 높은 토지에서 발생된다. • 차액지대는 보다 열등한 토지를 이용하게 되는 상황에서 비옥도에 따른 생산력의 차이에 의해 발생한다.
크기	• 차액지대의 크기는 우등지와 한계지 간의 생산물 차이에 의해 결정된다. • 어떤 토지의 지대 크기는 그 토지의 생산성과 한계지의 생산성과의 차이에 의해 결정된다.

◇기출 차액지대론은 한계지의 지대 발생을 설명하는 데 유용하다. (×)

④ 차액지대론의 평가
  ㉠ 경작되고 있는 토지 가운데 생산성이 가장 낮은 토지를 한계지라고 하는데, 차액지대론은 한계지에서 발생되는 지대를 설명하지 못한다.
  ㉡ 차액지대론은 토지의 위치문제를 경시하였고, 비옥도 자체가 아닌 비옥도의 차이에만 중점을 두고 있다는 비판이 있다.

(2) 마르크스의 절대지대론

① 의미
  ㉠ 마르크스는 "자본주의 사회는 토지 사유화 제도를 인정하고 있기 때문에 생산력과 상관없이 지대를 절대적으로 지불해야 한다"고 주장하였다.
  ㉡ 절대지대란 토지소유권에 의해 절대적으로 지불되어야 하는 지대이다.

② 평가: 차액지대설이 설명하지 못하는 한계지의 지대를 사유화 제도를 근거로 설명하였다.

(3) 튀넨의 위치지대론

① 의 미

㉠ 독일 경제학자 튀넨(J. V. Thünen)은 1826년 그의 저서 '농업과 국민경제의 관계에 있어서의 고립국'에서 지역의 토지이용구조를 설명하였다.

㉡ 튀넨은 리카르도의 지대개념을 확장하여 비옥도가 동일하더라도 위치에 따라 지대의 차이가 발생할 수 있다고 주장하였다.

㉢ 위치지대란 위치(수송비의 차이)에 따라 발생하는 지대이다.

② 기본가정

㉠ 위치에 따라 곡물가격은 동일하다.

㉡ 위치에 따라 생산비는 동일하다.

㉢ 위치에 따라 수송비는 차이가 있다.

③ 지대의 발생과 크기

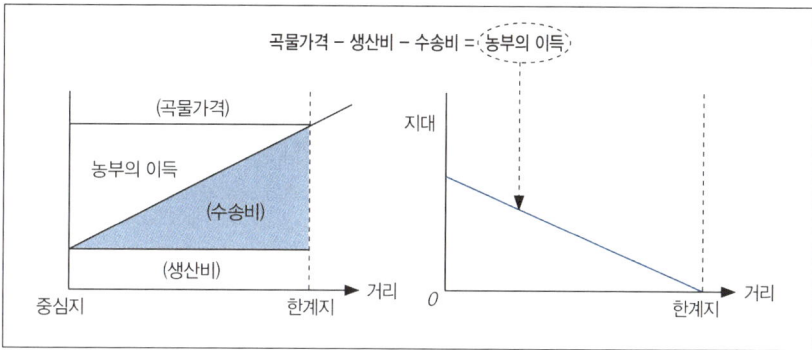

발 생	위치에 따른 수송비 차이가 지대를 발생시킨다.
크 기	지대는 중심지에 가까울수록 크고, 외곽으로 갈수록 작아진다.
집약도	토지는 중심지에 가까울수록 집약적으로 이용되고, 중심지에서 멀어질수록 조방적으로 이용된다.

④ 위치에 따른 토지이용의 형태

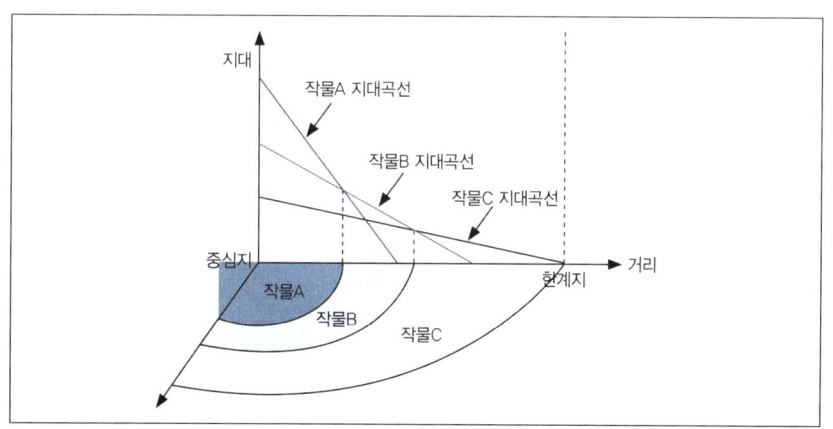

주의 튀넨의 영향

1. 튀넨은 위치지대의 개념을 통해 현대적인 입지이론의 기초를 제공하였다.
2. 튀넨의 이론은 이후 알론소의 입찰지대곡선 및 도시성장구조이론 중 동심원이론이나 기타 상업입지론에 많은 영향을 미쳤다.

기출 위치지대론은 위치에 따른 평균생산비가 동일함을 전제로 한다. (○)

기출 튀넨의 위치지대설에 따르면, 비옥도 차이에 기초한 지대에 의해 비농업적 토지이용이 결정된다. (×)

기출 위치지대는 외곽으로 갈수록 증가한다. (×)

용어 조방적 농업

일정한 면적의 땅에 자본과 노력을 적게 들이고 자연력이나 자연물에 기대어 짓는 농업을 말한다.

㉠ 위치에 따른 토지이용형태(재배작물의 종류)는 작물의 지대지불능력에 의해 결정된다.
㉡ 여러 종류의 작물들은 수송비의 절감을 위해 가능한 중심지와 가까운 곳에 입지하려고 경쟁하고, 그 결과 가장 많은 지대를 지불할 수 있는 작물이 중심지와 가까운 토지에 할당된다.

(4) 알론소의 입찰지대론

① 의미: 알론소는 튀넨의 농촌 토지이용에 대한 이론을 도시공간으로 확장하여 도시 토지이용의 분화를 설명하였다.

② 입찰지대
㉠ 입찰지대란 토지를 입찰에 붙였을 때, 토지이용자가 지불하고자 하는 최대금액을 의미한다.
㉡ 입찰지대는 초과이윤이 0이 되는 수준의 지대를 의미한다.
㉢ 입찰지대는 도심에 가까울수록 높고, 멀어질수록 낮아진다.

◇기출 입찰지대란 토지이용자가 지불하고자 하는 최소금액을 의미한다. (×)

(5) 마샬의 준지대

① 의미: 현대의 지대는 반드시 토지만을 의미하는 것은 아니다. 마샬은 토지와 유사한 성격을 가지는 생산요소에 귀속되는 소득을 준지대로 보았다.

② 내 용
㉠ 준지대는 토지와 같이 공급이 제한된 생산요소에 귀속되는 소득이다. 다만, 토지 이외의 요소들은 단기에만 공급이 제한됨에 주의하여야 한다.
㉡ 준지대는 기계나 공장설비 등과 같이 단기적으로 공급이 제한된 생산요소에 대한 보수를 말한다.
㉢ 장기에는 고정요소가 존재하지 않기 때문에 준지대의 성격은 존재하지 않는다.

◇기출 준지대는 토지사용에 있어서 지대의 성질에 준하는 잉여로 영구적 성격을 가지고 있다. (×)

◇기출 준지대는 영원히 존재할 수 있는 지대이다. (×)

◇기출 마샬의 준지대설에 따르면, 생산을 위하여 사람이 만든 기계나 기구들로부터 얻은 일시적인 소득은 준지대에 속한다. (○)

3 지가이론

(1) 지대와 지가의 관계

① 의미: 지가는 장래 토지에서 발생하는 지대를 현재가치로 환원한 값이다.

- 지가 = $\dfrac{지대}{할인율}$ ・ 지대 = 지가 × 할인율

② 관 계
㉠ 지가와 지대는 비례관계에 있다.
㉡ 지가와 할인율(환원이율)은 반비례관계에 있다.

◇기출 지가와 할인율은 비례관계에 있다. (×)

(2) 지가이론

① 마샬(A. Marshall)의 지가이론
  ㉠ 토지의 가치를 결정하는 요인으로 위치를 강조하였다.
  ㉡ 지가는 위치의 유리성에 대한 화폐가치의 총액이다.

② 허드(Hurd)의 지가이론
  ㉠ 도시 토지의 지가는 접근성에 의존한다.
  ㉡ 지가의 바탕은 경제적 지대이고, 지대는 위치에, 위치는 편리함에, 편리함은 가까움에 의존한다고 하였다.

③ 헤이그(Haig)의 마찰비용이론
  ㉠ 교통비 절감이 도시 토지의 가치를 결정한다.
  ㉡ 마찰비용은 지대와 교통비로 구성되는데, 도심에 가까울수록 교통비가 감소되므로 지대는 높고 이에 따라 지가도 높아진다.
  ㉢ 헤이그의 마찰비용이론에서 마찰비용은 지대와 교통비의 합으로 산정된다.

∅기출 헤이그의 마찰비용이론에서 지대는 마찰비용과 교통비의 합으로 산정된다. (×)

02 도시성장구조이론

1 버제스의 동심원이론 제31회, 제32회, 제34회

(1) 의 미

① 동심원이론은 사회학자 버제스(E. W. Burgess)가 시카고시를 대상으로 경험적으로 도출한 모델이다.
② 농촌을 대상으로 한 튀넨의 토지이용구조를 도시에 적용시킨 이론이다.

(2) 특 징

① 동심원이론은 도시를 하나의 살아있는 생명체로 가정한 생태학적 모형이다.
② 동심원이론은 도시 내부의 거주지 공간분화과정을 생태계의 침입, 경쟁, 천이의 과정으로 설명하였다.
③ 주거지의 공간적 분화과정을 필터링(여과)과정으로 설명하였다.
④ 도시 내부의 거주지 분화과정을 침입과 천이의 과정으로 설명하였다.
⑤ 범죄, 인구이동, 빈곤 및 질병 등의 도시문제는 중심에 접근할수록 높아진다.
⑥ 접근성, 지대, 인구밀도는 중심지에서 멀어질수록 낮아진다.

∅기출 호이트는 도시의 공간구조형성을 침입, 경쟁, 천이 등의 과정으로 나타난다고 보았다. (×)

∅기출 동심원설에 의하면 중심지와 가까워질수록 범죄, 빈곤 및 질병이 적어지는 경향을 보인다. (×)

(3) 도시의 내부구조

① 도시는 그 중심지에서 동심원상으로 확대되어 성장하는데, 그 과정에서 5개의 지대로 분화된다.

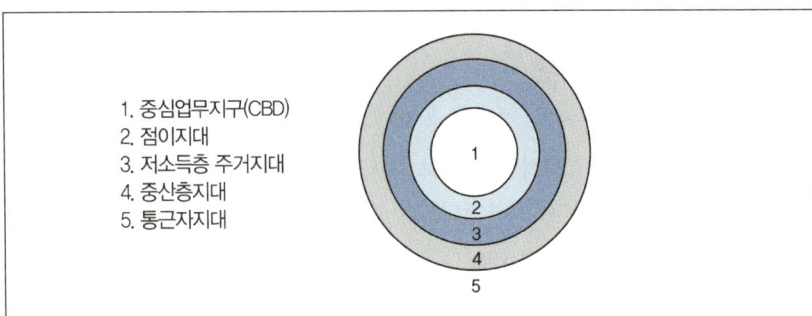

1. 중심업무지구(CBD)
2. 점이지대
3. 저소득층 주거지대
4. 중산층지대
5. 통근자지대

② 5개의 지대

중심업무지대	중심업무지구는 경제, 사회, 시민생활의 중심이 되는 곳으로 금융, 백화점, 호텔 등 비주거기능이 중심이 되고 있는 지역이다.
점이지대 (천이지대)	점이지대의 내측에는 경공업지구가 있고 외측에는 불량주거지대가 형성되어 있다.
근로자 주택지대	점이지대에서 이주한 저소득층의 근로자들이 거주하는 지대로 직장에 출근하기 쉽다는 접근성을 가지고 있다.
중상류층 주택지대	중산층가구가 거주하는 지대로 근로자 주택지대 외측에 있는 우량주택지대 또는 중급주택지구이다.
통근자지대	교외로 확산된 주택지대로서 전원적 경관이 좋은 위치로 고속도로나 철도를 따라 고급주택이 존재한다.

◇기출 동심원이론에 따르면 저소득층일수록 고용기회가 적은 부도심과 접근성이 양호하지 않은 지역에 주거를 선정하는 경향이 있다. (×)

◇기출 동심원이론에 의하면 점이지대는 고급주택지구보다 도심으로부터 원거리에 위치한다. (×)

◇기출 동심원이론에서 통근자지대는 가장 외곽에 위치한다. (○)

2 호이트의 선형이론 제31회, 제32회, 제34회

(1) 의미

① 경제학자 호이트는 미국의 142개 도시의 자료를 이용하여 도시의 구조를 설명하였다.

② 호이트에 의하면 도시는 자연적 장애물과 인공적 장애물이 가장 적은 방향으로 확장되고, 그 결과 주택지는 도심의 주요 간선도로망을 따라 소득계층별로 형성된다고 한다.

◇기출 도시공간구조의 변화를 야기하는 요인은 교통의 발달이지 소득의 증가와는 관계가 없다. (×)

(2) 도시의 내부구조

① 주택지구는 접근성이 좋은 주요 간선도로망을 따라 부채꼴 모양으로 형성된다.

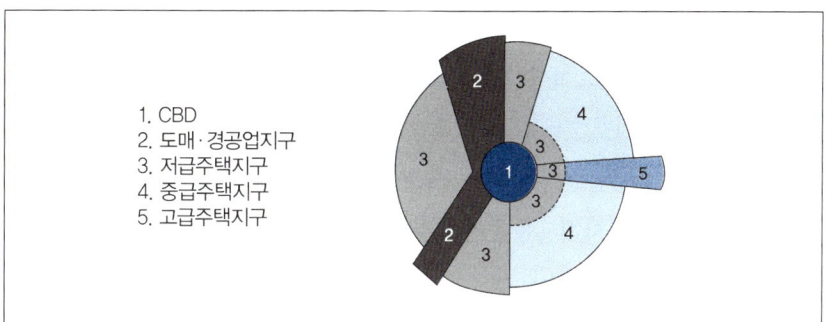

1. CBD
2. 도매·경공업지구
3. 저급주택지구
4. 중급주택지구
5. 고급주택지구

② 주택지구

고급 주거지구	고급주택의 발전 방향은 기존 시가지를 중심으로 교통노선을 따라 발달하며, 위험이 없는 곳이나 공업에 이용되지 않는 호반, 하천, 해안을 따라 뻗어나가는 경향이 있다.
중급 주거지구	중급주택은 고급주택 지역을 둘러싸거나 인접하며 고급주택과 함께 선형을 형성한다.
저급 주거지구	저소득층은 주로 도심근처의 고소득층이 거주했던 낡은 주택에 거주하거나 도시 주변부에 판잣집을 짓고 주택지구를 형성한다.

> **기출** 선형이론에 의하면 고소득층의 주거지는 주요 교통노선을 축으로 하여 접근성이 양호한 지역에 입지하는 경향이 있다. (○)

3 해리스와 울만의 다핵심이론 제34회

(1) 의 미

① 해리스와 울만은 도시내부구조는 수 개의 핵을 중심으로 형성되는 다핵구조로 파악되어야 한다고 주장하였다.

② 도시의 토지이용은 동심원이론이나 선형이론처럼 단일의 핵(중심업무지구)을 중심으로 성장하는 것이 아니라 몇 개의 분리된 핵을 중심으로 성장한다.

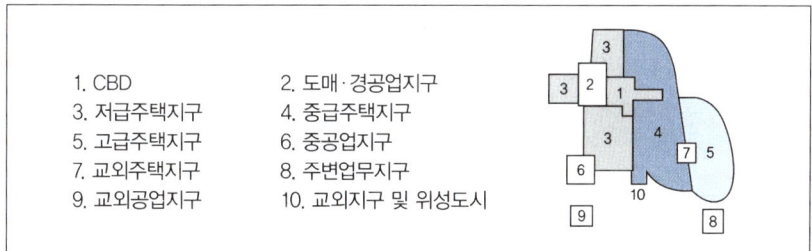

1. CBD
2. 도매·경공업지구
3. 저급주택지구
4. 중급주택지구
5. 고급주택지구
6. 중공업지구
7. 교외주택지구
8. 주변업무지구
9. 교외공업지구
10. 교외지구 및 위성도시

③ 현대 도시의 구조를 설명하는 데 적합한 이론이다.

◈기출 다핵심이론에서는 다핵의 발생요인으로 유사활동 간 분산지향형, 이질활동 간 입지적 비양립성 등을 들고 있다. (×)

(2) 핵의 성립요건

① **동종 활동의 집적**: 어떤 활동은 집적이익을 위하여 특정 지역에 모여서 입지하는 경향이 있다.

② **이종 활동의 분산**: 어떤 활동은 이익의 증대를 위해 서로 분산되어 입지하는 경향이 있다.

③ **특정 위치의 요구**: 어떤 활동은 특정한 위치나 특수한 시설을 요구하기도 한다.

④ **지대지불능력의 차이**: 활동에 따른 지대지불능력에 차이가 있다.

03 부동산 입지론

1 입지론의 이해

(1) 입지론의 의미와 근거

① **의미**: 입지론은 입지주체가 자신의 목적에 맞는 적합한 토지를 발견하는 활동(입지론) 또는 주어진 토지에 적합한 용도를 발견하는 활동(적지론)이다.

② **근거**: 부동성(지리적 위치의 고정성)

(2) 입지조건

① **의미**: 특정 입지가 가지고 있는 여러 가지 측면의 제 조건을 입지조건이라고 한다.

② **입지조건의 구분**
  ㉠ 자연적 조건: 지세, 지질, 지형, 기후, 경관 등
  ㉡ 인문적 조건: 사회적·경제적·행정적 조건 등

③ **내 용**
  ㉠ 입지조건 중 인문적 조건은 인간의 힘으로 어느 정도 극복할 수 있으나, 자연적 조건은 극복하고 통제하기 어려운 성질을 가진다.
  ㉡ 입지선정 기준(입지조건의 좋고 나쁨을 판단하는 기준)

◈기출 입지조건 중 자연적 조건은 일반적으로 인간이 극복할 수 있는 조건이다. (×)

용도 구분	입지선정 기준
주거지	거주의 쾌적성
상업지	수익성
공업지	비용성과 생산성
공공용 부동산	공익성과 편리성

2 공업입지이론 제32회, 제34회

(1) 베버의 최소비용이론(공급 측면)

① **의미**
   ㉠ 베버(A. Weber)는 최소 비용으로 제품을 생산할 수 있는 장소가 최적의 공업입지라고 주장하였다.
   ㉡ 베버의 최소비용이론은 생산의 공급 측면을 강조한 이론이다.

   ◇기출 베버는 운송비·노동비·집적이익을 고려하여 비용이 최소화되는 지점이 공장의 최적입지가 된다고 보았다. (○)

② **입지요인**
   ㉠ 베버는 산업입지에 영향을 주는 요인으로 수송비, 노동비, 집적이익을 들었으며, 그중 가장 중요한 요인은 수송비라고 주장하였다.
   ㉡ 베버는 다른 생산조건이 동일하다면 수송비는 원료와 제품의 무게, 원료와 제품이 수송되는 거리에 의해 결정된다고 주장하였다.

   ◇기출 베버가 가장 중요하다고 인정한 산업입지요인은 노동비이다. (×)

③ **최적의 공업입지**
   ㉠ 베버는 최소수송비 지점, 노동비 절약의 지점, 집적이익의 지점 등을 차례로 분석하여 전체 생산비가 최소가 되는 지점이 최적입지라고 하였다.
   ㉡ 베버는 최적의 입지를 찾는 과정을 입지 삼각형을 통해 설명하였다.

   ◇기출 등비용선은 최소운송비 지점으로부터 기업이 입지를 바꿀 경우, 운송비와 노동비가 동일한 지점을 연결한 곡선을 의미한다. (×)

(2) 기타 공업입지이론

① **뢰쉬의 최대수요이론(수요 측면)**
   ㉠ 뢰쉬는 수요를 최대로 할 수 있는 지점이 이윤을 극대화시킬 수 있는 공장의 최적입지라고 주장하였다.
   ㉡ 뢰쉬의 최대수요이론은 수요 측면 또는 판매활동을 강조한 이론이다.

   ◇기출 뢰쉬의 최대수요이론은 운송비와 집적이익을 고려한 이론이다. (×)

② **통합이론**
   ㉠ 총수익과 총비용의 차이가 최대인 지점이 공장의 최적입지이다.
   ㉡ 아사이드, 그린허트, 스미스 등이 제시한 이론으로 수요 측면과 공급 측면을 모두 고려한 이론이다.

(3) 원료지수

① **보편원료와 편재원료(또는 국지원료)**

보편원료	물, 흙, 모래 등 어떤 지역에서나 구할 수 있는 원료
편재원료	금, 석탄 등 특정 지역에서만 구할 수 있는 원료

② 원료지수

ⓐ 원료지수: 제품의 중량에 대한 국지원료의 중량비율

$$원료지수 = \frac{국지원료의 중량}{제품의 중량}$$

ⓑ 원료지수 > 1: 원료가 무거운 산업, (제품)중량감소산업
ⓒ 원료지수 < 1: 원료가 가벼운 산업, (제품)중량증가산업

③ 입지중량

ⓐ 입지중량: 원료지수 + 1
ⓑ 입지중량 > 2: 원료가 무거운 산업, 중량감소산업
ⓒ 입지중량 < 2: 원료가 가벼운 산업, 중량증가산업

(4) 공장입지의 유형

① 시장지향형 입지와 원료지향형 입지

> 기출 원료지수가 1보다 큰 산업은 시장지향형 입지가 유리한 산업이다. (×)

구 분	원료지향형	시장지향형
의 미	원료산지에 입지해야 유리한 공장	시장에 입지해야 유리한 공장
특 징	• 원료가 무거운 산업 • 원료 수송비가 많은 산업 • 원료지수가 1보다 큰 산업 • 중량감소산업 • 국지원료를 많이 사용하는 산업 • 원료의 부패가 심한 산업	• 제품이 무거운 산업 • 제품 수송비가 많은 산업 • 원료지수가 1보다 작은 산업 • 중량증가산업 • 보편원료를 많이 사용하는 산업 • 중간재나 완제품을 생산하는 산업

② 노동지향형 입지

ⓐ 노동력이 풍부하고 임금이 저렴한 지역에 입지해야 유리한 형태이다.
ⓑ 생산기술이 자동화되기 어려워 노동력이 중요한 섬유, 의류 산업 등이 이에 해당한다.

③ 집적지향형 입지

ⓐ 기술연관성이 높은 산업들이 원료산지나 시장에 함께 입지함으로써 비용을 절감하려는 입지 형태이다.
ⓑ 기술연관성이 높고 기술·정보·시설·원료 등의 공동이용을 통해서 비용 절감 효과를 얻을 수 있는 산업이 이에 해당한다.

3 상업입지이론 제32회, 제34회, 제35회

(1) 크리스탈러의 중심지이론

① 용어 정리

중심지	상업기능을 담당하는 지역(상업도시, 매장, 쇼핑센터)
배후지(보완지역)	중심지로부터 서비스를 받는 지역
최소요구치	중심지가 존속하기 위해 필요한 최소한의 고객 수
최소요구치 범위	중심지가 존속하기 위해 필요한 최소한의 수요(고객) 범위
재화의 도달범위	중심지의 기능이 미치는 한계거리

◇**기출** 크리스탈러는 중심성의 크기를 기초로 중심지가 고차중심지와 저차중심지로 구분되는 동심원이론을 설명했다. (×)

② 중심지의 생성 조건
  ㉠ 조건: 최소요구치 범위 < 재화의 도달범위
  ㉡ 중심지가 형성되기 위해서는 최소요구치가 항상 재화의 도달범위 내에 있어야 한다.

◇**기출** 중심지가 형성되기 위해서는 재화의 도달범위가 최소요구치 범위 내에 있어야 한다. (×)

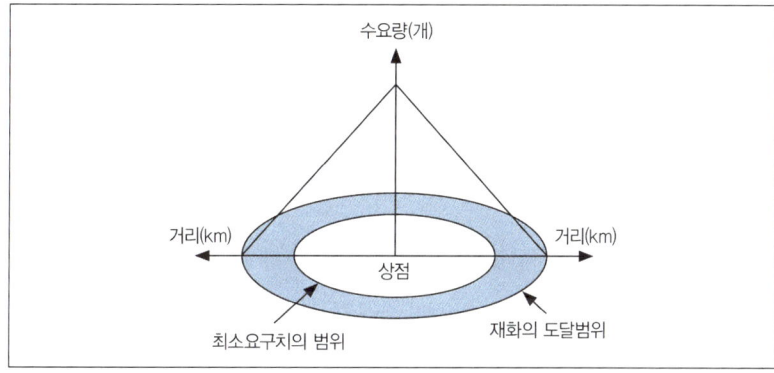

③ 이상적인 배후지 형태
  ㉠ 형태: 정육각형
  ㉡ 중심지가 하나라면 배후지의 형태는 원형이 된다. 그러나 중심지가 하나 이상이 되면 경쟁을 최소화하기 위해 배후지는 정육각형의 형태가 되어야 한다.

④ 중심지의 분포 및 계층
  ㉠ 중심지의 분포

  - 고차 중심지: 고차 중심지의 수는 적고, 고차 중심지 상호간의 간격은 넓다.
  - 저차 중심지: 저차 중심지의 수는 많고, 저차 중심지 상호간의 간격은 좁다.

  ㉡ 중심지의 계층: 저차 중심지의 수는 많고, 고차 중심지의 수는 적기 때문에 중심지는 피라미드 형태의 계층적 구조를 가진다.

(2) 레일리의 소매인력법칙

① 의미

ⓐ 레일리는 뉴턴의 만유인력법칙을 원용하여 두 중심지 사이에 위치하는 소비자에 대하여 상권이 미치는 영향력의 크기를 설명하는 이론이다.

ⓑ 두 중심지 사이에 위치하는 어떤 지역에 두 중심지가 미치는 영향은 중심지의 인구에 비례하고 중심지까지의 거리의 제곱에 반비례한다.

② 레일리의 고객유인력

$$\text{고객유인력} = \frac{\text{크기(인구 수, 매장 면적)}}{\text{거리}^2}$$

◇기출 레일리는 두 중심지가 소비자에게 미치는 영향력의 크기는 두 중심지의 크기에 반비례하고 거리의 제곱에 비례한다고 보았다. (×)

(3) 컨버스의 분기점 모형

① 의미

ⓐ 컨버스는 두 경쟁지역 사이의 상권의 경계를 의미하는 분기점을 확인할 수 있도록 소매인력법칙을 수정한 모형이다.

ⓑ A도시와 B도시의 크기가 같다면 두 도시의 상권 경계는 중간 지점이다.

ⓒ A도시가 B도시보다 크다면 두 도시의 상권 경계는 B도시에 보다 가깝게 결정될 것이다.

◇기출 컨버스는 경쟁관계에 있는 두 소매시장 간 상권의 경계지점을 확인할 수 있도록 소매중력모형을 수정하였다. (○)

◇기출 두 도시의 상권 경계는 보다 큰 도시에 가깝게 결정된다. (×)

② 분기점 모형

$$D_a = \frac{D_{ab}}{1 + \sqrt{\frac{P_b}{P_a}}} \qquad D_b = \frac{D_{ab}}{1 + \sqrt{\frac{P_a}{P_b}}}$$

- P_a : A도시의 인구
- P_b : B도시의 인구
- D_a : A도시에서 분기점까지의 거리
- D_b : B도시에서 분기점까지의 거리
- D_{ab} : A도시와 B도시의 전체 거리

(4) 허프의 확률모형

① 의미

ⓐ 허프(D. Huff)는 상권에 영향을 주는 근본적인 요인은 소비자의 구매행태라고 하고, 이러한 구매행태를 기본으로 확률모형을 제시하였다.

ⓑ 확률모형은 소비자들의 점포선택과 소매상권의 크기를 예측하는 데 널리 이용되는 대표적인 모형이다.

ⓒ 확률모형은 한 지역 내에 있는 각 상점의 시장점유율을 간편하게 추계할 수 있다.

② **소비자의 구매행태**
   ㉠ 점포에 대해 소비자가 느끼는 효용은 매장이 클수록 증가한다.
   ㉡ 일반적으로 소비자는 가장 가까운 곳에서 소비를 하려고 하고, 거리가 같다면 소비자는 중심지가 큰 곳에서 상품을 소비한다.
   ㉢ 적당한 거리에 고차 중심지가 있다면 소비자는 인근의 저차 중심지를 지나칠 가능성이 크다.

③ **허프의 고객유인력**

$$허프의 유인력 = \frac{크기(인구 수, 매장 면적)}{거리^k} \quad (k: 마찰계수)$$

◇기출 허프는 소비자가 특정 점포를 이용할 확률은 소비자와 점포와의 거리, 경쟁점포의 수와 면적에 의해 결정된다고 보았다. (○)

4 소매입지이론 제32회, 제34회

(1) **점포의 유형**

① **입지특성에 따른 점포의 구분**

점포유형	내 용
집심성 점포	• 배후지의 중심에 입지하는 것이 유리한 점포 • 도매점, 고급음식점, 대형서점, 영화관, 극장, 귀금속점 등
집재성 점포	• 동일 업종의 점포끼리 서로 모여야 유리한 유형의 점포 • 은행, 보험회사, 관공서, 사무실, 기계점, 가구점, 서점 등
산재성 점포	• 동일 업종의 점포끼리 서로 분산해야 유리한 유형의 점포 • 잡화점, 이발소, 목욕탕, 세탁소, 기타 일용품을 취급하는 점포
국부적 집중성 점포	• 동일 업종의 점포끼리 국부적 중심에 입지해야 유리한 점포 • 농기구점, 석재점, 철공소, 비료상점, 종묘점, 어구점 등

◇기출 잡화점, 세탁소는 산재성 점포이고 백화점, 귀금속점은 집재성 점포이다. (×)

◇기출 편의점, 이발소, 목욕탕 등은 집재성 점포라고 할 수 있다. (×)

② **구매 관습에 따른 점포의 분류**

점포유형	내 용
편의품점	• 편의품이란 일상적으로 구매와 소비를 반복하는 상품이다. • 편의품점은 일반적으로 산재성 점포의 유형을 갖는다.
선매품점	• 선매품이란 여러 상품을 비교하고 선별한 후에 구매하는 상품이다. • 선매품점은 일반적으로 집재성 점포의 유형을 갖는다.
전문품점	• 전문품이란 상표 또는 점포의 신용과 명성에 따라 구매하는 상품이다. • 전문품을 다루는 점포는 배후지의 외곽 부분에 입지하며 고객의 질이 양호하며, 구매의 빈도는 낮으나 판매이익이 많은 점포이다.

◇기출 선매품점은 일반적으로 산재성 점포의 유형을 갖는다. (×)

(2) 넬슨의 소매입지이론

① **의미**: 넬슨은 점포가 최대의 이익을 얻기 위해서 점포입지가 가져야 할 8가지 원칙을 제시하였다.

② **넬슨의 점포입지의 8원칙**

> 1. 현재의 지역후보의 적합지점
> 2. 잠재적 발전성
> 3. 고객의 중간유인
> 4. 상거래지역에 대한 적합지점
> 5. 집중흡인력
> 6. 양립성: 고객의 이동을 방해하지 않아야 하며 고객이 충분히 이동할 수 있도록 배려하여야 한다. 서로 다른 인접점포가 고객을 주고받는 보완관계를 말한다.
> 7. 경합성의 최소화
> 8. 용지경제학

◇기출 레일리의 소매인력법칙은 특정 점포가 최대이익을 확보하기 위해 어떤 장소에 입지하는가에 대한 8원칙을 제시한다. (×)

(3) 매장용 부동산의 부지선정 단계

> ① 기존부지의 분석 ⇨ ② 도시분석 ⇨ ③ 근린분석 ⇨ ④ 대상근린지역의 선정 ⇨ ⑤ 대상부지의 선정

(4) 부지선정을 위한 가능매상고의 추계

① **비율법**
  ㉠ 가처분소득에서 취급상품에 대한 지출가능액의 비율을 구하고, 이를 통해 가능매상고를 추계하는 방법이다.

  > 대상부지의 거래가능지역 확정 ⇨ 거래가능지역의 지출가능액을 추계 ⇨ 1인당 또는 가구당 주민소득 추계 ⇨ 1인당 또는 가구당 가처분소득에서 지출가능액이 차지하는 비율을 측정

  ㉡ 주관성이 가장 많이 개입되는 방법이다.

◇기출 비율법은 가장 객관적이라고 인정되는 방법이다. (×)

② **유추법**: 신규 점포와 특성이 유사한 자사의 기존 점포를 분석하여 가능매상고를 추계하는 방법이다.

③ **소비자분포기법(CST법)**: 소비자의 분포를 확인함으로써 상권의 규모뿐만 아니라 고객의 특성파악 및 판매촉진 전략 수립에 도움이 될 수 있다.

④ **중력모형**: 상업입지이론 중 중력모형을 수정한 이론으로 같은 지역에 다수의 경쟁업체가 있을 때 각 점포의 이론적 매상고를 파악하는 데 유용하다.

⑤ **회귀모형**: 매상고에 영향을 주는 변수들과 매상고와의 관계를 통계학적으로 분석하여 점포의 예상매상고를 추계하는 방법이다.

⑥ **체크리스트법**: 상권의 규모에 영향을 미치는 요인들을 수집하여 이들에 대한 평가를 통해 시장잠재력을 측정하는 방법이다.

(5) 상 권

① **의미**: 고객이 존재하는 지리적 구역

② **내 용**
  ㉠ 상권은 고객이 되는 인구의 밀도가 높을수록, 지역이 넓을수록, 고객의 소득수준이 높을수록 좋다.
  ㉡ 상권의 규모는 상품이나 서비스의 종류에 따라 달라진다.
  ㉢ 일반적으로 구입 빈도가 높은 상품은 상권 규모가 작다.
  ㉣ 일반적으로 구입 빈도가 낮은 상품은 상권 규모가 크다.

③ **상권분석 기법**

공간독점 접근법	• 공간독점이 인정되는 경우의 상권 확정 방법 • 거리제한을 두는 업종, 면허 업종(주류판매점) 등
시장침투 접근법	• 기존 시장에 침투하는 경우의 상권 확정 방법 • 확률 상권 또는 상권의 중첩을 인정하는 방법 • 선매품, 백화점, 슈퍼마켓 등
분산시장 접근법	• 매우 전문화된 상품 또는 특정 소득계층을 대상으로 하는 점포의 상권 확정 방법 • 시장의 분화를 가정한 불연속 상권을 인정하는 방법 • 매우 전문화된 상품, 특정 소득·그룹 대상 상품, 고급 가구점 등

04 입지론 계산 문제

1 중력모형

[문제 1] 레일리의 상권분석모형을 이용하여 신규 매장의 이용객 수를 추정하면 얼마인가?

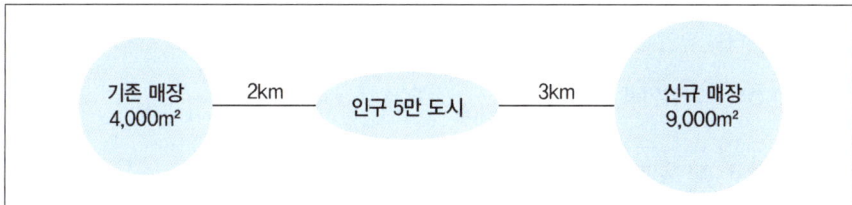

1. 신규 매장을 이용하는 고객의 수는 기존 매장과 신규 매장의 고객유인력의 관계로부터 찾아낼 수 있다.

2. 레일리의 유인력 $= \dfrac{\text{인구수}}{\text{거리}^2}$

3. 유인력 계산

    ① 기존 매장의 유인력: $\dfrac{4{,}000}{2^2} = 1{,}000$

    ② 신규 매장의 유인력: $\dfrac{9{,}000}{3^2} = 1{,}000$

4. 각 매장의 유인력 비율

    ① 기존 매장의 유인력 비율: $\dfrac{1{,}000}{(1{,}000 + 1{,}000)} = 50\%$

    ② 신규 매장의 유인력 비율: $\dfrac{1{,}000}{(1{,}000 + 1{,}000)} = 50\%$

5. 신규 매장의 이용객 추정 수: 5만 × 0.5(50%) = 25,000명

[문제 2] 다음 표는 어느 시장지역 내 거주지 A에서 소비자가 이용하는 쇼핑센터까지의 거리와 규모를 표시한 것이다. 현재 거주지 A지역의 인구가 1,000명이다. 허프(huff)모형에 의한다면, 거주지 A에서 쇼핑센터 1의 이용객 수는? (단, 공간마찰계수는 2이고, 소요시간과 거리의 비례는 동일하며, 다른 조건은 불변이라고 가정함)

구 분	쇼핑센터 1	쇼핑센터 2
쇼핑센터의 면적	1,000m²	1,000m²
거주지 A로부터의 시간거리	5분	10분

1. 허프의 유인력 $= \dfrac{\text{인구수}}{\text{거리}^{K(\text{마찰계수})}}$

2. 유인력 계산

    ① 쇼핑센터 1의 유인력: $\dfrac{1{,}000}{5^2} = 40$

    ② 쇼핑센터 2의 유인력: $\dfrac{1{,}000}{10^2} = 10$

3. 각 쇼핑센터의 유인력 비율

    ① 쇼핑센터 1의 유인력 비율: $\dfrac{40}{(40 + 10)} = 80\%$

    ② 쇼핑센터 2의 유인력 비율: $\dfrac{10}{(40 + 10)} = 20\%$

4. 쇼핑센터 1의 이용객 수: 1,000 × 0.8(80%) = 800명

> 주의 유인력 비율
> 1. 고객이 매장을 방문할 확률
> 2. 매장의 시장점유율

[문제 3] 허프(D. Huff)모형을 활용하여 X지역의 주민이 할인점 A를 방문할 확률과 할인점 A의 월 추정매출액을 순서대로 나열한 것은? (단, 주어진 조건에 한함)

- X지역의 현재 주민: 4,000명
- 1인당 월 할인점 소비액: 35만원
- 공간마찰계수: 2
- X지역의 주민은 모두 구매자이고, A, B, C 할인점에서만 구매한다고 가정

구 분	할인점 A	할인점 B	할인점 C
면 적	500m²	300m²	450m²
X지역 거주지로부터의 거리	5km	10km	15km

1. 유인력 산정

    ① 할인점 A: $\dfrac{500}{5^2} = 20$

    ② 할인점 B: $\dfrac{300}{10^2} = 3$

    ③ 할인점 C: $\dfrac{450}{15^2} = 2$

2. 주민이 할인점 A를 방문할 확률(할인점 A의 유인력 비율)

    $\dfrac{20}{20+3+2} = 0.8(80\%)$

3. 할인점 A의 월 추정매출액
    ① X지역 총 할인점 매출액: 35만 × 4,000명 = 1,400,000,000원
    ② 할인점 A의 월 추정매출액: 1,400,000,000원 × 0.8 = 1,120,000,000원

Part 03 부동산 감정평가론

공부한 날   월   일

감정평가론

01 부동산 가격(가치)이론
 1. 부동산 가치와 가격의 구별
 2. 부동산 가치의 발생과 형성
 3. 지역분석과 개별분석
 4. 부동산의 가격원칙
02 감정평가제도
 1. 감정평가의 용어
 2. 감정평가의 원칙
 3. 감정평가의 분류 및 절차
03 감정평가 3방식
 1. 감정평가3방식의 이해
 2. 감정평가3방식의 정의
 3. 가격을 구하는 3가지 방법
 4. 임료를 구하는 3가지 방법
 5. 물건별 평가방법
04 감정평가론 계산 문제
 1. 거래사례비교법
 2. 공시지가기준법
 3. 원가법
 4. 수익환원법

📝 기출 가치는 효용에 중점을 두며, 장래 기대되는 편익은 금전적인 것뿐만 아니라 비금전적인 것을 포함할 수 있다. (○)

📝 기출 가격은 대상 부동산에 대한 현재의 값이지만, 가치는 장래 기대되는 편익을 예상한 미래의 값이다. (×)

제1장 감정평가론

01 부동산 가격(가치)이론

1 부동산 가치와 가격의 구별

(1) 가치와 가격의 의미

① 가치(Value)는 재화의 쓸모 있는 정도를 의미한다.
  ㉠ 가치는 이용주체에 따라 달라지는 주관적이고 추상적인 개념이다.
  ㉡ 일반적으로 부동산 가치는 "부동산으로부터 장래 기대되는 유·무형의 편익을 현재가치로 환원한 값"이라고 정의된다.
② 가격(Price)은 시장에서 재화가 실제 거래된 금액을 의미한다.
  ㉠ 가격은 시장에서 형성된 객관적이고 구체적인 개념이다.
  ㉡ 가격은 가치가 시장을 통해 화폐단위로 구현된 것이다.
③ 가치와 가격의 관계

비례관계	일반적으로 가치와 가격은 비례관계에 있다. 따라서 가치가 증가하면 가격은 상승하고 가치가 감소하면 가격은 하락한다.
단기적 불일치	단기적으로 부동산 가격은 가치와 괴리될 수 있으나, 장기적으로 가격은 가치와 일치되는 경향이 있다.
존재 시점	가격은 실제 거래된 과거의 값이지만 가치는 장래 기대이익을 현재가치로 환원한 현재의 값이다.
다양성	가격은 실제 거래된 금액으로 일정시점에 하나만 존재하지만 가치는 부동산을 이용하는 주체에 따라 다양하게 나타난다.

(2) 부동산 가격의 특징

① 부동산의 가격은 교환의 대가인 가격과 용익의 대가인 임대료로 표시된다.
② 부동산의 가격은 물리적 실체가 아닌 소유권 기타 권리·이익에 대한 대가이다.

㉠ 2개 이상의 권리·이익이 동일한 부동산에 존재하는 경우에 각각의 권리·이익에 개별적인 가격이 형성된다.

㉡ 하나의 부동산에 2개 이상의 권리가 형성되어 있다면 부동산의 전체 가격은 각각의 개별 권리 가격을 합산하여 구할 수 있다.

③ 부동산의 가격은 장기적 배려를 통해 형성된다. 따라서 부동산 가격은 과거 또는 현재의 상황에 의해 결정되는 것이 아니라 장래의 이용 가능성에 의해 결정된다.

④ 부동산의 가격은 개별적으로 형성된다. 따라서 부동산 가격에는 거래당사자의 개별적인 동기나 특수한 사정이 개입되기 쉽다.

(3) 부동산 가치의 다원성

① **의미**: 부동산 가치는 평가 목적과 형성된 원인에 따라 다양하게 존재한다.

② **가치의 유형**

교환가치	시장에서 교환을 목적으로 형성되는 가치
사용가치	특정한 이용을 전제로 하는 사용자의 주관적 가치
투자가치	부동산에 대해 투자자가 부여하는 주관적 가치
담보가치	은행이 대출금액을 산정하기 위해 결정하는 가치
공익가치	보존과 같은 공공목적에 제공되는 경우에 형성되는 가치

2 부동산 가치의 발생과 형성 제31회

(1) 부동산 가치의 발생

① **의미**: 부동산을 구입하기 위해서는 대가를 지불해야만 하는데, 이를 가치의 발생이라고 한다.

② **가치발생요인**

효용(유용성)	• 인간의 필요나 욕구를 만족시켜 줄 수 있는 재화의 능력 • 효용은 주거지의 경우에 쾌적성으로, 상업지의 경우에 수익성으로, 공업지의 경우에 비용성 및 생산성 등으로 판단한다.
상대적 희소성	• 인간의 욕구에 비해 재화의 양이 상대적으로 부족한 현상 • 부동산의 희소성은 지역 또는 용도에 따라 상대적인 차이를 보인다.
유효수요	• 구매력 또는 지불능력을 갖춘 수요 • 부동산은 고가의 재화로서 유효수요가 대단히 중요하다.
이전성	• 권리 등의 법적인 양도 가능성 • 일부 학자는 이전성을 부동산 가격발생요인에 추가하기도 한다.

◇기출 부동산 가격이론에서 가치는 주관적·추상적인 개념이고, 가격은 가치가 시장을 통하여 화폐단위로 구현된 객관적·구체적인 개념이다. (○)

◇기출 부동산 가격이론에서 가치가 상승하면 가격도 상승하고, 가치가 하락하면 가격도 하락한다. (○)

◇기출 부동산 가격이론에서 수요와 공급의 변동에 따라 단기적으로 가치와 가격은 일치하게 되고, 장기적으로 가격은 가치로부터 괴리되는 현상을 나타낸다. (×)

◇기출 교환가치는 사용가치와 동일한 개념이다. (×)

◇기출 상대적 희소성이란 수요에 비해 재화의 양이 부족함을 의미한다. (○)

③ **특징**: 효용, 상대적 희소성, 유효수요 등의 가격발생요인은 단독으로 작용하는 것이 아니라 상호 결합하여 가격을 발생시킨다.

(2) **부동산 가치의 형성**

① **의미**: 부동산을 구입하기 위해서는 대가를 지불해야만 하는데 구체적으로 '얼마를 대가로 지불해야 하는지의 문제'를 가치의 형성이라고 한다.

② **가치형성요인**

일반적 요인	• 전국의 모든 부동산 가격에 영향을 미치는 요인 • 사례: 한 나라의 인구, 경제수준, 정책, 문화 등
지역요인	• 특정 지역 내의 부동산 가격에 영향을 미치는 요인 • 사례: 어떤 지역을 다른 지역과 구별시키는 지역의 특성
개별요인	• 개별 부동산이 가지고 있는 특성 • 사례: 면적, 형상, 지세, 지질, 층, 향 등 개별 부동산이 가진 특성

③ **가치형성요인의 특징**
  ㉠ 가치형성요인은 상호 유기적인 관계에 있다.
  ㉡ 가치형성요인은 고정·불변적인 것이 아니라 끊임없이 변화한다.

3 지역분석과 개별분석 제31회, 제32회, 제34회

(1) **지역분석과 개별분석의 이해**

① **지역분석**

의 미	가치형성요인 중 지역요인을 분석하여 지역 내 부동산의 표준적 사용과 가격수준을 판정하는 과정
목 적	• 지역의 표준적 이용 판정 • 지역의 가격수준 판정
근 거	• 부동성 • 적합의 원칙, 경제적 감가

② **개별분석**

의 미	대상 부동산의 개별요인을 분석하여 최유효이용을 판정하고 가격을 개별화·구체화시키는 과정
목 적	• 대상의 최유효이용 판정 • 가격의 개별화·구체화
근 거	• 개별성 • 균형의 원칙, 기능적 감가

☑ 지역분석과 개별분석의 비교

구 분	지역분석	개별분석
분석 목적	지역의 표준적 이용 판정	대상의 최유효이용 판정
	지역의 가격수준 파악	대상의 구체적 가격 판정
분석 순서	선행	후행
분석 범위	전체적·광역적·거시적 분석	부분적·국지적·미시적 분석
분석 내용	지역요인	개별요인
가격 원칙	적합의 원칙	균형의 원칙

◇ **기출** 지역분석은 개별분석의 결과를 바탕으로 지역의 가격수준을 판정하는 과정이다. (×)

◇ **기출** 지역분석보다 개별분석을 먼저 실시하는 것이 일반적이다. (×)

(2) 지역분석의 대상지역

① 인근지역

의 미	감정평가의 대상이 된 부동산이 속한 지역으로서 부동산의 이용이 동질적이고 가치형성요인 중 지역요인을 공유하는 지역
특 징	• 인근지역은 대상 부동산이 속해 있는 지역이다. • 인근지역은 대상 부동산 가격에 직접적인 영향을 미치는 지역이다. • 인근지역 내 부동산들은 용도와 기능면에서 대체·경쟁 관계에 있다. • 인근지역은 지역사회보다 작은 지역이다. • 인근지역은 고정된 것이 아니라 끊임없이 변화한다.

◇ **기출** 인근지역이란 대상 부동산이 속한 지역으로서 부동산의 이용이 동질적이고 가치형성요인 중 개별요인을 공유하는 지역이다. (×)

◇ **기출** 인근지역은 행정동과 일치한다. (×)

② 유사지역

의 미	대상 부동산이 속하지 아니하는 지역으로서 인근지역과 유사한 특성을 갖는 지역
특 징	• 유사지역은 인근지역과 대체·경쟁 관계가 성립되는 지역이다. • 유사지역은 인근지역과 접해있는 인접지역이 아니라 지역특성이 유사한 지역이다.

◇ **기출** 유사지역이란 대상 부동산이 속한 지역으로서 부동산의 이용이 동질적이고 가치형성요인 중 지역요인을 공유하는 지역을 말한다. (×)

◇ **기출** 유사지역은 인근지역과 인접해 있는 지역이다. (×)

③ 동일수급권

의 미	대상 부동산과 대체·경쟁 관계가 성립하고 가치형성에 서로 영향을 미치는 다른 부동산이 존재하는 권역
특 징	• 인근지역과 유사지역을 포함하는 광역적인 권역이다. • 동일수급권은 부동산에 대한 수요·공급의 지역적 한계 범위를 의미한다.

④ **용도별 동일수급권의 파악**
  ㉠ 후보지와 이행지
    ⓐ 원칙적으로 후보지와 이행지의 동일수급권은 전환 또는 이행 후의 토지 용도에 의해 파악되어야 한다.
    ⓑ 다만, 전환 또는 이행의 성숙도가 낮은 경우에는 전환 또는 이행 전의 토지 용도에 따라 파악되어야 한다.
  ㉡ 주거지
    ⓐ 주거지의 동일수급권은 도심에서 통근 가능한 지역 범위와 일치하는 경향이 있다.
    ⓑ 다만, 사회적 명성과 지역적 선호도 등에 의해 좁아진다.
  ㉢ 상업지
    ⓐ 상업지의 동일수급권은 배후지를 배경으로 동일한 수익을 얻을 수 있는 지역 범위와 일치한다.
    ⓑ 고도 상업지역일수록 동일수급권은 보다 넓어지는 경향이 있다.
  ㉣ 공업지
    ⓐ 공업지의 동일수급권은 동일한 생산성과 비용성을 누릴 수 있는 지역 범위와 일치한다.
    ⓑ 대규모 공장은 수송수단의 발달로 인해 그 지역 범위가 전국이 되기도 한다.

(3) **인근지역의 생애주기**
① **의미**: 지역의 성쇠현상을 생태학적 관점에서 각 국면에서 나타나는 여러 가지 현상을 설명하는 이론이다.
② **전제**: 생애주기 이론은 하나의 개발계획을 통해 지역이 동시에 개발되는, 즉 지역의 동질성을 전제조건으로 한다.
③ **생애주기 각 단계의 현상**

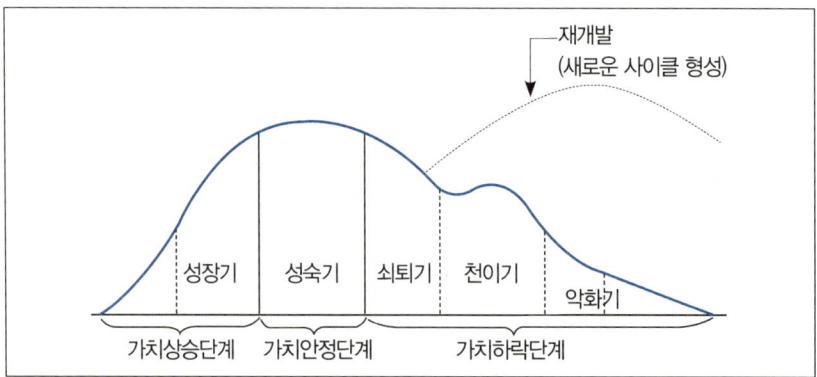

단계	특징
성장기	• 지역의 개발과 함께 지역 기능이 새롭게 형성되는 시기이다. • 지가상승률이 최고인 시기이다. • 왕성한 개발로 인하여 치열한 입지경쟁과 투기현상이 나타난다. • 새롭게 유입되는 입주민들의 교육수준과 소득수준이 높고 젊다. • 신축부동산이 부동산 거래의 중심이 되는 시기이다.
성숙기	• 개발이 완료됨에 따라 지역 기능이 안정되는 시기이다. • 지가수준 및 지역 기능이 최고인 시기이다. • 지가는 안정되거나 가벼운 상승을 보인다. • 중고부동산의 거래가 주를 이룬다.
쇠퇴기	• 시간이 흐름에 따라 지역의 건물이 점차 노후화되는 시기이다. • 건물의 경제적 내용연수가 경과하여, 관리비와 유지비가 급격히 증가하는 시기이다. • 지가가 하락하는 시기이다. • 고소득층의 주민이 다른 지역으로 이동하고 이를 통해 하향여과가 시작되는 시기이다.
천이기	• 유지수선이 지연되어 부동산의 쇠퇴현상이 가속화되는 시기이다. • 하향여과현상이 활발하게 이루어지면 지가가 일시적으로 상승하기도 한다. • 천이기에 재개발이 이루어지면 악화기가 도래하지 않을 수 있다.
악화기	• 슬럼화 직전의 단계이다. • 어울리지 않는 토지이용, 반달리즘, 부동산의 방기 등이 눈에 띄게 증가하는 시기이다.

◇기출 성장기는 지가수준이 최고인 시기이다. (×)

◇기출 성숙기의 경우 지가상승률이 최고가 된다. (×)

◇기출 천이기에 하향여과가 활발하게 이루어지면, 천이기의 지가수준은 개발단계의 수준까지 상승한다. (×)

4 부동산의 가격원칙

(1) 부동산 가격원칙의 이해

① **의미**: 부동산 가격원칙은 다양한 부동산 가치형성과정의 공통점과 규칙성으로부터 도출된 부동산 가격에 관한 법칙이다.

② **활용**: 부동산 가격원칙은 부동산 가격이 어떻게 형성되고 유지되는가를 나타내기 때문에 부동산 실무의 행위지침으로 활용되고 있다.

③ **가격원칙의 분류**
  ㉠ 부동산 가격원칙은 최유효이용의 원칙을 최상위원칙으로 내부원칙과 외부원칙으로 구분될 수 있다.
  ㉡ 부동산 가격원칙 중 최유효이용의 원칙과 적합의 원칙은 부동산 가격현상에서만 나타나는 부동산 고유의 가격원칙이다.

최유효이용의 원칙	부동산 가격은 최유효이용을 전제로 파악되는 가격을 표준으로 하여 형성된다.
외부원칙	적합의 원칙, 외부성의 원칙
내부원칙	기여의 원칙, 수익배분의 원칙, 균형의 원칙, 수익체증·체감의 원칙
고유원칙	최유효이용의 원칙, 적합의 원칙, 외부성의 원칙

(2) 변동의 원칙

① **의미**: 부동산 가격은 끊임없이 변화한다.

② **활용**: 감정평가의 기준시점 확정의 근거, 시점수정의 근거

◇ 기출 감정평가에서 기준시점을 확정해야 하는 이유는 예측의 원칙으로 설명할 수 있다. (×)

(3) 예측의 원칙

① **의미**: 부동산 가격에는 장래 예측이 반영되어 있다.

② **활용**: 부동산의 가격은 과거와 현재의 이용에 의해 결정되는 것이 아니라 '장래 어떻게 이용될 것인가'에 대한 예측에 의해 결정된다.

(4) 적합의 원칙

① **의미**: 부동산 가격(또는 유용성)이 최고가 되기 위해서는 부동산이 주변 환경에 적합해야 한다.

② **근거**: 부동성, 지리적 위치의 고정성

③ **활용**: 지역분석의 필요성, 경제적 감가의 근거

🔖 주의
1. **경제적 감가**: 외부환경과의 부적합으로 발생하는 가치 하락
2. **기능적 감가**: 구성요소 내부의 균형이 없으므로 인해 발생하는 가치 하락

(5) 균형의 원칙

① **의미**: 부동산 가격(또는 유용성)이 최고가 되기 위해서는 부동산을 구성하는 내부 요소에 균형이 있어야 한다.

② **근거**: 개별성

③ **활용**: 개별분석의 필요성, 기능적 감가의 근거

(6) 대체의 원칙

① **의미**: 부동산의 가격은 대체관계에 있는 다른 부동산 또는 다른 투자대안과의 상호작용에 의해 결정된다. 그 결과 유사한 재화는 가격도 유사해진다.

② **내용**
  ㉠ 효용이 유사한 2 이상의 재화에서 소비자는 보다 싼 재화를 선택한다.
  ㉡ 가격이 유사한 2 이상의 재화에서 소비자는 보다 효용이 큰 재화를 선택한다.

③ **활용**: 감정평가 3방식의 이론적 근거, 인근지역과 유사지역의 판단기준

(7) 기타 가격원칙

① **경쟁의 원칙**
  ㉠ 부동산 가격은 경쟁을 통해 결정된다.
  ㉡ 부동산에서 발생되는 초과이윤은 경쟁을 야기하고 이러한 경쟁은 다시 부동산의 초과이윤을 감소시킨다.

② **기여의 원칙**
  ㉠ 부동산의 전체 가격은 부동산 구성 부분의 생산비에 의해 결정되는 것이 아니라 구성 부분의 기여도에 의해 결정된다.
  ㉡ 추가투자의 적정성 판단 기준
  ㉢ 인근 토지의 매수 여부, 기존 건물의 증축 여부의 판단 기준

③ **수익배분의 원칙**
  ㉠ 토지에 귀속되는 수익은 다른 생산요소에 분배되고 남은 잔여수익이 배분된다.
  ㉡ 수익방식 중 잔여법의 성립 근거

> **기출** 경쟁의 원칙에 의하면 부동산의 초과이윤은 경쟁을 야기하고, 경쟁은 다시 초과이윤을 감소시키면서 부동산의 적정가격은 만들어진다. (○)

> **기출** 수익배분의 원칙은 배분법의 성립 근거를 제공한다. (×)

02 감정평가제도

1 감정평가의 용어

(1) **감정평가**: 토지 등의 경제적 가치를 판정하는 활동

(2) **기준시점**: 감정평가액을 결정하는 기준이 되는 날짜

(3) **기준가치**: 감정평가의 기준이 되는 가치

2 감정평가의 원칙 제32회, 제33회, 제34회, 제35회

(1) **기준시점 기준 원칙**

① **의미**: 감정평가액은 기준시점을 기준으로 결정한다.

② **내용**: 기준시점은 대상 물건의 가격조사를 완료한 날짜로 한다. 다만 기준시점을 미리 정하였을 때에는 그 날짜에 가격조사가 가능한 경우에만 기준시점으로 할 수 있다.

③ **근거**: 변동의 원칙

> **기출** 기준시점은 대상 물건의 현장조사를 완료한 날짜이다. (×)

(2) 시장가치 기준 원칙

① **의미**: 대상 물건에 대한 감정평가액은 시장가치를 기준으로 결정한다.

② **내용**: 시장가치란 통상적인 시장에서 충분한 기간 동안 거래를 위하여 공개된 후 그 대상 물건의 내용에 정통한 당사자 사이에 신중하고 자발적인 거래가 있을 경우 성립될 가능성이 가장 높다고 인정되는 대상 물건의 가액을 말한다.

③ **예외**: 법령에 규정이 있는 경우, 의뢰인이 요청하는 경우에는 시장가치 외의 가치를 기준으로 할 수 있다. 이 경우에는 감정평가의 합리성 및 적법성을 검토하여야 한다.

◇기출 시장가치는 통상적인 시장에서 형성될 수 있는 가액 중 가장 높다고 인정되는 가액이다. (×)

◇기출 시장가치는 제한된 시장에서 형성될 수 있는 가액이다. (×)

◇기출 감정평가법인등은 감정평가 의뢰인이 요청하여 시장가치 외의 가치를 기준으로 감정평가할 때에는 해당 시장가치 외의 가치의 성격과 특징을 검토하지 않는다. (×)

◇기출 실제이용상황과 공부상 지목이 다른 경우 감정평가는 공부상 지목을 기준으로 한다. (×)

(3) 현황 기준 원칙

① **의미**: 감정평가액은 기준시점 당시의 이용상황을 기준으로 결정한다.

② **내용**: 감정평가는 기준시점에서의 대상 물건의 이용상황 및 공법상 제한을 받는 상태를 기준으로 한다. 다만, 불법적이거나 일시적인 이용은 제외한다.

③ **예외**: 법령에 규정이 있는 경우, 의뢰인이 요청하는 경우에는 기준시점의 가치형성요인 등을 실제와 다르게 가정하거나 특수한 경우로 한정하는 조건을 붙여 감정평가할 수 있다. 이 경우에는 조건의 합리성, 적법성 및 실현가능성을 검토하여야 한다.

(4) 개별물건 기준 원칙

① **의미**: 감정평가는 대상 물건마다 개별로 하여야 한다.

② **예외**

일괄평가	• 둘 이상의 대상 물건이 일체로 거래되거나 상호간에 용도상 불가분의 관계가 있는 경우에는 일괄하여 감정평가할 수 있다. • 복합부동산인 토지와 건물의 일괄평가 • 구분소유권의 대상이 되는 건물부분과 그 대지사용권의 일괄평가 • 두 필지 이상의 토지가 일체로 이용되고 있는 경우의 일괄평가
구분평가	• 하나의 대상 물건이라도 가치를 달리하는 부분은 이를 구분하여 감정평가할 수 있다. • 1필지가 주거지와 상업지로 구분되어 있는 경우의 구분평가 • 광평수 토지의 전면부와 후면부의 가치가 구분되는 경우의 구분평가
부분평가	• 일체로 이용되고 있는 대상 물건의 일부분에 대하여 감정평가하여야 할 특수한 목적이나 합리적인 이유가 있는 경우에는, 그 부분에 대하여 감정평가할 수 있다. • 잔여지의 수용을 위한 보상평가 • 도시계획시설에 저촉된 부분에 대한 보상평가

◇기출 구분평가란 일체로 이용하고 있는 물건의 일부만을 평가하는 경우를 말한다. (×)

◇기출 일체로 이용되고 있는 대상 물건의 일부분에 대하여 감정평가하여야 할 특수한 목적이나 합리적인 이유가 있는 경우에는 그 부분에 대하여 감정평가할 수 있다. (○)

③ 감정평가의 분류 및 절차

(1) 감정평가의 분류

① **공인 평가**: 국가로부터 자격을 부여받은 자가 행하는 평가

② **필수적 평가**(≠ 임의적 평가)
 ㉠ 부동산 가격을 산정할 필요가 있는 경우, 반드시 감정평가법인등에게 의뢰하여야 하는 평가가 있는데, 이를 필수적 평가라고 한다.
 ㉡ 사례: 보상액 산정, 경매의 최저경매가격 산정, 공시지가 산정 등

③ **법정 평가**
 ㉠ 평가의 공정성과 객관성을 확보하기 위해서 어떤 경우에는 법률에 구체적인 평가방법 등을 규정하고 이에 따라 평가하도록 하는 경우가 있는데, 이를 법정 평가라고 한다.
 ㉡ 사례: 공시지가 산정, 수용을 위한 보상평가, 과세평가 등

④ **조건부 평가**: 장래 불확실한 조건을 상정하고 그 조건의 성취를 전제로 행하는 평가

⑤ **소급 평가**: 과거 특정시점을 기준시점으로 행하는 평가

⑥ **기한부 평가**: 미래 특정시점을 기준시점으로 행하는 평가

> **참고** **참모평가**
> 평가주체가 대중에게 서비스를 제공하는 것이 아니라, 그들의 고용주 또는 고용기관을 위하여 행하는 감정평가

(2) 감정평가의 절차

① 감정평가법인등은 다음 순서에 따라 감정평가를 해야 한다. 다만 합리적이고 능률적인 감정평가를 위하여 필요할 때에는 순서를 조정할 수 있다.

> 1. 기본적 사항의 확정
> 2. 처리계획 수립
> 3. 대상 물건 확인
> 4. 자료수집 및 정리
> 5. 자료검토 및 가치형성요인의 분석
> 6. 감정평가방법의 선정 및 적용
> 7. 감정평가액의 결정 및 표시

② **기본적 사항**
 ㉠ 감정평가를 위해 우선적으로 확정되어야 할 사항
 ㉡ 의뢰인, 대상 물건, 감정평가 목적, 기준시점, 감정평가조건, 기준가치, 수수료 및 실비 등

> **기출** 감정평가규칙에 규정된 절차에는 감정평가 의뢰가 포함된다. (×)

> **기출** 감정평가의 목적과 조건은 기본적 사항으로 확정될 사항이다. (○)

③ 대상물건의 확인과 자문
  ㉠ 감정평가법인등이 감정평가를 할 때에는 실지조사를 하여 대상 물건을 확인해야 한다.
  ㉡ 감정평가법인등은 실지조사가 곤란하거나 불필요한 경우로서 실지조사를 하지 아니하고도 객관적이고 신뢰할 수 있는 자료를 충분히 확보할 수 있는 경우에는 실지조사를 하지 않을 수 있다.
  ㉢ 감정평가법인등은 필요한 경우 관련 전문가에 대한 자문 등을 거쳐 감정평가할 수 있다.

④ 자료의 구분
  ㉠ 확인자료
    ⓐ 대상의 물적 상태 및 권리관계 확인을 위하여 필요한 자료
    ⓑ 부동산 등기부, 토지 및 건축물대장, 도면 등
  ㉡ 요인자료
    ⓐ 가치형성요인을 분석하기 위해 필요한 자료
    ⓑ 일반적 요인 자료, 지역요인 자료, 개별요인 자료
  ㉢ 사례자료
    ⓐ 3방식 적용에 필요한 자료
    ⓑ 거래사례, 비용자료, 수익사례, 임대사례, 평가선례 등

◈기출 감정평가법인등은 감정평가를 하는 경우에 반드시 실지조사를 하여야 한다. (×)

◈기출 감정평가법인등은 전문가에 대한 자문을 반드시 거쳐야 한다. (×)

03 감정평가 3방식

1 감정평가 3방식의 이해

(1) 평가방식의 구분

3방식	근거	6방법	가액의 구분
비교방식	시장성	가액을 구하는 거래사례비교법	비준가액
		임료를 구하는 임대사례비교법	비준임료
원가방식	비용성	가액을 구하는 원가법	적산가액
		임료를 구하는 적산법	적산임료
수익방식	수익성	가액을 구하는 수익환원법	수익가액
		임료를 구하는 수익분석법	수익임료

(2) 평가방식 적용과 결정

① 감정평가방법의 적용
㉠ 감정평가법인등은 규칙에서 정한 대상 물건별 감정평가방법(이하 "주된 방법")을 적용하여 감정평가해야 한다.
㉡ 다만, 주된 방법을 적용하는 것이 곤란하거나 부적절한 경우에는 다른 감정평가방법을 적용할 수 있다.

② 시산가액의 조정
㉠ 시산가액이란 감정평가방식을 적용하여 도출된 가액을 말하며, 시산가액의 조정이란 시산가액을 상호 조정하여 최종의 평가결론을 도출하는 과정이다.
㉡ 가격 3면성을 기초로 하는 3방식의 시산가액은 이론적으로 일치되어야 한다. 그러나 현실의 부동산 시장은 불완전하기 때문에 각 방식의 시산가액은 일치되지 못한다. 따라서 시산가액은 조정이 필요하다.
㉢ 시산가액의 조정은 가중평균방식, 주방식·부수방식 등으로 이루어지는데, 산술평균의 방식은 인정되지 않는다.

> **참고** 3면등가의 원칙
> 가격 3면성은 동일한 가격을 파악하는 3가지 측면을 의미한다. 따라서 가격 3면성에 근거한 3방식의 시산가액은 이론적으로 일치하여야 한다.

> **기출** 시산가액을 조정하는 방법에는 산술평균이 포함된다. (×)

2 감정평가 3방식의 정의 제31회, 제32회, 제33회, 제34회

(1) 비교방식

① **거래사례비교법**: 대상 물건과 가치형성요인이 같거나 비슷한 물건의 거래사례와 비교하여 대상 물건의 현황에 맞게 사정보정, 시점수정, 가치형성요인 비교 등의 과정을 거쳐 대상 물건의 가액을 산정하는 방법

② **임대사례비교법**: 대상 물건과 가치형성요인이 같거나 비슷한 물건의 임대사례와 비교하여 대상 물건의 현황에 맞게 사정보정, 시점수정, 가치형성요인 비교 등의 과정을 거쳐 대상 물건의 임대료를 산정하는 방법

③ **유용성과 한계**

> **참고** 비교방식
> 거래사례비교법, 임대사례비교법 등 시장성의 원리에 기초한 감정평가방식 및 공시지가기준법(감정평가에 관한 규칙)

유용성	• 시장성에 근거하기 때문에 실증적·객관적이며 강한 설득력을 가진다. • 아파트 등 거래가 빈번한 부동산에 유용한 방식이다. • 토지 등 재생산이 되지 않거나 수익이 발생하지 않는 물건은 원가방식이나 수익방식을 적용할 수 없다는 점에서 비교방식이 유용한 방식이다.
한계	• 거래가 없거나 빈번하지 않은 물건에 적용되기 어렵다. • 급격한 호·불황기에 적용되기 어려운 방법이다. • 지역요인 또는 개별요인을 비교하는 경우 평가주체의 주관이 개입될 수 있다.

> **기출** 거래사례비교법은 시장성의 원리에 의한 것으로 실증적이며 설득력이 풍부하다. (○)

> **기출** 거래사례비교법에서 부동산 시장이 불완전하거나 투기적 요인이 있는 경우에는 거래사례의 신뢰성이 문제가 된다. (○)

④ **공시지가기준법**: 대상 토지와 가치형성요인이 같거나 비슷하여 유사한 이용가치를 지닌다고 인정되는 표준지공시지가를 기준으로 대상 토지의 현황에 맞게 시점수정, 지역요인 및 개별요인 비교, 그 밖의 요인의 보정을 거쳐 대상 토지의 가액을 산정하는 방법

(2) 원가방식

① **원가법**: 대상 물건의 재조달원가에 감가수정을 하여 대상 물건의 가액을 산정하는 방법

② **적산법**: 대상 물건의 기초가액에 기대이율을 곱하여 산정된 기대수익에 대상 물건을 계속하여 임대하는 데에 필요한 경비를 더하여 대상 물건의 임대료를 산정하는 방법

③ **유용성과 한계**

유용성	• 재생산이 가능한 물건에 유용하다. • 감가수정을 할 필요가 없는 신축 건물에 특히 유용한 방식이다. • 거래가 없거나 빈번하지 않아 비교방식을 적용하기 어려운 특수목적 부동산을 평가하는 데 유용하다. • 조성지·매립지의 경우에는 토지에도 적용할 수 있다.
한 계	• 재조달원가를 추계하는 것이 어렵다. • 감가수정 등에 평가 주체의 주관이 개입될 수 있다.

> **참고** 조성지·매립지
> 토지는 재생산이 불가능하기 때문에 원칙적으로 원가법을 적용할 수 없다. 그러나 조성지나 매립지는 조성비용이나 매립비용으로 가치를 추계할 수 있다. 즉 원가법을 적용할 수 있다.

(3) 수익방식

① **수익환원법**: 대상 물건이 장래 산출할 것으로 기대되는 순수익이나 미래의 현금흐름을 환원하거나 할인하여 대상 물건의 가액을 산정하는 방법

② **수익분석법**: 일반 기업 경영에 의하여 산출된 총수익을 분석하여 대상 물건이 일정한 기간에 산출할 것으로 기대되는 순수익에 대상 물건을 계속하여 임대하는 데에 필요한 경비를 더하여 대상 물건의 임대료를 산정하는 방법

③ **유용성과 한계**

유용성	• 수익성에 근거한 방법으로 부동산 가치 정의에 부합한다. • 수익성 부동산 평가에 유용한 방식이다.
한 계	• 오래된 부동산과 신축 부동산의 가격 차이가 없을 수 있다. • 순수익과 환원이율의 산정이 어렵고, 주관이 개입될 수 있다.

> **기출** 부동산 가치 정의에 가장 부합한 방식은 거래사례비교법이다. (×)

3 가격을 구하는 3가지 방법

(1) 거래사례비교법

① **정의 및 수식**: 대상 물건과 가치형성요인이 같거나 비슷한 물건의 거래사례와 비교하여 대상 물건의 현황에 맞게 사정보정, 시점수정, 가치형성요인 비교 등의 과정을 거쳐 대상 물건의 가액을 산정하는 방법

> 비준가액 = 사례가액×(사정보정치×시점수정치×지역요인비교치×개별요인비교치×면적)

㉠ 사정보정: 거래사례에 개별적 동기나 특수한 사정이 개입되어 있는 경우에 그러한 사정 등을 정상화하는 작업
㉡ 시점수정: 거래시점의 가격수준을 기준시점의 가격수준으로 정상화하는 작업
㉢ 지역요인과 개별요인의 비교: 거래사례와 대상 부동산의 지역적 차이와 개별적 차이를 비교하는 작업

◇기출 거래사례비교법에서 시점수정은 거래사례자료의 거래시점 가격을 현재시점의 가격으로 정상화하는 작업을 말한다. (×)

② **거래사례자료의 수집기준**
㉠ 사정보정의 가능성
  ⓐ 거래사례는 거래당사자의 개별적 동기나 특수한 사정이 없는 사례이거나 이를 정상적으로 보정할 수 있는 사례여야 한다.
  ⓑ 사정이 개입되어 있더라도 사정보정이 가능하다면 사례로 선택할 수 있다.

◇기출 거래사례에 사정이 개입되어 있다면 거래사례비교법을 적용하기 위한 사례로 선정될 수 없다. (×)

㉡ 시점수정의 가능성(시간적 유사성)
  ⓐ 기준시점과 유사한 시점의 거래사례일수록 보다 효과적이다.
  ⓑ 평가 대상 부동산과 가장 유사하고 거래가격 및 거래내역 등의 파악이 가능하더라도 '거래시점이 확정되지 않아 시점수정을 할 수 없다면' 거래사례로 선정할 수 없다.

㉢ 지역요인 비교가능성
  ⓐ 위치의 유사성
  ⓑ 거래사례는 인근지역 또는 동일수급권 내의 유사지역에서 선정하여야 한다.

⚠주의 인근지역의 범위를 넓게 구획한 경우
1. 가격수준 판정은 어렵다.
2. 거래사례 선정 가능성은 증가한다.

㉣ 개별요인 비교가능성
  ⓐ 물적 유사성
  ⓑ 거래사례는 대상과 물적 사항이 동일하거나 유사한 사례를 선정하여야 한다.

③ 보정의 방법
  ㉠ 보정의 원칙

원 칙	• 원칙 1: 보정은 분수 형태로 한다. • 원칙 2: 보정은 평점을 활용한다.
기본 산식	보정치 = $\dfrac{\text{대상 평점}}{\text{사례 평점}} = \dfrac{100 \pm \alpha}{100 \pm \alpha}$

  ◈기출 매도자가 건물을 철거하는 조건으로 토지가 거래되었다면 사정보정이 필요하다. (×)

  ㉡ 사정보정치 산정의 예

일반사례	사례부동산은 급매로 10% 싸게 거래되었다. ⇨ 사정보정치 = $\dfrac{100}{100-10} = \dfrac{100}{90}$ ⚠ 주의: 사정이란 거래사례에 개입되어 있는 요인이다. 따라서 사정보정은 거래사례의 평점을 보정하는 과정이다.
철거사례	건물의 철거를 전제로 토지가 거래된 경우, 매도자와 매수자 중 누가 철거를 하는지에 따라 사정보정은 달라질 수 있다. • 매도자 철거 조건인 경우 - 사정보정 불필요 • 매수자 철거 조건인 경우 - 사정보정 필요

  ㉢ 시점수정치 산정의 예

변동률 기준법	거래시점과 기준시점 사이에 가격이 연간 10% 상승하였다. ⇨ 시점수정치 = $(1 + 0.1)^1 = 1.1$ ⚠ 주의: 변동률로 시점수정치를 산정하는 과정은 미래가치를 구하는 과정과 동일하다.
지수법	거래시점의 가격지수는 100이고, 기준시점의 가격지수는 110이다. ⇨ 시점수정치 = $\dfrac{110(\text{기준시점의 가격지수})}{100(\text{거래시점의 가격지수})} = 1.1$

  ◈기출 인근지역에서 거래사례를 선정한 경우에도 지역요인은 비교되어야 한다. (×)

  ㉣ 지역요인비교치와 개별요인비교치 산정의 예

지역요인 비교치	• 대상 지역이 사례 지역보다 10% 우세하다. ⇨ 지역요인비교치 = $\dfrac{100+10}{100} = \dfrac{110}{100}$ • 대상 지역보다 사례 지역이 20% 열세하다. ⇨ 지역요인비교치 = $\dfrac{100}{100-20} = \dfrac{100}{80}$ ⚠ 주의: 거래사례를 인근지역에서 선정한 경우에는 대상과 거래사례가 동일한 지역에 속하기 때문에 지역요인을 비교할 필요가 없다.
개별요인 비교치	• 사례 부동산이 개별적으로 대상보다 10% 우세하다. ⇨ 개별요인비교치 = $\dfrac{100}{100+10} = \dfrac{100}{110}$ • 사례 부동산보다 대상이 개별적으로 10% 우세하다. ⇨ 개별요인비교치 = $\dfrac{100+10}{100} = \dfrac{110}{100}$

(2) 원가법 제31회, 제32회, 제33회, 제35회

① **정의 및 수식**: 대상 물건의 재조달원가에 감가수정을 하여 대상 물건의 가액을 산정하는 방법

$$\text{적산가액(복성가액)} = \text{재조달원가} - \text{감가수정액}$$

② **재조달원가**

㉠ 의미: 재조달원가란 기준시점 현재, 대상 물건을 신규로 재생산하거나 재취득하는 경우에 소요되는 원가의 총액을 말한다.
  ⓐ 재조달원가는 기준시점을 기준으로 추계된 비용이다.
  ⓑ 재조달원가는 신축 또는 신품을 가정한 비용이다.

◇ 기출 재조달원가는 평가시점 현재를 기준으로 추계된 비용이다. (×)

㉡ 재조달원가의 종류

재생산비용(복제원가)	대체비용(대치원가)
• 물리적 동일성을 가정한 원가 • 재조달원가 산정의 원칙	• 효용적 동일성을 가정한 원가 • 오래된 부동산 또는 구식화된 부동산에 적용되는 원가 • 기능적 감가를 고려할 필요가 없다.

◇ 기출 재생산비용은 대상과 공법, 자재 등이 동일한 건축물의 신축을 가정한 원가이다. (○)

㉢ 재조달원가의 산정기준

재조달원가	표준적 건설비	• 직접 공사비: 재료비, 노무비 등 • 간접 공사비: 현장 관리비, 일반 관리비 등 • 수급인(건설업자)의 적정이윤
	도급인이 부담하는 통상적 부대비용	• 소요자금이자, 세금 및 공과금 등 • 감독비, 등기비용 등

◇ 기출 재조달원가는 대상 물건을 일반적인 방법으로 생산하거나 취득하는 데 드는 비용으로 하되, 제세공과금은 제외한다. (×)

  ⓐ 재조달원가는 자가 건설한 경우라도 도급방식을 기준으로 산정한다.
  ⓑ 도급방식 기준에 의하면 표준적 건설비에 수급인의 적정이윤이 포함되어야 한다.

㉣ 재조달원가의 산정방법

총량조사법	건축에 관계된 모든 세부 항목을 기준으로 원가를 추계하는 방법
구성단위법	벽, 바닥, 지붕 등 건물의 중요 구성부분을 기준으로 원가를 추계하는 방법
단위비교법	m^2 등의 단위를 기준으로 원가를 추계하는 방법
비용지수법	건축비 변동률 등 건물비용지수를 활용하여 원가를 추계하는 방법

③ 감가수정

㉠ 의미: 감가수정이란 대상 물건의 재조달원가에서 대상 부동산에 발생된 가치하락분을 공제하여 기준시점의 가액을 구하는 과정이다.

㉡ 감가수정과 감가상각의 차이점

구 분	감가수정	감가상각
목 적	• 실질적 가치하락분의 추계 • 감정평가에서 사용되는 용어	• 취득원가의 비용배분 • 기업회계에서 사용되는 용어
기 준	• 재조달원가를 기준	• 취득원가(장부가격)를 기준
방 법	• 적정한 모든 방법이 가능 • 관찰감가법도 인정 • 경제적 내용연수 기준	• 법이 허용하는 방법만 가능 • 관찰감가법은 불인정 • 법정 내용연수 기준
대 상	• 상각자산 및 토지에도 인정 • 현존 건물에만 적용	• 상각자산에만 인정 • 멸실된 건물에도 적용

㉢ 감가요인

구 분	감가요인	판단 원칙
물리적 감가요인	• 시간의 경과 • 작동·사용으로 인한 마모 및 파손 • 재해로 인한 우발적 손실	
기능적 감가요인	• 건물과 부지의 부적응 • 설계의 불량, 설비의 부족 및 과다 • 형식의 구식 및 능률의 저하	균형의 원칙
경제적 감가요인	• 주변 환경과의 부적합 • 인근지역의 쇠퇴 • 시장성의 감퇴	적합의 원칙

㉣ 감가수정의 방법

내용연수법	• 건물의 내용연수를 기준으로 감가액을 산정하는 방법 • 내용연수법은 경제적 내용연수를 기준으로 한다. • 유형: 정액법, 정률법, 상환기금법 등
관찰감가법	• 대상 물건의 전체 또는 구성부분을 평가주체가 직접 면밀히 관찰하여 달관적으로 감가액을 산정하는 방법 • 평가주체의 주관이 개입될 수 있다.
분해법	• 대상 부동산에 대한 감가요인을 물리적·기능적·경제적 요인으로 세분하고, 다시 치유가능·치유불가능으로 구분하여 감가액을 산정하는 방법 • 이론적으로 가장 우수한 방법으로 인정된다.

시장추출법	대상 부동산과 유사한 매매사례를 비교하여 감가액을 산정하는 방법
임대료손실 환원법	감가요인을 통해 발생하는 임대료 손실을 분석하고, 이를 자본 환원하여 감가액을 산정하는 방법

ⓜ 내용연수법

ⓐ 정액법

의 미	대상 물건의 감가대상 총액을 경제적 내용연수로 나눈 값을 매년의 감가액으로 인식하는 방법
산 식	매년 감가액 $= \dfrac{\text{감가대상 총액}}{\text{경제적 내용연수}}$ $= \dfrac{\text{재조달원가} \times (1 - \text{잔존가치율})}{\text{경제적 내용연수}}$
사 례	경제적 내용연수가 10년인 건물의 재조달원가가 1억이라고 할 때, 정액법에 의한 매년 감가액은 다음과 같다. • 잔가율이 없는 경우: $\dfrac{1억원}{10년} = 1{,}000만원$ • 잔가율이 10%인 경우: $\dfrac{1억원 \times 0.9}{10년} = 900만원$
특 징	• 정액법은 감가액 산정이 간편하다는 장점이 있다. • 계산된 감가가 실제 감가와 일치하지 않는다는 비판이 있다.

◊ 기출 감가수정과 관련된 내용연수는 경제적 내용연수가 아닌 물리적 내용연수를 의미한다. (×)

◊ 기출 정률법은 매년 일정한 감가율을 곱하여 감가액을 구하는 방법으로 매년 감가액이 일정하다. (×)

ⓑ 정률법

의 미	대상 물건의 잔존가치에 매년 감가율을 곱한 값을 매년의 감가액으로 인식하는 방법
산 식	매년 감가액 = 기말 잔존가치 × 매년 감가율
특 징	• 정률법은 수익이 많은 기초에 감가액을 보다 많이 인식하고자 고안된 방법이다. • 정률법은 기계, 장치 등에 적합한 방법이다.

ⓒ 상환기금법

의 미	내용연수 말 물건을 재취득하기 위해서 매년 적립해야 할 금액을 매년의 감가액으로 인식하는 방법
산 식	매년 감가액 = 감가대상 총액 × 감채기금계수

ⓓ 정액법, 정률법 및 상환기금법의 비교

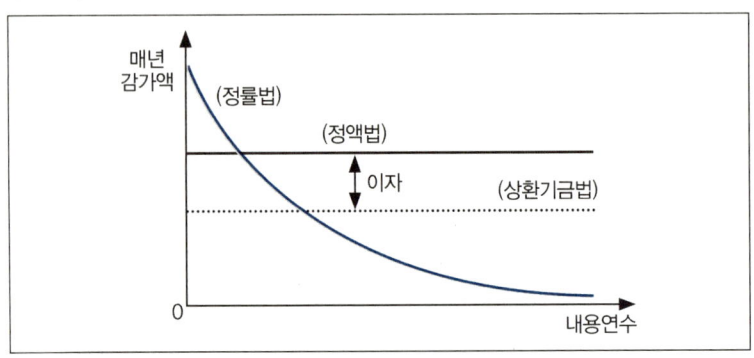

내 용	• 정액법의 경우에 연간 감가액은 일정하다. • 정률법의 경우에 연간 감가율은 일정하다. • 정액법에 의해 산정된 연간 감가액은 매년 일정하다. • 정률법에 의해 산정된 연간 감가액은 매년 체감한다.
크 기	• 기초 기준 매년 감가액: 정률법 > 정액법 > 상환기금법 • 기초 기준 적산가격: 상환기금법 > 정액법 > 정률법

(3) **수익환원법** 제32회, 제33회

① **정의 및 수식**: 대상 물건이 장래 산출할 것으로 기대되는 순수익이나 미래의 현금흐름을 환원하거나 할인하여 대상 물건의 가액을 산정하는 방법

> 1. 직접환원법: 순수익을 적정한 율로 환원하여 수익가액을 산정하는 방법
>
> $$수익가액 = \frac{순수익}{환원이율}$$
>
> 2. 할인현금수지분석법(DCF법): 미래의 현금흐름을 적정한 율로 할인하여 수익가액을 산정하는 방법
>
> $$수익가액 = \frac{a_1}{(1+r)^1} + \frac{a_2}{(1+r)^2} + \cdots + \frac{a_n}{(1+r)^n}$$
>
> (a_n: n기의 현금흐름, r: 할인율)

② **환원이율의 산정방법**
   ㉠ 시장추출법: 대상과 유사한 물건의 최근 거래사례를 분석하여 부동산 가격에 대한 순수익의 비율을 직접 찾아내는 방법
   ㉡ 요소구성법(조성법): 대상에 관한 위험 요소를 여러 가지로 분해하고 위험에 따른 위험할증률을 더해감으로써 환원이율을 구하는 방법

ⓒ 투자결합법
  ⓐ 물리적 투자결합법: 물리적 측면에서 투자자금을 토지와 건물로 구분하고 환원이율을 산정하는 방법

  $$종합환원이율 = (토지가격구성비 \times 토지환원이율) + (건물가격구성비 \times 건물환원이율)$$

  ⓑ 금융적 투자결합법: 금융적 측면에서 투자자금을 자기자본(지분)과 타인자본(저당)으로 구분하고 환원이율을 산정하는 방법

  $$종합환원이율 = (지분배당률 \times 지분비율) + (저당상수 \times 저당비율)$$

ⓔ 엘우드법
  ⓐ 3가지 고려 요소: 매 기간 현금수지, 기간 말 가치증감, 보유기간 원금상환으로 이루어지는 지분형성분
  ⓑ 한계: 엘우드법은 세금이 주는 영향을 고려하지 못한다.
ⓕ 부채감당법

  $$환원이율 = 부채감당률 \times 대부비율 \times 저당상수$$

> 주의
> 1. 물리적 투자결합법은 토지와 건물의 소득 창출능력이 서로 다름을 전제한다.
> 2. 금융적 투자결합법은 저당투자자와 지분투자자의 수익률이 서로 다름을 전제한다.

> 기출 엘우드법은 세금이 주는 영향을 고려하고 있다. (×)

4 임료를 구하는 3가지 방법

(1) 임료평가의 원칙

① 원칙: 임료의 평가는 실질임료를 기준으로 한다.
② 실질임료
  ㉠ 임차인이 임대인에게 지불하는 모든 경제적 대가
  ㉡ 실질임료 = 순임료 + 필요제경비
  ㉢ 실질임료 = 지불임료 + 보증금 운용익 등

(2) 임료의 평가방법

① 임대사례비교법
② 적산법
  ㉠ 대상 물건의 기초가액에 기대이율을 곱하여 산정된 기대수익에 대상 물건을 계속하여 임대하는 데에 필요한 경비를 더하여 대상 물건의 임대료를 산정하는 방법

> 참고 계속임료 산정방법
> 1. 차액배분법
> 2. 이율법
> 3. 슬라이드법
> 4. 임대사례비교법

ⓒ 산 식

$$적산임료 = (기초가액 \times 기대이율) + 필요제경비$$

- 기초가액: 임료의 기준시점에 있어서 대상 물건이 가지는 가치
- 기대이율: 물건을 취득하는 데 투입된 자본에 대한 순수익의 비율

③ 수익분석법
  ㉠ 일반 기업 경영에 의하여 산출된 총수익을 분석하여 대상 물건이 일정한 기간에 산출할 것으로 기대되는 순수익에 대상 물건을 계속하여 임대하는 데에 필요한 경비를 더하여 대상 물건의 임대료를 산정하는 방법
  ㉡ 산 식

$$수익임료 = 순수익 + 필요제경비$$

5 물건별 평가방법 제31회, 제34회

(1) 토지와 건물의 평가방법

① 토지의 감정평가
  ㉠ 공시지가기준법: 대상 토지와 가치형성요인이 같거나 비슷하여 유사한 이용가치를 지닌다고 인정되는 표준지공시지가를 기준으로 대상 토지의 현황에 맞게 시점수정, 지역요인 및 개별요인 비교, 그 밖의 요인의 보정을 거쳐 대상 토지의 가액을 산정하는 방법

$$토지가격 = 표준지공시지가 \times (시점수정치 \times 지역요인비교치 \times 개별요인비교치 \times 면적비교치 \times 기타요인비교치)$$

  ㉡ 비교표준지 선정
    ⓐ 인근지역에 있는 표준지 중에서 대상 토지와 용도지역·이용상황·주변환경 등이 같거나 비슷한 표준지를 선정할 것
    ⓑ 다만, 인근지역에 적절한 표준지가 없는 경우에는 동일수급권 안의 유사지역에 있는 표준지를 선정할 수 있다.
  ㉢ 시점수정
    ⓐ 국토교통부장관이 조사·발표하는 비교표준지가 있는 시·군·구의 같은 용도지역 지가변동률을 적용할 것

> **주의** 표준지공시지가는 사정이 고려되어 산정된 가격이기 때문에 공시지가기준법에는 사정보정의 과정이 포함되어 있지 않다.

ⓑ 다만, 지가변동률을 적용하는 것이 불가능하거나 적절하지 아니한 경우에는 한국은행이 조사·발표하는 생산자물가지수에 따라 산정된 생산자물가상승률을 적용할 것

② **건물의 감정평가**
  ㉠ 원칙: 원가법
  ㉡ 예외: 다만, 원가법에 의한 평가가 적정하지 아니한 경우에는, 거래사례비교법 또는 수익환원법에 의할 수 있다.

③ **토지와 건물의 일괄평가**
  ㉠ 원칙: 거래사례비교법
  ㉡ 사 례
    ⓐ 구분소유권의 대상이 되는 건물부분과 그 대지사용권 일괄평가
    ⓑ 토지와 건물의 일괄평가

(2) 물건의 종류에 따른 평가방법

① **물건별 평가**(요약)

물 건	주된 방법	예 외
산 림	구분평가	일괄평가
과수원	거래사례비교법	
동 산	거래사례비교법	해체처분가액
임 료	임대사례비교법	
자동차	거래사례비교법	해체처분가액
건설기계	원가법	해체처분가액
선 박	원가법	해체처분가액
항공기	원가법	해체처분가액
광업권	광업재단의 가액 - 현존시설의 잔존가액	
어업권	어장 전체의 가액 - 현존시설의 잔존가액	

② **산림**: 산림을 감정평가할 때에는 산지와 입목을 구분하여 평가하여야 한다. 이 경우 입목은 거래사례비교법을 적용하되 소경목림(어린 나무)인 경우에는 원가법을 적용할 수 있다. 다만, 산지와 입목을 일괄하여 감정평가할 때에 거래사례비교법을 적용하여야 한다.

③ **임대료**: 임대료를 감정평가할 때에는 임대사례비교법을 적용하여야 한다. 다만, 임대사례비교법에 의한 평가가 적정하지 아니한 경우에는 대상 물건의 종류 및 성격에 따라 적산법이나 수익분석법으로 평가할 수 있다.

◇기출 지가변동률을 적용하는 것이 불가능한 경우에는 한국은행이 발표하는 소비자물가지수를 적용한다. (×)

◇기출 건물의 평가는 거래사례비교법에 의함을 원칙으로 한다. (×)

◇기출 건설기계는 거래사례비교법을 적용하여 감정평가하여야 한다. (×)

◇기출 기업가치, 특허권, 상표권은 수익환원법이 주된 평가방법이다. (○)

◇기출 임대료를 감정평가할 때에는 거래사례비교법을 적용하여야 한다. (×)

④ **선박**: 선박을 감정평가할 때에 선체·기관·의장(艤裝)별로 구분하여 감정평가하되 각각 원가법을 적용하여야 한다.

⑤ **공장재단**: 공장재단을 감정평가할 때에 공장재단을 구성하는 개별물건의 감정평가액을 합산하여 평가하여야 한다. 다만, 계속적인 수익이 예상되어 일괄하여 감정평가하는 경우에는 수익환원법을 적용할 수 있다.

⑥ **광업재단**: 광업재단을 감정평가할 때에 수익환원법을 적용하여야 한다.

⑦ **소음 등으로 인한 가치하락분에 대한 감정평가**: 소음·진동·일조침해 또는 환경오염 등(이하 "소음 등")으로 대상 물건에 직접적 또는 간접적인 피해가 발생하여 대상 물건의 가치가 하락한 경우, 그 가치하락분을 감정평가할 때에 소음 등이 발생하기 전의 대상 물건의 가액 및 원상회복비용 등을 고려하여야 한다.

> **기출** 소음, 진동, 일조침해 또는 환경오염 등으로 인한 토지 등의 가치하락분에 대하여 평가를 하는 경우에는 관계 법령에 의한 소음 등의 허용기준을 고려하여야 하나, 원상회복비용은 고려하지 아니한다. (×)

⑧ **영업권 등**: 영업권, 특허권, 실용신안권, 디자인권, 상표권, 저작권, 전용측선이용권 그 밖의 무형자산을 감정평가할 때에 수익환원법을 적용하여야 한다.

04 감정평가론 계산 문제

1 거래사례비교법

[문제] 제시된 자료를 이용하여 대상 부동산의 비준가액을 구하면 얼마인가?

- 대상은 면적이 900m²이며, 사례부동산보다 개별요인이 10% 우세하다.
- 사례는 면적이 1,000m²이며, 기준시점 1년 전 200,000,000원에 거래되었다.
- 연간 지가상승률은 5%이다.
- 단, 다른 조건은 사례부동산과 동일함

1. 거래사례비교법을 적용한 비준가액 산정
   거래사례금액 × 사정보정치 × 시점수정치 × 지역요인비교치 × 개별요인비교치 × 면적비교치
   = 비준가액

2. 비준가액

$$2억 \times \frac{100}{100} \times 1.05 \times \frac{100}{100} \times \frac{100+10}{100} \times \frac{900}{1,000} = 207,900,000원$$

　　　(사)　　(시)　(지)　　(개)　　(면)

2 공시지가기준법

[문제] 다음 표준지공시지가를 기준으로 주어진 조건에 따라 기준시점 현재의 대상 토지 가격을 구하시오.

- 표준지공시지가: 10,000원/m^2
- 공시지가 공시기준일 이후 기준시점까지 지가변동률: 10%
- 대상토지는 표준지의 인근지역에 소재함
- 개별요인분석표

구 분	표준지	대상토지
가로조건	100	80
접근조건	100	100
획지조건	100	110
환경조건	100	100
행정적 조건	100	100
기타조건	100	100

1. 공시지가기준법을 적용한 가액 산정
   공시지가 × 시점수정치 × 지역요인비교치 × 개별요인비교치 × 기타요인비교치 = 가액

2. 공시지가 기준 가액

$$10,000/m^2 \times 1.1 \times \frac{100}{100} \times [\frac{80}{100} \times \frac{110}{100}] = 9,680원/m^2$$
   (시)   (지)   (가로) (획지)

3 원가법

[문제 1] 제시된 자료를 이용하여 재조달원가(m^2)를 구하면 얼마인가?

- A건물은 10년 전에 준공된 4층 건물이다.
  - 대지면적: 400m^2
  - 연면적: 1,250m^2
- A건물의 준공 당시 공사비 내역(단위: 천원)
  - 직접공사: 270,000
  - 간접공사비: 30,000
  - 공사비 계: 300,000
  - 개발사업자의 이윤: 60,000
  - 총계: 360,000
- 10년 전 건축비 지수 100, 기준시점 현재 135

1. 준공 당시 공사비
   ① 재조달원가는 도급방식을 기준으로 하기 때문에 개발사업자의 이윤이 포함되어야 한다.
   ② 300,000천원(공사비) + 60,000천원(개발사업자의 이윤) = 360,000천원

2. 재조달원가 산정
   ① 재조달원가는 기준시점을 기준으로 산정된 비용이다.
   ② 건축비 지수를 통해 기준시점의 공사비는 10년 전 준공 당시에 비해 35% 상승했음을 알 수 있다.
   ③ 재조달원가: 360,000,000원 × 1.35 = 486,000,000원
   ④ m²당 재조달원가: 486,000,000원 ÷ 1,250m² = 388,800/m²

[문제 2] 다음과 같이 조사된 건물의 기준시점 현재의 원가법에 의한 감정평가 가격은?
(단, 감가수정은 정액법에 의함)

> - 기준시점: 2018. 10. 27.
> - 건축비: 200,000,000원(2016. 10. 27. 준공)
> - 건축비는 매년 10%씩 상승하였음
> - 기준시점 현재 잔존내용연수: 48년
> - 내용연수 만료시 잔존가치율: 10%

1. 재조달원가 산정: 242,000,000원
   ① 준공 당시 건축비: 200,000,000원
   ② 기준시점 건축비: 200,000,000원 × 1.1^2 = 242,000,000원

2. 2년 동안 발생한 감가수정액: 8,712,000원
   ① 매년 감가액: $\dfrac{242,000,000 \times 0.9}{50년}$ = 4,356,000원
   ② 감가수정액: 4,356,000원 × 2년 = 8,712,000원

3. 적산가액(1. − 2.): 233,288,000원

[문제 3] 원가법에 의한 공장건물의 적산가액은? (단, 주어진 조건에 한함)

> - 신축공사비: 8,000만원
> - 준공시점: 2015년 9월 30일
> - 기준시점: 2017년 9월 30일
> - 건축비지수
>   − 2015년 9월: 100
>   − 2017년 9월: 125
> - 전년대비 잔가율: 70%
> - 신축공사비는 준공 당시 재조달원가로 적정하며, 감가수정방법은 공장건물이 설비에 가까운 점을 고려하여 정률법을 적용함

1. 재조달원가 산정
   ① 준공 당시 건축비 : 80,000,000원
   ② 기준시점 건축비 : 80,000,000원 × $\dfrac{125}{100}$ = 100,000,000원

2. 적산가액
   ① 수식 : 재조달원가 × 잔가율 × 잔가율 = 2년 뒤 건물의 잔존가치
   ② 적산가액 : 100,000,000원 × 0.7 × 0.7 = 49,000,000원

④ 수익환원법

[문제 1] 제시된 자료를 이용하여 수익가액 산정시 적용할 환원이율(%)은 얼마인가?

- 순영업소득(NOI) : 연 30,000,000원
- 부채서비스액(Debt Service) : 연 15,000,000원
- 지분비율 : 대부비율 = 60% : 40%
- 대출조건 : 이자율 연 12%로 10년간 매년 원리금균등상환
- 저당상수(이자율 연 12%, 기간 10년) : 0.177

1. 제시된 자료에 의하면 부채감당법을 통해 환원이율을 산정할 수 있다.

2. 부채감당법에 의한 환원이율
   ① 부채감당법 : 부채감당비율 × 대부비율 × 저당상수 = 환원이율
   ② 부채감당비율 : $\dfrac{순영업소득}{부채서비스액} = \dfrac{30,000,000}{15,000,000} = 2.0$
   ③ 환원이율 : 2.0 × 40% × 0.177 = 14.16%

[문제 2] 다음 자료를 활용하여 수익환원법을 적용한 평가대상 근린생활시설의 수익가액은? (단, 주어진 조건에 한하며 연간 기준임)

- 가능총소득 : 5,000만원
- 유지관리비 : 가능총소득의 3%
- 화재보험료 : 100만원
- 기대이율 4%, 환원율 5%
- 공실손실상당액 : 가능총소득의 5%
- 부채서비스액 : 1,000만원
- 개인업무비 : 가능총소득의 10%

1. 순영업소득 산정
   ① 가능총소득 : 5,000만원
   ② 유효총소득 : 5,000만 × 0.95(95%) = 4,750만원
   ③ 영업경비 : 250만원
      150만(유지관리비, 5,000만 × 0.03) + 100만(화재보험료) = 250만원
   ④ 순영업소득 : 4,500만원

2. 환원이율 : 5%

3. 수익가액 : $\dfrac{4,500만}{0.05}$ = 90,000만원(9억원)

부동산 가격공시제도
01 가격공시제도의 구분
1. 공시제도의 구분
2. 용어 정의
02 토지가격의 공시
1. 표준지공시지가
2. 개별공시지가
03 주택가격의 공시
1. 단독주택의 가격공시
2. 공동주택의 가격공시
04 비주거용 부동산가격의 공시

제2장 부동산 가격공시제도

01 가격공시제도의 구분

1 공시제도의 구분

토지의 가격공시	표준지공시지가		국토교통부장관이 결정·공시
	개별공시지가		시장·군수·구청장이 결정·공시
주택의 가격공시	단독주택	표준주택가격	국토교통부장관이 결정·공시
		개별주택가격	시장·군수·구청장이 결정·공시
	공동주택	공동주택가격	국토교통부장관이 결정·공시
비주거용 부동산의 가격공시	비주거용 일반부동산	비주거용 표준부동산가격	국토교통부장관이 결정·공시
		비주거용 개별부동산가격	시장·군수·구청장이 결정·공시
	비주거용 집합부동산	비주거용 집합부동산가격	국토교통부장관이 결정·공시

2 용어 정의

(1) **적정가격**

① 부동산 가격은 적정가격을 기준으로 산정한다.

② 적정가격이란 토지, 주택 및 비주거용 부동산에 대하여 통상적인 시장에서 정상적인 거래가 이루어지는 경우 성립될 가능성이 가장 높다고 인정되는 가격을 말한다.

(2) **주택의 구분**

① **주택**: 주택법상 주택을 의미하며, 공동주택과 단독주택으로 구분한다.

② **비주거용 부동산**: 주택을 제외한 건축물이나 건축물과 그 토지의 전부 또는 일부를 말하며, 다음과 같이 구분된다.

  ㉠ 비주거용 집합부동산: 「집합건물의 소유 및 관리에 관한 법률」에 따라 구분소유되는 비주거용 부동산

  ㉡ 비주거용 일반부동산: 비주거용 집합부동산을 제외한 비주거용 부동산

02 토지가격의 공시

1 표준지공시지가 제33회, 제34회

(1) 표준지공시지가의 조사·평가 및 공시

① **의미**: 국토교통부장관은 토지이용상황이나 주변환경 그 밖의 자연적·사회적 조건이 일반적으로 유사하다고 인정되는 일단의 토지 중에서 선정한 표준지에 대하여 매년 공시기준일 현재의 적정가격을 조사·평가하고, 중앙부동산가격공시위원회의 심의를 거쳐 이를 공시하여야 한다.

② **공시기준일**: 1월 1일(원칙)

③ **공시사항**

> - 표준지의 지번
> - 표준지의 단위면적당 가격
> - 표준지의 면적 및 형상
> - 표준지 및 주변토지의 이용 상황
> - 지목, 용도지역, 도로상황, 그 밖에 표준지공시지가 공시에 필요한 사항

④ **의뢰**: 국토교통부장관이 표준지공시지가를 조사·평가할 때에는 업무실적, 신인도 등을 고려하여 둘 이상의 감정평가법인등에게 이를 의뢰하여야 한다. 다만, 지가 변동이 작은 경우 등 대통령령으로 정하는 기준에 해당하는 표준지에 대해서는 하나의 감정평가법인등에 의뢰할 수 있다.

> **참고** 공통 주제
> 1. 결정 주체
> 2. 공시기준일
> 3. 공시 사항
> 4. 효력
> 5. 이의신청

기출 국토교통부장관은 반드시 둘 이상의 감정평가법인에게 의뢰하여야 한다. (×)

(2) 표준지공시지가의 효력

① 토지시장의 지가 정보 제공
② 일반적인 토지거래의 지표
③ 국가·지방자치단체 등이 지가를 산정하는 경우의 기준
④ 감정평가법인이 개별적으로 토지를 감정평가하는 경우의 기준

기출 감정평가법인이 타인의 의뢰에 의하여 개별적으로 토지를 감정평가하는 경우에 개별공시지가를 기준으로 한다. (×)

(3) 표준지공시지가의 이의신청

① 표준지공시지가에 대하여 이의가 있는 자는 표준지공시지가의 공시일부터 30일 이내에 서면으로 국토교통부장관에게 이의를 신청할 수 있다.
② 국토교통부장관은 이의신청기간이 만료된 날부터 30일 이내에 이의신청을 심사하여 그 결과를 신청인에게 서면으로 통지하여야 한다.
③ 국토교통부장관은 이의신청의 내용이 타당하다고 인정될 때에는 당해 표준지공시지가를 조정하여 다시 공시하여야 한다.

기출 표준지공시지가에 대해 이의를 신청할 수 있는 자는 토지소유자와 토지이용자로 한정된다. (×)

② 개별공시지가 제31회, 제33회

(1) 개별공시지가의 산정 및 공시

① **의미**: 시장·군수 또는 구청장은 국세·지방세 등 각종 세금의 부과, 그 밖의 다른 법령에서 정하는 목적을 위한 지가산정에 사용되도록 하기 위하여 시·군·구부동산가격공시위원회의 심의를 거쳐 매년 공시기준일 현재 관할구역 안의 개별공시지가를 결정·공시하여야 한다.

② **개별공시지가를 공시하지 아니할 수 있는 토지**(산정 제외)
  ㉠ 표준지로 선정된 토지(이 경우 표준지공시지가를 개별공시지가로 본다)
  ㉡ 조세 또는 부담금 등의 부과대상이 아닌 토지

③ **공시기준일**: 1월 1일(원칙)

④ **분할·합병이 발생한 토지**: 공시기준일 이후에 분할·합병이 발생한 토지에 대하여는 대통령령이 정하는 날을 기준으로 하여 개별공시지가를 결정·공시하여야 한다.

⑤ **산정기한**: 5월 31일까지 산정하여 결정·공시하여야 한다.

⑥ **산정방법**: 시장·군수 또는 구청장이 개별공시지가를 결정·공시하는 경우에는 해당 토지와 유사한 이용가치를 지닌다고 인정되는 하나 또는 둘 이상의 표준지의 공시지가를 기준으로 토지가격비준표를 사용하여 지가를 산정하되, 해당 토지의 가격과 표준지공시지가가 균형을 유지하도록 하여야 한다.

> 개별토지가격 = 표준지공시지가 × 토지가격비준표의 비준율

⑦ 시장·군수 또는 구청장은 개별공시지가를 결정·공시하기 위하여 개별토지의 가격을 산정할 때에는 그 타당성에 대하여 감정평가법인의 검증을 받고 토지소유자, 그 밖의 이해관계인의 의견을 들어야 한다.

(2) 효력 및 이의신청

① **효력**: 조세·부담금 등의 산정 기준

② **이의신청**: 개별공시지가에 대하여 이의가 있는 자는 개별공시지가의 결정·공시일부터 30일 이내에 서면으로 시장·군수 또는 구청장에게 이의를 신청할 수 있다.

03 주택가격의 공시

1 단독주택의 가격공시 제32회, 제33회, 제35회

(1) 표준주택가격

① **의미**: 국토교통부장관은 용도지역, 건물구조 등이 일반적으로 유사하다고 인정되는 일단의 단독주택 중에서 선정한 표준주택에 대하여 매년 공시기준일 현재의 적정가격(이하 "표준주택가격")을 조사·평가하고, 중앙부동산가격공시위원회의 심의를 거쳐 이를 공시하여야 한다.

② **공시기준일**: 1월 1일(원칙)

③ **공시사항**

> - 표준주택의 지번
> - 표준주택가격
> - 표준주택의 대지면적 및 형상
> - 표준주택의 용도, 연면적, 구조 및 사용승인일(임시사용승인일을 포함한다)
> - 지목, 용도지역, 도로상황, 그 밖에 표준주택가격 공시에 필요한 사항

◇ **기출** 표준주택가격의 공시사항에는 표준주택의 용도, 연면적, 구조 및 건축허가일이 포함되어야 한다. (×)

④ 국토교통부장관은 표준주택가격을 조사·산정하고자 할 때에는 한국부동산원에 의뢰한다.

⑤ **효력**: 표준주택가격은 국가·지방자치단체 등의 기관이 그 업무와 관련하여 개별주택가격을 산정하는 경우 그 기준이 된다.

⑥ **이의신청**: 국토교통부장관에게 30일 이내에 신청

(2) 개별주택가격

① **의미**: 시장·군수 또는 구청장은 시·군·구부동산가격공시위원회의 심의를 거쳐 매년 공시기준일 현재 관할구역 안의 개별주택가격을 결정·공시하여야 한다.

② **개별주택가격을 공시하지 아니할 수 있는 주택**
  ㉠ 표준주택으로 선정된 단독주택(표준주택가격을 개별주택가격으로 본다)
  ㉡ 국세 또는 지방세의 부과대상이 아닌 단독주택

◇ **기출** 표준주택으로 선정된 주택에 대하여는 당해 표준주택가격을 개별주택가격으로 본다. (○)

③ **공시기준일**: 1월 1일(원칙)

④ **토지의 분할·합병 및 건물의 신축 등이 발생한 주택**: 공시기준일 이후에 토지의 분할·합병이나 건물의 신축 등이 발생한 경우에는 대통령령이 정하는 날을 기준으로 하여 개별주택가격을 결정·공시하여야 한다.

⑤ **산정기한**: 4월 30일까지 산정하여 공시하여야 한다.

⑥ **효력**: 개별주택가격은 주택시장의 가격정보를 제공하고 국가·지방자치단체 등의 기관이 과세 등의 업무와 관련하여 주택의 가격을 산정하는 경우에 그 기준으로 활용될 수 있다.

⑦ **이의신청**: 시장·군수 또는 구청장에게 30일 이내에 신청

② 공동주택의 가격공시 제32회, 제33회, 제35회

(1) 공동주택가격

① **의미**: 국토교통부장관은 공동주택에 대하여 매년 공시기준일 현재의 적정가격(이하 "공동주택가격")을 조사·산정하여 중앙부동산가격공시위원회의 심의를 거쳐 공시하여야 한다.

② **공시기준일**: 1월 1일(원칙)

③ **공시사항**

> - 공동주택의 소재지, 명칭, 동·호수
> - 공동주택가격
> - 공동주택의 면적
> - 그 밖에 공동주택가격 공시에 필요한 사항

④ **산정기한**: 4월 30일까지 산정하여 공시하여야 한다.

(2) 효력 및 이의신청

① **효력**: 공동주택의 가격은 주택시장의 가격정보를 제공하고, 국가·지방자치단체 등의 기관이 과세 등의 업무와 관련하여 주택의 가격을 산정하는 경우에 그 기준으로 활용될 수 있다.

② **이의신청**: 국토교통부장관에게 30일 이내에 신청

◊기출 표준공동주택가격은 개별공동주택가격을 산정하는 경우에 그 기준이 된다. (×)

◊기출 시장·군수 또는 구청장은 공동주택가격을 결정·공시하여야 한다. (×)

04 비주거용 부동산가격의 공시

(1) 비주거용 표준부동산가격공시

국토교통부장관은 용도지역, 이용상황, 건물구조 등이 일반적으로 유사하다고 인정되는 일단의 비주거용 일반부동산 중에서 선정한 비주거용 표준부동산에 대하여 매년 공시기준일 현재의 적정가격(이하 "비주거용 표준부동산가격"이라 한다)을 조사·산정하고, 중앙부동산가격공시위원회의 심의를 거쳐 이를 공시할 수 있다.

(2) 비주거용 개별부동산가격공시

시장·군수 또는 구청장은 시·군·구부동산가격공시위원회의 심의를 거쳐 매년 비주거용 표준부동산가격의 공시기준일 현재 관할 구역 안의 비주거용 개별부동산의 가격(이하 "비주거용 개별부동산가격"이라 한다)을 결정·공시할 수 있다.

(3) 비주거용 집합부동산가격공시

국토교통부장관은 비주거용 집합부동산에 대하여 매년 공시기준일 현재의 적정가격(이하 "비주거용 집합부동산가격"이라 한다)을 조사·산정하여 중앙부동산가격공시위원회의 심의를 거쳐 공시할 수 있다.

최근 5개년도 출제비율

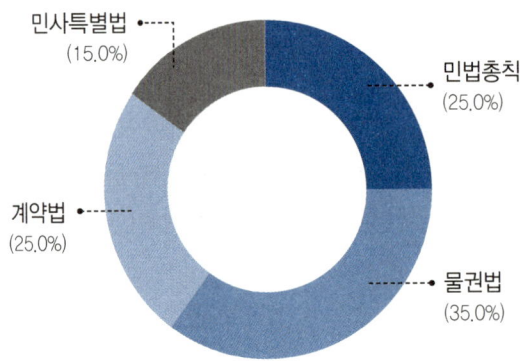

- **민법총칙** 법률관계와 권리변동 0.5%, 법률행위 4.5%, 의사표시 4.5%, 대리 8.0%, 무효와 취소 5.0%, 조건과 기한 2.5%
- **물권법** 물권법 일반 5.0%, 물권의 변동 4.5%, 점유권 3.0%, 소유권 6.0%, 용익물권 8.0%, 담보물권 8.5%
- **계약법** 계약법 총론 14.0%, 계약법 각론 11.0%
- **민사특별법** 주택임대차보호법 3.5%, 상가건물 임대차보호법 3.0%, 가등기담보 등에 관한 법률 2.5%, 집합건물의 소유 및 관리에 관한 법률 3.0%, 부동산 실권리자명의 등기에 관한 법률 3.0%

제35회 출제경향

제35회 시험은 제34회 시험에 비해서 다소 쉽게 출제되었다. 1번부터 32번까지의 문제 중 5문제 정도는 고난이도 문제였지만 나머지 문제는 기출문제와 동형모의고사를 충실하게 공부한 수험생이라면 명확하게 답을 찾을 수 있었을 것이다. 뒷부분 문제는 최근 판례를 응용한 문제가 다수 출제되어 답을 찾기 어려웠을 것이다.
객관식 절대평가 시험은 누구도 풀 수 없는 문제가 다수 출제되기 때문에 모든 문제를 풀어내겠다는 생각으로 접근해서는 안 된다. 수험생 자신이 확실하게 외운 문제를 먼저 골라서 천천히, 그리고 정확하게 풀어야 한다.
제36회 시험을 준비하는 수험생은 처음 공부할 때부터 자주 출제되고 확실하게 맞출 수 있는 문제를 집중적으로 외우는 습관을 들이는 것을 권장한다.

수험대책

민법·민사특별법의 전체 출제비중을 볼 때, 판례가 차지하는 비중이 절대적이다. 제35회 시험에서도 사례형 문제와 판례의 결론이나 논거를 물어보는 유형의 문제가 다수 출제된 것으로 보아, 민법공부는 판례공부라고 해도 결코 지나치지 않다. 따라서 법조문을 기본으로 하여 판례를 반복학습하고, 사례형 문제를 해결하기 위한 능력을 키우는 것이 무엇보다 중요하다.

민법·민사특별법

제1편　민법총칙
제2편　물권법
제3편　계약법
제4편　민사특별법

민법총칙

공부한 날   월   일

권리변동

01 법률관계와 권리변동
02 법률요건과 법률사실

제1장 권리변동

01 법률관계와 권리변동

(1) **법률관계**

사람의 사회생활관계 중에서 법에 의하여 규율되는 생활관계를 말하며, 이는 권리와 의무로 구성된다.

(2) **권리변동**

권리의 발생·변경·소멸을 통틀어서 지칭하는 것으로, 이러한 권리의 변동을 권리의 주체의 입장에서 보면 권리의 취득·변경·상실(득실변경)이 된다.

참고
- 부동산 매매에 의한 소유권 취득 – 특정승계
- 점유취득시효완성으로 인한 소유권 취득 – 원시취득

권리의 발생	원시취득		무주물선점, 유실물 습득, 매장물 발견, 건물의 신축, 선의취득, 시효취득, 첨부(부합·혼화·가공)
	승계취득	이전적 승계 - 특정승계	매매, 교환, 증여, 사인증여 등
		이전적 승계 - 포괄승계	상속, 포괄유증, 회사합병 등
		설정적 승계	저당권의 설정 등
권리의 변경	주체의 변경		권리의 양도로 인한 권리자 변경 등
	내용의 변경	성질적 변경	목적물인도채권이 손해배상청구권으로 변경, 물상대위, 대물변제 등
		수량적 변경	물건의 부합, 제한물권의 설정이나 소멸로 인한 소유권의 증감 등
	작용의 변경		저당권의 순위승진, 임차권의 등기 등
권리의 소멸	절대적 소멸		목적물의 멸실, 소멸시효의 완성, 권리포기 등
	상대적 소멸		주체의 변경으로 인한 종전 권리자의 권리 소멸 등

02 법률요건

(1) 법률사실, 법률요건, 법률효과의 관계

법률사실이 모여서 법률요건을 이루고, 법률요건이 갖추어지면 일정한 법률효과가 발생한다.

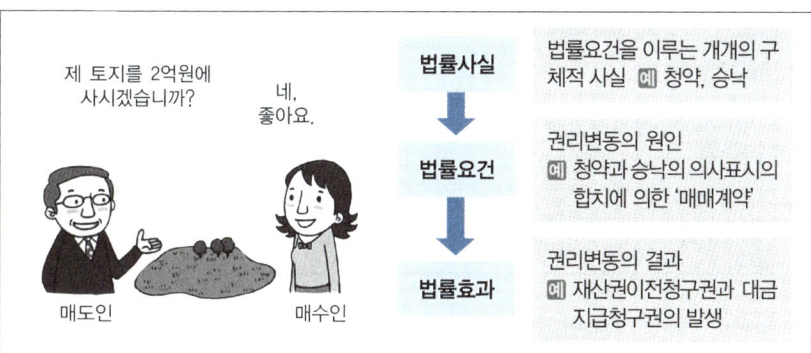

> 참고 매도인 甲이 A토지를 1억원에 팔겠다는 의사표시에 매수인 乙은 이에 1억원에 사겠다고 하여 매매계약을 체결한 경우 ① 청약과 승낙의 의사표시는 법률사실이고, ② 매매는 법률행위로서 법률요건이며, ③ 대금지급청구권과 물건인도청구권은 법률효과이다.

(2) 법률요건의 종류

① **법률행위**: 당사자의 의사에 따라 법률효과가 발생
② **법률규정**: 당사자의 의사에 관계없이 법률의 규정에 의해 법률효과가 발생

제2장 법률행위

01 서 설

1 법률행위의 개념

법률행위란 일정한 법률효과의 발생을 목적으로 하는 의사표시를 필요불가결의 요소로 하는 법률요건을 말한다.

(1) 법률행위는 당사자가 원하는 대로 법률효과가 발생하는 법률요건이다.

(2) 법률행위는 의사표시를 필수 불가결의 요소로 한다. 즉 의사표시가 있어야 한다.

> **법률행위**
> 01 서 설
> 02 법률행위의 종류
> 03 법률행위의 목적과 해석

> 참고 **법률행위와 의사표시**
> 1. 의사표시에 무효·취소가 될 사정이 있으면 그것은 법률행위 전체에 영향을 미친다.
> 2. 법률행위의 해석은 결국 의사표시의 해석으로 귀착된다.

2 법률행위의 요건

구 분	성립요건	효력요건
일반	• 당사자 • 목적(내용) • 의사표시	• 당사자의 권리능력·행위능력·의사능력의 존재 • 목적의 확정성·가능성·적법성·사회적 타당성 • 의사와 표시가 일치하고 하자가 없을 것
특별	유언에서의 방식, 혼인에서의 신고	대리행위시 대리권의 존재, 조건·기한부에서 조건의 성취·기한의 도래
입증책임	법률행위의 효과를 주장하는 당사자	법률행위의 무효를 주장하는 당사자

(1) 성립요건이 결여된 법률행위는 유효, 무효, 취소 등 효력에 관한 논의를 할 수 없다.

(2) 성립요건을 충족한 법률행위도 효력요건이 결여되면 무효가 될 수 있다.

(3) 농지취득자격증명은 농지 매매의 효력(발생)요건이 아니다(판례).

3 당사자의 권리능력, 의사능력, 행위능력

(1) 권리능력

① 권리능력이란 법률상 권리·의무의 주체가 될 수 있는 지위 또는 자격을 말한다.
② 사람은 생존하는 동안 권리와 의무의 주체가 된다(제3조). 또한, 설립등기를 마친 법인도 일정 범위 내에서 권리능력이 인정된다.

(2) 의사능력

① 의사능력이란 자기행위의 의미나 결과를 정상적으로 판단할 수 있는 정신적 능력을 말한다.
② 정신이상자, 백치, 어린아이, 만취자, 실신자 등은 의사무능력자로서 이들의 법률행위는 무효이다.

(3) 행위능력

① 행위능력이란 단독으로 완전·유효한 법률행위를 할 수 있는 지위 또는 자격을 말한다.
② 우리 민법은 만 19세 미만의 미성년자, 가정법원의 선고를 받은 피한정후견인과 피성년후견인을 제한능력자로 정하고 있다.
③ 미성년자가 법정대리인의 동의 없이 행한 법률행위는 취소권자가 이를 취소할 수 있다.

02 법률행위의 종류

1 단독행위 · 계약(의사표시의 수와 방향에 따라)

(1) 단독행위

행위자 한 사람의 한 개의 의사표시로 성립하는 법률행위이다.

① **상대방 없는 단독행위**: 유언(유증), 재단법인 설립행위, 소유권의 포기 등
② **상대방 있는 단독행위**: 동의, 철회, 상계, 추인, 취소, 채무의 면제, 해제, 해지, 대리권의 수여행위 등

(2) 계약

계약은 서로 대립되는 2개 이상의 의사표시의 합치로 성립하는 법률행위이다 (증여, 매매, 교환, 임대차, 합의해제 등 15종의 전형계약과 비전형계약).

> **주의** 단독행위의 특징
> 1. 단독행위는 표의자의 의사표시로 일방적으로 법률효과를 발생시키고, 그에 따라 상대방을 일방적으로 구속하기 때문에 법률의 규정이 있는 경우에만 적용된다.
> 2. 단독행위는 원칙적으로 조건과 기한에 친하지 않는 법률행위이다. 단, 상대방에게 유리하거나 동의가 있으면 조건이나 기한을 붙일 수 있다.

2 채권행위 · 물권행위 · 준물권행위(법률효과에 따라)

분류	채권행위	물권행위	준물권행위
의의	채권·채무의 발생(매매, 교환, 임대차 등)	직접 물권변동(소유권 이전행위, 저당권설정행위, 건물철거 등)	물권 이외의 권리변동(채권양도, 무체재산권 양도, 채무면제)
이행문제	남음	없음	없음
타인의 권리·물건	유효	무효	무효

> **참고** 이행의 문제를 남기지 않는 물권행위와 준물권행위를 합하여 처분행위라고 한다.

> **기출** 처분권 없이 한 채권행위와 물권행위는 모두 무효이다. (×)

3 요식행위와 불요식행위(방식의 필요 여부에 따라)

요식행위	법률행위에 일정한 형식(방식)을 필요로 하는 법률행위 **예** 법인의 설립행위, 유언, 혼인 등
불요식행위	일정한 방식을 요하지 않는 행위로, 법률행위의 자유의 원칙상 불요식이 원칙

4 출연행위(재산 증감에 따라)

재산행위 가운데 자기의 재산을 감소시키고 타인의 재산을 증가시키는 행위를 출연행위라고 한다(매매, 교환, 소유권의 양도 등).

03 법률행위의 목적과 해석

1 법률행위의 목적(내용)

(1) 확정성
법률행위의 목적은 법률행위 성립 당시에 반드시 확정되어 있을 필요는 없고, 이행기까지 확정될 수 있는 것이면 된다.

> **참고** 매매계약은 매매목적물과 대금은 반드시 그 계약체결 당시에 구체적으로 확정해야 하는 것은 아니고, 이를 사후에라도 구체적으로 확정될 수 있는 방법과 기준이 정하여져 있으면 충분하다(대판 94다34432).

(2) 가능성
법률행위는 실현가능한 것이어야 하고, 실현가능성은 사회통념에 의하여 결정되며 불능은 확정적인 것이어야 한다.

원시적 불능(성립 당시에 이미 불능)	후발적 불능(성립 이후에 불능)

① 법률행위의 효력: 무효
② 법률규정상의 책임: 계약체결상의 과실책임(제535조)
	① 법률행위의 효력: 유효
	② 법률규정상의 책임
	  ㉠ 채무자귀책사유 ○
	    ⇨ 채무불이행 책임(해제·손해배상)
	  ㉡ 채무자귀책사유 ×
	    ⇨ 위험부담의 문제 발생

> **기출** 계약 성립 후 채무이행이 불가능하게 되더라도, 계약이 무효로 되는 것은 아니다. (○)

> **기출** 원시적 불능인 법률행위는 무효이나 계약체결상의 과실책임을 물어 신뢰이익의 배상을 청구할 수 있다. (○)

> **기출** 법률행위가 성립한 후 채무자의 귀책사유로 이행이 불가능하게 된 경우, 그 법률행위는 무효이다. (×)

(3) 적법성

① **강행규정**
㉠ 법령 중에 선량한 풍속 기타 사회질서와 관계있는 사항을 정한 규정
㉡ 당사자가 강행법규와 다른 약정을 하면 무효가 된다.
   예 임차인 보호를 위한 규정(주택임대차보호법) 등

② **임의규정**
㉠ 법령 중에 선량한 풍속 기타 사회질서에 관계없는 규정
㉡ 당사자가 임의법규와 다른 약정을 하더라도 유효하다.

③ **강행규정의 종류** 제32회
㉠ 효력규정 ⇨ 위반시 무효: 효력규정에 위반하면 행정상의 처벌과 함께 그 사법상의 효력도 무효가 된다.
   예 공인중개사법령의 상한을 초과하는 부동산 중개보수 약정은 강행법규 위반으로 무효이다.
㉡ 단속규정 ⇨ 위반시 유효: 단속규정에 위반하면 처벌을 받으나 사법상의 효력은 원칙적으로 유효하다.
   예 무허가 음식점의 음식물판매행위, 중간생략등기 합의, 공인중개사가 고객과 직접거래한 행위 등

(4) **사회적 타당성** 제31회, 제32회, 제33회, 제34회, 제35회

① **의의**: 법률행위의 목적이 사회적으로 보아서 타당성을 잃고 있는 경우에는 그것을 직접 규제하는 개별적인 강행규정이 없더라도 당연히 무효이다.

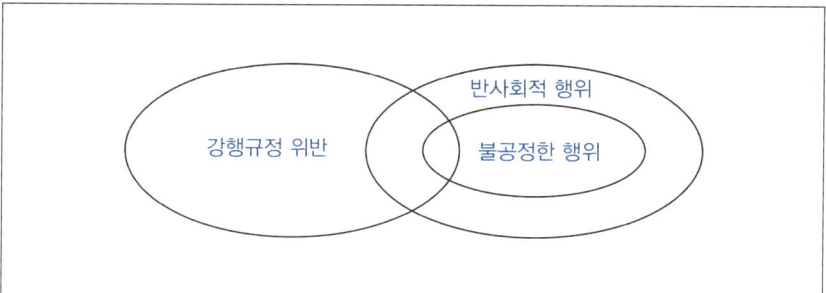

[판례] 반사회적 행위의 법적 지위
1. 강행규정에 반하지 않는 법률행위도 반사회적 행위로 무효가 될 수 있다.
2. 불공정한 행위에 해당하지 않는 경우에도 반사회적 행위로 무효가 될 수 있다.
3. 불공정한 행위는 반사회적 법률행위의 한 유형이다.

② **반사회적 행위의 판단시기**
반사회적 행위에 해당하는지 여부는 법률행위 성립 당시를 기준으로 판단한다.

③ **반사회적 행위의 유형**
㉠ 정의관념에 반하는 행위
ⓐ 범죄, 기타 부정행위에 가담하는 행위 등은 무효
ⓑ 허위진술의 대가를 지급하기로 한 약정은 무효
ⓒ 사실대로 증언하는 대가를 지급하는 약정은 통상적으로 용인되는 정도의 수준을 초과하는 경우에 무효
ⓓ 형사사건에 대한 변호사의 성공보수 약정은 무효(민사사건에 대한 성공보수 약정은 유효)
ⓔ 변호사가 아닌 자가 승소를 조건으로 하여 그 대가로 소송당사자로부터 소송물 일부를 양도받기로 하는 약정은 무효

㉡ 인륜에 반하는 행위
ⓐ 첩계약, 부첩관계의 종료를 해제조건으로 한 증여계약은 무효
ⓑ 첩관계를 단절하면서 생활비나 양육비 등을 지급하는 계약은 유효

㉢ 개인의 자유를 극도로 구속하는 행위
절대 이혼하지 않겠다는 계약 등은 무효

㉣ 지나치게 사행적인 행위
ⓐ 도박계약, 도박채무의 변제로써 토지의 양도계약은 무효
ⓑ 도박채권자에게 대리권을 수여하는 행위는 유효

[판례] 산모가 우연한 사고로 인한 태아의 상해에 대비하기 위해 자신을 보험수익자로, 태아를 피보험자로 하여 체결한 상해보험계약은 반사회질서행위가 아니다.

🏠 부동산이중매매

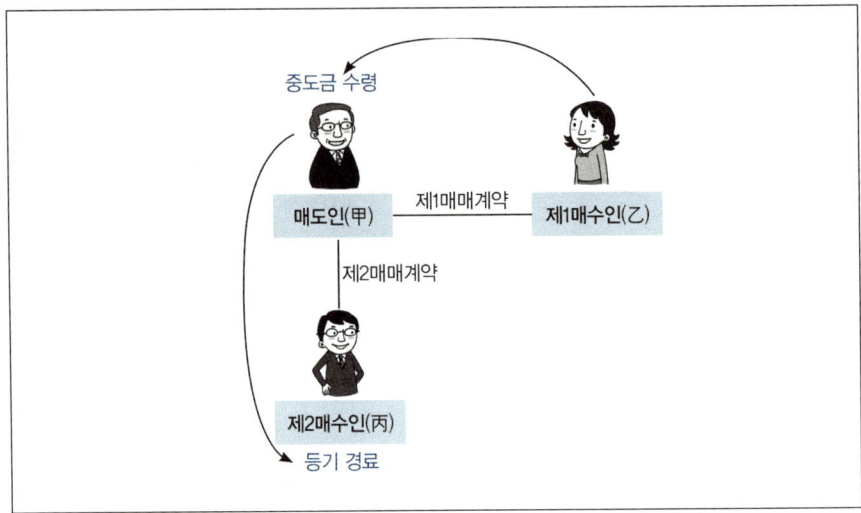

> **길잡이** 부동산이중매매
>
> 1. 이중매매계약은 계약자유의 원칙상 유효이다. 이 경우 제1매수인에 대한 소유권이전의무는 이행불능으로 되며, 제1매수인은 이행의 최고 없이 매매계약을 해제할 수 있으며 이행불능으로 인한 손해배상을 청구할 수 있다.
> 2. 그러나 이미 부동산을 매도하였음을 제2매수인이 알면서도 매도인에게 이중매매를 적극 권유하여 이루어진 경우 제2의 매매계약은 사회질서에 반하여 무효이다. 단지 매도인이 이중매매한다는 것을 안 것만으로는 그 이중매매가 무효라고 할 수 없다.
> 3. 반사회질서행위의 무효는 절대적 무효이므로 그 무효를 가지고 선의의 제3자에게도 대항할 수 있다. 즉, 제3자가 선의라 하더라도 이중매매가 유효하다고 주장할 수 없다. 이 경우 제1매수인은 직접 제2매수인을 상대로 말소등기를 청구할 수 없고, 매도인을 대위하여 제2매수인을 상대로 말소등기를 청구할 수밖에 없다.
> 4. 제1매수인은 제2매수인에게 소유권이전등기청구권을 행사할 수 없다.
> 5. 이중매매가 무효인 경우 무효행위의 추인을 할 수 없다.
> 6. 채권자취소권을 행사할 수 없다.

④ **불공정한 법률행위**(폭리행위 제104조)
  ㉠ 의의: 불공정한 법률행위에 관한 제104조는 제103조의 예시규정이다.
  ㉡ 요 건
    ⓐ 객관적 요건: 급부와 반대급부 사이에 현저한 불균형(불균형을 판정하는 시기는 법률행위시를 기준으로 한다)
    ⓑ 주관적 요건
      • 피해자의 궁박·경솔 또는 무경험 + 폭리자의 악의(이용의사)
      • 궁박은 경제적 또는 정신적·심리적 곤궁도 포함, 일시적인 것도 무방
      • 대리인이 법률행위를 한 경우 궁박은 본인 기준으로 하고, 경솔·무경험은 대리인을 기준으로 한다.

ⓒ 적용범위
ⓐ 증여계약과 같이 무상행위는 불공정한 법률행위가 될 수 없다.
ⓑ 경매와 같이 법률규정에 의한 경우에는 불공정한 법률행위가 적용되지 아니한다.
ⓓ 입증책임: 무효를 주장하는 자가 자신이 궁박·경솔 또는 무경험 상태에 있었다는 사실과 상대방이 이를 이용하였다는 악의 및 급부와 반대급부가 현저하게 공정을 잃었다는 사실을 모두 입증해야 한다.

⑤ **반사회적 행위의 효과**
㉠ 절대적 무효
ⓐ 이행 전이라면 이행할 필요가 없다.
ⓑ 추인에 의하여 유효로 될 수 없다.
ⓒ 선의의 제3자에게도 무효로 대항할 수 있다.
ⓓ 불공정한 법률행위에도 무효행위의 전환에 관한 법리가 적용될 수 있다.
㉡ 부당이득반환청구 여부
ⓐ 반사회질서행위: 반사회적 행위로 무효임에도 불구하고 이행한 경우에는 이른바 불법원인급여(제746조)로서 그 반환청구가 인정되지 아니한다. 결국 상대방에게 소유권이 귀속된다.
ⓑ 불공정한 법률행위: 불공정한 행위의 경우 폭리자는 이행한 것의 반환을 청구할 수 없지만, 피해자는 불법성이 없기 때문에 반환을 청구할 수 있다(제746조 단서).
㉢ 선의의 제3자에게도 대항할 수 있다.

판례

사회질서위반이 아닌 경우
1. 법률행위의 성립과정에서 강박이라는 불법적인 방법이 사용된 데 불과한 때에는 강박에 의한 의사표시의 하자나 의사의 소멸을 이유로 효력을 논할 수 있을지언정, 반사회질서의 법률행위로서 무효라고 할 수는 없다(대판 95다40038).
2. 강제집행을 면하기 위하여 허위의 근저당권을 설정하는 행위는 허위표시에 해당하여 무효이지만 반사회적 법률행위라고 할 수 없다(대판 2003다70041).
3. 명의신탁약정은 원칙적으로 무효이지만 반사회적 법률행위라고 할 수 없다.
4. 농지에 대한 임대차계약은 강행규정에 위반하여 무효이지만 반사회적 법률행위라고 할 수 없다(대판 2013다79887·79894).
5. 양도소득세를 회피하기 위하여 실제 거래금액보다 낮은 금액을 매매계약 금액으로 기재하는 행위는 단속규정 위반행위에 해당할 뿐 반사회적 법률행위라고 할 수 없다.

판례 무효사유 구별
1. 허위의 근저당권설정
허위표시로 무효이지만 반사회적 행위가 아님
2. 명의신탁약정
강행규정에 위반하여 원칙적으로 무효이지만 반사회적 행위가 아님
3. 농지 임대차계약
강행규정에 위반하여 원칙적으로 무효이지만 반사회적 행위가 아님

2 법률행위의 해석

(1) 법률행위 해석의 의의
법률행위의 해석이란 당사자의 내심적 의사를 탐구하는 것은 아니며, 당사자가 그 표시행위에 부여한 객관적 의미를 명백히 하는 것이다.

(2) 법률행위 해석의 방법

① **자연적 해석** ⇨ 표의자 입장(진의에 중심)
  ㉠ 당사자의 진의가 서로 일치하는 경우 표시행위를 무시하고 당사자의 내심의 의사에 따르는 해석을 자연적 해석이라고 한다.
  ㉡ 당사자의 의사가 일치하였으나 표시만 잘못된 경우 오표시무해의 법칙이 적용된다.
  ㉢ 자연적 해석이 가능한 경우에는 규범적 해석을 하지 않는다.

② **규범적 해석** ⇨ 상대방 입장(표시행위에 중심)
  ㉠ 당사자의 의사가 일치하지 않는 경우에 표시행위의 객관적 의미를 밝히는 해석을 규범적 해석이라고 한다.
  ㉡ 규범적 해석이 가능한 경우에는 보충적 해석을 하지 않는다.

③ **보충적 해석** ⇨ 제3자 입장(가상적 의사)
  계약의 내용에 흠결이 있어서 자연적 해석이나 보충적 해석을 할 수 없는 경우에 제3자의 입장에서 하였을 것으로 예상되는 내용으로 법률행위를 해석하는 방법을 보충적 해석이라고 한다.

(3) 법률행위 해석의 기준

① **당사자의 의사**
  당사자의 의사가 확인되는 경우에는 당사자의 의사가 사실인 관습이나 임의규정에 우선하여 법률행위 해석의 기준이 된다.

② **사실인 관습**
  당사자의 의사를 정확히 알 수 없는 경우에 사실인 관습이 법률행위 해석의 기준이 된다.

③ **임의법규**
  당사자의 의사나 사실인 관습이 존재하지 않는 경우 임의규정이 법률행위 해석의 기준이 될 수 있다.

④ **신의성실의 원칙**
  법률행위의 해석에 적합한 다른 기준이 없는 경우에 보충적으로 신의칙도 법률행위 해석의 기준이 될 수 있다.

참고 오표시무해의 원칙
부동산의 매매계약에 있어 쌍방 당사자가 모두 특정의 甲토지를 계약의 목적물로 삼은 것에 의사합치가 있는 이상, 계약서에 乙토지로 잘못 표시하여 乙토지로 등기한 경우
① 매매계약은 甲토지에 관하여 성립한다. 甲토지의 이전등기를 청구할 수 있다.
② 乙토지 등기는 무효의 등기로서 제3자도 취득할 수 없다.
③ 이중매매의 법리가 적용된다
④ 착오를 이유로 취소할 수 없다.

제3장 의사표시

01 비정상적 의사표시

의사≠표시	진의 아닌 의사표시(제107조)	원칙 : 표시된 대로 유효	선의의 제3자에게 대항하지 못한다.
		예외 : 악의 또는 과실 ⇨ 무효	
	통정허위표시(제108조)	무효	
	착오(제109조)	중요부분 착오 ○, 중과실 × ⇨ 취소 可	
하자 ○	사기나 강박(제110조)	취소 可	

의사표시
01 비정상적 의사표시
02 하자 있는 의사표시
03 의사표시의 효력발생

◇기출 임대인이 임차인을 내보낼 의도 없이 임대료를 올릴 목적만으로 건물을 비워달라고 한 경우는 비진의표시에 해당한다. (○)

1 진의 아닌 의사표시 제32회

(1) **의의** : 표의자 자신이 내심의 효과의사와 외부에 대하여 한 표시행위가 일치하지 않는다는 것을 알면서 하는 의사표시이다(예 甲이 부동산을 증여할 의사가 없으면서 乙에게 증여하겠다고 표시한 경우).

참고 진의 아닌 의사표시는 표시와 다른 진의를 마음속(심리)에 보류(유보)한다는 의미에서 심리유보라고도 한다.

(2) **요 건**

① 법률효과의 발생을 의욕하는 의사표시가 있어야 한다.
   단순히 사교적인 농담이나 배우의 대사 등은 비진의의사표시가 적용되지 않는다.

② 표시와 진의가 일치하지 않아야 한다.
   여기서의 진의란 특정의 내용의 의사표시를 하고자 하는 표의자의 생각을 말하는 것이지 표의자가 진정으로 마음속으로 바라는 사항을 뜻하는 것은 아니다.

③ 표의자가 스스로 이와 같은 불일치를 알고 있어야 한다.

④ 표의자가 진의 아닌 의사표시를 하는 이유나 동기는 묻지 않는다.

◇기출 비진의표시에 있어서 진의란 표의자가 진정으로 마음속에서 바라는 사항을 의미한다. (×)

판례

비진의표시에 해당하지 않는 판례

1. 표의자가 의사표시의 내용을 진정으로 마음속에서 바라지는 아니하였다고 하더라도 당시의 상황에서는 그것이 최선이라고 판단하여 그 의사표시를 하였을 경우에는 이를 내심의 효과의사가 결여된 진의 아닌 의사표시라고 할 수 없다(대판 2000다51919).

2. 비록 재산을 강제로 뺏긴다는 것이 표의자의 본심으로 잠재되어 있었다 하여도 표의자의 강제에 의하여서나마 증여를 하기로 하고, 그에 따른 증여의 의사표시를 한 이상 증여의 내심의 효과의사가 결여된 것이라고 할 수는 없다(대판 92다41528).

3. 법률상 또는 사실상의 장애로 자기명의로 대출받을 수 없는 자를 위하여 대출금채무자로서의 명의를 빌려준 자에게 그와 같은 채무부담의 의사가 없는 것이라고는 할 수 없으므로 그 의사표시를 비진의표시에 해당한다고 볼 수 없다(대판 96다18182).

참고 물의를 일으킨 甲이 사직원이 수리되지 않을 것이라고 믿고 사태수습을 위하여 형식상 고용주에게 사직원을 제출한 경우 甲이 사직원을 제출하는 행위는 진의 아닌 의사표시에 해당되므로 고용주가 그런 사실을 알았거나 알 수 있었을 경우가 아니면 甲의 의사표시에 따라 효력이 발생한다.

◇기출 은행대출한도를 넘은 甲을 위해 乙이 은행대출약정서에 주채무자로 서명·날인한 경우, 은행이 이런 사정을 알았더라도 乙은 원칙적으로 대출금반환채무를 진다. (○)

(3) 효 과

① **원칙** ⇨ **유효**(표시주의) : 선의 + 무과실

② **예외** ⇨ **무효**(의사주의) : 상대방이 알았거나(악의) 알 수 있었을 때(과실), 선의의 제3자에게는 대항하지 못한다(선의의 제3자가 보호됨).

(4) 적용범위

① 상대방 없는 의사표시에도 적용되지만, 상대방 없는 단독행위에서 비진의표시는 언제나 유효하다.

② 혼인·입양 등의 신분행위에는 적용되지 않는다(진의 없는 혼인은 절대적으로 무효이다).

③ 진의 아닌 의사표시에 관한 민법 제107조는 성질상 공무원의 사직의 의사표시와 같은 사인의 공법행위에 준용되지 않는다.

> **참고** 비진의표시에 관한 규정은 대리인이 대리권을 남용한 경우 유추적용될 수 있다.

> **참고** 진의 아닌 의사표시와 통정허위표시
> 1. 공통점 : 표의자가 의사와 표시의 불일치를 알고 있다.
> 2. 차이점 : 상대방과 합의(통정)의 유무. 즉, 통정(합의)이 있는 경우가 허위표시이고, 통정이 없는 경우가 진의 아닌 의사표시이다.

> **기출** 증여계약을 매매계약으로 위장한 경우 매매계약뿐만 아니라 증여계약도 통정허위표시에 해당하여 무효이다. (×)

2 통정허위표시 제31회, 제33회, 제34회, 제35회

(1) 개 설

① **의 의**

통정허위표시란 상대방과 통정하여 행하는 진의 아닌 의사표시를 말하며 이러한 허위표시를 요소로 하는 법률행위를 가장행위라고 한다(예 채권자 甲의 강제집행을 피하기 위하여 채무자 乙이 자기부동산에 대해서 친척인 丙과 짜고 매매 또는 증여를 가장하여 丙에게 이전등기를 해 놓은 경우).

② **은닉행위**

증여의 의사를 감추고 매매로 가장하는 경우와 같이 진실로 다른 행위를 할 의사가 감추어져 있는 경우에는 그 감추어진 행위(증여)로서 유효하며 매매행위는 가장행위에 해당하여 무효이다.

> **판 례**
>
> **타인명의 대출약정과 허위표시**
>
> 1. 학교법인이 사립학교법의 제한규정으로 인해 그 학교의 교직원들의 명의를 빌려서 금전을 차용한 때에 금원대여자가 그러한 사정을 알고 있었다고 해도 위 교직원들의 의사는 위 금전대차에 관해 그들이 주채무자로서 채무를 부담하겠다는 뜻으로 해석해야 할 것이기 때문에 이를 비진의표시나 허위표시라고 할 수 없다.

2. 동일인에 대한 대출액 한도를 제한한 법령의 적용을 회피하기 위하여 금융기관의 양해하에 제3자를 형식상의 주채무자로 내세우고, 제3자 명의로 되어 있는 대출약정은 그에 따른 채무부담의 의사 없이 형식적으로 이루어진 것에 불과하여 통정허위표시에 해당하는 무효의 법률행위이다(대판 2001다11765).

(2) 요 건

① 표시와 내심의 효과의사(진의)가 일치하지 않고, 그러한 불일치를 표의자가 스스로 알고 있어야 한다.
② 진의와 다른 표시를 하는 데 대하여 상대방과 표의자 사이에 합치, 즉 통정이 있어야 한다.
③ 제3자를 속이려고 하는 동기나 목적의 유무는 불문한다.

(3) 효 과

① 허위표시 당사자 간의 효과 ⇨ 무효(제108조 제1항)
  ㉠ 허위표시는 무효이므로 이행 전이면 이행할 필요가 없다.
  ㉡ 허위표시 그 자체는 불법이 아니므로 불법원인급여의 반환금지(제746조)의 적용은 없다. 따라서 이미 이행한 후라면 상대방은 부당이득반환청구를 할 수 있다(제741조).
  ㉢ 허위표시는 채권자취소권의 대상이 될 수 있다.

② 제3자에 대한 효과
  ㉠ 허위표시의 무효는 선의의 제3자에게 대항하지 못한다(제108조 제2항). 그러나 제3자가 무효를 주장하는 것은 무방하다.
  ㉡ 선의의 제3자로부터 다시 그 권리를 취득한 전득자는 선의·악의에 관계없이 보호된다(엄폐물의 법칙).
  ㉢ 선의의 제3자의 의미
    ⓐ 제3자란 당사자와 포괄승계인 이외의 자로서 허위표시를 기초로 하여 새로운 이해관계를 맺은 자이다.
    ⓑ 제3자의 선의는 추정되므로 무효를 주장하는 자가 악의의 입증책임을 진다.
    ⓒ 보호받는 제3자는 선의이기만 하면 되고, 무과실은 요건이 아니다.

기출 허위표시도 불법원인급여에 있어서 불법에 해당한다. (×)

기출 허위표시에서 선의의 제3자로부터 다시 권리를 취득한 자도 역시 선의이어야만 제108조 제2항의 보호를 받는다. (×)

제3자에 해당하는지 여부

제3자에 속하는 자	• 가장매매의 매수인으로부터 매수한 자 • 가장매매의 매수인으로부터 가등기를 취득한 자 및 저당권을 설정받은 자 • 가장저당권설정행위에 기한 저당권의 실행으로 경락받은 자 • 가장소비대차에 기한 채권의 양수인 • 가장매매의 매수인에 대한 압류채권자 • 가장전세권설정에 기한 전세권의 양수인 • 가장저당권을 포기한 경우의 말소 후 새로이 저당권을 취득한 자 • 허위표시에 의한 취득자가 파산한 경우에 파산관재인
제3자에 속하지 않는 자	• 가장매매에 기한 손해배상청구권의 양수인 • 채권의 가장양도에 있어서의 채무자 • 가장매매의 매수인으로부터 그 지위를 상속받은 자 • 저당권을 가장 포기한 경우의 후순위 제한물권자 • 가장의 제3자를 위한 계약에서 제3자 • 대리인이 상대방과 허위표시를 한 경우 본인

◇기출 허위로 체결된 제3자를 위한 계약의 수익자는 허위표시에서 보호되는 제3자가 아니다. (○)

◇기출 판례는 가장소비대차의 대주가 파산선고를 받은 경우 그 파산관재인은 통정허위표시의 제3자에 해당하지 않는다고 한다. (×)

◇기출 통정한 허위표시에 의하여 형성된 법률관계로 생긴 채권을 압류한 채권자가 있는 경우 그 가압류채권자가 선의라 하더라도 그에게 허위표시의 무효를 가지고 대항할 수 있다. (×)

3 착 오 제31회, 제32회, 제35회

(1) 의 의

착오란 표의자가 한 표시행위의 내용과 진의가 일치하지 않는 것을 표의자 자신이 알지 못하는 것을 말한다.

(2) 착오의 유형

① **표시상의 착오**

오담, 오기와 같이 표시행위 자체를 잘못하는 경우(예 수출품의 단가를 100파운드라고 쓸 것을 잘못하여 100달러라고 쓴 경우)

② **내용의 착오**

표시행위가 가지는 내용적 의의에 착오가 있는 경우(예 파운드와 달러가 동일 가치를 가진 것으로 생각하여 100파운드로 표시하여야 할 것을 100달러라고 표시한 경우)

③ **동기의 착오**

㉠ 동기의 착오는 법률행위 내용의 착오가 아니므로 취소할 수 없는 것이 원칙이다.

㉡ 다만, 동기가 표시된 경우 및 동기가 표시되지 않았더라도 상대방에 의하여 유발·제공된 동기의 착오의 경우에는 취소사유가 될 수 있다.

㉢ 동기의 착오를 이유로 취소권이 발생되기 위해서 동기를 의사표시의 내용으로 삼기로 하는 합의까지는 필요 없다.

[판례] 토지 중 20~30%가 도로에 편입된다는 중개인의 말을 믿고 매매과정에서 현출되어 매도인이 이를 알고 있었는데 실은 토지 197평이 도로에 편입된 경우, 동기의 착오를 이유로 매매계약의 취소를 할 수 있다.

(3) **착오의 요건**

① **법률행위 내용의 '중요부분'의 착오**(입증책임 ⇨ 표의자)

중요부분의 착오	중요부분의 착오가 아닌 것
• 토지의 현황과 경계에 관한 착오 • 목적물의 동일성에 관한 착오 • 법률의 착오 • 사람의 동일성에 관한 착오[증여·신용매매·임대차·위임·고용(○)]	• 매매목적물의 시가 • 면적의 부족 • 잔금지급계획 • 법률행위의 목적물이 누구의 소유에 속하는가의 점 • 토지를 매각하려는 매도인의 평수의 착오

[판례] 만일 착오로 인하여 표의자가 경제적인 불이익을 입은 것이 아니라고 한다면, 이를 법률행위 내용의 중요부분의 착오라고 할 수 없다(대판 98다47924).

[참고] 법률에 관한 착오(양도소득세가 부과될 것인데도 부과되지 아니하는 것으로 오인)라도 그것이 법률행위의 내용의 중요부분에 관한 것인 때에는 표의자는 그 의사표시를 취소할 수 있다.

② **표의자에게 중대한 과실이 없을 것**[입증책임 ⇨ 상대방(효력을 유지하려는 자)]
  ㉠ 중대한 과실이라 함은 표의자의 직업, 행위의 종류, 목적 등에 비추어 보통 요구되는 주의를 현저히 결여하는 것을 의미한다.
  ㉡ 표의자에게 경과실만 있는 경우에는 착오로 인한 취소권이 인정될 수 있다.
  ㉢ 표의자에게 중대한 과실이 있는 경우에도 상대방이 그 사실을 알고 이용한 경우에는 착오로 인한 취소권이 인정될 수 있다.

[참고] 입증책임
1. 착오의 존재 및 중요부분 이라는 점은 법률행위의 효력을 부인하려는 표의자(취소하려는 자)가 입증책임을 부담한다.
2. 표의자의 중대한 과실은 상대방(법률행위의 유효를 주장하는 자)이 입증책임을 부담한다.

판례

사회질서위반이 아닌 경우

1. 부정행위를 용서받는 대가로 손해를 배상함과 아울러 가정에 충실하겠다는 서약의 취지에서 처에게 부동산을 양도하되, 부부관계가 유지되는 동안에는 처가 임의로 처분할 수 없다는 제한을 붙인 약정은 선량한 풍속 기타 사회질서에 위반되는 것이라고 볼 수 없다(대판 94다23500).
2. 전통사찰의 주지직을 거액의 금품을 대가로 양도·양수하기로 하는 약정이 있음을 알고도 이를 묵인 혹은 방조한 상태에서 한 종교법인의 주지임명행위가 민법 제103조 소정의 반사회질서의 법률행위에 해당하지 않는다(대판 99다38613).

(4) **착오의 효과**

① 착오로 인한 의사표시는 취소할 수 있다. 다만, 선의의 제3자에게 대항하지 못한다(제109조).
② 매수인의 채무불이행을 이유로 매도인이 적법하게 해제한 후에도 매수인은 중요한 부분의 착오를 이유로 취소할 수 있다.
③ 취소하기 전에 이행한 것이 있으면 상호간에 부당이득반환의무가 생긴다.
④ 착오를 이유로 의사표시를 취소하여 상대방이 손해를 입은 경우, 상대방은 불법행위를 이유로 손해배상을 청구할 수 없다.

[참고] 착오에 관한 민법의 규정은 강행규정이 아니므로 계약당사자 사이에 착오를 이유로 하여 취소할 수 없음을 약정한 경우, 표의자는 착오를 이유로 의사표시를 취소할 수 없다.

[기출] 매수인의 중도금 미지급을 이유로 매도인이 계약을 적법하게 해제한 후라도 매수인은 착오를 이유로 그 계약 전체를 취소할 수 있다. (○)

(5) 착오와 다른 제도와의 관계

① **착오와 사기가 경합**: 선택
② **착오와 담보책임이 경합**: 선택 가능. 당사자는 착오를 주장할 수도 있고 담보책임을 주장할 수도 있다.

02 하자 있는 의사표시(사기나 강박) 제35회

1 성립요건

(1) 2단의 고의가 있을 것

① **사 기**
 ㉠ 착오에 빠지게 하려는 고의와 그 착오에 의하여 표의자로 하여금 의사표시를 하게 하려는 2단계의 고의가 있어야 한다.
 ㉡ 타인의 과실에 의한 기망행위로 인하여 착오에 빠져서 한 의사표시는 사기를 이유로 취소할 수 없다.

② **강 박**
 ㉠ 표의자가 타인(상대방 또는 제3자)의 강박에 의해 공포심을 가지게 되고 그 해악을 피하기 위하여 행하여진 의사표시를 말한다.
 ㉡ 강박의 정도가 극심하여 표의자의 의사결정의 자유가 완전히 박탈될 정도라면, 의사표시 자체가 없는 것이 되어 그 강박에 의한 의사표시는 무효가 된다.

[참고] 강박에 의한 의사표시에 있어서 무효와 취소의 이중효를 인정하고 있다.

[기출] 교환계약의 당사자 일방이 상대방에게 그가 소유하는 목적물의 시가를 허위로 고지한 경우 원칙적으로 사기를 이유로 취소할 수 있다. (×)

(2) 위법성이 있을 것

① 부작위도 기망수단으로 가능하며, 신의칙상 고지의무 있는 내용에 대하여 고지하지 않는 것도 묵시적 기망행위가 될 수 있다.
② 일반적으로 과장광고는 기망행위가 아니며, 시가를 묵비하거나 시가를 높게 고지하는 것도 기망행위가 아니다. 하지만 백화점의 변칙사기세일은 위법한 기망이 된다.
③ 부정행위에 대한 고소·고발도 부정한 이익을 취득할 목적으로 하는 경우에는 위법한 강박행위가 될 수 있다.

(3) 인과관계가 있을 것: 객관적 인과관계는 요구되지 않으며 주관적 인과관계만으로 족하다.

② 효 과

(1) **상대방에 의한 사기·강박**: 언제든지 취소할 수 있다.

① 선의의 제3자에게는 대항하지 못한다(제110조 제1항·제3항).

② 제3자는 특별한 사정이 없는 한 선의로 추정되므로 사기로 인하여 의사표시를 취소하려는 자가 제3자의 악의를 입증할 필요가 있다.

(2) **제3자에 의한 사기·강박**

① **상대방이 없는 의사표시**: 언제든지 취소할 수 있다.

② **상대방이 있는 의사표시**: 상대방이 알았거나 알 수 있었을 때에 한하여 취소할 수 있다.

　🔔 A는 B의 사기에 의하여 C로부터 C소유의 토지를 시가보다 훨씬 비싼 값으로 매수한 경우에 제3자(B)의 사기·강박으로 상대방 있는 의사표시를 한 때에 상대방(C)이 제3자(B)에 의한 사기를 알았거나 알 수 있었을 경우에 한해 표의자(A)는 취소할 수 있다.

③ 상대방의 대리인 등 상대방과 동일시 할 수 있는 자의 사기나 강박은 제3자의 사기나 강박에 해당하지 아니한다.

④ 기망행위를 한 자가 상대방의 피용자인 경우에는 제3자에 의한 기망행위로 볼 수 있다.

◇기출 표의자가 제3자의 사기로 의사표시를 한 경우, 상대방이 그 사실을 과실 없이 알지 못한 때에도 그 의사표시를 취소할 수 있다. (×)

◇기출 甲의 대리인 乙의 사기로 乙에게 매수의사를 표시한 丙은 甲이 그 사실을 알지 못한 경우에도 사기를 이유로 법률행위를 취소할 수 있다. (○)

③ 적용범위

(1) 신분행위 등 가족법상의 행위에는 적용되지 않는다.

(2) 어음·수표행위, 주식의 인수 등에는 적용되지 않는다.

(3) **착오와 사기가 경합**: 선택하여 행사

(4) **사기와 하자담보책임이 경합**: 선택하여 행사

(5) **취소와 손해배상청구권**

제3자에 의한 사기행위로 계약을 체결한 경우, 그 계약을 취소하지 않고 제3자에 대하여 불법행위로 인한 손해배상청구를 할 수 있다(대판 97다55829).

03 의사표시의 효력발생 제33회, 제35회

1 도달주의

(1) 적용범위 ⇨ 상대방 있는 의사표시

① 도달주의의 적용

② 예외(발신주의)
   ㉠ 제한능력자의 상대방 최고에 대한 확답, 무권대리인의 상대방의 최고에 대한 확답, 채무인수 최고에 대한 확답
   ㉡ 격지자 사이의 계약의 승낙의 통지

> 참고 격지자·대화자는 시간적 개념이다.

편지의 작성 (표백주의) 우체통에 투입 (발신주의) 우편물 배달 (도달주의) 상대방이 읽음 (요지주의)

(2) 도달의 개념(도달을 주장하는 자가 입증)

① 도달이란 사회통념상 요지할 수 있는 객관적 상태에 달한 것을 말하며, 현실적으로 수령하였거나 그 내용을 알아야 할 것을 요하지 않는다.

② 의사표시의 수취인이 정당한 사유 없이 수령을 거절하더라도 도달된 것으로 본다.

③ 의사표시의 불착·연착으로 인한 불이익은 표의자가 부담하므로, 의사표시의 도달 여부에 대한 입증책임은 표의자가 부담한다.

④ 의사표시 발송 후 도달 전에는 그 의사표시를 철회할 수 있다. 하지만 의사표시가 도달된 이후에는 철회하지 못한다.

⑤ 표의자가 의사표시를 발송한 후 사망하거나 제한능력자가 되더라도 의사표시의 효력에 영향을 미치지 않는다.

> 참고
> 1. 도달○: 수령거절
> 2. 도달×: 표의자가 회수

2 의사표시의 공시송달

표의자의 과실 없이 상대방을 알지 못하거나 상대방의 소재를 알지 못하는 경우에는 민사소송법상 공시송달의 규정에 의하여 의사표시를 송달할 수 있다.

> 기출 표의자의 과실로 상대방의 소재를 알지 못하는 표의자는 공시송달에 의하여 의사표시의 효력을 발생시킬 수 있다. (×)

③ 의사표시의 수령능력

의사표시의 수령자가 제한능력자인 경우에는 표의자는 법정대리인이 도달 사실을 알기 전까지 그 의사표시로써 대항하지 못한다. 다만 법정대리인이 도달 사실을 안 후에는 표의자는 도달 사실을 주장할 수 있다.

제4장 대 리

01 대리제도와 대리권

> **대 리**
> 01 대리제도와 대리권
> 02 대리행위와 효과
> 03 복대리
> 04 무권대리
> 1. 협의의 무권대리
> 2. 표현대리

1 대리제도

(1) 개 설

① **의의**: 타인(대리인)이 본인에 갈음하여 법률행위(의사표시)를 하거나 의사표시를 수령함으로써 그 법률효과가 직접 본인에게 생기게 하는 제도(직접대리)를 말한다.

② **사자**(使者): 전달기관인 사자와 표시기관인 사자가 있고 사실행위에도 가능하다.

구 분	사 자	대리인
의사결정	본인	대리인
하자 판단	본인 기준	대리인 기준

> **참고** 사 자
> 1. 사자는 본인이 결정한 의사를 표시하거나 전달하는 기능만을 한다.
> 2. 사자는 의사능력이나 행위능력을 필요로 하지 않는다.
> 3. 사자를 이용한 법률행위에서 의사표시의 하자 유무는 본인을 기준으로 판단한다.

(2) 허용범위

① **법률행위**: 재산법상의 법률행위에 한하여 대리가 인정된다. 즉, 사실행위나 불법행위 및 신분행위에 관하여는 대리가 인정되지 않는다.

② **준법률행위**: 의사의 통지와 관념의 통지에 관하여는 대리를 유추적용할 수 있다.

> **기출** 의사의 통지나 관념의 통지와 같은 준법률행위는 법률행위가 아니므로 대리가 허용되지 않는다. (×)

(3) 대리의 종류

① **법정대리와 임의대리**: 복임권(제120조, 제122조), 표현대리의 범위(제125조), 대리권의 범위 등에 있어서 구별실익이 있다.

② **능동대리와 수동대리**: 공동대리의 경우 수동대리는 각자대리가 허용된다.

③ **유권대리와 무권대리**: 정당한 대리권을 가지고 본인에게 법률효과가 귀속되는 대리가 유권대리, 정당한 대리권을 가지지 않고 법률효과가 본인에게 귀속되지 않는 대리가 무권대리이다. 무권대리는 본인이 추인하면 소급하여 유효이고, 추인을 거절하면 확정적으로 무효이다.

2 대리권(본인·대리인 간의 관계)

(1) **대리권의 성질**: 타인을 대신하여 법률행위를 할 수 있는 지위 내지 자격을 말하며 권리가 아니다.

(2) **대리권의 발생과 소멸원인**

① 법정대리권의 발생

② 임의대리권의 발생
  ㉠ 임의대리권은 본인의 수권행위에 의해 발생한다.
  ㉡ 수권행위
    ⓐ 수권행위는 성질상 상대방 있는 단독행위로써 대리인이 될 자의 승낙을 필요로 하지 않는다.
    ⓑ 수권행위는 불요식 행위로써 방식에 제한이 없다.

③ **대리권의 소멸** 제33회
  ㉠ 법정대리권과 임의대리권 공통의 소멸원인: 본인 사망, 대리인의 사망, 성년후견의 개시 또는 파산
  ㉡ 임의대리권 특유의 소멸원인: 원인된 법률관계의 종료, 수권행위의 철회(제128조)

◇기출 수권행위의 철회는 임의대리권과 법정대리권의 공통된 소멸원인이다. (×)

(3) **대리권의 범위** 제31회, 제32회

① **법정대리**: 법률의 규정에 의해 대리권의 범위가 달라진다.

② **임의대리**
  ㉠ 수권행위에서 대리권의 범위가 명확하게 정해진 경우
    ⓐ 수권행위에서 지정한 행위만 가능
    ⓑ 대리권 범위에 관한 민법 제118조는 적용하지 않음

참고 매도인의 대리권 범위
1. 중도금이나 잔금을 수령하는 행위 가능
2. 대금지급기일을 연기하는 행위 가능
3. 매매대금 채무를 면제해 주는 행위 불가능
4. 기존의 매매계약을 해제하는 행위 불가능

㉡ 수권행위에서 대리권 범위가 명확하게 정해지지 않은 경우
  ⓐ 보존행위 : 제한 없이 가능(예 소멸시효의 중단, 기한이 도래한 채무의 변제, 미등기부동산의 보존등기, 부패하기 쉬운 물건의 매각 등).
  ⓑ 이용행위 · 개량행위 : 물건이나 권리의 성질을 변하지 않는 범위에서만 가능(예 가옥의 임대나 금전의 이자부 대여 등)
  ⓒ 처분행위 : 불가능(예 가옥 매각, 제한물권 설정행위, 해제, 취소, 채무면제 등)

(4) 대리권의 제한

① **자기계약·쌍방대리의 금지**(제124조)

  ㉠ 원칙 : 본인의 이익을 보호하기 위해 자기계약과 쌍방대리는 원칙적으로 금지되며(임의규정), 법정대리와 임의대리에 모두 적용된다.
  ㉡ 예 외
    ⓐ 본인의 허락이 있으면 본인의 이익을 해할 염려가 없으므로 허용된다.
    ⓑ 소유권이전등기신청은 다툼이 없는 채무의 이행이므로 쌍방대리가 허용된다.
  ㉢ 위반 효과 : 절대무효가 아니라 무권대리행위가 된다.

> **기출** 대물변제나 경개의 경우에는 본인의 허락 없이 자기계약 또는 쌍방대리를 하는 것이 허용되지 않는다. (○)

판 례

부동산 입찰절차에서 동일 물건에 관하여 이해관계가 다른 2인 이상의 대리인이 된 경우에는 그 대리인이 한 입찰은 무효이다(대판 2003마44).

② **공동대리**(제119조)

  ㉠ 수인의 대리인이 있는 경우에는 일반적으로 대리인 각자가 단독으로 본인을 대리하는 것이 원칙이고, 예외적으로 공동대리(법률의 규정, 당사자의 약정)로 한다.
  ㉡ 공동대리의 제한을 위반하면 무권대리가 된다.

(5) 대리권의 남용 제34회

① **의의** : 대리인이 형식적으로 대리권 범위 내에서 대리행위를 하였으나, 실질적 내용상 자기 또는 제3자의 이익을 도모하기 위해서 대리행위를 한 경우이다.

② **효과** : 대리권 남용행위는 원칙적으로 유권대리이므로 유효하지만, 상대방이 대리권 남용 사실을 알았거나 알 수 있었을 경우에는 비진의표시에 관한 민법 제107조 제1항을 유추적용하여 무효로 한다.

> **기출** 대리인이 본인의 이익을 위하지 아니하고 자기의 이익을 위하여 대리행위를 한 경우에도 일단은 대리행위로 유효하고 상대방이 이를 알았거나 알 수 있었을 경우에 대리행위는 무효가 된다. (○)

02 대리행위와 효과

1 대리행위(상대방·대리인과의 관계) 제35회

참고 수동대리에 있어서는 상대방이 본인에 대한 의사표시임을 표시해야 한다(제114조 제2항).

(1) 대리의사의 표시
① 현명주의
  ㉠ 현명의 의의: 대리인이 대리행위를 함에 있어서는 본인을 위한 것임을 표시해야 한다(본인을 위한 것임을 표시한 이상 본인의 이익을 해치는 대리권 남용의 경우에도 원칙적으로 유효한 대리행위가 된다).
  ㉡ 현명의 방식
    ⓐ 위임장을 제시하고 대리: 현명으로 인정
    ⓑ 본인 이름의 대리(서명대리): 현명으로 인정
    ⓒ 묵시적 현명 인정

판례 대리인에게 대리의사가 있다고 인정되는 한 계약서 등에 대리인 자신의 이름을 적지 않고 본인의 이름만 적고 또 본인의 인장만 날인하여도 대리행위가 될 수 있다(대판 63다67).

② 현명하지 아니한 행위
  ㉠ 대리인이 본인을 위한 것임을 표시하지 않고서 한 의사표시는 그 대리인 자신을 위한 것으로 본다.
  ㉡ 그러나 상대방이 대리인으로서 의사표시한 것임을 알았거나 알 수 있었을 때에는 그 의사표시는 대리행위로써 효과를 발생한다(제115조).

(2) 대리행위의 하자
① 원 칙
  ㉠ 대리행위에 있어서 하자의 유무는 대리인을 표준하여 결정한다(제116조).
  ㉡ 다만 이 규정은 본인이나 대리인에게 하자가 발생되는 경우에만 적용된다.
    ⓐ 상대방이 본인을 기망한 경우: 취소권 발생 ×
    ⓑ 상대방이 대리인을 기망한 경우: 취소권 발생 ○(본인이 취소권 취득)
    ⓒ 본인이 상대방을 기망한 경우: 취소권 발생 ○(상대방이 취소권 취득)
    ⓓ 대리인이 상대방을 기망한 경우: 취소권 발생 ○(상대방이 취소권 취득)

② 예 외
  ㉠ 특정한 법률행위를 위임한 경우에 대리인이 본인의 지시에 따라 그 행위를 한 때에는 본인은 자기가 안 사정 또는 과실로 인하여 알지 못한 사정에 관하여 대리인의 부지를 주장하지 못한다(제116조 제2항).
  ㉡ 불공정한 법률행위에서 궁박은 본인을 기준으로 판단한다.

(3) 대리인의 능력

① 의사능력 필요
② **행위능력 불필요**(제117조) : 제한능력자가 대리인으로서 한 대리행위는 본인이나 법정대리인도 취소하지 못한다.

> ◊기출 대리인은 의사능력자임을 요하지 않는다. (×)
>
> ◊기출 본인은 대리인의 제한능력을 이유로 대리행위를 취소할 수 없다. (○)

2 대리의 효과(본인·상대방 간의 관계)

(1) 대리행위로부터 발생하는 모든 법률행위의 효과는 직접 본인(주된 + 부수적 법률효과)에게 귀속된다.

(2) 본인 스스로 법률행위 내지 의사표시를 하는 것이 아니므로 의사능력이나 행위능력을 요하지 아니하나, 권리능력만큼은 절대로 필요하다.

03 복대리 제32회, 제33회, 제34회

(1) 의 의
복대리인은 대리인이 자기의 이름으로 선임하는 본인의 임의대리인이다.

(2) 대리인의 복임권과 책임

구 분	복임권	대리인의 책임
임의대리인	본인의 승낙이나 부득이한 사유가 있어서 복대리인을 선임한 경우	대리인은 복대리인의 행위에 대하여 선임·감독상의 책임 부담
	대리인이 본인의 지명에 의하여 복대리인을 선임한 경우	대리인은 복대리인의 부적임 불성실함을 알고도 해임이나 통지를 게을리한 경우에만 책임 부담
법정대리인	대리인이 자유롭게 복대리인을 선임한 경우	대리인은 복대리인의 행위에 대하여 무과실 책임을 부담
	대리인이 부득이한 사유가 있어 복대리인을 선임한 경우	대리인은 복대리인의 행위에 대하여 선임·감독상의 책임 부담

> 참고 복대리의 성질
> 1. 복대리인은 성질상 항상 임의대리인이다.
> 2. 대리인의 복대리인 선임행위는 대리행위가 아니다.
> 3. 복대리인은 임의대리인과 동일한 조건으로 다시 복대리인을 선임할 수 있다.
> 4. 대리인이 복대리인을 선임한 후에도 대리인의 대리권은 소멸하지 않는다.
> 5. 복대리인은 대리인이 자신의 이름으로 선임한다.
> 6. 대리인의 능력에 따라 사무의 성공여부가 결정되는 사무에 대해 대리권을 수여받은 자는 본인의 묵시적 승낙으로는 복대리인을 선임할 수 없다.

(3) 복대리권의 소멸
복대리인의 대리권은 복대리인에게 대리권 소멸사유가 발생된 경우뿐만 아니라 대리인의 대리권이 소멸한 경우에도 함께 소멸한다.

04 무권대리 제31회, 제32회, 제33회, 제34회, 제35회

I. 협의의 무권대리

1 계약의 무권대리

(1) **본인의 추인권과 거절권**

① **본인의 추인권**(제132조)

㉠ 추인의 시기

추인은 상대방의 철회가 있기 전까지 하여야 한다. 상대방의 철회가 있은 후에는 대리행위는 확정적으로 무효가 되어 본인의 추인권이 인정될 수 없다.

㉡ 추인의 상대방

무권대리 행위에 대한 본인의 추인은 상대방과 상대방의 전득자뿐만 아니라 무권대리인에 대해서도 할 수 있다. 다만, 본인이 무권대리인에게 한 추인은 상대방이 그 사실을 안 때 추인의 효력이 있다. 만일 무권대리인에게 추인을 하고 상대방이 알지 못하면 상대방은 철회할 수 있다.

㉢ 추인의 방법

ⓐ 일부에 대해 추인·내용을 변경하여 추인을 한 때에는 상대방의 동의가 없는 한 무효이다.

ⓑ 무권대리행위의 추인은 명시적인 방법만 아니라 묵시적인 방법으로도 할 수 있다.

㉣ 추인의 효과

ⓐ 본인의 추인이 있으면 계약은 소급적으로 유효가 된다(다만 제3자의 권리를 해하지 못한다).

ⓑ 무권리자의 처분행위에 대한 추인도 무권대리 추인과 마찬가지로 소급효를 인정한다.

ⓒ 추인이 있은 후에는 상대방의 철회가 인정되지 않고, 본인도 다시 거절권을 행사하지 못한다.

② **본인의 추인거절권**

㉠ 본인이 거절하면 본인에 대하여 효력이 없다.

㉡ 본인이 추인을 거절하면 무권대리행위는 확정적 무효가 되어 다시 추인할 수 없게 되며, 상대방도 최고권이나 철회권을 행사할 수 없다.

③ **무권대리인이 본인을 상속한 경우**

무권대리인이 본인을 상속한 경우 거절권을 행사하는 것은 금반언의 원칙에 위반하는 것으로서 허용되지 않는다.

참고 본인에 대한 효과

무권대리행위는 본인의 추인이 있기 전에는 효력이 불확정한 무효상태에 있다가 본인이 추인하면 유효하게 되는 일종의 유동적 무효로 볼 수 있다.

참고 묵시적 추인 인정

1. 무권대리인으로부터 대금의 전부 또는 일부를 수령한 경우
2. 상대방의 변제요구에 대하여 기한의 유예를 요청하는 경우
3. 무권대리인에게 10년간 이의제기를 하지 않은 경우

참고 묵시적 추인 부정

1. 무권대리인에 대하여 본인이 이의를 제기하지 아니하고 이를 장기간 방치한 경우
2. 범죄행위가 되는 무권대리행위에 대하여 장기간 형사고소를 하지 않은 경우

(2) **상대방의 철회권·최고권**
① **최고권**(상대방의 선의·악의 불문)
   ㉠ 최고는 본인에 대해서만 할 수 있고, 무권대리인을 상대로 할 수 없다.
   ㉡ 상대방의 최고에 대하여 본인이 최고 기간 내에 확답을 발하지 않으면 거절한 것으로 본다(발신주의, 제131조).
② **철회권**(선의의 상대방만 가능)
   ㉠ 철회는 본인뿐만 아니라 무권대리인을 상대로도 할 수 있다.
   ㉡ 상대방이 철회하면 본인은 추인할 수 없고, 본인이 추인하고 나면 상대방은 철회할 수 없다.

추인권	본인(甲) ⇨ 상대방(丙) ⇩ 무권대리인(乙)	• 성질: 단독행위, 형성권 • 시기: 상대방의 철회 전까지 • 추인의 상대방: 상대방 또는 무권대리인 • 무권대리인에 대한 추인: 상대방이 그 사실을 안 경우에 한해서 추인의 효력 주장 가능 • 추인의 효과: 소급효(원칙)
추인 거절권 최고권	본인(甲) ⇨ 상대방(丙) ⇩ 무권대리인(乙) 본인(甲) ⇦ 상대방(丙)	• 추인을 거절하면 상대방은 철회할 수 없으며, 또한 본인도 추인할 수 없다. • 성질: 의사의 통지(준법률행위), 형성권 • 최고기간: 상당기간을 정해서 최고 • 확답을 발하지 않으면: 추인 거절로 본다. • 최고의 상대방: 본인 • 상대방: 선의·악의 묻지 않음
철회권	본인(甲) ⇦ 상대방(丙) ⇩ 무권대리인(乙)	• 시기: 본인이 추인하기 전까지 • 철회의 상대방: 본인 또는 무권대리인 • 상대방: 선의에 한해서 인정 • 철회 후 본인은 추인할 수 없음

(3) **무권대리인의 상대방에 대한 책임**(제135조)
① **의 의**
상대방의 보호·거래안전·대리제도의 신용을 유지하기 위한 법정의 무과실 책임이다.

② **책임의 내용**
상대방의 선택에 따라 계약의 이행 또는 손해배상의 책임(이행이익의 배상)을 진다.

Ⅱ. 표현대리 제31회, 제32회, 제33회

1 표현대리의 의의

표현대리란 무권대리인에게 대리권이 있는 것 같은 외관이 있고, 본인에게 책임이 귀속될 만한 사유가 있으며, 상대방이 선의·무과실인 경우 무권대리인의 행위에 대하여 효과를 부여하는 제도를 말한다.

2 표현대리의 성질 및 효과

(1) 성질상 무권대리

① 표현대리가 성립하더라도 무권대리가 유권대리로 전환되지 않는다. 따라서 유권대리 주장에 표현대리 주장이 포함되어 있는 것은 아니다.

② 표현대리가 성립하더라도 본인의 추인권, 상대방의 철회권과 최고권은 인정된다. 하지만 본인의 거절권은 인정되지 않는다.

(2) 유권대리와 동일한 효과의 발생

① 표현대리가 인정되면 본인은 유권대리에서와 동일한 책임을 져야 한다.

② 표현대리가 성립하면 본인은 과실상계를 주장하여 책임을 경감할 수 없다.

3 표현대리의 성립요건

(1) 대리행위 외관의 존재

대리권이 없음에도 불구하고 현명에 의한 대리행위의 외관이 있어야 한다. 본인을 위한 것임을 표시하지 않은 행위는 표현대리가 될 수 없다.

(2) 본인에게 책임을 귀속시킬 만한 객관적 상황의 존재

① 본인에 의한 대리권수여표시

② 대리인에 의한 대리권을 넘는 대리행위

③ 대리권 소멸 후에 이루어진 대리행위 중 하나의 객관적 상황이 있어야 표현대리가 인정될 수 있다.

(3) 상대방의 선의·무과실

상대방은 대리권의 유무에 관하여 선의·무과실이어야 한다.

참고 주장자
1. 본 인
   ⇨ 표현대리 주장 불가능
2. 무권대리인
   ⇨ 표현대리 주장 불가능
3. 무권대리의 직접 상대방
   ⇨ 표현대리 주장 가능
4. 전득자
   ⇨ 표현대리 주장 불가능

참고 표현대리 적용범위
1. 대리권수여의 표시에 의한 표현대리(제125조) : 임의대리에 국한
2. 대리권 범위를 초과한 표현대리(제126조) : 임의대리 + 법정대리
3. 대리권 소멸 후의 표현대리(제129조) : 임의대리 + 법정대리

(4) 강행규정 위반이 아닐 것

① 강행규정에 위반한 행위는 절대적 무효에 해당하므로 표현대리에 의하여 유효가 될 수 없다.
② 종중총회의 결의 없이 종중 재산을 처분하는 행위는 표현대리에 의하여 유효가 될 수 없다.

4 표현대리의 유형

(1) **제125조의 표현대리**(대리권수여표시에 의한 표현대리)

> 제125조 【대리권수여의 표시에 의한 표현대리】 제3자에 대하여 타인에게 대리권을 수여함을 표시한 자는 그 대리권의 범위 내에서 행한 그 타인과 그 제3자 간의 법률행위에 대하여 책임이 있다. 그러나 제3자가 대리권 없음을 알았거나 알 수 있었을 때에는 그러하지 아니하다.

① 대리권수여표시의 방법은 제한이 없다(서면·구두 가능).
② 표시의 상대방은 불특정·다수인(광고)도 가능하고 대리인을 통해서도 가능하다.
③ 상대방은 선의·무과실이어야 한다.
④ 법정대리에는 대리권수여표시에 의한 표현대리가 적용될 수 없다.

(2) **제126조의 표현대리**(권한을 넘은 표현대리)

> 제126조 【권한을 넘은 표현대리】 대리인이 그 권한 외의 법률행위를 한 경우에 제3자가 그 권한이 있다고 믿을 만한 정당한 이유가 있는 때에는 본인은 그 행위에 대하여 책임이 있다.

① 대리권 없는 자가 서류·인감증명서·인감을 위조하거나, 훔쳐내어서 대리행위를 한 경우는 적용되지 않는다.
② 기본대리권과 권한을 넘은 대리행위는 동종·유사일 필요가 없다.
  ㉠ 공법행위에 관한 대리권(등기신청 대리권 등)도 권한을 넘은 표현대리의 기본대리권이 될 수 있다.
  ㉡ 사자의 행위도 권한을 넘은 표현대리의 기본대리권이 될 수 있다.
  ㉢ 부부간의 일상가사대리권도 권한을 넘은 표현대리의 기본대리권이 될 수 있다.
  ㉣ 복대리인의 대리권도 권한을 넘은 표현대리의 기본대리권이 될 수 있다.
  ㉤ 이미 소멸한 대리권도 권한을 넘은 표현대리의 기본대리권이 될 수 있다.

> **참고** 권한을 넘은 표현대리의 기본대리권 인정 예시
> 1. 특정행위와 관련해서 인장 교부
> 2. 등기신청행위(공법상행위)
> 3. 사자의 행위
> 4. 일상가사대리권
> 5. 복대리인의 대리권
> 6. 소멸한 대리권

③ 대리인이 자신의 명의로 소유권이전등기를 한 후 제3자에게 매도한 경우(대리행위가 아니므로)에는 표현대리가 성립하지 않는다.
④ 규정상 '정당한 이유'는 상대방의 선의·무과실로 해석하며, 대리행위시를 기준으로 판단한다.
⑤ 상대방의 선의·무과실의 입증책임은 표현대리를 주장하는 상대방이 부담한다.
⑥ 권한을 넘은 표현대리는 임의대리와 법정대리에 모두 적용된다.

(3) **제129조의 표현대리**(대리권 소멸 후의 표현대리)

> **제129조 【대리권 소멸 후의 표현대리】** 대리권의 소멸은 선의의 제3자에게 대항하지 못한다. 그러나 제3자가 과실로 인하여 그 사실을 알지 못한 때에는 그러하지 아니하다.

① 대리행위는 과거에 가지고 있던 대리권의 범위 내에서 이루어져야 한다. 만일 그 범위를 넘었다면 이는 제126조의 표현대리가 된다.
② **상대방은 선의·무과실일 것**: 입증책임은 본인에게 있다.
③ 대리권 소멸 후의 표현대리는 임의대리와 법정대리에 모두 적용된다.

참고 대리인이 대리권 소멸 후 직접 상대방과 사이에 대리행위를 하는 경우는 물론 대리인이 대리권 소멸 후 복대리인을 선임하여 복대리인으로 하여금 상대방과 사이에 대리행위를 하도록 한 경우에도, 제129조의 표현대리가 성립할 수 있다.

제5장 무효와 취소

01 무효와 취소의 구별 제33회, 제34회

무효는 처음부터 효력이 발생하지 않는 것이고, 취소는 일단 유효한 법률행위를 후에 취소함으로 소급하여 효력을 잃게 하는 제도이다.

구 분	무 효	취 소
의 의	처음부터 효력발생 ×(누구에게나 효력 ×, 단 상대적 무효는 예외)	일단 효력발생(유효) ⇨ 취소권 행사로 소급하여 무효
특정인 주장 여부	특정인의 주장 × ⇨ 당연히 처음부터 효력이 없음	특정인(취소권자)의 주장(취소) ○ ⇨ 비로소 무효
기간 경과	기간이 경과할지라도 효력의 변동 × ⇨ 언제나 무효	일정 기간 경과(단기 소멸. 3년, 10년) ⇨ 취소권은 소멸(확정 유효)
추인 여부	무효행위는 추인하여도 효력 × 다만, 무효임을 알고 추인한 때는 새로운 법률행위로 간주	추인 ○ ⇨ 확정적으로 유효, 일정한 사유로 법정추인
사 유	• 의사무능력자의 법률행위 • 원시적 불능인 법률행위 • 반사회질서행위(제103조) • 불공정한 법률행위(제104조) • 강행법규에 위반(제105조) • 비진의표시의 예외(제107조 제1항 단서) • 허위표시의 예외(제108조 제1항) • 불법조건이 붙은 법률행위(제151조)	• 제한능력자의 법률행위(제5조, 제10조, 제13조) • 착오에 의한 의사표시(제109조) • 사기·강박에 의한 의사표시(제110조)

> **참고** 무효와 취소의 이중효
> 무효와 취소는 하나의 법률행위에 병존할 수 있다(예 제한능력자가 의사무능력인 상태에서 한 매매계약).

02 법률행위의 무효

1 무효의 의의

(1) **이행 전**: 이행할 필요가 없다.

(2) **이행 후**: 부당이득반환청구(단, 제103조 위반으로 인한 무효는 불법원인급여로 인해 반환청구하지 못함)

> **참고** 사 유
1. 당사자에 관한 사유: 의사무능력
2. 의사표시에 관한 사유
   - 비진의의사표시(상대방의 악의 또는 유과실)
   - 통정허위표시
3. 목적에 관한 사유
   - 원시적 불능을 목적으로 하는 법률행위
   - 강행법규에 반하는 법률행위
   - 사회질서에 반하는 법률행위
   - 불공정한 법률행위
   - 불법조건, 기성조건, 불능조건부 법률행위

> **참고** 법률행위의 무효는 원칙적으로 절대적 무효·당연무효·전부무효로 본다.

> **참고** 무권대리인의 법률행위는 효력이 없지만 본인이 추인을 하게 되면 소급하여 효력을 발생하게 되는바, 이를 유동적 무효라고 한다.

2 무효의 종류

(1) 절대적 무효와 상대적 무효

절대적 무효 (원칙)	누구에게나 주장할 수 있는 무효(선의의 제3자에게 대항할 수 있는 무효) ⇨ 반사회질서행위, 불공정한 법률행위, 강행법규에 위반한 행위, 의사무능력자의 행위
상대적 무효 (예외)	선의의 제3자에 대해서는 주장할 수 없는 무효 ⇨ 진의 아닌 의사표시가 무효인 경우와 통정허위표시

(2) 전부무효와 일부무효

법률행위의 일부분이 무효인 때에는 그 **전부**를 **무효**로 한다. 그러나 그 무효부분이 없더라도 법률행위를 하였을 것이라고 인정될 때에는 나머지 부분은 무효가 되지 아니한다.

(3) 확정적 무효와 유동적 무효

① **확정적 무효**

법률행위의 무효는 확정적으로 무효임이 원칙이다.

② **유동적 무효**

토지거래허가구역 내의 토지에 대하여 허가를 받기 전에 체결한 매매계약은 허가를 받을 때까지는 무효이지만, 일단 허가를 받으면 그 계약은 소급하여 유효한 계약이 되는바, 이 경우 허가를 받을 때까지는 유동적 무효상태에 있다.

유동적 무효	1. 허가를 받기 전 법률관계 • 유동적인 기간 동안은 어디까지나 무효이기 때문에 당사자는 계약에 기한 이행청구를 할 수 없고, 따라서 채무불이행이 아니므로 채무불이행에 기해 계약을 해제할 수도 없다. • 허가가 있을 것을 조건으로 하여 장래이행의 소로써 소유권이전등기 절차이행청구도 할 수 없다. • 비록 유동적 무효의 상태에 있다 하더라도 이미 지급한 계약금 등은 (확정적 무효되기 전까지) 무효를 이유로 부당이득반환청구를 할 수 없다. • 유동적 무효상태에 있는 매매계약에서도 매도인은 계약금의 배액을 상환하고 계약을 적법하게 해제할 수 있다(= 해약금 해제 가능). • 토지거래가 계약당사자의 표시와 불일치한 의사(비진의표시, 허위표시 또는 착오) 또는 사기·강박과 같은 하자 있는 의사에 의하여 이루어진 경우에는 이들 사유에 의하여 그 거래의 무효 또는 취소를 주장할 수 있다.

	2. 협력의무 • 허가를 전제로 한 거래계약을 체결한 당사자는 그 계약이 효력이 있는 것으로 완성될 수 있도록 서로 협력할 의무가 있다. • 허가신청절차에 협력하지 않아 손해가 발생한 경우에는 손해배상청구를 할 수 있다. • 협력의무를 이행하지 않는 경우 상대방에게 일정한 손해액을 배상하기로 하는 약정을 유효하게 할 수 있다. • 그러나 협력의무불이행을 이유로 계약을 해제할 수는 없다.
확정적 유효 사유	• 허가를 받은 경우 • 허가구역의 지정이 해제된 경우 • 허가구역지정기간이 만료되었음에도 그 재지정을 하지 않은 경우 • 일정기간 내 허가를 받기로 약정한 경우, 특별한 사정이 없는 한 그 허가를 받지 못하고 약정기간이 경과하였다는 사정만으로는 매매계약은 확정적 무효가 되지 않는다.
확정적 무효 사유	• 처음부터 허가를 배제 또는 잠탈하는 내용의 계약을 한 경우 • 불허가처분이 내려진 경우 • 양 당사자가 허가신청을 하지 않기로 합의를 한 경우 • 정지조건부 토지매매의 경우 허가받기 전에 조건이 불성취로 확정된 경우 • 허가요건을 갖추지 못한 사람이 허가요건을 갖춘 사람의 명의를 도용하여 매매계약서에 매수인으로 기재한 경우

3 무효의 재생

(1) **일부무효**(양적 일부무효)

① **의의**: 법률행위의 일부분이 무효인 때에는 그 전부를 무효로 함이 원칙이나 무효인 부분이 없더라도 법률행위를 하였을 것이라고 인정될 때에는 나머지 부분은 무효가 되지 아니한다(제137조). ⇨ 임의규정

② **요 건**
  ㉠ 법률행위가 일체성이 있고 분할가능성이 있을 것(토지와 건물을 함께 매매한 경우 등)
  ㉡ 나머지 부분만이라도 법률행위를 했을 것이라는 가상적 의사가 있을 것

③ **효과**: 법률행위 성립 당시부터 나머지는 유효하게 된다.

(2) **무효행위의 전환**(질적 일부무효)

① **의의**: 무효인 법률행위가 다른 법률행위의 요건을 구비하고 당사자가 그 무효를 알았더라면 다른 법률행위를 하는 것을 의욕하였으리라고 인정될 때에는 다른 법률행위로서 효력을 가진다(제138조). ⇨ 임의규정

② **효과**: 법률행위 성립 당시부터 다른 법률행위로서의 효력이 발생한다.

③ 불공정한 법률행위에도 무효행위 전환에 관한 법리가 적용될 수 있다.

> **참고** 일부취소
> 하나의 법률행위가 가분적이거나 그 목적물의 일부가 특정될 수 있고, 그 나머지 부분을 유지하려는 당사자의 가정적 의사가 인정되는 경우, 그 일부만의 취소도 가능하다.

> **참고** 신분행위나 단독행위의 경우에도 무효행위의 전환이 가능하다.

(3) 무효행위의 추인 제31회, 제32회

① **의의**: 무효인 법률행위는 추인하여도 원칙적으로 그 효력이 생기지 아니한다. 그러나 상대적 무효에 있어서 당사자가 그 무효임을 알고 추인한 때에는 새로운 법률행위로 본다(제139조).

② **대상**: 절대적 무효에 대해서는 무효행위의 추인이 인정될 수 없다.

③ **효과**: 새로운 법률행위를 한 것으로 본다. 즉, 소급효가 인정되지 않음이 원칙이다. 그러나 제3자의 권리를 해치지 않는 범위 내에서 당사자의 약정으로 소급효를 인정할 수는 있다.

④ 무권리자의 처분이 계약으로 이루어진 경우, 권리자가 추인하면 원칙적으로 계약의 효과는 계약체결시에 소급하여 권리자에게 귀속된다.

> **참고** 추인요건
> 1. 반사회질서위반 ×, 강행법규위반 ×, 불공정한 법률행위 ×
> 2. 무효임을 알고 추인할 것(현실적 의사표시)
> 3. 무효사유가 종료한 후일 것

03 법률행위의 취소 제31회, 제32회, 제35회

1 취소권자와 상대방

(1) 취소권자

① 제한능력자, 착오·사기·강박에 의한 의사표시를 한 자(제한능력자는 법정대리인의 동의 없이 취소권을 행사할 수 있다)

② 대리인
법정대리인은 취소권을 가지나, 임의대리인은 취소권에 대한 수권이 필요하다.

③ 승계인
㉠ 취소권자의 특정승계인과 포괄승계인이 모두 취소권자가 될 수 있다.
㉡ 취소권만의 승계는 인정되지 않는다.

(2) 취소의 상대방: 의사표시를 한 본래의 상대방(포괄승계인, 법정대리인 포함)에게 취소할 수 있다.

> **참고** 상대방의 특정승계인에게는 취소권을 행사할 수 없다.

2 취소의 방법 및 효과

(1) 취소의 방법

① **취소권**(형성권): 일방적 의사표시(단독행위)

② **취소권의 행사**: 불요식행위

③ 취소를 당연한 전제로 하는 소송상의 이행청구 또는 반환청구에는 취소의 의사가 포함된 것으로 본다(판례).

(2) **취소의 효과**

① 취소하고 나면 처음부터 무효가 되나(소급효), 제한능력자의 취소를 제외하고는 선의의 제3자에게 대항하지 못한다.

② 취소 후에는 무효이므로 이미 이행하지 않는 것은 이행할 필요가 없으며, 이미 이행한 것은 부당이득반환의 의무가 발생한다.
  ㉠ 선의인 경우는 현존이익의 반환(유흥비 제외)이나, 악의인 경우에는 받은 이익 + 이자 + 손해까지 반환한다.
  ㉡ 제한능력자는 선의·악의를 불문하고 현존이익을 반환한다.

◇기출 법률행위를 취소하면 취소한 때로부터 무효의 법률행위로 바뀐다. (×)

◇기출 법률행위가 취소되면 악의의 제한능력자는 받은 이익 전부를 반환하여야 한다. (×)

3 취소할 수 있는 법률행위의 추인(취소권의 포기)과 법정추인

(1) **취소할 수 있는 법률행위의 추인**

① 추인권자 = 취소권자

② 추인의 요건
  ㉠ 취소의 원인이 종료한 후에 추인할 것: 다만, 법정대리인은 언제든지 추인할 수 있음
    ⓐ 제한능력자는 능력자가 된 이후에, 착오나 사기·강박으로 의사표시를 한 자는 이러한 상태에서 벗어난 이후에 해야 한다.
    ⓑ 미성년자나 피한정후견인(피성년후견인 제외)도 법정대리인의 동의를 얻으면 추인할 수 있다.
  ㉡ 취소할 수 있는 것임을 알고서 추인할 것

(2) **법정추인의 요건** 제35회

① 법정추인사유
  ㉠ 전부나 일부의 이행(취소권자, 상대방)
  ㉡ 경개(취소권자, 상대방)
  ㉢ 이행의 청구(취소권자)
  ㉣ 담보의 제공(취소권자, 상대방)
  ㉤ 강제집행(취소권자, 상대방)
  ㉥ 취소할 수 있는 행위로 취득한 권리의 전부나 일부의 양도(취소권자)

② 법정추인사유는 취소의 원인이 종료한 후에 발생하여야 한다.

③ 취소권자가 이들 행위를 함에 있어서 이의를 보류하지 않았어야 한다.

(3) **법정추인의 효과**: 확정 유효. 즉, 다시는 취소할 수 없게 된다.

참고
1. 법정추인에는 취소권자의 추인의사는 필요가 없고, 취소권에 관한 인식도 필요하지 않다.
2. **법정추인에서 주의**
   - 이행의 청구와 권리의 전부 또는 일부양도는 취소권자가 한 경우에 한함
   - 임의추인·법정추인 모두 취소의 원인이 종료된 후에 할 것

4 취소권의 단기소멸(제척기간)

취소권은 추인할 수 있는 날로부터 3년 이내에, 법률행위를 한 날로부터 10년 이내에 행사하여야 한다. 이것은 소멸시효기간이 아니고 제척기간이며 두 기간 중 하나가 경과하면 취소할 수 없게 된다.

제6장 법률행위의 부관

01 조 건 제33회, 제34회, 제35회

1 조건의 의의와 종류

(1) **조건의 의의**: 조건이란 법률행위의 효력의 발생 또는 소멸을 장래의 불확실한 사실의 성부에 의존케 하는 법률행위의 부관을 말한다.

[판례] 조건은 의사표시의 일체적 내용을 이루는 것이므로 조건의사와 그 표시가 필요하다. 따라서 조건의사가 있더라도 그것이 외부에 표시되지 않으면 법률행위의 동기에 불과할 뿐이고, 그것만으로는 법률행위의 부관으로서의 조건이 되는 것은 아니다(대판 2003다10797).

(2) **종 류**

① **정지조건과 해제조건**
  ㉠ 정지조건은 조건성취로 효력이 생긴다.
  ㉡ 해제조건은 조건성취로 효력을 잃는다.

② **가장조건** 제31회: 성질상 조건이 아니다.
  ㉠ 불법조건부 법률행위: 조건뿐 아니라 법률행위도 무효가 된다.
  ㉡ 기성조건부 법률행위
    ⓐ 정지조건인 경우: 조건 없는 법률행위
    ⓑ 해제조건인 경우: 무효인 법률행위
  ㉢ 불능조건부 법률행위
    ⓐ 정지조건인 경우: 무효인 법률행위
    ⓑ 해제조건인 경우: 조건 없는 법률행위

2 조건을 붙일 수 없는 법률행위

[참고] 조건을 붙일 수 없는 법률행위에 조건을 붙이면 그 법률행위는 전부가 무효가 된다.

(1) **단독행위**
① 단독행위에는 원칙적으로 조건을 붙일 수 없다(상대방 보호).
② 상대방의 동의가 있거나, 상대방에게 이익만 주는 단독행위(유증, 채무면제)에는 예외적으로 조건을 붙일 수 있다.

(2) **신분행위**

① 혼인, 입양, 이혼 등의 신분행위에는 원칙적으로 조건을 붙일 수 없다.
② 예외적으로 유언에는 조건을 붙일 수 있다(제1073조 제2항).

3 조건성취의 의제

(1) **조건성취의 의제**: 조건의 성취로 불이익을 받을 당사자가 신의성실에 위반하여 조건의 성취를 방해한 때에는 상대방은 그 조건이 성취된 것으로 주장할 수 있다(제150조 제1항).

(2) **조건불성취의 의제**: 조건의 성취로 이익을 받을 당사자가 신의성실에 반하여 조건을 성취시킨 때에는 상대방은 그 조건이 성취되지 않은 것으로 주장할 수 있다(제150조 제2항).

> **참고** 조건의 성취로 인하여 불이익을 받을 당사자가 신의성실에 반하여 조건의 성취를 방해한 경우, 이러한 신의성실에 반하는 행위가 없었더라면 조건이 성취되었으리라고 추산되는 시점에서 조건이 성취된 것으로 의제된다.

4 조건부 법률행위의 효력

(1) **조건의 성부가 확정되기 전의 효력**

① 조건 있는 법률행위의 당사자는 조건의 성부가 미정한 동안에 조건의 성취로 인하여 생길 상대방의 이익을 해하지 못한다(제148조).
② 조건의 성취가 미정한 권리의무는 일반규정에 의하여 처분, 상속, 보존 또는 담보로 할 수 있다(제149조).

> **기출** 조건부 권리는 조건의 성취 여부가 미정인 동안에도 일반규정에 의해 담보로 할 수 있다. (○)

(2) **조건성취의 효과**

① 조건성취의 입증
　㉠ 조건이 성취되었다는 사실에 의하여 법률행위의 효과가 확정되었다고 주장하는 자가 조건의 성취를 입증해야 한다.
　㉡ 법률행위에 정지조건이 붙어 있다는 사실은 그 법률효과의 발생을 다투는 자에게 입증책임이 있다.

② 조건성취와 비소급효
　㉠ 원칙: 정지조건이나 해제조건의 성취로 인한 법률행위의 효력 발생과 소멸은 원칙적으로 소급효가 인정되지 않는다.
　㉡ 다만, 당사자의 특약으로 소급효를 인정할 수 있다(제147조).

> **참고** 기한도래 후의 효력
> 절대적으로 소급효가 인정되지 않는다(당사자가 특약을 하더라도 무효).

구 분	조 건	기 한
공통점	• 성질상 특별 효력요건이며 표시행위를 필요로 한다. • 조건부(기한부) 권리의 이익을 해하지 못한다. • 조건부(기한부) 권리를 일반규정에 의하여 처분, 상속, 보존, 담보할 수 있다.	
본 질	사실의 도래가 불확실	사실의 도래가 확실
소급효 여부	• 원칙 : 불소급효 • 예외 : 특약으로 가능	• 절대적으로 소급효 불가 • 특약으로도 불가능

> **참고** 기한 판례
> 1. 불확정한 사실이 발생한 때를 이행기한으로 정한 경우 그 사실이 발생한 때에는 물론, 발생이 불가능하게 된 때에도 기한이 도래한 것으로 본다.
> 2. "타인에게 임대하면 보증금을 반환한다."는 약정은 불확정 기한부 보증금반환약정으로 해석한다.

02 기한(期限)

1 기한의 의의

기한이란 법률행위의 효력의 발생·소멸 또는 채무의 이행을 장래에 발생할 것이 확실한 사실에 의존케 하는 종된 의사표시를 말한다.

2 기한도래의 효과

(1) **기한도래 전의 효력** : 조건의 경우와 같이 기대권으로서 제3자의 침해로부터 보호되고 기한부 법률행위의 처분, 상속, 보존 및 담보를 할 수 있다(제154조, 제147조, 제148조).

(2) **기한도래 후의 효력** : 기한도래의 효과는 절대적으로 소급할 수 없다. 당사자가 특약을 하더라도 무효이다.

3 기한의 이익

(1) **기한의 이익의 귀속**

기한의 이익이 어느 당사자를 위한 것인지 불분명한 때에는 채무자를 위한 것으로 추정한다(제153조 제1항).

(2) **기한의 이익의 포기**

기한의 이익은 이를 포기할 수 있다. 그러나 상대방의 이익을 해하지 못한다(제153조 제2항).

(3) **기한의 이익의 상실특약**

기한의 이익의 상실특약은 특별한 사정이 없는 한 형성권적 기한이익 상실특약으로 추정한다.

물권법

공부한 날   월   일

물권법 총설

01 개 설
02 물권의 효력

제1장 물권법 총설

01 개 설

① 의 의

물건(부동산, 동산)에 대하여 갖는 권리

② 일물일권주의 제35회

⑴ 의 의

하나의 물건에 동일한 종류, 내용, 순위의 물권은 동시에 성립할 수 없다.

⑵ 일물일권주의의 예외

① 1필 토지의 일부에 대하여 용익물권(지상권, 지역권, 전세권)이 성립될 수 있다.

② 1동 건물의 일부에도 구분소유권이 성립할 수 있고, 1동 건물의 일부에 전세권이 성립될 수 있다.

③ 입목법에 따라 등기된 수목의 집단과 명인방법을 갖춘 수목은 토지와 분리하여 소유권의 객체가 될 수 있다.

④ 농작물은 무단경작의 경우에도 경작자의 소유로 하며 명인방법을 갖출 필요도 없으나 그 양수인은 명인방법을 갖추어야 한다.

⑤ 증감 변동하는 여러 개의 동산으로 이루어진 집합물에 대하여 하나의 양도담보권이 성립될 수 있다.

⑥ 집합물이 증감 변동하더라도 특정성을 상실하지 않는다.

⑦ 구분소유의 목적이 되는 건물의 등기부상 표시에서 전유부분의 면적 표시가 잘못된 경우, 그 잘못 표시된 면적만큼의 소유권보존등기를 말소할 수 없다.

⑧ 기술적인 착오로 지적도의 경계선이 실제 경계선과 다르게 작성된 경우, 토지의 경계는 실제 경계선에 의해 확정된다.

3 물권과 채권과의 관계

물 권	1. 지배권(사람·물건) 　① 절대권 　② 양도성 2. 배타성: 일물일권주의 3. 우선적 효력 4. 공시 필요 5. 법률 또는 관습법에 의하여 결정(물권법정주의 - 강행규정)
채 권	1. 청구권(사람·사람) 　① 상대권(채권자·채무자) 　② 양도성을 본질로 하지 않음(임차권의 양도·전대시에는 임대인의 동의를 필요로 함) 2. 배타성이 없음 3. 채권자 평등주의 4. 공시 불필요 5. 당사자의 자유로운 의사에 의하여 결정(계약자유의 원칙 - 임의규정)

참고 물권과 채권
1. 물권은 배타성이 있으므로 우선적 효력 ○
2. 채권은 배타성이 없으므로 채권자평등주의

4 물권법정주의(제185조) 제32회

(1) 물권은 법률 또는 관습법에 의하는 이외에는 임의로 창설하지 못한다.

(2) **법률의 의미**: 국회가 제정한 법률(형식적 의미)만을 의미하고, 명령이나 규칙 등은 이에 포함되지 않는다.

(3) **관습법**: 분묘기지권, 관습법상 법정지상권, 동산양도담보가 관습법상의 물권으로 인정되고 있으며, 온천권은 관습법상의 물권이 아니고 소유권의 내용이다.

(4) **임의로 창설하지 못한다.**
① **종류강제**: 새로운 종류의 물권을 만들지 못한다(전부무효).
② **내용강제**: 다른 내용을 부여하지 못한다(일부무효).

(5) **강행법규정**: 제185조는 강행규정으로서 이에 위반한 법률행위는 무효이다.

판례 민법 제185조는, "물권은 법률 또는 관습법에 의하는 외에는 임의로 창설하지 못한다."고 규정하여 이른바 물권법정주의를 선언하고 있고, 물권법의 강행법규성은 이를 중핵으로 하고 있으므로, 법률(성문법과 관습법이)이 인정하지 않는 새로운 종류의 물권을 창설하는 것은 허용되지 아니한다(대판 2001다64165).

5 물권의 종류 제33회

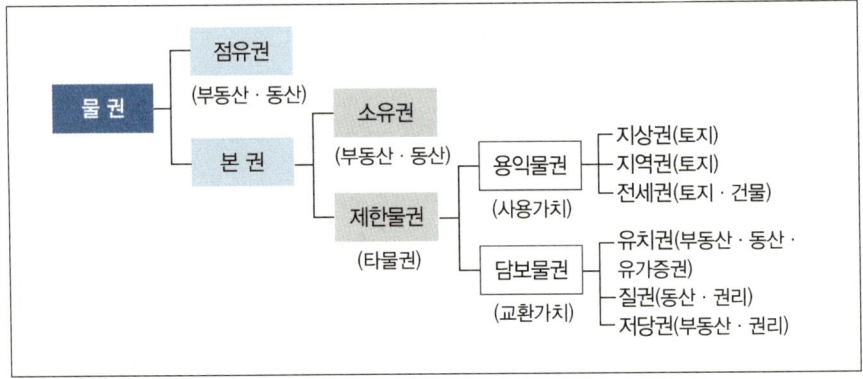

02 물권의 효력

물권은 그 종류마다 효력이 있으나, 모든 물권에 공통되는 것으로는 일반적으로 우선적 효력과 물권적 청구권이 있다.

1 우선적 효력

> 참고
> 1. 채권 상호간에는 우선적 효력이 없다. 먼저 채권을 행사하는 자가 우선(선행주의)
> 2. 강제집행시 각자의 채권액에 비례하여 안분배당(평등주의)

물권 상호간	• 제한물권 상호간: 시간적으로 앞서 성립한 물권이 우선 　예 저당권자 상호간에 먼저 성립한 저당권에게 우선 배당 • 제한물권과 소유권: 제한물권이 소유권에 우선 　예 전세권자가 소유자에 우선하여 목적물 사용 • 점유권: 우선적 효력이 없고, 다른 물권과 공존 가능 　예 지상권자는 목적물을 점유하면서 사용하는 권리
물권과 채권	• 원칙: 물권이 채권에 우선 　예 저당권은 먼저 성립한 채권에 우선하여 배당 • 예외: 특별법상 요건을 갖춘 경우에 채권이 물권에 우선 　예 주택임대차의 보증금 중 일정액은 선순위 저당권에 우선

2 물권적 청구권(물상대위권): 지배권으로서의 실효성 보장

제31회, 제32회, 제35회

(1) **의의**: 물권의 내용에 침해를 받거나 또는 받을 염려가 있는 경우에 물권자가 그 침해자에 대하여 반환, 배제 또는 예방을 청구할 수 있는 권리이다.

(2) 물권적 청구권의 법적 근거

민법은 소유권(제213조, 제214조)과 점유권(제204조~제206조)에 관하여 각각 물권적 청구권 규정을 두고 소유권에 기한 물권적 청구권에 관한 규정을 다른 물권에 준용하고 있다.

(3) 물권적 청구권의 종류

① **물권적 반환청구권**(제204조, 제213조) : 점유 침탈시만, 사기·횡령 등은 안 됨
② **물권적 방해제거청구권**(제205조, 제214조) : 점유 침탈 이외
③ **물권적 방해예방청구권**(제206조, 제214조) : 침해 염려(가능성)

(4) 물권적 청구권의 성질

① 물권에 의존하는 권리이므로, 물권의 이전·소멸이 있으면, 그에 따라 이전·소멸한다. 물권과 분리하여 물권적 청구권만을 양도하지는 못한다.
② 물권은 채권에 우선하므로, 물권적 청구권은 채권적 청구권에 우선한다.
③ 소유권에 기한 물권적 청구권은 소유권과 독립하여 소멸시효에 걸리지 않는다.

(5) 발생요건

① 객관적 침해사실(현재사실)만 있으면 침해자의 고의 또는 과실은 필요 없다.
② **주체** : 현재 침해를 당하고 있거나, 장차 당할 염려가 있는 물권자이다. 간접점유자도 주체가 될 수 있다.
③ **상대방** : 현재 물권을 침해하고 있거나 또는 침해할 염려가 있는 상태를 현재 유지하고 있는 자이다. 간접점유자도 상대방이 되며, 직접 침해행위를 한 자가 그 물건을 타인에게 양도한 경우에 물권적 청구권의 상대방은 그 양수인이 된다. 점유보조자는 상대방이 아니다.

> **길잡이** 甲소유 토지 위에 乙이 무단으로 건물을 축조하였다.
>
> 1. 乙이 건물에 거주하는 경우 甲은 乙을 상대로 그 건물의 철거와 대지인도를 청구할 수 있으나, 퇴거를 청구할 수는 없다.
> 2. 丙이 그 토지의 소유권을 이전받은 경우, 소유권을 상실한 甲은 乙을 상대로 건물의 철거를 청구할 수 없다.
> 3. 乙이 丁에게 건물을 매도한 후 매매대금을 전부 지급받고 인도하였으나 건물이 아직 미등기인 경우, 甲은 丁을 상대로 건물의 철거청구할 수 있다.
> 4. 乙이 丙에게 건물을 임대한 경우, 甲은 건물의 철거청구는 乙을 상대로 하여야 하며, 丙을 상대로 철거청구를 할 수 없으나, 퇴거청구를 할 수 있다.
> 5. 만약 乙이 지상권을 취득한 후 건물을 축조하였는데, 乙의 허락 없이 戊가 건물을 점유한다면, 甲은 건물 소유자가 아니므로 戊를 상대로 건물의 인도를 청구할 수 없다.

참고
1. 유치권은 유치권 자체에 기한 물권적 청구권이 없다.
2. 물권적 반환청구권은 점유를 수반하지 않는 물권인 지역권과 저당권에는 인정되지 않는다.
3. 진정명의회복을 원인으로 한 소유권이전등기청구권의 법적 성질은 소유권에 기한 방해배제청구권이다.

참고
1. 물권적 청구권은 손해배상청구권과 병존할 수 있다.
2. 동시이행항변권이 있는 자에 대해서는 물권적 청구권을 행사할 수 없다.

기출 유효하게 부동산을 명의신탁한 자는 자신이 직접 제3자에게 물권적 청구권을 행사하여 신탁재산에 대한 침해배제를 구할 수 없고, 수탁자를 대위해서 물권적 청구권을 행사할 수 있다. (○)

(6) 관련문제

① **계약(채권)에 기인한 청구권**
   ㉠ 등기 없는 부동산임차권
      ⓐ 점유를 수반한 경우
         • '점유권에 기한 물권적 청구권'은 행사 가능
         • 단, 임차권이라는 '채권에 기한 물권적 청구권'은 인정되지 않음
      ⓑ 점유를 수반하지 않은 경우: 임대인(소유자)의 물권적 청구권을 대위(代位)행사 가능
   ㉡ 등기를 갖춘 부동산임차권
      ⓐ 등기된 부동산임차권은 물권적 청구권이 인정(부동산임차권의 물권화)
      ⓑ 다만 방해배제청구권, 방해예방청구권만 가능하고, 반환청구권은 행사 불가

② **불법행위에 의한 손해배상청구권**

구 분	요 건	효 과	병 존
물권적 청구권	• 침해의 가능성만 있어도 성립 • 고의·과실 ×	방해의 제거와 예방	고의·과실로 행하여진 것이어서 불법행위가 되는 때에 병존
불법행위	• 침해발생 가능성만으로는 불성립 • 고의·과실 ○	손해배상	

물권의 변동

01 물권행위와 공시제도
02 부동산물권의 변동
03 등기청구권
04 중간생략등기
05 가등기의 효력
06 등기의 추정력
07 물권의 소멸

제2장 물권의 변동

01 물권행위와 공시제도

1 공시의 원칙·공신의 원칙

(1) **공시의 원칙**(형식주의, 성립요건주의)

우리 민법은 물권변동의 상태를 보여주기 위하여 공시제도를 운영하며, 물권변동의 효력이 발생되려면 공시절차를 완료하여야 함을 원칙으로 한다.

(2) **공신의 원칙**

공신의 원칙이란 공시를 신뢰한 자를 보호하여야 한다는 것을 의미한다. 하지만 우리 민법은 동산에 관하여만 공신의 원칙을 인정하고, 부동산에 관하여는 공신의 원칙을 인정하지 않고 있다. 다만 제3자의 보호를 위하여 필요한 경우에 개별적 규정을 두어 보호하고 있다.

> **참고** 현행법상 공시제도
> 1. 동산 : 점유(인도)
> 2. 부동산 : 등기
> 3. 수목, 농작물 등 : 명인방법
>
> **참고** 제3자 보호 규정 예시
> 1. 비진의표시, 허위표시, 착오, 사기·강박의 경우 선의의 제3자 보호
> 2. 해제의 경우 제3자 보호
> 3. 양도담보의 경우 선의의 제3자 보호
> 4. 명의신탁의 경우 제3자 보호

2 물권행위의 효력(유인성설)

(1) 채권행위가 무효, 취소, 해제 등으로 실효되면 물권행위가 소멸하는지에 관하여 판례는 채권행위의 효력 상실은 물권행위 효력을 상실시키는 원인이 된다고 이해하고 있다.

(2) 따라서 매도인이 매수인에게 소유권을 이전해 주었다가 매매계약이 취소 또는 해제되면 말소등기를 하지 않더라도 소유권은 즉시 매도인에게 복귀하는 것으로 본다.

3 등기와 물권변동의 관계

(1) 등기는 부동산 물권변동의 효력발생 요건일 뿐, 존속요건은 아니다. 따라서 등기가 불법말소 된다고 하더라도 물권은 소멸하지 않는다.

(2) 진정 명의자가 명의를 회복하기 위하여 말소등기 대신 이전등기를 경료하는 것도 효력이 있다(진정명의 회복을 위한 소유권이전등기청구권은 성질상 물권적 청구권)(판례).

(3) 무효인 등기도 그 후 실체관계에 부합하는 법률관계가 생기면 말소하지 않고 유용할 수 있다. 이 경우 이해관계인이 없어야 한다(판례).

(4) 멸실된 건물의 소유권보존등기를 신축 건물의 보존등기로 유용하는 것은 허용되지 않는다(판례).

(5) 건물이 완성되기 전에 경료된 소유권보존등기라도 그 후 건물이 완성되면 효력이 발생된다(판례).

02 부동산물권의 변동 _{제31회, 제32회, 제34회, 제35회}

> 참고 점유권, 유치권, 분묘기지권은 등기를 공시방법으로 하지 않기 때문에 등기의 필요성 여부를 논의하지 않는다.

> 참고 부동산소유권이전을 내용으로 하는 화해조서에 기한 소유권취득에는 등기를 요한다.

1 법률행위에 의한 부동산 물권변동(제186조)

(1) **원칙**: 법률행위로 물권변동의 효력이 발생하려면 등기를 필요로 한다.

(2) **예외**: 원인행위가 무효·취소되거나 해제된 경우, 등기 없이 물권이 복귀된다(유인성).

2 법률규정에 의한 부동산 물권변동(제187조)

(1) **원칙**: 법률규정에 따른 물권의 취득을 위하여 등기를 필요로 하지 않는다.

(2) **예외**: 점유취득시효 규정에 의한 소유권의 취득은 등기를 필요로 한다(제245조 제1항).

3 기타 물권변동과 등기의 관계

(1) 상속, 포괄유증, 합병 등 포괄승계로 인한 물권의 취득은 등기를 필요로 하지 않는다.

(2) 공용징수(수용)에 의하여 물권변동은 등기를 필요로 하지 않는다.

> 참고 부동산소유권이전등기절차의 이행을 명하는 것과 같은 내용의 판결 또는 소유권이전의 약정을 내용으로 하는 화해조서는 이에 포함되지 않는다.

(3) 형성판결(예 공유물분할판결 등)에 의한 물권변동은 등기를 필요로 하지 않는다. 하지만 이행판결(예 소유권이전등기를 명하는 판결 등)에 의한 물권변동은 등기를 필요로 한다.

(4) 경매(공경매에 한함)에 의한 경락인이 경락대금을 완납하면 등기를 경료하지 않아도 경매 목적물의 소유권을 취득한다.

(5) 건물을 신축한 자는 보존등기를 경료하지 않아도 소유권을 취득한다.

(6) 존속기간이 만료된 용익물권과 피담보채권이 소멸한 담보물권은 기간만료시, 피담보채권 소멸시 말소등기하지 않아도 소멸한다.

(7) 법정지상권, 혼동, 소멸시효 등 법률규정에 의한 물권변동은 등기를 필요로 하지 않는다.

03 등기청구권 제32회, 제34회

(1) 의 의
등기청구권이란 등기권리자가 등기의무자에게 등기절차에 협력할 것을 요청할 수 있는 실체법상 권리를 말한다.

> **참고** 등기의무자가 등기권리자에 청구하는 경우는 등기인수청구권이라고 한다.

(2) 등기청구권의 성질이 채권적 청구권인 경우
① 매매, 증여, 교환 등 법률행위를 기초로 하는 소유권이전등기청구권
② 점유취득시효완성을 원인으로 하는 소유권이전등기청구권
③ 소유권을 상실한 저당권설정자가 무효가 된 저당권의 말소를 위하여 행사하는 저당권설정등기에 대한 말소등기청구권

> **참고** 성질과 소멸시효
> 1. 채권적 청구권인 경우: 소멸시효에 걸린다.
> 2. 물권적 청구권인 경우: 소멸시효에 걸리지 않는다.

(3) 등기청구권의 성질이 물권적 청구권인 경우
① 원인행위실효, 무효(위조), 취소, 해제(합의해제)의 경우 말소등기청구권
② 말소등기에 갈음하는 진정명의회복을 위한 소유권이전등기청구권
③ 법률규정(제187조)에 따라 등기 없이 물권을 취득한 자가 소유자에게 설정등기를 청구하는 경우(예 법정지상권자의 지상권설정등기청구권)

> **참고** 매수인의 등기청구권 소멸시효
> 1. 매수인이 점유하는 동안은 소멸시효가 진행되지 않는다.
> 2. 매수인이 점유를 상실하면 소멸시효가 진행된다.
> 3. 매수인이 제3자에게 처분한 경우에는 소멸시효가 진행되지 않는다.

04 중간생략등기 제31회, 제35회

(1) 이미 경료된 중간생략등기의 효력
① 이미 경료된 중간생략등기는 당사자 전원의 합의가 없더라도 실체에 부합하는 것으로서 원칙적으로 유효이다. 따라서 말소를 청구할 수 없다.
② 단, 토지거래허가구역 내에서 최초 매도인과 최종 매수인을 당사자로 하는 허가를 받아서 경료한 중간생략등기는 효력이 없다.

> **참고** 토지거래허가구역 내에서 중간생략등기를 경료하는 행위는 중간 매수인이 토지거래허가제도를 배제하거나 잠탈하려는 행위가 되므로 강행규정 위반으로 무효가 된다.

(2) 중간생략등기 경료 전의 법률관계
① 중간생략등기에 관한 전원의 합의가 있는 경우 최종 매수인은 최초 매도인에게 직접 등기를 청구할 수 있다.
② 전원합의가 없으면 최종 매수인은 최초 매도인에게 직접 소유권이전등기를 청구할 수 없고, 중간자의 등기청구권을 대위행사가 가능하다.
③ 중간생략등기에 관한 합의가 있은 후에도 매도인은 중간 매수인이 매매대금을 지급할 때까지 최종 매수인에 대한 소유권이전등기의 이행을 거절할 수 있다.
④ 중간자가 매도인에 대한 등기청구권을 제3자에게 양도하기 위해서는 채무자인 매도인의 동의가 있어야 한다.

> **참고** 중간생략등기에 관한 합의가 있더라도 최초 매도인과 중간 매수인 사이의 매매계약이 소멸하는 것은 아니며, 최초 매도인과 최종 매수인 사이에 매매계약이 체결되는 것도 아니다.

05 가등기의 효력 제32회

(1) 본등기 전의 가등기의 효력(가등기 자체의 효력)

① 가등기 자체만으로는 실체법상의 아무런 효력이 없으며, 순위보전의 효력만 인정된다.
  ㉠ 중복된 소유권보존등기가 무효이더라도 가등기권리자는 그 말소를 청구할 권리가 없다.
  ㉡ 소유권이전청구권 보전을 위한 가등기가 있다 하여 소유권이전등기를 청구할 어떤 법률관계가 있다고 추정되지는 않는다.
② 가등기에 기한 본등기청구권은 채권적 청구권이므로 소멸시효에 걸린다.
③ 가등기가 있더라도 가등기의무자는 당해 부동산을 처분할 수 있다.
④ 채권적 청구권 보전을 위한 가등기가 허용되며 물권적 청구권 보전을 위한 가등기는 인정되지 않는다.
⑤ 가등기를 부기등기 방식으로 이전할 수 있다.

(2) 본등기 후의 가등기의 효력(순위보전의 효력)

① 가등기에 기한 본등기 청구는 당사자 사이에 대해서 청구하여야 하며, 현재 등기부상 소유자를 상대로 할 수 없다.
② 가등기에 기한 본등기를 하면 본등기의 순위는 가등기의 순위에 따른다.
③ 본등기로 인한 물권변동의 효력은 본등기를 한 때부터 발생한다.
④ 본등기 하기 전 권리취득자의 권리취득이 소급해서 무효로 되는 것은 아니다. 따라서 본등기 전 권리취득자의 사용은 부당이득반환의 대상이 아니다.

> **참고** 가등기에 기한 본등기가 경료되면 가등기 순위에 저촉되는 제3자 명의의 등기는 등기관이 직권으로 말소한다.

06 등기의 추정력 제31회

(1) 의 의

등기가 경료되어 있는 이상 그 내용에 부합하는 사실이 존재할 것이라고 추정된다. 그로 인하여 등기명의자는 입증책임이 면제되고, 그 등기의 무효를 주장하는 자가 입증책임을 부담하게 된다.

(2) 추정력의 물적 범위

등기가 경료되어 있으면 등기 절차, 등기 원인, 등기된 권리가 모두 적법하게 이루어진 것으로 추정된다.

(3) 추정력의 인적 범위

등기명의자는 제3자에 대해서 뿐만 아니라 그 전 소유자에 대해서도 적법한 등기원인에 의해 소유권을 취득한 것으로 추정된다.

(4) 추정력에 관한 판례의 판단

① 근저당권의 설정등기가 경료되어 있으면 경우에는 이에 상응하는 피담보채권의 존재가 추정된다.
② 소유권이전등기가 원인 없이 말소된 것으로 확인되었다면 말소회복등기를 마치기 전이라도 말소 전에 최종 등기명의인이 소유자로 추정된다.
③ 건물에 대한 소유권보존등기의 추정력은 건물의 신축자가 따로 있는 것으로 밝혀지면 깨어진다.
④ 사망한 자를 등기의무자로 하여 경료된 소유권이전등기는 추정력이 깨어진다. 단 사망한 자의 생존 중에 등기 원인이 완성되어 있었던 경우에는 추정력이 인정된다.

07 물권의 소멸 제32회

1 모든 물권 소멸사유

목적물의 멸실, 소멸시효, 공용징수, 포기, 혼동, 몰수

2 혼 동

(1) 의 의

서로 대립하는 두 개의 법률상의 지위 또는 자격이 동일인에게 귀속되는 것을 말한다.
① 혼동은 물권과 채권에 공통되는 소멸원인으로 사건에 해당한다.
② 점유권과 광업권은 혼동으로 소멸하지 않는다.

(2) 소유권과 제한물권의 혼동

① **원칙**: 소유권과 제한물권이 동일인에게 귀속되면 제한물권이 소멸한다.
② **예외**: 혼동으로 소멸하는 그 물권이 제3자의 권리의 목적인 때(본인 또는 제3자의 이익 보호)에는 소멸하지 않는다.

㉠ 甲소유의 토지에 乙이 1번 저당권을, 丙이 2번 저당권을 가진 경우 乙이 토지를 취득하면 乙의 저당권은 소멸하지 않는다. 그러나 丙이 취득하면 丙의 저당권은 소멸한다.
㉡ 그 임차권이 대항요건을 갖춘 후에 저당권이 설정된 때에는 소유권과 임차권이 동일인에게 귀속하게 된 경우, 임차권은 소멸하지 않는다.
㉢ 甲의 지상권 위에 乙이 저당권을 가지고 있고 甲이 지상권의 목적인 토지의 소유권을 취득한 때에는 지상권은 소멸하지 않는다.

(3) **제한물권과 제한물권을 목적으로 하는 다른 권리와의 혼동**(제191조 제2항)

지상권과 지상권을 목적으로 하는 저당권이 동일인에게 귀속한 경우 저당권은 소멸한다.

(4) **혼동의 효과**

혼동에 의한 물권의 소멸은 절대적이다. 혼동 이전의 상태가 어떤 이유로 복귀하더라도 일단 소멸한 물권은 부활하지 않는다. 그러나 혼동을 발생하게 한 원인행위가 무효·취소가 된 경우에는 다시 부활한다.

> 참고) 혼동은 법률의 규정에 의한 물권 소멸이므로 등기나 인도가 필요 없다(제187조).

제3장 점유권

점유권
01 총 설
02 점유권 취득과 소멸
03 점유권의 효력

01 총 설

1 민법상 점유의 성립

(1) 물건을 사실상 지배하는 경우에 그 지배를 정당화시켜 주는 법률상의 권리가 있느냐 여부를 묻지 않고서 현재 그 사실상의 지배상태에 대해 일정한 법률효과를 부여하는 것이 점유제도이다.

(2) **점유의 권리성**: 점유권은 일종의 물권으로 구성하고 있다. 그러나 다른 물권과는 그 법적 성질이 크게 다르다. 즉, 다른 물건을 지배할 수 있는 관념적인 권리인데 반하여 점유권은 현재 사실상 지배를 하고 있다는 데서 생긴다.

> 참고) 남의 물건을 절취한 자는 점유권은 가지나, 본권은 없다.

> 참고) 점유할 수 있는 권리 점유를 정당하게 하는 권리를 말하며 본권이라고도 한다(소유권, 지상권, 전세권, 임차권 등).

> 참고) 점유와 점유권
> 1. **점유**: 물건에 대한 사실상의 지배
> 2. **점유권**: 점유라는 사실에 기해 점유자에게 인정되는 권리
> 3. 점유권은 점유와 그 법률적 운명을 같이한다(점유를 상실하면 점유권도 소멸함).

2 점 유

(1) **원칙**: 점유 = 점유권 = 점유자 = 점유보호청구권 = 점유제도

① 점유가 성립하려면 물건을 객관적으로 사실상 지배하는 것 이외에 점유설정의사는 필요하다는 것이 통설이다.

② 점유가 인정되기 위해서 물리적·현실적 지배를 필요로 하는 것은 아니다.
③ 건물의 부지가 된 토지는 건물의 소유자가 점유하는 것으로 본다. 즉, 건물소유자가 아닌 자에게 점유권이 없다.

(2) 예 외

① **간접점유자와 점유보조자**

구 분	간접점유자	점유보조자
의 의	점유매개관계에 기초하여 타인에게 점유를 하게 한 자	타인의 지시를 받아 물건의 사실상 지배를 하는 자
효 과	• 간접점유자도 점유권을 갖는다. 따라서 점유보호청구권도 행사할 수 있다. • 간접점유자도 물권적 반환청구권의 상대방이 될 수 있다. • 간접점유자에게 자력구제권은 인정되지 않는다.	• 점유보조자는 점유권을 갖지 않는다. 따라서 점유보호청구권도 행사하지 못한다. • 점유보조자는 물권적 반환청구권의 상대방이 되지 않는다. • 점유보조자도 점유자를 위해 자력구제권은 행사할 수 있다.

② **상속인의 점유**(제193조)

상속이 개시되면, 피상속인이 점유하고 있었던 물건은 사실상 지배 없이도 당연히 상속인에게 이전한다(점유는 없으나 점유권은 인정).

(3) 점유의 종류

① **자주점유와 타주점유** 제32회, 제33회

㉠ 자주점유의 개념 : 자주점유라 함은 소유자와 동일한 지배를 하려는 의사를 가지고 하는 점유를 의미하는 것이지 소유권을 가지고 있거나 또는 소유권이 있다고 믿고서 하는 점유를 의미하는 것은 아니다(대판 96다23719).

㉡ 자주점유와 타주점유의 구별 : 자주점유인지 타주점유인지의 여부는 점유자의 내심의 의사에 의해 결정되는 것이 아니라, 점유 취득의 원인이 된 권원의 성질이나 점유와 관계가 있는 모든 사정에 의하여 외형적·객관적 성질에 의해 결정된다.

㉢ 자주점유의 추정 : 점유자는 소유의 의사로써 점유하는 것으로 추정된다(자주점유가 아님을 주장하는 자가 상대방의 점유가 타주점유임을 입증할 책임 있음).

참고
1. 임대인, 전세권 설정자의 점유 간접점유
2. 임차인, 전세권자의 점유 직접점유
3. 상점의 점원, 은행의 출납원, 주인에 대한 가정부 등 점유보조자

참고 직접점유자가 점유의 침탈을 당한 경우 간접점유자는 그 물건을 직접점유자에게 반환할 것을 청구할 수 있고, 직접점유자가 그 반환을 받을 수 없거나 이를 원하지 않는 경우에는 직접 자기에게 반환할 것을 청구할 수 있다(제207조).

참고 상속인이 상속의 개시 사실이나 자신이 상속인임을 몰라도 상관없다.

참고
1. 자주점유인 경우
   매수인, 경락인
2. 타주점유인 경우
   임차인, 전세권자, 명의수탁자, 분묘기지권자

기출 권원의 성질상 자주점유인지 타주점유인지 불분명한 점유는 자주점유로 추정된다.
(○)

ⓔ 점유의 전환

자주점유 ⇨ 타주점유	타주점유 ⇨ 자주점유
• 타주점유의 증거가 밝혀진 경우 • 악의의 무단점유가 입증된 경우 • 소유자가 제기한 본권에 관한 소송에서 패소한 경우(판결확정시부터) • 매도인이 물건을 매도한 이후에도 계속 점유하는 경우 • 매수인이 점유를 이전받았으나 매매계약이 해제된 경우	• 새로운 권원에 의하여 다시 소유의 의사로 점유를 개시한 경우(상속은 자주점유의 새로운 권원이 될 수 없음) • 자기에게 점유시킨 자에게 소유의 의사가 있음을 표시한 경우

ⓜ 점유자의 자주점유 주장이 받아들여지지 않는다는 사실만으로 자주점유의 추정이 깨어지는 것은 아니다.

② **선의점유와 악의점유**
  ㉠ 선의점유 : 점유할 수 있는 권리, 즉 본권이 없음에도 불구하고 본권이 있다고 오신해서 하는 점유. 단 오신할만한 정당한 근거가 필요하다.
  ㉡ 악의점유 : 본권이 없다는 것을 알면서 또는 그에 관하여 의심을 품으면서 하는 점유
  ㉢ 점유자는 선의인 것으로 추정한다. 단, 선의점유자라도 본권에 관한 소에서 패소하면 그 소가 제기된 때로 소급하여 악의점유자로 간주된다.
  ㉣ 민법상의 점유자의 과실취득권이나 선의취득은 선의점유가 그 요건이며 점유자의 회복자에 대한 책임이나 취득시효에 있어서 차이가 있다.

③ **과실 있는 점유와 과실 없는 점유** : 과실은 추정되지 않으며, 주장하는 자에게 그 입증책임이 있다.

02 점유권 취득과 소멸 제32회

1 점유권의 승계

(1) 점유권의 승계가 있는 경우에 승계인은 자기의 점유만을 주장하거나 또는 자기의 점유와 전 점유자의 점유를 아울러 주장할 수 있다(제199조 제1항).

(2) 전 점유자의 점유를 아울러 주장하는 경우에는 그 하자도 승계한다(제199조 제2항).

(3) 상속에 의하여 점유권을 취득한 경우에는 상속인은 새로운 권원에 의하여 자기 고유의 점유를 개시하지 않는 한 피상속인의 점유를 떠나 자기만의 점유를 주장할 수 없다.

(4) 소유권이전등기 명의자는 그 무렵 점유를 이전받은 것으로 볼 수 있으나, 소유권보존등기 명의자는 그 무렵 점유를 이전받은 것으로 볼 수 없다.

② 점유권의 소멸

(1) 직접점유의 점유물에 대한 사실적 지배를 상실한 때에 점유권이 상실된다(제192조). 그러나 일시적으로 점유를 상실하더라도 1년 이내에 점유회복의 청구에 의해 점유를 회복하면 처음부터 점유를 상실하지 않았던 것이 된다(제192조 제2항 단서).

(2) 혼동이나 소멸시효는 점유권 소멸사유가 아니다.

참고 간접점유는 직접점유자가 점유를 상실하거나 점유매개관계가 절단되는 때에 상실한다.

03 점유권의 효력

① 추정적 효력 제32회

(1) **민법의 추정규정**: 소유의 의사(제197조), 선의(제197조), 평온(제197조), 공연(제197조), 점유의 계속(제198조), 권리의 적법(제200조)

(2) **등기의 추정력과의 관계**
① 등기된 부동산의 경우 등기의 추정력만 인정하고 점유의 추정력은 배제된다.
② 판례는 미등기부동산의 경우에도 민법 제200조가 동산에 관한 규정이므로 점유의 추정력을 인정하지 않는다.

참고 무과실은 추정되지 않는다.

참고 부동산에 있어서의 등기의 추정력과 점유의 추정력
• 등기: 추정력 ○, 무과실 추정 ○
• 점유: 추정력 ×, 무과실 추정 ×

② 점유자와 회복자와의 관계 제31회, 제33회, 제34회

구 분	요 건	효 과
과실취득권	선의점유자	과실취득 ○ ⇨ 부당이득반환의무 ×, 단 과실로 불법행위를 한 경우에는 손해배상책임은 ○
	악의점유자	과실취득 ×(반환 또는 대가변상), 폭력이나 은비에 의한 점유자도 동일
멸실·훼손에 대한 책임	선의점유 자주점유	현존이익배상
	선의점유 타주점유	전부 손해배상
	악의점유 자주점유	전부 손해배상
	악의점유 타주점유	전부 손해배상

참고 이행지체로 인해 매매계약이 해제된 경우, 선의의 점유자인 매수인에게 과실취득권이 인정되지 않는다.

| 상환청구권 | 선의·악의 불문 ⇨ 유치권 행사 가능 | 필요비 | 과실취득시 ⇨ 통상 필요비는 상환청구 불가, 단 특별필요비는 청구 가능 |
| | | 유익비 | 이익 현존시 ⇨ 회복자 선택에 따라, 상당기간 허여 |

3 점유보호청구권(제204조, 제205조, 제206조) 제35회

(1) 점유보호청구권의 주체와 상대방

① **점유보호청구권의 주체**: 점유자(직접점유자, 간접점유자), 점유보조자는 ×

② **점유보호청구권의 상대방**: 현재 물건을 침해하는 상태에 있는 자

(2) 점유보호청구권의 종류

> **참고**
> 1. 사기물, 유실물, 횡령물은 침탈이 아니다.
> 2. 점유물반환청구권은 침탈자의 '선의의 특별승계인'에게는 행사할 수 없다.
> 3. 간접점유자의 점유물반환청구권(제207조 제2항): 원칙적으로 직접점유자에게 반환할 것을 청구할 수 있고, 다만 예외적으로 직접점유자가 반환받을 수 없거나 받기를 원하지 않을 때에는 자기(간접점유자)에게 반환할 것을 청구할 수 있다.

◇기출 점유의 방해를 받은 점유자는 방해의 제거 및 손해의 배상을 청구할 수 있으나, 손해배상을 청구하려면 방해자의 고의나 과실이 있어야 한다. (○)

◇기출 점유의 방해를 받을 염려가 있을 때 점유자는 방해의 예방과 손해배상의 담보를 함께 청구할 수 있다. (×)

◇기출 점유자가 사기에 의해 점유를 이전한 경우 점유물반환청구권을 행사할 수 없다. (○)

◇기출 점유자가 점유의 침탈을 당한 경우 침탈자의 선의의 매수인으로부터 악의로 이를 전득한 자에 대해 점유물반환청구권을 행사할 수 있다. (×)

구 분	점유침해의 모습	청구내용	행사요건 및 제척기간
점유물 반환 청구권	• 점유를 침탈당하였을 것 • 침탈자의 고의·과실은 요건 아님(손해배상청구시에는 필요) • 상대방은 점유의 침탈자 및 그 포괄승계인이며 특정승계인에 대해서는 그 자가 악의인 경우에만 인정	물건의 반환 및 손해의 배상	손해배상을 포함한 점유물반환청구권은 침탈을 당한 날로부터 1년 내에 행사(제척기간, 출소기간)
점유물 방해배제 청구권	• 점유의 방해를 받았을 것 • 방해자의 고의·과실은 요건이 아님	방해의 제거 및 손해배상청구	• 방해가 종료한 날로부터 1년 내 손해배상청구 • 공사로 인해 방해를 받은 경우 공사 착수 후 1년 경과하거나 공사가 완성된 때에는 방해제거 청구 불가
점유물 방해예방 청구권	점유의 방해를 받을 염려	방해의 예방과 손해배상의 담보청구는 선택적으로 청구 가능(동시에 할 수 없음)	• 방해염려시는 언제든지 청구 가능 • 공사로 인해 방해염려가 있는 경우 공사 착수 후 1년 경과하거나 공사가 완성된 때에는 방해예방청구 불가

4 점유의 소와 본권의 소(제208조)

(1) 양 소는 본질적으로 그 기초와 목적을 달리하기 때문에 서로 영향을 미치지 아니한다(동시에 또는 각각 제기할 수 있고 한편의 소에서 패소하더라도 다른 편의 소를 제기 가능).

(2) 점유의 소는 본권에 관한 이유로 재판하지 못한다. 점유물반환청구의 소에 있어서 상대방이 소유권 기타의 본권을 가지고 있다고 하더라도, 이것을 이유로 점유물반환의 청구를 부인하지 못한다.

제4장 소유권

01 총 설

소유권
01 총 설
02 소유권의 취득
03 소유권에 기한 물권적 청구권
04 공동소유

1 소유권

(1) **소유권의 의의**

점유권은 물건을 사실상 지배하는 때에 성립하는 권리인데 반하여, 소유권은 물건을 사용·수익·처분 등 전면적으로 지배할 수 있는 관념적인 권리로 구성되어 있다.

(2) **소유권의 제한**

소유자는 법률의 범위 내에서 그 소유물을 사용·수익·처분할 권리가 있다(제211조).

(3) **토지소유권의 범위**

① 온천권은 관습법상의 물권 ×(온천수는 지하수의 일종으로 토지의 구성부분)
② 미채굴의 광물은 국유(광업권의 객체)

2 상린관계 제32회, 제33회

(1) **의의**: 서로 인접하고 있는 부동산소유자 상호간의 이용을 조절함을 목적으로 하는 권리관계를 말한다. 판례와 다수설은 상린관계에 관한 규정을 강행규정이 아니라 임의규정이라고 본다.

기출 상린관계는 토지이용의 조절을 목적으로 하므로 건물소유자 간에는 인정되지 않는다. (×)

(2) 내용

① 건물의 구분소유자 간의 상린관계(제215조)

> **제215조 【건물의 구분소유】** ① 수인이 한 채의 건물을 구분하여 각각 그 일부분을 소유한 때에는 건물과 그 부속물 중 공용하는 부분은 그의 공유로 추정한다.
> ② 공용부분의 보존에 관한 비용 기타의 부담은 각자의 소유부분의 가액에 비례하여 분담한다.

② 인지사용청구권

> **제216조 【인지사용청구권】** ① 토지소유자는 경계나 그 근방에서 담 또는 건물을 축조하거나 수선하기 위하여 필요한 범위 내에서 이웃 토지의 사용을 청구할 수 있다. 그러나 이웃 사람의 승낙이 없으면 그 주거에 들어가지 못한다.
> ② 전항의 경우에 이웃 사람이 손해를 받은 때에는 보상을 청구할 수 있다.

참고 이웃 사람이 토지의 사용을 승낙하지 않는 경우 승낙에 갈음한 판결을 구하여야 한다. 그러나 인지의 주거에 들어가려면 반드시 이웃 사람의 '승낙'이 있어야 하고, 판결로써 갈음하지 못한다.

③ 주위토지통행권

> **제219조 【주위토지통행권】** ① 어느 토지와 공로 사이에 그 토지의 용도에 필요한 통로가 없는 경우에 그 토지소유자는 주위의 토지를 통행 또는 통로로 하지 아니하면 공로에 출입할 수 없거나 과다한 비용을 요하는 때에는 그 주위의 토지를 통행할 수 있고 필요한 경우에는 통로를 개설할 수 있다. 그러나 이로 인한 손해가 가장 적은 장소와 방법을 선택하여야 한다.
> ② 전항의 통행권자는 통행지소유자의 손해를 보상하여야 한다.
>
> **제220조 【분할, 일부양도와 주위통행권】** ① 분할로 인하여 공로에 통하지 못하는 토지가 있는 때에는 그 토지소유자는 공로에 출입하기 위하여 다른 분할자의 토지를 통행할 수 있다. 이 경우에는 보상의 의무가 없다.
> ② 전항의 규정은 토지소유자가 그 토지의 일부를 양도한 경우에 준용한다.

기출 소유 토지의 용도에 필요한 통로가 이미 있더라도 그 통로를 사용하는 것보다 더 편리하다면 다른 장소로 통행할 권리가 인정된다. (×)

㉠ 이미 그 소유 토지의 용도에 필요한 통로가 있는 경우에는 그 통로를 사용하는 것보다 더 편리하다는 이유만으로 다른 장소로 통행할 권리는 인정될 수 없다.

㉡ 주위토지통행권은 어느 토지가 타인소유의 토지에 둘러싸여 공로에 통할 수 없는 경우뿐만 아니라, 이미 기존의 통로가 있더라도 그것이 당해 토지의 이용에 부적합하여 실제로 통로로서의 충분한 기능을 하지 못하고 있는 경우에도 인정된다.

㉢ 기존 통로가 토지용도에 필요한 통로로서의 기능을 다하지 못하는 경우에도 새로운 통행권이 인정된다.

㉣ 건축법상 도로의 폭 등에 관하여 제한규정이 있다 해도 그것만으로 토지소유자에게 이와 일치하는 통행권이 바로 생긴다고 할 수 없다.

판례 주위토지통행권이 인정된다고 하여 통행지소유자에게 통행지에 설치된 배수로의 철거의무까지 있는 것은 아니다 (대판 2005다30993).

⑩ 통행지소유자는 통행권자의 허락을 얻어 사실상 통행하고 있는 자에게 손해의 보상을 청구할 수 없다.
⑭ 포위된 토지의 명의신탁자에게 주위토지통행권이 인정되지 않는다.
⑭ 주위토지통행권 발생 후 당해 토지에 접하는 공로가 개설된 경우
　일단 주위토지통행권이 발생하였다고 하더라도 나중에 그 토지에 접하는 공로가 개설됨으로써 주위토지통행권을 인정할 필요성이 없어진 때에는 그 통행권은 소멸하는 것이다.
⑯ 분할로 인하여 공로에 통하지 못하는 토지가 있는 때에는 그 토지소유자는 공로에 출입하기 위하여 다른 분할자의 토지를 통행할 수 있는데, 이 경우에는 보상의 의무가 없다.
㉑ 분할이나 토지의 일부양도로 포위된 토지의 특정승계인의 경우에는 주위토지통행권에 관한 일반원칙에 따라 그 통행권의 범위를 따로 정하여야 한다.

④ 물에 관한 상린관계(제221조 이하)
　㉠ 자연적 배수에 관한 규정
　㉡ 인공적 배수에 관한 규정
　㉢ 여수급여에 관한 규정
　㉣ 유수이용권

⑤ 경계에 관한 상린관계

> **제237조【경계표, 담의 설치권】** ① 인접하여 토지를 소유한 자는 공동비용으로 통상의 경계표나 담을 설치할 수 있다.
> ② 전항의 비용은 쌍방이 절반하여 부담한다. 그러나 측량비용은 토지의 면적에 비례하여 부담한다.
> ③ 전2항의 규정은 다른 관습이 있으면 그 관습에 의한다.
>
> **제238조【담의 특수시설권】** 인지소유자는 자기의 비용으로 담의 재료를 통상보다 양호한 것으로 할 수 있으며 그 높이를 통상보다 높게 할 수 있고 또는 방화벽 기타 특수시설을 할 수 있다.
>
> **제239조【경계표 등의 공유추정】** 경계에 설치된 경계표, 담, 구거 등은 상린자의 공유로 추정한다. 그러나 경계표, 담, 구거 등이 상린자 일방의 단독비용으로 설치되었거나 담이 건물의 일부인 경우에는 그러하지 아니하다.
>
> **제240조【수지, 목근의 제거권】** ① 인접지의 수목가지가 경계를 넘는 때에는 그 소유자에 대하여 가지의 제거를 청구할 수 있다.
> ② 전항의 청구에 응하지 아니한 때에는 청구자가 그 가지를 제거할 수 있다.
> ③ 인접지의 수목뿌리가 경계를 넘은 때에는 임의로 제거할 수 있다.

참고
1. 통상의 경계표나 담 설치비용 ⇨ 절반 부담
2. 측량비용 ⇨ 토지면적에 비례하여 부담
3. 나무가지는 제거 청구 후 임의제거, 나무뿌리는 임의제거

⑥ 경계선 부근의 공작물 설치에 관한 상린관계

> 제242조【경계선 부근의 건축】① 건물을 축조함에는 특별한 관습이 없으면 경계로부터 반미터 이상의 거리를 두어야 한다.
> ② 인접지소유자는 전항의 규정에 위반한 자에 대하여 건물의 변경이나 철거를 청구할 수 있다. 그러나 건축에 착수한 후 1년을 경과하거나 건물이 완성된 후에는 손해배상만을 청구할 수 있다.
> 제243조【차면시설의무】경계로부터 2m 이내의 거리에서 이웃 주택의 내부를 관망할 수 있는 창이나 마루를 설치하는 경우에는 적당한 차면시설을 하여야 한다.
> 제244조【지하시설 등에 대한 제한】① 우물을 파거나 용수, 하수 또는 오물 등을 저치할 지하시설을 하는 때에는 경계로부터 2m 이상의 거리를 두어야 하며 저수지, 구거 또는 지하실공사에는 경계로부터 그 깊이의 반 이상의 거리를 두어야 한다.
> ② 전항의 공사를 함에는 토사가 붕괴하거나 하수 또는 오액이 이웃에 흐르지 아니하도록 적당한 조치를 하여야 한다.

▶주의
제242조: 임의규정

▶참고
1. **일반적 취득**: 매매, 상속 등에 의한 승계적 취득
2. 시효완성 당시의 소유권보존등기가 무효라면 그 등기명의인은 원칙적으로 시효완성을 원인으로 한 소유권이전등기청구의 상대방이 될 수 없다.

02 소유권의 취득

1 취득시효 제31회, 제32회, 제34회

(1) **의의**: 권리를 행사하고 있는 것과 같은 사실상태가 일정한 기간 동안 계속하는 경우에 그 상태가 진실한 권리관계인가를 묻지 아니하고 권리취득의 효과가 생기는 제도를 말한다.

종류		요건	시효기간
부동산	점유취득시효	평온·공연한 자주점유	20년＋등기
	등기부취득시효	평온·공연한 자주점유 ＋ 선의·무과실	등기＋10년
동산	장기취득시효	평온·공연한 자주점유	10년
	단기취득시효	평온·공연한 자주점유 ＋ 선의·무과실	5년

(2) **부동산소유권의 취득시효**

① **점유취득시효**(제245조 제1항)
  ㉠ 평온·공연한 자주점유: 자주·평온·공연한 점유는 추정이 되며(제197조), 선의점유는 요건이 아니다. 직접점유뿐만 아니라 간접점유도 포함한다.
  ㉡ 20년간 점유의 계속
    ⓐ 점유는 20년간 계속되어야 한다.
    ⓑ 점유기간에 대해서는 점유의 승계가 인정된다(제199조).

▶참고 **취득시효의 대상**
1. 자기토지에 대한 취득시효도 인정된다.
2. 1필의 토지의 일부에 대한 취득시효도 인정된다(1필 일부에 대한 등기부취득시효 ×).
3. 공유지분에 대한 취득시효도 인정되나, 다만 공유물 전부를 점유해야 한다.
4. 일반재산(구 잡종재산)도 가능하나, 행정재산으로 된 이상 소유권이전등기청구할 수 없다(대판 96다10782).

ⓒ 점유의 계속은 추정된다(제198조).
　　ⓓ 점유의 기산점
　　　• 점유자가 임의선택 × ⇨ 점유기간 중에 당해 부동산의 소유권자의 변동이 있는 경우
　　　• 점유자가 임의선택 ○ ⇨ 시효기간 중 계속해서 등기명의인이 동일한 경우
　ⓒ 등 기
　　ⓐ 제187조에 대한 유일한 예외이며, 점유취득시효는 원시취득이므로 이론상 보존등기해야 하나 실무상 이전등기한다.
　　ⓑ 등기청구권의 성질: 채권적 청구권
　　　• 점유자가 점유를 하고 있는 경우에는 소멸시효가 진행하지 않는다.
　　　• 점유자가 그 후 점유를 상실한 경우에도 그것을 시효이익의 포기로 볼 수 있는 것이 아닌 한, 이미 취득한 소유권등기청구권은 바로 소멸하지 아니하고, 점유를 상실한 때로부터 10년이 경과하면 소멸시효가 완성한다.
　　　• 시효완성 후 등기명의인의 변경이 있는 경우에도 후에 어떤 사유로 취득시효완성 당시의 소유자에게로 다시 소유권이 회복되면 취득시효완성자는 소유자에 대하여 시효취득의 효과를 주장할 수 있다.
　ⓔ 시효취득 되는 권리: 소유권, 일정한 물권(지상권, 계속되고 표현된 지역권, 전세권, 질권 등), 준물권(광업권, 어업권), 무체재산권(저작권, 특허권, 상표권), 분묘기지권
　ⓔ 시효취득이 불가능한 권리: 점유권, 유치권, 저당권 등

점유취득시효 완성 전에 소유자가 목적물을 처분한 경우	甲소유의 토지를 乙이 19년간 점유하고 있는 중 甲이 丙에게 소유권이전등기를 한 경우, 1년 후 乙은 취득시효를 원인으로 하여 丙에게 직접 소유권이전등기를 청구할 수 있다.
점유취득시효 완성 후에 소유자가 목적물을 처분한 경우	• 완성자는 제3자를 상대로 등기 청구하지 못한다(등기명의인을 상대로 청구). • 제3자가 악의라 할지라도 그 소유권을 확정적으로 취득한다. • 그러나 부동산 점유취득시효완성 후 제3자 명의의 소유권이전등기가 마쳐진 경우, 그 소유권 변동시를 새로운 기산점으로 삼아 2차 취득시효의 완성을 주장할 수 있다.

점유취득시효 완성 후에 소유자가 목적물을 처분한 경우	• 시효완성 후 제3자에게 소유권이전등기된 경우, 새로이 점유취득시효가 개시되어 그 취득시효기간이 경과하기 전에 등기부상 소유명의자가 변경된 경우, 그 취득시효완성 당시의 등기부상 소유명의자에게 시효취득을 주장할 수 있다. • 등기청구권 행사 후 제3자에게 처분한 경우 시효완성자는 소유자에 대해 불법행위책임을 물을 수 있으나, 채무불이행책임을 물을 수는 없다. • 다만, 등기명의인의 처분행위에 제3자가 적극 가담하면 매매는 반사회질서행위로서 무효이다.
대상청구권	대상 토지가 수용된 경우 수용보상금에 대해 대상청구권을 행사하기 위한 요건으로서는 이행불능(수용) 전에 등기명의인에 대하여 시효완성을 이유로 그 권리를 주장하거나 행사하였어야 한다.
시효완성자로부터 점유를 승계한 자의 지위	• 직접 등기부상의 소유자에게 소유권이전등기를 청구할 수는 없다. • 전 점유자의 소유자에 대한 소유권이전등기청구권을 대위행사한다.

② **등기부취득시효**

  ㉠ 평온·공연·선의·무과실의 자주점유

   ⓐ 무과실은 추정되지 않는다. ⇨ 취득시효 주장자가 입증책임

   ⓑ 선의·무과실은 시효기간 내내 계속되어야 할 필요는 없다(점유개시시에만 있으면 된다).

  ㉡ 10년의 등기 및 점유

   ⓐ 무효인 등기라도 무방하다. 다만 무효인 중복등기로는 불가능

   ⓑ 등기의 승계도 인정된다. 반드시 자기명의로 10년간 등기되어 있어야 하는 것은 아니고, 전 명의자의 등기기간까지 포함해서 10년이면 된다.

   ⓒ 상속등기를 경료하지 않은 상속인의 등기부취득시효는 피상속인과 상속인의 점유기간을 합산하여 10년이 넘을 때 완성된다.

참고 등기부취득시효의 요건으로서의 소유자로 등기한 자라 함은 적법·유효한 등기를 마친 자일 필요는 없고 무효의 등기를 마친 자라도 상관없다(대판 93다23367). 단, 이중보존등기에서 무효인 후보존등기는 불가하다.

요 건	일반(점유)취득시효	등기부취득시효
부동산을 점유할 것	점유는 자주점유, 평온·공연한 점유 자기소유의 부동산에 대하여도 취득시효가 가능	
점유가 일정 기간 계속될 것	20년간의 점유를 요	10년간의 점유를 요
등기가 있어야 할 것	뒤에 등기를 하여야 한다.	먼저 등기되어 있어야 한다.
점유자가 선의·무과실일 것	요구되지 않는다.	요구된다.
효 과	점유개시시에 소급하여 소유권을 원시취득한다.	

③ 효 과
  ㉠ 점유를 개시한 때에 소급하여 효력이 발생한다.
  ㉡ 시효이익의 포기: 취득시효기간 만료 후 그 시효이익을 포기할 수 있다.
  ㉢ 취득시효의 중단·정지: 소멸시효의 중단 규정은 취득시효에도 준용한다. 소멸시효의 정지의 준용 여부에 대해서는 규정이 없으나 통설은 긍정한다.

(3) **소유권 이외의 재산권의 취득시효**

제248조는 취득시효 규정을 소유권 이외의 재산권의 취득에 준용한다.
판례는 건물을 소유하기 위하여(토지를 소유하기 위하여가 아님) 그 건물 부지를 평온·공연하게 20년간 점유한 경우에는 건물부지에 대한 지상권을 시효취득한다고 한다.

참고 원 권리자의 권리 위에 존재하였던 모든 제한은 시효취득과 더불어 소멸한다. 그러나 취득시효의 기초가 된 점유가 이미 타인의 지역권을 인용하고 있던 경우에는 지역권의 제한이 있는 소유권을 취득한다.

참고 지상권, 지역권, 전세권, 질권 및 이와 유사한 성질을 갖는 광업권, 어업권, 무체재산권 등이 시효취득할 수 있는 권리이다.

2 선점·습득·발견

구 분	무주물선점	유실물 습득	매장물 발견
요 건	• 무주물(현재 소유자가 없는 물건) • 동산(무주의 부동산은 국유) • 소유의 의사(자주점유) • 점유	• 유실물 또는 이에 준하는 물건 • 습득(점유의 취득) • 소유의 의사 × • 공고 후 6개월 내에 소유자의 권리주장이 없을 것	• 매장물일 것 • 발견(점유취득 ×) • 소유의 의사 × • 공고 후 1년 내에 소유자의 권리주장이 없을 것
효 과	• 법률의 규정에 의한 소유권의 원시취득 • 문화재(학술·기예·고고의 중요한 자료가 되는 동산)는 국유(보상청구 가능) • 타인의 토지 기타 물건으로부터 발견한 매장물은 그 소유자와 발견자가 2분의 1 공유		

기출 유실물은 법률이 정하는 바에 의하여 공고한 후 1년 내에 그 소유자가 권리를 주장하지 않으면 습득자가 그 소유권을 취득한다. (×)

참고 부합에 의한 소유권 귀속의 결정에 관한 규정은 성질상 임의규정이다.

3 첨부(부합·혼화·가공)

(1) 부 합

구 분	부합 인정 여부
부동산 + 동산	부동산 소유자가 부합물의 소유권 취득 (동산의 가격이 부동산의 가격을 초과하더라도 동일)
동산 + 동산	• 원칙적으로 주된 동산 소유자가 부합물 취득 • 주종의 구분이 안되는 경우 부합 당시 가액의 비율로 공유
부동산 + 부동산	• 토지와 건물은 부합이 인정되지 않는다. 　예 무단건축한 건물은 신축자의 소유 • 토지와 농작물은 부합이 인정되지 않는다. 　예 무단경작한 농작물은 경작자의 소유 • 권한 없이 타인의 토지에 식재한 수목은 토지에 부합한다. 　예 무단식재한 수목은 토지소유자의 소유 • 건물 증축의 경우 개별적으로 판단한다. 　─ 증축자에게 권한 없는 경우: 증축부분은 기존건물 소유자의 소유 　─ 증축부분에 독립성 없는 경우: 증축부분은 기존건물 소유자의 소유 　─ 권한 있는 자가 증축한 독립한 부분은 증축자의 소유

(2) 혼 화

혼화란 각각 다른 소유자에게 속하는 곡물·기름 등 종류물인 동산이 융합하여 각각의 원물을 쉽게 식별할 수 없게 된 것으로, 동산의 부합에 관한 규정이 준용된다(제258조).

(3) 가 공

① 의 의

가공이란 타인의 동산에 노력을 가하여 새로운 물건을 만들어 내는 것을 말한다.

② 가공물의 소유권 귀속

　㉠ 원칙: 원재료의 소유자의 소유

　㉡ 예외: 가공자의 소유(가공으로 인한 가액의 증가가 원재료의 가액보다 현저히 다액인 때) ⇨ 가공자가 재료의 일부를 제공하였을 때에는 그 가액은 증가액에 가산한다.

03 소유권에 기한 물권적 청구권 제33회, 제34회

(1) 의 의

구 분	의 의
소유물반환청구권	소유물을 법률상 정당한 권원 없이 점유한 자에 대하여 반환을 청구(제213조 본문)
소유물방해제거청구권	소유물을 방해하는 자에 대하여 방해의 제거를 청구(제214조)
소유물방해예방청구권	소유권을 방해할 염려가 있는 자에게 그 방해의 예방 또는 손해배상의 담보를 청구(제214조 후단)

(2) 지역권과 저당권의 경우 제214조만 준용하고 제213조는 준용되지 않는다(반환청구권 ×).

(3) 유치권에 기한 물권적 청구권은 인정되지 않는다.

> **참고** 소유물반환청구권의 상대방
> 1. 소유물반환청구의 상대방은 현재의 점유자이다. 따라서 점유침탈자라도 현재 그 물건을 다른 사람에게 인도하여 점유를 상실한 때에는 청구의 상대방이 되지 않는다.
> 2. 간접점유자도 소유물반환청구권의 상대방이 될 수 있다. 예를 들면 甲의 자전거를 乙이 침탈한 후 丙에게 임치하고 있다면, 직접점유자인 丙은 물론 간접점유자인 乙도 소유물반환청구의 상대방이 된다.
> 3. 점유보조자는 반환청구의 상대방이 되지 못한다. 甲이 점유보조자 乙을 통해 점유하고 있는 경우에 甲만이 반환청구의 상대방이 되고, 점유보조자 乙은 상대방이 되지 못한다.

04 공동소유

1 의 의

1개의 물건을 2인 이상의 다수인이 공동으로 소유하는 관계로 공동소유에는 그 다수인 사이의 인적 결합 정도에 따라 공유(제262조 내지 제270조), 합유(제271조 내지 제274조), 총유(제275조 내지 제277조)의 3가지 형태가 있다.

구 분	공 유	합 유	총 유
인적 결합형태	• 지분에 의해 수인이 공동소유 • 개인주의적인 소유형태(로마법)	• 조합체(구성원의 개별성 강조) • 공유와 총유의 중간형태(게르만법의 상속 공동체)	• 권리능력 없는 사단(단체성 강조) • 단체주의적 색체(게르만법의 촌락공동체) ⇨ 권리능력 없는 사단
지분권	○(공유지분)	○(합유지분)	×
지분의 처분	자유	처분 제한	지분이 없음
분할청구	각 공유자는 언제든지 분할을 청구, 단 5년 금지특약 가능	조합이 존속하는 동안은 분할청구 불가	할 수 없음
공동소유물의 처분·변경	공유자 전원의 동의	합유자 전원의 동의	사원총회의 결의

보존행위	각자 단독으로	각자 단독으로	사원총회의 결의
이용개량행위	지분의 과반수의 동의	조합계약에 따라	사원총회의 결의
공동소유물의 사용·수익	지분의 비율로 사용	조합계약 기타 규약의 정함에 따름	정관 기타 규약의 정함에 따름
종료사유	공유물의 양도, 목적물의 분할	합유물의 양도, 조합체의 해산	총유물의 양도

2 공유 제31회, 제32회, 제35회

(1) **의의**: 물건이 지분에 의하여 수인의 소유로 귀속되고 있는 공동소유의 형태 (1개의 소유권이 분량적으로 분할되어 수인에게 속하고 있는 상태) ⇨ 일물일권주의에 반하지 않는다.

(2) **공유의 성립**

① **법률행위**: 부동산인 경우는 등기(공유 및 지분의 등기)를 요한다. 지분등기가 없으면 지분은 균등한 것으로 추정한다(제262조 제2항).

② **법률의 규정**
  ㉠ 구분소유 건물에 있어서의 공용부분
  ㉡ 인지의 경계에 설치된 경계표, 담, 구거 등

(3) **공유의 내부관계**

① **공유물의 사용·수익**(제263조): 지분비율에 따라 공유물 전부

② **공유물의 관리**(제265조)
  ㉠ 보존행위: 각자 단독
  ㉡ 이용·개량행위: 지분의 과반수

③ **공유물의 처분·변경**(제264조): 전원의 동의

④ **공유물에 관한 부담**(제266조): 지분의 비율, 단 1년 이상 의무지체시 상당한 가액으로 지분매수청구(형성권)

⑤ **공유자의 다른 공유자에 대한 공유물명도청구**
  ㉠ 공유자 중 1인이 협의 없이 공유물을 배타적으로 점유하여 사용·수익하는 경우, 다른 지분권자가 공유물의 보존행위로서 공유물 전부의 인도나 명도를 청구할 수 없다. 즉, 소수지분권자가 목적물을 독점적으로 사용하고 있더라도 다른 소수지분권자는 보존행위로서 목적물의 인도를 청구할 수 없다.
  ㉡ 그러나 부당이득에 관하여는 자신의 지분에 대하여만 청구할 수 있다.

[참고] 지분의 탄력성
공유자 중의 1인이 그 지분을 포기하거나 상속인 없이 사망한 때에 그 지분은 다른 공유자에게 각각 그 지분의 비율로 귀속(제267조), 단 집합건물의 공용부분은 국가에 귀속되므로 이 규정이 배제된다.

(4) 공유의 대외관계

① 다른 공유자 또는 제3자가 공유물에 대하여 침해를 하는 때에는 각 공유자는 단독으로 공유물 전부에 대한 방해제거를 청구할 수 있다.

② 공유물에 관하여 제3자가 원인무효의 등기명의를 가지고 있는 경우에 공유자 각자가 무효 등기 전부의 말소를 청구할 수 있다(보존행위에 해당).

③ 부당이득반환청구권, 손해배상청구권은 지분의 비율범위 내에서만 행사할 수 있다.

④ 지분의 과반수 공유자가 단독으로 제3자에게 임대할 수 있다.

⑤ 위의 결정에 대하여 소수 지분권자는 과반수 지분권자에게 지분의 비율로 부당이득반환청구할 수 있다.

> **길잡이** 공유관계의 침해에 대한 구제와 부당이득반환의 범위
>
> 甲(3/5), 乙(1/5), 丙(1/5)이 공유하는 공유토지에 대한 다음의 법률관계에 대해 소수 지분권자 乙(1/5)의 권리행사 방법은?
> ① 甲이 배타적으로 사용하는 경우 – 방해배제청구 ×, 부당이득반환청구 ○
> ② 甲이 단독으로 戊에 임대차한 경우 – 방해배제청구 ×, 부당이득반환청구 ×
> ③ 甲이 단독으로 건물을 건축한 경우 – 방해배제청구 ○
> ④ 甲이 동의 없이 공유물을 매매하고 처분한 경우
>   ㉠ 매매: 유효
>   ㉡ 등기: 일부무효(일부말소 ○, 전부말소 ×)
>   ⓐ 甲지분범위 – 유효
>   ⓑ 乙·丙지분범위 – 무효(일부말소)
> ⑤ 丙이 배타적으로 사용하는 경우 – 방해배제청구 ○, 부당이득청구 ○
> ⑥ 제3자 A가 불법건축한 경우 – 방해배제청구 ○(전부 철거) / 부당이득·손해배상청구 ○(지분비율)

(5) 공유물의 분할 제35회

① **분할의 자유와 제한**
  ㉠ 분할의 자유의 인정: 각 공유자는 언제든지 공유물의 분할을 청구할 수 있다.
  ㉡ 공유자는 5년의 기간 동안 공유물을 분할하지 아니할 것을 약정할 수 있다. 갱신은 5년을 넘지 못한다.

② **분할의 방법**
  ㉠ 협의분할: 분할에는 공유자 전원이 참가해야 하고 1인이라도 제외하고 분할하면 무효이다. 협의분할이 성립하면 재판상 분할을 청구하지 못한다.

> **참고** 공유물분할청구의 소의 성질은 형성의 소, 반드시 공유자 전원이 소송의 당사자로 되어야 하는 '필요적 공동소송'이다.

> **참고** 방 법
> 1. **현물분할**: 공유물 자체를 분할
> 2. **대금분할**: 공유물을 매각하여 대금을 분할
> 3. **가격배상**: 공유자 중 1인이 다른 공유자의 지분을 매입하는 형태로 분할

  ⓛ 재판분할
   ⓐ 분할의 방법에 관하여 협의가 성립되지 아니한 때에는 공유자는 법원에 그 분할을 청구할 수 있다.
   ⓑ 현물로 분할할 수 없거나 분할로 인하여 현저히 그 가액이 감손될 염려가 있는 때에는 법원은 물건의 경매를 명할 수 있다.
   ⓒ 재판상 분할의 경우 현물분할이 가능하면 경매를 명하지 못한다.
  ⓒ 재판상 분할의 경우 현물로 분할하면서 금전으로 경제적 가치를 조정하는 분할도 허용된다(판례).
  ⓔ 재판상 분할의 경우 현물분할을 하면서 분할을 원하지 않는 나머지 공유자는 공유로 남기는 형태의 분할도 가능하지만, 분할을 원하고 있는 분할청구자를 공유로 남기는 형태의 분할은 허용되지 않는다(판례).

 ③ **분할의 효과**
  ㉠ 공유물분할은 교환 또는 매매의 성질을 가지므로 담보책임을 부담한다.

> **제270조【분할로 인한 담보책임】** 공유자는 다른 공유자가 분할로 인하여 취득한 물건에 대하여 그 지분의 비율로 매도인과 동일한 담보책임이 있다.

  ㉡ 분할은 교환 또는 매매의 성질을 가지기 때문에 분할의 효과는 소급하지 않는다. 다만, 예외적으로 상속재산의 분할은 '상속개시시'에 소급한다(제1015조).
  ㉢ 협의분할의 경우 등기를 하여야 물권변동의 효력이 발생되지만, 재판상 분할의 경우 판결확정시에 등기 없이 물권변동의 효력이 발생된다.
  ㉣ 공유물 분할에 관한 소송 중에 분할에 관한 협의가 이루어져 조정이 성립한 경우에는 등기를 하여야 분할의 효력이 발생된다(판례).
  ㉤ 공유자 중 1인의 지분 위에 설정되어 있던 저당권은 분할로 인하여 저당권설정자가 취득한 부분에 집중되지 않는다(판례).

3 합 유 제33회, 제34회

> **참고** 합유자는 합유물의 분할을 청구하지 못한다.

(1) **의의**: 합유란 법률의 규정 또는 계약에 의하여 수인이 조합체(2인 이상이 서로 출자하여 공동사업을 경영할 목적으로 구성된 인적 결합체)로서 물건을 소유하는 관계를 말한다.

(2) **합유의 성립**: 합유는 법률의 규정 또는 계약에 의하여 성립한다(예 수탁자가 수인 있는 경우의 신탁재산).

(3) 합유관계

① 합유지분은 합유물 전부에 미친다(제271조 제1항 후단).

② **합유물의 보존행위**: 각자가 할 수 있다(제272조).

③ **합유물의 처분·변경**: 합유자 전원의 동의

④ **합유지분의 처분**: 합유자 전원의 동의

⑤ **합유물의 분할청구**: 인정되지 않는다(제273조).

(4) 합유의 종료
조합체의 해산 또는 합유물의 양도로 인하여 종료한다. 합유물의 분할에는(조합체의 해산) 공유물의 분할에 관한 규정이 준용된다(제274조 제2항).

> **판례**
>
> 부동산의 합유자 중 일부가 사망한 경우 합유자 사이에 특별한 약정이 없는 한 사망한 합유자의 상속인은 합유자로서의 지위를 승계하지 못하므로 해당 부동산은 잔존 합유자가 2인 이상일 경우에는 잔존 합유자의 합유로 귀속되고 잔존 합유자가 1인인 경우에는 잔존 합유자의 단독소유로 귀속된다(대판 96다23238).

4 총 유

(1) 의의
총유란 '법인이 아닌 사단의 사원이 집합체로서 물건을 소유하는 관계'를 말한다(종중, 문중, 교회, 동창회).

(2) 총유관계의 내용

① 총유물의 관리·처분은 사원총회의 결의에 의하고, 각 사원은 정관 기타 규약에 따라 총유물을 사용·수익할 수 있다(제276조).

② 총유물의 '보존행위'도 특별한 사정이 없는 한 사원총회의 결의를 거쳐야 하고, 각 사원이 단독으로 할 수 없다. 총유물의 보존행위도 단독으로 할 수 없고 사원총회의 결의를 거쳐야 한다. 사단의 대표자는 사원총회의 결의를 거쳤다 하더라도 총유재산의 보존행위의 소를 제기하지 못한다.

③ **총유의 등기**: 등기신청은 사단의 명의로 그 대표자 또는 관리인이 신청

(3) 총유관계의 취득과 소멸
사원의 지위를 취득·상실함으로써 총유물에 관한 사원의 권리의무도 당연히 취득·소멸된다.

참고 총유의 특색
총유에서는 공유·합유와는 달리 지분이 존재하지 않는다. 총유에서는 소유권의 내용이 관리·처분의 권능과 사용·수익의 권능으로 양분되어 전자는 구성원의 총체(법인 아닌 사단)에 속하고, 후자는 각 사원에게 귀속하는 특색을 갖는다.

기출 교회의 일부 교인들이 집단적으로 교회를 탈퇴한 경우에 종전 교회의 재산은 분열 당시의 교인들의 총유에 속한다. (×)

용익물권
01 지상권
02 지역권
03 전세권

참고 용익물권은 물건이 가지는 '사용가치'의 지배를 목적으로 하는 물권의 총칭이다.

참고 지상권은 타인의 토지를 사용하는 물권이다. 토지 사용을 본체로 하기 때문에 현재 공작물이 없거나 멸실된 경우도 지상권은 유효하게 존속한다. 지상권은 1필지 일부에도 설정이 가능하다.

참고 지료는 지상권의 요소가 아니다. 단, 임대차의 차임과 전세권의 전세금은 지상권의 요소이다.

제5장 용익물권

01 지상권 제31회, 제32회, 제33회, 제34회

1 의 의

타인의 토지에 건물 기타의 공작물이나 수목을 소유하기 위하여 그 토지를 사용할 수 있는 권리를 말한다.

2 성 질

(1) 타인의 토지를 사용·수익하는 용익물권이다.

(2) 지상권은 건물 기타 공작물이나 수목을 소유하는 것을 목적으로 하는 권리이다.

(3) 물권이므로 당연히 상속성·양도성을 가지며 양도금지특약은 무효이다(단, 전세권은 설정행위로 양도금지특약 가능).

(4) **지상권·전세권·임대차의 구별**

① **지상권의 양도·임대금지특약**: 무효(제289조, 강행규정)

② **전세권의 양도·임대금지특약**: 유효(제306조)

③ **임차권의 양도·전대**: 임차인은 임대인의 동의 없이 그 권리를 양도하거나 임차물을 전대하지 못한다. 임차인이 이에 위반한 때에는 임대인은 계약을 해지할 수 있다(제629조).

④ 유익비와 필요비의 상환청구권의 관계

구 분	지상권	전세권	임차권
유익비	상환청구 가능	상환청구 가능	상환청구 가능
필요비	상환청구 불가능	상환청구 불가능	상환청구 가능

(5) **지상권과 구분지상권의 구별**

차이점	일반지상권	구분지상권
객 체	토지의 상·하	토지의 상·하의 특정 층
목 적	공작물이나 수목의 소유목적	공작물의 소유만을 위해
토지이용	일반지상권이 설정되면 토지소유자의 토지이용은 전면적으로 배제	목적이 되는 층을 제외한 나머지 층에 대해서는 토지소유자도 토지이용 가능

참고
1. 일반의 지상권에서는 건물, 공작물, 수목의 소유를 목적으로 설정할 수 있으나, 구분지상권에서는 수목의 소유를 목적으로는 설정할 수 없다.
2. 일반의 지상권은 토지의 상하를 지배하나, 구분지상권은 토지의 지하 또는 지상의 공간의 일정 범위만을 지배한다.

③ 지상권과 임차권

구 분	지상권	임차권
의 의	지상권자는 타인의 토지에 건물 기타 공작물이나 수목을 소유하기 위하여 그 토지를 사용하는 권리가 있다(제279조).	임대차는 당사자 일방이 상대방에게 목적물을 사용·수익하게 할 것을 약정하고 상대방이 이에 대하여 차임을 지급할 것을 약정함으로써 그 효력이 생긴다(제618조).
본질적 차이	목적물을 직접 배타적으로 지배할 수 있는 물권	목적물의 사용·수익을 임대인에게 청구할 수 있는 채권
대 상	토지	물건(동산, 부동산)
성립요건	물권적 합의 + 등기	채권계약만으로 성립
존속기간	최단기만 있음	제한 없음
소멸청구 해지	지료약정이 있는 경우 2년분 이상의 지료지급연체시 소멸청구할 수 있다.	차임연체액이 2기에 달하거나 임대인의 동의 없는 양도·전대시에는 해지할 수 있다.
대가관계	지료지급이 요소가 아님(무상 가능)	차임지급은 요소
대항력	제3자에 대한 대항력 있음	제3자에 대한 대항력 없음(다만, 등기된 부동산임차권은 대항력 있음)
양 도	설정자 동의 없이 양도 가능	임대인 동의를 요함

④ 지상권의 취득

(1) 지상권의 취득

① **법률행위로 인한 취득**(제186조): 지상권설정계약 + 등기

② **법률의 규정에 의한 취득**(제187조): 법정지상권, 관습법상의 법정지상권

(2) 법정지상권과 관습법상 법정지상권의 비교

법정지상권	관습법상 법정지상권
법률[민법: 전세권(제305조), 저당권(제366조), 입목법, 가담법]	판례
저당권 실행을 통한 경매(제366조)	매매, 증여, 강제경매, 공유물분할 등의 사유(환지처분 ×, 환매 ×)
강행규정(포기, 배제특약 ×)	배제특약 ○(건물철거특약) 포기특약 ○(건물매수인이 토지임대차계약을 한 경우)

[판례] 법정지상권의 발생요건
제366조에 의한 법정지상권 또는 관습에 의한 법정지상권이 인정되려면 동일인의 소유에 속하는 토지와 그 위에 있는 건물이 경매 기타 적법한 원인행위로 인하여 각기 그 소유자를 달리하는 경우에 발생한다(대판 88다카4017).

(3) 법정지상권의 내용 제33회

건물에 전세권설정 후 토지소유자가 변경된 때 (제305조)	대지와 건물이 동일한 소유자에 속한 경우에 건물에 전세권을 설정한 때에는 그 대지소유권의 특별승계인은 전세권설정자에 대하여 지상권을 설정한 것으로 본다. 그러나 지료는 당사자의 청구에 의하여 법원이 이를 정한다.
저당권 실행으로 소유자가 달라진 때(제366조)	저당물의 경매로 인하여 토지와 그 지상건물이 다른 소유자에 속한 경우에는 토지소유자는 건물소유자에 대하여 지상권을 설정한 것으로 본다. 그러나 지료는 당사자의 청구에 의하여 법원이 이를 정한다.
가등기담보권 등이 실행되어 소유자가 달라진 때 (가등기담보 등에 관한 법률 제10조)	토지 및 그 지상의 건물이 동일한 소유자에게 속하는 경우에 그 토지 또는 건물에 대하여 제4조 제2항의 규정에 의한 소유권을 취득하거나 담보가등기에 기한 본등기가 행하여진 경우에는 그 건물의 소유를 목적으로 그 토지 위에 지상권이 설정된 것으로 본다.
토지와 입목의 소유자가 어떤 원인으로 달라진 때 (입목에 관한 법률 제6조)	입목의 경매 기타 사유로 인하여 토지와 그 입목이 각각 다른 소유자에게 속하게 되는 경우에는 토지소유자는 입목소유자에 대하여 지상권을 설정한 것으로 본다.

> [판례] 법정지상권
> 법정지상권을 가진 건물 소유자로부터 건물을 양수하면서 지상권까지 양도받기로 한 사람에 대하여 대지소유자가 소유권에 기하여 건물철거 및 대지의 인도를 구하는 것은 신의성실의 원칙상 허용될 수 없다(대판 87다카279).

① **저당권설정 당시에 건물의 존재하고 있어야 한다.**
  ㉠ 토지에 저당권이 설정된 이후에 그 토지에 축조된 건물에는 저당권자가 법정지상권의 성립을 양해한 경우에도 법정지상권이 성립될 수 없다.
  ㉡ 토지에 관하여 저당권이 설정될 당시 그 지상에 건물이 위 토지 소유자에 의하여 건축 중이었고, 건물의 규모, 종류가 외형상 예상할 수 있는 정도까지 건축이 진전되어 있는 경우에는 법정지상권이 성립될 수 있다.

② **저당권설정 당시 토지와 건물의 소유자가 동일한 경우라야 한다.**
  ㉠ 미등기건물을 그 대지와 함께 양수한 사람이 그 대지에 관하여서만 소유권이전등기를 넘겨받고 건물에 대하여는 그 등기를 이전받지 못하고 있는 상태에서 그 대지가 경매되어 소유자가 달라지게 된 경우에도, 법정지상권이 발생할 수 없다.
  ㉡ 저당권설정 당시 건물이 존재한 이상 그 이후 건물을 개축·신축하는 경우에도 법정지상권이 성립한다 할 것이고, 이 경우 법정지상권의 내용인 존속기간, 범위 등은 구 건물을 기준으로 하여 그 이용에 일반적으로 필요한 범위 내로 제한되는 것이다.
  ㉢ 동일인 소유에 속하는 토지 및 그 지상건물에 관하여 공동저당권이 설정된 후 그 지상건물이 철거되고 새로 건물이 신축된 경우에는 저당물의 경매로 인하여 토지와 그 신축건물이 다른 소유자에 속하게 되더라도 그 신축건물을 위한 법정지상권은 성립하지 않는다.

③ **특약의 배제**(강행규정) : 제366조는 가치권과 이용권의 조절을 위한 공익상의 이유로 지상권의 설정을 강제하는 것이므로 저당권설정 당사자 간의 특약으로 저당목적물인 토지에 대하여 법정지상권을 배제하는 약정을 하더라도 그 특약은 효력이 없다.

(4) 관습법상의 법정지상권의 내용

① 토지와 건물의 소유자가 동일하다가 달라진 경우라야 한다.
  ㉠ 공유 토지에 공유자 중 1인 소유의 건물이 있다가 토지와 건물의 소유가 달라진 경우 관습법상 법정지상권이 인정되지 않는다.
  ㉡ 공유지상에 공유자의 1인 또는 수인 소유의 건물이 있을 경우 공유지의 분할로 그 대지와 지상건물이 소유자를 달리하게 될 때에는 관습법상 법정지상권이 인정된다.
  ㉢ 건물 공유자 중 1인이 그 건물의 토지를 소유하고 있다가 토지와 건물의 소유자가 다르게 된 경우 관습법상 법정지상권이 인정된다.
  ㉣ 甲과 乙이 구분소유적으로 공유하는 토지 중에 甲이 배타적으로 사용하는 특정 부분 위에 乙이 건물을 신축한 경우 관습법상 법정지상권이 인정될 수 없다.
  ㉤ 甲과 乙이 구분소유적으로 공유하는 토지 중에 甲이 배타적으로 사용하는 특정 부분 위에 甲이 건물을 신축한 경우 관습법상 법정지상권이 인정될 수 있다.
  ㉥ 관습법상 법정지상권이 인정되기 위해서 토지와 건물이 원시적으로 동일인 소유일 필요는 없다.

② 매매 기타 사유로 토지와 건물의 소유자가 다르게 되어야 한다.
  ㉠ 강제경매나 공매로 소유자가 달라진 경우에도 관습법상 법정지상권은 성립한다.
  ㉡ 환지처분이나 환매에 의하여 토지와 건물의 소유자가 다르게 된 경우에는 관습법상 법정지상권은 성립하지 않는다.

③ 건물에 관한 철거특약이 없어야 한다.
  ㉠ 건물만을 양도하면서 대지에 대한 임대차계약을 체결한 경우 관습법상 법정지상권은 포기한 것으로 보아야 한다.
  ㉡ 토지와 건물을 소유하던 甲이 乙에게 토지를 증여하여 소유권이전등기를 하면서, 구 건물을 철거하고 신 건물을 축조하기로 한 경우는 관습법상 법정지상권을 포기한 것이라고 할 수 없다.

④ 법정지상권 성립 후 건물양수인의 법적 지위
  ㉠ **토지소유자 변경** : 관습법상의 법정지상권은 관습법에 의한 부동산에 관한 물권의 취득이므로 등기를 필요로 하지 아니하고 지상권 취득의 효력이 발생하는 것이며, 관습법상 지상권은 물권으로서의 효력에 의하여 이를 취득할 당시의 토지소유자나 이로부터 소유권을 전득한 제3자에 대하여도 등기 없이 위 지상권을 주장할 수 있다.

> **참고** 관습법상의 법정지상권은 다른 특별한 사정이 없는 한 법정지상권과 동일하므로 민법의 지상권에 관한 규정을 준용한다.

> **기출** 甲과 乙이 구분소유적으로 공유하는 토지 중 甲이 배타적으로 사용하는 특정 부분 위에 乙이 건물을 신축한 뒤, 대지의 분할등기가 이루어져 건물의 대지부분이 甲의 단독소유가 된 경우 관습상 법정지상권이 성립한다. (×)

> **기출** 관습법상 법정지상권이 인정되기 위해서 토지와 건물의 소유자가 원시적으로 동일인 소유일 필요는 없다.

> **참고** 법정지상권이 있는 건물의 양수인은 양도인의 대지의 소유자에 대한 지상권설정등기청구권을 대위행사할 수 있다.

ⓒ 건물소유자 변경
  ⓐ 건물 양수인은 종전의 건물소유자들에 대해서도 차례로 지상권이전등기절차이행을 구할 수 있는 것이며 대지소유자가 소유권에 기하여 건물철거 및 인도의 청구를 구하는 것은 지상권의 부담을 용인하고, 그 설정등기절차를 이행할 의무가 있는 자가 그 권리자를 상대로 한 청구라 할 것이어서 신의성실의 원칙상 허용될 수 없다.
  ⓑ 법정지상권이 있는 건물양수인일지라도 대지의 점유, 사용이익에 대해 부당이득으로 대지소유자에게 반환할 의무가 있다.
⑤ 종물이론의 유추적용과 관련: 지상권이 딸린 건물을 매수한 경우 매수인은 지상권에 대해서도 이전등기를 해야 지상권을 취득한다.

> **참고** 지상물을 경매한 경우 경락인은 등기 없이도 지상권을 취득할 수 있다(대판 75다2338). 판례는 지상물을 경매하여 경락인이 이를 취득하는 경우 지상권도 함께 경매한 것으로 해석되므로 등기 없이도 지상권을 취득하는 것은 경매라는 법률의 규정(제187조)에 의한 물권변동의 효과 때문이라고 한다.

5 지상권의 존속기간

(1) **설정행위로 정한 경우**: 강행규정으로 지상권자에게 불리한 약정을 하더라도 무효
① **최단기간**
  ㉠ 석조, 석회조, 연와조 또는 이와 유사한 견고한 건물이나 수목의 소유를 목적(30년)
  ㉡ 그 밖의 건물의 소유를 목적(15년)
  ㉢ 건물 이외의 공작물의 소유를 목적(5년)
② **최장기간**: 규정은 없으나, 지상권의 존속기간을 영구로 약정하는 것도 허용된다.

> **판례** 기존건물의 사용을 목적으로 지상권이 설정된 경우 지상권의 최단존속기간에 관한 민법 제280조 제1항 제1호가 적용되지 않는다(대판 95다49318).

(2) **설정행위로 정하지 않은 경우**
① 계약으로 지상권의 존속기간을 정하지 아니한 때에는 그 기간은 최단존속기간으로 한다.
② 지상권설정 당시에 공작물의 종류와 구조를 정하지 아니한 때에는 지상권은 건물의 소유를 목적으로 한 것으로 본다(15년).
③ **지상권자의 계약갱신청구권과 지상물매수청구권**
  ㉠ 지상권이 소멸한 경우에 건물 기타 공작물이나 수목이 현존한 때에는 지상권자는 계약의 갱신을 청구할 수 있다(존속기간 만료 후 지체 없이 행사).
  ㉡ 지상권설정자가 계약의 갱신을 원하지 아니하는 때에는 지상권자는 상당한 가액으로 공작물이나 수목의 매수를 청구할 수 있다.
  ㉢ 계약갱신과 존속기간: 갱신한 날로부터 그 최단존속기간보다 단축하지 못한다.

> **기출** 건물 이외의 공작물의 소유를 목적으로 존속기간을 5년으로 하여 지상권이 설정된 경우 지상권의 존속기간은 15년이다. (×)

> **기출** 토지소유자가 지상권자의 2년 이상의 지료연체를 이유로 지상권 소멸청구를 하여 지상권이 소멸된 경우 지상물매수청구권이 인정되지 않는다(대판 93다10781).

6 지상권의 효력

(1) 지상권자의 토지사용권
① 상린관계의 준용
② 점유권과 물권적 청구권을 가짐
③ 토지소유자는 지상권자의 토지사용을 방해해서는 안 되는 소극적 인용의무를 지며, 임대인과 같은 적극적인 의무는 없음

(2) 지상권의 처분(투하자본의 회수)
① **지상권의 양도·임대**(강행규정): 이에 반하는 당사자의 특약은 효력이 없다.
② **저당권설정**: 지상권 위에 저당권을 설정할 수 있다. 지상권의 담보제공을 금하는 특약도 무효이다.

(3) 지료지급의무: 지료에 관한 약정은 등기하여야 제3자에게 대항할 수 있다.
① **지료증감청구권**(제286조, 형성권)
② **지료체납의 효과**: 2년 이상의 지료를 지급하지 않을 때는 지상권설정자는 지상권의 소멸을 청구(강행규정), 지료의 약정이 없는 경우 지상권소멸청구는 부정된다. 지료체납 중 토지소유자가 변경된 경우 토지양수인에 대한 연체기간이 2년 이상이어야 소멸청구를 할 수 있다.

> **참고** 지상물의 양도에 따른 지상권의 이전 여부
> 지상물을 타인에게 양도한 경우에는 원칙적으로 종된 권리인 지상권도 함께 양도하기로 하는 묵시적 합의가 있다고 보아야 한다. 다만, 지상권 취득을 위해서는 지상권이전등기를 요한다.

> **참고** 지료가 등기되지 않은 약정지상권이 타인에게 매도되어 이전등기된 경우 지료증액청구권이 발생하지 않는다.

7 지상권의 소멸

(1) 지상권의 소멸사유
① **일반적 소멸사유**: 토지의 소멸, 존속기간의 만료, 소멸시효, 혼동, 토지의 수용, 지상권에 우선하는 저당권의 실행으로 인한 경매 등
② **특유한 소멸사유**
  ㉠ 지상권설정자의 소멸청구: 토지에 있는 건물·수목이 저당권의 목적이 된 때의 지상권소멸청구는 저당권자에 통지한 후 상당한 기간이 경과함으로써 효력이 생긴다.
  ㉡ 지상권의 포기: 저당권의 목적시는 저당권자의 동의 없이 포기하지 못한다.

(2) 지상권 소멸의 효과
① **지상물수거권**: 지상권이 소멸한 때에는 지상권자는 건물 기타 공작물이나 수목을 수거하여 토지를 원상에 회복하여야 한다(제285조 제1항).

> **기출** 법원이 결정한 지료의 지급을 2년분 이상 지체한 경우, 토지소유자는 법정지상권의 소멸을 청구할 수 있다. (○)

② **지상물매수청구권**: 위 ①의 경우에 지상권설정자가 상당한 가액을 제공하여 그 공작물이나 수목의 매수를 청구한 때에는 지상권자는 정당한 이유 없이 이를 거절하지 못한다(제285조 제2항).

③ **유익비청구권**: 필요비상환청구는 인정하지 않고 유익비상환청구는 인정된다.

④ **편면적 강행규정**: 지상권의 존속기간과 갱신에 관한 규정(제280조~제284조)

(3) 토지에 저당권을 설정하면서 담보설정자의 담보가치 확보를 위해 지상권을 설정한 경우

① 지상권자는 방해배제청구로서 신축 중인 건물철거와 대지인도를 청구할 수 있다.

② 그 피담보채권의 변제 등으로 만족을 얻어 저당권이 소멸한 경우는 물론이고 시효로 소멸한 경우에도 그 지상권은 피담보채권에 부종하여 소멸한다.

③ 그 토지 위에 도로개설·옹벽축조 등의 행위를 한 무단점유자에 대하여 지상권 자체의 침해를 이유로 한 임료상당 손해배상을 구할 수 없다.

8 분묘기지권 제35회

타인의 토지에 분묘를 설치한 자가 그 분묘를 소유하기 위하여 그 묘지부분의 타인소유 토지를 사용할 수 있는 권리로서 지상권에 유사한 일종의 물권이다.

> 참고) 분묘부분이 침해당한 때에는 그 침해의 배제를 청구할 수 있다.

(1) 취득요건

① 토지소유자의 승낙을 얻어 분묘를 설치한 경우

② 자기소유 토지에 분묘를 설치하고 그 토지를 타인에게 양도한 경우

③ 분묘기지권을 시효취득한 경우(단, 지료는 지급해야 한다)

> 참고) 시효취득이 인정되기 위해서는 장사 등에 관한 법률이 시행되기 전에 분묘가 설치된 경우라야 한다(판례).

(2) 권리자가 분묘의 수호와 봉사를 계속하고 그 분묘가 존속하는 한 분묘기지권은 존속하는 것으로 본다.

(3) 등기 불필요

등기 없이 효력이 발생한다(봉분이 공시기능). 따라서 암장이나 평장 또는 가묘는 분묘기지권이 없다.

(4) 분묘를 수호하고 봉사하는 목적을 달성하기 위하여 필요한 범위에 한정된다. 분묘가 설치된 기지만이 아니라, 분묘의 수호 및 제사를 봉사하는 데 필요한 주위의 빈 땅에도 효력이 미친다.

02 지역권 제31회, 제33회, 제34회, 제35회

1 개 설

(1) **의의**: 일정한 목적을 위하여 타인의 토지를 자기토지의 편익에 이용하는 권리로써 부동산 용익물권의 일종이다.

① 요역지는 1필의 토지이어야 하나 승역지는 1필의 토지일 필요가 없으며, 토지의 일부 위에도 지역권은 성립 가능하다.
② 사람의 개인적인 이익을 위한 것(동물학자의 곤충채집이나 화가의 회화제작 등)으로 지역권설정은 불가능하다.
③ 유상·무상의 어느 것으로 하거나 무방하다.
④ 요역지와 승역지의 지상권자, 전세권자, 임차인 사이에도 인정된다.

(2) **성 질**

① 불가분성
  ㉠ 토지공유자의 1인은 그의 지분에 관하여 그 토지를 위한 지역권 또는 그 토지가 부담하는 지역권을 소멸하게 하지 못한다.
  ㉡ 요역지가 수인의 공유인 경우, 공유자 중 1인을 위한 지역권 소멸시효의 중단 또는 정지는 다른 공유자를 위하여서도 효력이 있다.
  ㉢ 공유자의 1인이 지역권을 취득한 때에는 다른 공유자도 이를 취득한다. 점유로 인한 지역권 취득시효의 중단은 지역권을 행사하는 모든 공유자에 대한 사유가 아니면 그 효력이 없다.

② 부종성
  ㉠ 지역권은 요역지와 분리하여 양도하거나 다른 권리의 목적으로 하지 못한다.
  ㉡ 지역권은 요역지소유권에 부종하여 이전하며 요역지에 대한 소유권 이외의 권리의 목적이 된다. 지역권의 이전을 위하여 지역권이전등기를 필요로 하지 않는다.

> **참고** 부종성
> 주된 요역지에 저당권을 설정하면 종된 지역권에도 저당권의 효력이 미친다. 그러나 종된 지역권만을 주된 요역지로부터 독립하여 종된 지역권만을 저당권의 객체로 할 수 없다.

2 지역권의 득실 및 존속기간

(1) **지역권의 취득**

① **일반적 취득사유**: 지역권은 일반적으로 설정계약과 등기로 취득된다. 다만, 지역권을 독립하여 양도할 수 없으므로 요역지의 소유권 또는 이용권에 수반해서만 가능하다.

> **참고** 통행지역권을 주장하는 자는 통행으로 편익을 얻는 요역지가 있음을 주장·증명해야 한다.

② **시효취득**(계속되고 표현된 것)
　㉠ 지역권은 계속되고 표현된 것에 한하여 시효취득이 가능하다.
　㉡ 통행지역권을 시효취득하기 위해서는 스스로 통로를 개설한 경우라야 한다(판례).
　㉢ 토지의 불법점유자는 통행지역권을 시효취득할 수 없다(판례).
　㉣ 통행지역권을 시효취득한 자라고 할지라도 통행지소유자의 손해를 보상할 의무가 있다(판례).

(2) **존속기간**: 명문규정이 없다. 영구무한의 설정이 가능하다.

(3) **소 멸**

① **일반적 소멸사유**: 요역지 또는 승역지의 멸실, 지역권자의 지역권 포기, 혼동, 존속기간의 만료, 약정 소멸사유의 발생, 지역권의 시효 소멸 등에 의해 소멸한다.

② **승역지의 시효취득**: 승역지가 제3자에 의하여 시효취득되는 때에는 지역권은 소멸하는 것이 원칙이다.

③ **소멸시효의 완성**: 지역권은 20년간 행사하지 않으면 소멸한다.

3 효 력

(1) **지역권자의 권리**

① 요역지의 편익을 위한 승역지 사용권(공용성)

② **지역권에 기한 물권적 청구권**: 반환청구권 ×

(2) **승역지이용권자의 의무**

① 계약에 의하여 승역지소유자가 자기의 비용으로 지역권의 행사를 위하여 공작물의 설치 또는 수선의 의무를 부담한 때에는 승역지소유자의 특별승계인도 그 의무를 부담한다.

② 승역지의 소유자는 지역권에 필요한 부분의 토지소유권을 지역권자에게 위기하여 위의 부담을 면할 수 있다.

> **참고** 승역지를 독점적으로 점유할 권능이 없기 때문에 반환청구권은 인정되지 않는다.

03 전세권 제32회, 제33회, 제34회, 제35회

1 의 의

전세금을 지급하고 타인의 부동산을 점유하여 그의 용도에 좇아 사용·수익하는 것을 내용으로 하는 한편, 그 부동산 전부를 담보로 후순위 권리자 기타 채권자보다 전세금의 우선변제권이 인정되는 특수한 용익물권이다.

> 참고 일반적으로 쓰이고 있는 '전세'라는 용어는 여기에서 말하는 물권법상의 '전세권'이 아니라 채권적 전세, 즉 임대차를 의미한다.

2 성 질

(1) 건물뿐만 아니라 토지도 전세권의 목적이 된다. 다만, 농경지는 목적에서 제외된다.

(2) 전세금의 지급은 전세권의 성립요소이다. 기존채권으로 전세금의 지급에 갈음할 수 있다.

(3) 전세권은 용익물권이므로 토지나 건물의 일부에도 설정할 수 있다.

(4) 전세권은 물권이므로, 당연히 양도성과 상속성을 가진다. 다만, 설정행위로서 양도는 금지할 수 있다.

> 참고 토지전세권에는 인정되지 않고 건물전세권에만 인정되는 것으로는 최단기의 제한과 법정갱신이 있다.

3 전세권의 취득과 존속기간

(1) 취 득

① **설정계약에 의한 취득**: 전세권설정계약 + 전세금 + 전세권등기
부동산의 인도는 전세권의 성립요소가 아니다.

② 시효로 인한 취득

(2) 존속기간

① 약정한 경우
  ㉠ 최장기간 및 최단기간: 토지전세권과 건물전세권은 최장기간은 10년, 건물전세권의 최단기간은 1년, 토지전세권의 최단기간 없음
  ㉡ 설정계약의 갱신: 갱신한 날로부터 10년을 넘지 못한다.
  ㉢ 건물전세권의 법정갱신: 존속기간 만료 전 6개월부터 만료 전 1개월까지 사이에 전세권설정자가 전세권의 소멸 등을 통지하지 않은 경우 전 전세권과 동일한 조건으로 다시 전세권을 설정한 것으로 본다. 단 존속기간은 정함이 없는 것으로 본다.
  ㉣ 등기: 존속기간은 등기되어야 제3자에게 대항할 수 있으며, 등기가 없는 경우에는 존속기간의 약정이 없는 것으로 취급된다.

> 판례 전세권의 법정갱신(제312조 제4항)은 법률의 규정에 의한 부동산에 관한 물권의 변동이므로 전세권 갱신에 관한 등기를 필요로 하지 아니하고 전세권자는 그 등기 없이도 전세권설정자나 그 목적물을 취득한 제3자에 대하여 그 권리를 주장할 수 있다(대판 88다카21029).

② **약정하지 않은 경우**: 당사자는 언제든지 상대방에게 전세권의 소멸을 통고할 수 있고 통고를 받은 날로부터 6월이 경과하면 전세권은 소멸한다.

4 효력

(1) 당사자의 기본적 권리의무

① **전세권자의 점유권과 사용·수익권**: 전세권자는 목적부동산을 점유하여 그 부동산의 용도에 좇아 사용·수익할 권리가 있다.

② **원상회복·손해배상의무**: 위에 위반할 경우 전세권설정자는 전세권의 소멸을 청구할 수 있다(전세권자는 전세권설정자의 선택에 따라서 원상회복 또는 손해배상의 의무).

③ **전세권자의 현상유지·수선의무**: 목적물의 현상을 유지하고 그 통상의 관리에 속한 수선을 할 의무가 있다. 따라서 필요비청구권이 인정되지 않는다.

④ **상린관계규정의 준용**: 전세권자와 인지소유자, 전세권자와 인지전세권자 또는 지상권자 사이에도 준용된다.

⑤ **전세권자의 물권적 청구권**: 반환, 방해제거, 방해예방청구권 모두 인정된다.

> 참고 타인의 토지에 있는 건물에 전세권을 설정한 경우, 전세권의 효력은 그 건물의 소유를 목적으로 한 지상권에 미친다.

(2) 건물전세권의 효력

① **지상권·임차권에 대한 효력**: 타인의 토지에 있는 건물에 전세권이 설정된 경우의 전세권의 효력은 그 건물의 소유를 목적으로 한 지상권 또는 임차권에 미친다. 전세권설정자는 전세권자의 동의 없이 지상권 또는 임차권을 소멸하게 하는 행위를 하지 못한다.

② **법정지상권**: 동일 소유자에 속하는 대지와 건물 중 건물에 대해서만 전세권을 설정하여 사용·수익하던 중 대지만에 대한 소유권의 변동이 일어난 경우 그 대지소유권의 특별승계인은 전세권설정자(건물소유자)에 대하여 지상권을 설정한 것으로 본다.

(3) 전세금증감청구권

증액청구의 비율은 전세금의 20분의 1을 초과하지 못하며, 전세권설정계약이 있은 날 또는 약정한 전세금의 증액이 있은 날로부터 1년 이내에는 하지 못한다.

(4) 전세권의 처분

처분의 자유는 인정되나 설정행위로써 금지 가능하고 금지특약은 등기를 하여야 대항할 수 있다.

① **전세권의 양도**: 전세권 양수인은 전세권설정자에 대하여 전세권 양도인과 동일한 권리·의무가 있다.

> **길잡이** 전세금반환채권의 분리양도
>
> 1. 원칙: 전세권이 존속하는 한에는 전세금반환채권과 분리하여 전세권만을 분리양도하지 못한다.
> 2. 예외: 전세권이 소멸한 경우 전세권양수인은 담보물권이 없는 무담보의 채권을 양수한 것이 된다.
>   ① 전세권이 존속기간의 만료로 소멸한 경우
>   ② 전세계약의 합의해지한 경우
>   ③ 전세권 존속 중에는 장래에 그 전세권이 소멸하는 경우에 전세금반환채권이 발생하는 것을 조건으로 그 장래의 조건부 채권을 양도할 수 있을 뿐이다.

② **담보제공**: 전세권에 저당권을 설정하는 것으로 전세권은 저당권의 목적이 될 수 있다.

> **길잡이** 전세권 위에 설정된 저당권 경우의 전세권의 존속기간의 만료와 저당권
>
> 1. 전세권은 전세권설정등기의 말소등기 없이도 당연히 소멸하며, 저당권도 소멸한다.
> 2. 저당권자는 전세권의 목적물인 부동산의 소유자에게 더 이상 저당권을 주장할 수 없다.
> 3. 만일 압류 등이 없는 경우, 전세권설정자는 전세권자에 대해서만 전세금반환의무를 부담하며, 저당권자에게는 전세금반환의무를 부담하지 않는다.

③ **임 대**

전세권자의 임대는 설정자의 승낙을 요하지 않으므로 임대하지 않았으면 면할 수 있는 불가항력으로 인한 손해에 대하여 그 책임을 진다.

④ **전전세**(설정적 승계)

의의	전세권자의 전세권을 유지하면서 다시 전세권을 설정하는 것
취지	전세권자의 투하자본 회수책의 일환
요건	• 전세금의 지급이 있을 것 • 원 전세권의 존속기간 내일 것 • 당사자는 전세권자와 전전세권자 • 전전세권 설정합의와 등기가 있을 것
효과	• 전세권자는 전전세하지 않았으면 면할 수 있었던 불가항력에 대해서도 책임을 진다. • 전전세권이 존재하는 동안 전세권자는 원전세권을 소멸시키지 못한다. • 전전세권이 설정되어도 원전세권은 소멸하지 않는다.

> **참고**
> 1. 원 전세권은 소멸하지 않으며 전전세권의 설정범위 내에서 권리행사가 제한(정지)된다.
> 2. 전 전세권자도 경매권을 가진다.
> 3. 전세권이 소멸하면 전전세권도 소멸한다.

5 소 멸

(1) 소멸사유

① **전세권설정자의 소멸청구**(형성권): 전세권자의 의무위반의 경우
② **전세권의 소멸통고**: 존속기간을 약정하지 않은 경우 각 당사자가 행사(6월 경과 후 소멸, 제313조)
③ **목적부동산의 멸실**(제314조): 목적물의 전부 또는 일부가 불가항력으로 인하여 멸실된 때
④ **전세권의 포기**: 전세권자는 전세권을 자유로이 포기할 수 있지만, 전세권이 제3자의 권리의 목적인 경우에는 제3자의 동의가 있어야 포기할 수 있다.
⑤ **약정소멸사유의 발생**: 당사자가 약정한 소멸사유가 발생하면 전세권은 등기함으로써 소멸한다.

(2) 소멸의 효과

① **원상회복과 동시이행의 항변권**: 전세금반환과 목적물의 반환 및 전세권말소등기에 필요한 서류의 교부가 동시이행관계에 있다.
② **전세권자의 경매청구권과 우선변제권**: 전세권설정자가 전세금의 반환을 지체하는 경우
  ㉠ 전세권자는 전세권의 목적물의 '경매를 청구'할 수 있다(제318조).
  ㉡ 건물의 일부에 대하여 전세권이 설정되어 있는 경우 전세권의 목적물이 아닌 나머지 건물부분에 대하여는 우선변제권은 별론으로 하고 경매신청권은 없다.

(3) 부속물매수청구권

① 전세권자의 매수청구권(전세권설정자로부터 동의 또는 매수한 때)
② 전세권설정자의 매수청구권

> **제316조【원상회복의무, 매수청구권】** ① 전세권이 그 존속기간의 만료로 인하여 소멸한 때에는 전세권자는 그 목적물을 원상에 회복하여야 하며 그 목적물에 부속시킨 물건은 수거할 수 있다. 그러나 전세권설정자가 그 부속물건의 매수를 청구한 때에는 전세권자는 정당한 이유 없이 거절하지 못한다.
> ② 전항의 경우에 그 부속물건이 전세권설정자의 동의를 얻어 부속시킨 것인 때에는 전세권자는 전세권설정자에 대하여 그 부속물건의 매수를 청구할 수 있다. 그 부속물건이 전세권설정자로부터 매수한 것인 때에도 같다.

(4) 유익비상환청구권 ⇨ 임의규정

① 필요비상환청구권은 없다.
② 유익비상환청구권에 대해 유치권이 성립할 수 있다.

참고 전세권의 존속기간이 만료된 경우 목적물을 반환받은 전세권설정자는 전세권 말소에 필요한 서류의 교부가 없음을 이유로 전세금의 반환을 거부할 수 있다. (○)

참고
1. 부동산 일부 위의 전세권자도 부동산 전부의 환가대금으로부터 우선변제를 받을 수 있다.
2. 부동산의 일부에 대하여 전세권을 설정한 경우에는 분할등기 후에 경매신청 가능하다.

제6장 담보물권

> 담보물권
> 01 서 설
> 02 유치권
> 03 저당권

01 서 설

(1) 채권담보의 종류

```
채권담보제도 ─┬─ 일반담보: 채무자의 일반재산
            └─ 특별담보 ─┬─ 인적 담보: 보증채무, 연대채무 등
                       └─ 물적 담보: 담보물권, 양도담보 등
```

(2) 담보물권의 특성(유통성) 제31회

특성	내용
부종성	피담보채권과 운명을 함께함. 즉 피담보채권이 소멸하면 담보권도 소멸됨. 단 근저당권에서는 부종성이 완화됨.
수반성	피담보채권이 이전되면 담보물권도 당연히 그에 따르는 것
불가분성	피담보채권의 전부가 변제될 때까지 목적물의 전부 위에 그 효력을 미치는 것
물상대위성	목적물의 멸실·훼손·공용징수 등에 의하여 채무자가 받게 될 금전 기타의 물건에 그 효력을 미치게 하는 것(유치권 ×) 예 화재보험금, 손해배상금, 강제수용보상금. 단 협의수용보상금은 안됨. ⇨ 인도·지급 전에 압류해야 한다. 다만, 압류는 제3자가 해도 무방(특정성 유지)

> 참고 담보물권의 물상대위성
> 1. 매매대금이나 차임에는 인정 ×(추급효 있으므로)
> 2. 분리된 부합물이나 종물에도 물상대위 ×(가치변형물이 아니므로)
> 3. 우선변제적 효력이 없는 유치권은 물상대위성 ×

02 유치권 제31회, 제32회, 제33회, 제34회, 제35회

1 의 의

타인의 물건 또는 유가증권을 점유한 자가 그 물건이나 유가증권에 관하여 생긴 채권을 가지는 경우에 그 변제를 받을 때까지 그 물건 또는 유가증권을 유치할 수 있는 권리를 말한다.

(1) 채무자의 변제를 간접적으로 강제하며 목적물의 교환가치로부터 우선변제를 받는 것을 내용으로 하는 권리는 아니다.

(2) 독립의 소유권으로서 목적물의 소유권이 누구에게 속하는가에 상관없이 주장할 수 있다(경락인에 대하여서도 유치권을 행사 가능).

> 참고 유치물이 유가증권인 경우에 그 증권의 수치인은 그 보수를 받을 때까지 임치물인 유가증권을 유치할 수 있다.

> 참고
> 1. 법정담보물권이며 부동산 유치권에는 등기가 필요 없다.
> 2. 부종성·수반성·불가분성은 있으나 물상대위성은 없다.

(3) 제한물권이며 타물권이다.

(4) 목적물에 대한 점유를 잃으면 유치권은 소멸하며, 유치권에 기한 반환청구권은 인정되지 않는다.

(5) **불가분성**: 다세대주택의 창호 등의 공사를 완성한 하수급인이 공사대금채권 잔액을 변제받기 위하여 다세대주택 중 한 세대를 점유하여 유치권을 행사하는 경우, 그 유치권은 위 한 세대에 대하여 시행한 공사대금만이 아니라 다세대주택 전체에 대한 공사대금채권의 잔액 전부를 피담보채권으로 하여 성립한다.

참고 건물신축공사를 도급받은 수급인이 사회통념상 독립한 건물이 되지 못한 정착물을 토지에 설치한 상태에서 공사가 중단된 경우, 그 토지에 대해 유치권을 행사할 수 없다.

유치권과 동시이행의 항변권과의 비교

구 분	유치권	동시이행의 항변권
법적 성질	독립한 물권	채권의 한 권능에 불과
목 적	유치권자의 채권담보	선이행의 방지. 즉 상대방의 선이행의 거절
발생원인	법률의 규정에 의한 것이므로 계약, 사무관리, 부당이득 등을 불문	쌍무계약에 기한 채권에서 발생
효 력	• 목적물을 직접 점유하여 유치함이 본래 의미의 효력 • 유치권은 물권이므로 누구에게나 주장 • 경매권 있음 • 거절할 수 있는 급부는 목적물의 인도에 한함	• 상대방에 대한 항변으로서 자기 채무이행을 거절하는 연기적 항변권의 효력 • 쌍무계약의 상대방에 대해서만 주장 • 경매권 없음 • 거절할 수 있는 급부에는 제한이 없음
소멸원인	점유의 상실, 타담보의 제공	이행의 제공을 통해 소멸

판례 유치권이 타물권인 점에 비추어 볼 때 수급인의 재료와 노력으로 건축되었고 독립한 건물에 해당되는 기성부분은 수급인의 소유라 할 것이므로 수급인은 공사대금을 지급받을 때까지 이에 대하여 유치권을 가질 수 없다(대판 91다14116).

2 성립요건

(1) 유치권의 목적물

① 타인의 물건(동산, 부동산) 또는 유가증권
② 물건의 일부에 대해서도 인정한다.
③ 타인은 채무자에 한하지 않고 제3자도 포함한다.

(2) 피담보채권과 목적물과의 인과관계

① 피담보채권은 유치권의 목적물에 관하여 생긴 것이라야 한다.
② 물건의 수선료채권, 목적물에 지출한 비용(필요비, 유익비)의 상환청구권, 물건의 하자로 인하여 생긴 손해배상청구권을 피담보채권으로 유치권이 성립될 수 있다.
③ 채권이 목적물의 반환청구권과 동일한 법률관계 또는 동일한 사실관계로부터 발생한 경우에 유치권이 성립될 수 있다.
④ 채권과 목적물의 점유 사이에는 견련관계가 요구되지 않는다. 또한, 반드시 목적물의 점유 중에 채권이 발생할 것을 요하지 않는다.

(3) 피담보채권이 변제기에 있을 것

피담보채권의 변제기 전까지는 단순 점유이며, 유치권이 성립하지 않는다.

(4) 적법한 점유가 있을 것

① 직접·간접점유를 불문한다. 그러나 채무자를 직접점유로 하는 채권자의 간접점유는 유치권이 인정되지 않는다.
② 불법점유로는 유치권이 인정되지 않는다.

(5) 유치권을 배제하는 특약이 없을 것

임대차의 당사자 간에 소멸시 원상복구하기로 특약을 한 경우에는 필요비나 유익비의 상환청구권을 포기한 것이므로 유치권이 성립되지 않는다.

> **참고** 인정되지 않는 채권
> 1. 임차인의 보증금채권
> 2. 임차인의 권리금채권
> 3. 부속물매수청구권
> 4. 계약명의신탁에서 명의신탁자가 명의수탁자에 대해 가지는 매매대금채권
> 5. 매도인이 부동산을 점유하고 있고 소유권을 이전받은 매수인에게서 매매대금 일부를 지급받지 못한 경우 매매대금채권
> 6. 건물 신축공사 수급인에 대한 건축자재 매매대금채권

3 효 력

(1) 유치권자의 권리

① **목적물의 유치**: 자기채권 전부를 변제받을 때까지 목적물을 유치할 수 있다. 원고의 목적물인도청구의 소에 대해 피고가 유치권을 주장하는 경우 상환급부판결(원고일부 승소판결)을 한다.
② **유치적 효력의 제3자에 대한 주장**
  ㉠ 유치권자는 채무자뿐만 아니라 그 밖의 모든 자에게 대항할 수 있다.
  ㉡ 부동산 경매(강제경매·임의경매)의 경우에 경락인이 유치물에 관한 채권을 변제하지 않으면, 그 경락인에 대해서도 인도를 거절할 수 있다. 그러나 경락인에 대하여 변제청구를 할 수는 없다.

> **참고** 경매개시 결정 후에 성립한 유치권으로는 경락인에게 대항하지 못한다.

③ **경매권과 간이변제충당권**
  ㉠ 환가를 위한 경매: 유치권자의 경매는 우선변제를 받기 위한 것이 아니라 환가를 위한 경매로서의 성질을 가진다.
  ㉡ 우선변제권
    ⓐ 간이변제충당
    ⓑ 과실수취에 의한 변제충당
      • 유치권자는 유치물의 과실을 수취하여 다른 채권보다 먼저 그 채권의 변제에 충당할 수 있다. 그러나 과실이 금전이 아닌 때에는 경매하여야 한다.
      • 과실은 먼저 채권의 이자에 충당하고 그 잉여가 있으면 원본에 충당한다.
    ⓒ 별제권

[참고] 유치권자에게는 경매권은 인정되나 우선변제권은 인정되지 않는다.

④ **유치물사용권**: 보존에 필요한 범위 내에서 또는 채무자의 승낙이 있는 경우에 한해서 유치물의 사용·대여 또는 담보제공할 수 있다. 단, 보존에 필요한 사용에 의해 얻은 이익은 부당이득으로서 반환해야 한다. 공사대금채권에 기해 유치권을 행사하는 자가 주택에 거주하면서 사용하는 것은 보존을 위한 사용에 해당한다.

[참고] 유치권자로부터 유치물의 보관을 위탁받은 자는 소유자의 소유물반환청구권에 대하여 반환을 거절할 수 있다(판례).

⑤ **비용상환청구권**
  ㉠ 유치권자가 유치물에 관하여 필요비를 지출한 때에는 소유자에게 그 상환을 청구할 수 있다.
  ㉡ 유치권자가 유치물에 관하여 유익비를 지출한 때에는 그 가액의 증가가 현존한 경우에 한하여 소유자의 선택에 좇아 그 지출한 금액이나 증가액의 상환을 청구할 수 있다. 법원은 소유자의 청구에 의하여 상당한 상환기간을 허여할 수 있다.

⑥ **물권적 청구권**: 유치권에 기한 반환청구권은 인정되지 않는다.

(2) **의 무**

① **선관주의의무**: 유치권자는 '선량한 관리자의 주의'로 유치물을 점유하여야 한다.

② **임의사용처분금지**: 유치권자는 채무자의 승낙 없이 유치물의 사용·대여 또는 담보제공을 하지 못한다. 그러나 유치물의 보존에 필요한 사용은 그러하지 아니하다.

③ **의무위반의 효과**: 채무자는 유치권의 소멸을 청구할 수 있다. 승낙 없이 유치물을 사용한 경우 곧 유치권이 소멸하는 것은 아니며, 채무자가 소멸청구를 해야만 소멸하게 된다.

[참고] 유치권자가 소유자의 승낙 없이 제3자에게 유치물을 임대한 경우, 임차인은 경락인에게 임대차의 효력을 주장할 수 없다.

4 소 멸

(1) **일반적 소멸사유**: 유치권을 행사하고 있더라도 피담보채권의 소멸시효의 진행은 방해되지 않으나(제326조), 유치권만 독립하여 소멸시효에 걸리지 않는다.

(2) **특수한 소멸사유**
① **채무자의 소멸청구**: 유치권자가 선관주의 의무위반 등의 행위시에 소멸을 청구할 수 있다.
② **타담보의 제공**: 채무자는 상당한 담보를 제공하고 유치권의 소멸을 청구할 수 있다. 단, 채무자의 청구에 대하여 유치권자의 승낙이 있거나 이에 갈음하는 판결이 있어야만 유치권은 소멸한다.
③ **점유의 상실**: 점유를 상실하면 유치권은 소멸한다. 다만, 점유를 빼앗긴 경우에 점유물반환청구권에 의하여 회복한 때에는 점유는 상실하지 않았던 것으로 된다.

03 저당권 제31회, 제32회, 제33회, 제34회, 제35회

1 의 의

채무자 또는 제3자(물상보증인)가 점유를 이전하지 아니하고 채무의 담보로 제공한 부동산 및 기타의 목적물에 대하여 다른 채권자보다 자기채권의 우선변제를 받는 권리를 말한다.

> **참고** 저당권의 가장 큰 특색은 담보로 하는 부동산을 채권자(저당권자)에게 이전하지 않고 저당권설정자(채무자 또는 제3자)가 그대로 이를 보유하는 데 있다.

2 성 립

(1) **저당권설정계약**
① 저당권자는 피담보채권의 채권자가 원칙이나, 제3자 명의로 저당권등기를 하는 데 대하여 채권자와 채무자 및 제3자 사이에 합의가 있었고, 제3자에게 그 채권이 실질적으로 귀속되었다고 볼 수 있는 특별한 사정이 있는 경우에는 제3자 명의의 저당권등기도 유효하다.
② 저당권설정자는 피담보채권의 채무자 이외에 제3자(물상보증인)도 될 수 있다. 저당권설정자는 목적물을 처분할 권리 또는 권능을 가지고 있어야 한다.

(2) **저당권의 설정등기**
저당권은 등기함으로써 효력이 발생한다.

> **참고** 당사자
> 1. **저당권자**
> = 원칙적 채권자
> 2. **저당권설정자**
> = 채무자 또는 제3자

(3) 저당권의 객체(목적물)

① 민법이 인정하는 부동산, 지상권, 전세권

② 상법상 등기된 선박, 입목, 광업권, 어업권, 공장재단, 광업재단, 승용자동차를 제외한 자동차, 항공기, 중기

(4) 저당권의 피담보채권

피담보채권의 종류에는 제한이 없다. 반드시 금전채권일 필요도 없고 장래의 채권이나 조건부 채권이라도 무방하다.

> **참고** 객체가 될 수 없는 물건 또는 권리
> 1. 토지의 일부
> 2. 건물의 일부
> 3. 지역권

3 효 력 제33회

(1) 저당권의 효력이 미치는 범위

① **피담보채권의 범위**

원 본	원본채권의 전부 또는 일부를 등기하면 피담보채권이 된다.
이 자	등기하여야 피담보채권의 범위에 포함된다.
위약금	등기하여야 피담보채권의 범위에 포함된다.
지연이자	• 원본의 이행기일을 경과한 후 1년분에 한한다(후순위 권리자 또는 저당부동산의 제3취득자의 보호를 위해). • 등기 없이도 피담보채권의 범위에 속한다.
저당권 실행비용	• 부동산감정비용, 경매신청등록세 등의 비용도 포함된다. • 등기 없이도 피담보채권의 범위에 속한다.

> **참고** 저당권은 유치적 효력이 없으므로 저당물보존비용, 저당물의 하자로 인한 손해배상은 담보하지 않는다.

② **목적물의 범위**

㉠ 부합물·종물

ⓐ 부합시기는 묻지 않고 저당권의 효력이 미치지만, 다른 약정을 하거나 법률에 특별한 규정이 있는 경우에는 부합물에 대한 저당권의 효력을 배제할 수 있다.

ⓑ 저당부동산에 종된 권리에도 유추적용되어 건물에 대한 저당권의 효력은 그 건물의 소유를 목적으로 하는 지상권에도 미친다(건물의 소유를 목적으로 하는 토지임차권도 동일).

㉡ 과 실

저당부동산에 대한 압류가 있은 후에 저당권설정자가 그 부동산으로부터 수취한 과실(임대차계약에 따른 차임채권도 과실로 취급) 또는 수취할 수 있는 과실에 대해서는 저당권의 효력이 미친다.

> **참고** 저당권은 채권자가 목적물을 점유하는 것을 요소로 하지 않으므로 반드시 등기·등록이 가능한 것에 한하여 설정할 수 있다.

ⓒ 목적토지상의 건물(일괄경매청구권)

　　토지를 목적으로 하는 저당권을 설정한 후에 그 설정자가 그 저당 토지 위에 건물을 소유하고 있으면, 저당권자는 토지와 함께 그 건물에 대해서도 경매를 청구할 수 있으나 건물의 경매대금으로부터는 우선변제 받을 수 없다.

ⓔ 물상대위

　　저당권자는 저당 목적물의 멸실로 인하여 발생한 금전 기타 대체물이 지급되기 전에 압류하여 물상대위할 수 있다. 물상대위의 행사요건인 압류는 반드시 저당권자 스스로 압류하지 않고 제3자가 압류하여도 무방하다.

> **참고** 명인방법을 갖춘 수목은 토지와는 독립한 물건이므로 토지의 저당권의 효력이 미치지 않는다.

> **참고** 저당목적물의 매매로 인한 매매대금에 대한 물상대위는 인정되지 않는다.

길잡이 저당토지 위의 건물에 대한 일괄경매청구권(제365조) 제31회

1. 저당권이 설정된 토지 위에 저당권설정자가 건물을 축조한 때에 저당권자는 토지와 함께 그 건물에 대해서도 경매를 청구할 수 있는 권리가 있는데 이를 저당권자의 '일괄경매청구권'이라 한다.
2. 토지와 건물은 동일인에게 경락되어야 한다.
3. 저당지상의 건물에 대한 일괄경매청구권은 저당권설정자가 건물을 축조한 경우뿐만 아니라 저당권설정자로부터 저당토지에 대한 용익권을 설정받은 자가 그 토지에 건물을 축조한 경우라도 그 후 저당권설정자가 그 건물의 소유권을 취득한 경우에는 저당권자는 토지와 함께 그 건물에 대하여 일괄경매를 청구할 수 있다.
4. 저당권자는 반드시 일괄경매를 청구해야 하는 것은 아니고 자신의 자유로운 선택에 따라 토지만을 경매할 수 있으며, 이러한 경우에 경락인은 법정지상권의 제한을 받지 않게 된다.
5. 다만, 토지·건물을 일괄경매하는 경우에도 저당권의 우선변제적 효력은 건물에 관하여는 미치지 않으므로 그 건물의 경매대가에 대해서는 우선변제를 받을 권리가 없다(제365조 단서). 즉, 저당권자는 토지의 경매대금에 대해서만 우선변제를 받을 수 있을 뿐이다.

> **참고**
> 1. 일괄경매청구권(제365조)
>   • 나대지 저당권설정: 저당권설정 당시 건물 ×
>   • 저당권설정자가 건물 축조, 소유
> 2. 법정지상권(제366조)
>   • 저당권설정 당시 건물이 존재
>   • 토지와 건물이 동일 소유자

> **기출** 甲의 토지에 乙이 저당권을 취득한 후 丙이 토지 위에 축조한 건물의 소유권을 甲이 취득한 경우, 乙은 토지와 건물에 대해 일괄경매를 청구하여 그 매각대금 전부로부터 우선변제를 받을 수 있다. (×)

(2) **경락의 효과**

① **경락인의 권리취득**: 소유권은 경락대금을 완납한 때에 등기 없이 이전한다.

② **경락목적물 위에 다른 권리**

ⓐ 용익물권: 저당권의 설정등기시를 기준으로, 그 이전에 설정된 용익물권은 소멸하지 않는다. 단, 최선순위 전세권자가 배당신청시에는 소멸하고, 순위에 의하여 우선변제권이 인정된다.

ⓑ 담보물권: 경매신청인의 저당권은 물론이고, 다른 저당권도 모두 소멸한다. 다만 유치권은 경매에 의하여서도 그의 유치적 효력을 잃지 않으며, 경락인은 유치권자에게 변제를 하여야만 목적물을 인도받을 수 있다.

> **참고** 저당부동산에 대하여 소유권, 지상권 또는 전세권을 취득한 제3취득자의 지위
> 1. 제3취득자는 경매인이 될 수 있다(제363조 제2항).
> 2. 그 부동산으로 담보된 채권을 변제하고 저당권의 소멸을 청구할 수 있다(제364조).
> 3. 저당물에 지출한 비용에 대하여 우선상환청구권(제367조)을 갖는다.
> 4. 저당권의 실행으로 인한 권리상실의 경우 매도인에게 담보책임을 물을 수 있다(제576조).

(3) 제3취득자의 지위

저당권의 설정 후에도 그 목적물을 양도하거나 지상권, 전세권을 설정할 수 있는데 이러한 경우 소유권의 양수인·지상권자·전세권자 등을 통틀어 제3취득자라 한다. 저당목적물의 후순위 저당권자는 제3취득자가 아니다.

① **제3취득자의 변제**(변제할 채무의 범위)
  ㉠ 제3취득자는 이해관계 있는 제3자이므로, 채무자의 의사에 반해서도 변제할 수 있다.
  ㉡ 제3취득자는 일반저당권의 경우 지연이자는 1년 분에 한하여, 근저당권은 채권최고액만 변제하면 된다.

② **제3취득자의 비용상환청구권**
  저당물의 제3취득자가 그 부동산의 보존·개량을 위하여 필요비 또는 유익비를 지출한 때에는 제203조 제1항·제2항의 규정에 의하여 저당물의 경매대가에서 우선상환을 받을 수 있다.

(4) 저당권 침해에 대한 구제

① **물권적 청구권**
  ㉠ 방해행위의 제거·예방의 청구: 목적부동산의 교환가치가 피담보채권을 만족시킬 수 있는 것이더라도 발생한다. 단, 저당권자는 점유를 수반하지 않으므로 목적물반환청구권은 인정되지 않는다.
  ㉡ 유해(무효)등기의 말소청구

> **기출** 건물의 저당권자는 저당권의 침해를 이유로 자신에게 건물을 반환할 것을 청구할 수 있다. (×)

② **손해배상청구권**
  목적물의 침해로 저당권자가 채권의 완전한 만족을 얻을 수 없게 될 때 발생하며, 저당권의 실행 이전이더라도 불법행위 후 곧 손해배상청구할 수 있다.

③ **담보물보충청구권**
  저당권설정자의 책임 있는 사유로 인하여 저당물의 가액이 현저히 감소된 때에는 저당권자는 저당권설정자에 대하여 그 원상회복 또는 상당한 담보제공을 청구할 수 있다.

> **참고** 담보물보충청구권을 행사하면 손해배상청구권이나 기한이익의 상실로 인한 즉시변제청구권을 행사하지 못한다.

④ **기한의 상실과 즉시변제청구권**
  저당권자는 곧 변제를 청구할 수 있고, 저당권을 실행할 수 있다.

4 저당권의 처분 및 소멸

(1) 저당권의 처분

① **처분의 제한**: 저당권은 그 담보한 채권과 분리하여 타인에게 양도하거나 다른 채권의 담보로 하지 못한다.

② **저당권부채권의 양도**: 담보되는 채권과 저당권을 함께 양도하는 것이다. 이전의 부기등기를 하여야 하고, 채권의 양도로써 채무자 기타 제3자에게 대항하기 위해서는 양도인이 채무자에게 통지하거나 채무자가 승낙하여야 한다.

(2) **저당권의 소멸**

① 피담보채권이 소멸시효로 소멸하면 저당권도 소멸한다. 그러나 저당권만이 독립하여 소멸시효에 걸리지 않는다.

② 지상권, 전세권을 목적으로 저당권을 설정한 자는 저당권자의 동의 없이 전세권을 소멸하게 하는 행위를 하지 못한다.

> **참고** 근저당권이 설정된 후에 그 부동산의 소유권이 제3자에게 이전된 경우 종전의 소유자도 근저당권설정계약의 당사자로서 근저당권자에게 근저당권설정등기의 말소를 구할 수 있는 계약상 권리가 있다.

5 특수한 저당권

(1) **근저당** 제31회, 제33회, 제34회, 제35회

① **의의**: 계속적인 거래관계로부터 생기는 불특정 다수의 채무를 장래의 결산기에 있어서 일정한 한도액(최고액)까지 담보하기 위하여 현재에 설정하는 저당권이다.

② **특성**: 채권의 불특정성, 부종성의 완화

　㉠ 근저당권은 장래의 증감변동하는 불특정 다수의 채권을 최고액까지 담보하는 것이라는 점에서 보통의 저당권과 다르다.

　　ⓐ 근저당권의 효력은 최고액의 범위 내에서 채권액 전부에 미친다. 이자는 최고액에 포함된 것으로 본다(제357조 제2항). 반면, 최고액을 초과하지 않는 한 1년분 이상의 지연이자도 근저당에 의해 담보된다.

　　ⓑ 저당권 실행비용은 최고액에 포함되지 않는다.

　㉡ 근저당권에 있어서는 저당권이 소멸에 있어서의 부종성이 요구되지 않는 점에서 보통의 저당권과 다르다. 즉, 피담보채권이 일시적으로 없더라도 근저당권은 소멸하지 않는다.

③ **성립**

　㉠ 근저당권의 설정등기에는 근저당권설정계약이라는 뜻과 채권의 최고액 및 채무자를 기재하여야 한다.

　㉡ 근저당권의 존속기간 내지 결산기는 등기하지 않아도 근저당권등기는 유효하다(임의적 기재사항).

　㉢ 근저당에 있어서 이자는 최고액 중에 산입된 것으로 보기 때문에 일반저당권의 경우와는 달리 이자는 달리 등기할 필요가 없다.

> **참고** 근저당권은 피담보채권이 확정되기 이전이면 채무의 범위나 채무자를 변경할 수 있다.

> **참고** 내용 없음(확인 필요)

④ 효 력
  ㉠ 피담보채무의 확정
    ⓐ 존속기간이나 결산기의 도래·해지: 근저당권의 피담보채권은 설정계약에서 정한 결산기의 도래, 근저당권의 존속기간이 있는 때에는 그 기간의 만료, 기본계약의 해지 등으로 확정된다.
    ⓑ 경매신청: 근저당권자가 채무불이행을 이유로 경매를 신청한 때에는 피담보채권은 확정된다. 단, 후순위 권리자가 경매를 신청한 경우 선순위 근저당권은 경락대금 완납시에 확정된다.
    ⓒ 채무자의 파산: 채무자가 파산한 경우에는 피담보채권액은 확정되고 그 이후에는 일반저당권으로 전환된다.
  ㉡ 확정의 효력: 피담보채권이 확정되면 그 이후에 발생하는 채권은 근저당권에 의하여 더 이상 담보되지 못한다. 확정 이전에 발생한 원본채권에 관하여, 확정 이후에 발생하는 이자 및 지연이자는 담보된다.
  ㉢ 근저당권의 처분: 근저당권은 개개의 채권에는 부종하지 않는다. 따라서 근저당권에 의해 담보되는 개별채권이 양도된 경우에는 그 개별 채권은 피담보채권의 범위에서 제외된다.
  ㉣ 변경: 근저당권의 피담보채권이 확정되기 이전이면, 채권최고액, 채무자 등을 변경할 수 있으며, 변경 후의 사항만 담보한다.

> **참고** 존속기간이나 결산기의 정함이 없는 때에는 근저당권설정자가 근저당권자를 상대로 언제든지 해지의 의사표시를 함으로써 피담보채무를 확정시킬 수 있다.

> **기출** 근저당거래관계가 계속 중인 경우, 즉 근저당권의 피담보채권이 확정되기 전에 그 채권의 일부를 양도하거나 대위변제하여도 근저당권이 양수인이나 대위변제자에게 이전한다. (×)

(2) **공동저당**
① **의의**: 동일한 채권을 담보하기 위하여 여러 개의 부동산 위에 설정되는 저당권(복수의 부동산에 1개의 저당권이 성립하는 것이 아니라 각 부동산마다 1개의 저당권이 성립되어 목적물의 수만큼의 저당권이 성립하지만 그 모든 저당권은 동일채권의 담보란 단일목적에 의하여 결합됨으로써 서로 일정한 제약을 받는 구조)을 말한다.

② **동시배당**
  ㉠ 채무자 소유의 부동산만 동시에 경매하여 배당한 경우
    각 부동산의 경매대가에 비례하여 피담보채권 분담을 정하고 이는 후순위 저당권자가 있든 없든 불문하고 적용된다.

> **사례** 甲이 乙에 대한 3억원의 채권에 관하여 乙소유의 A(시가 4억원), B(시가 2억원)에 1번 공동저당권을 가지고 있는 경우에 A·B를 동시에 경매하면, 甲은 A의 경매 대가에서 2억원, B의 경매 대가에서 1억원의 우선변제를 받는다.

ⓛ 채무자 소유와 물상보증인 소유의 부동산을 동시배당하는 경우
채무자 소유 부동산의 경매 대가에서 우선배당하고, 부족분이 있을 때에만 물상보증인 소유의 부동산에서 배당한다(판례).

> **사례** 甲이 乙에 대한 3억원의 채권에 관하여 乙소유의 A(시가 4억원), 물상보증인 丙소유의 B(시가 2억원)에 1번 공동저당권을 가지고 있는 경우에 A · B를 동시에 경매하면, 甲은 A의 경매 대가에서 3억원, B의 경매 대가에서 0원의 우선변제를 받는다.

③ **이시배당**
  ㉠ 공동저당권자는 일부만이 경매되는 경우 그 대가에서 채권 전액의 변제를 받을 수 있다. 이 경우 경매된 부동산의 후순위 저당권자는 만약 동시에 경매하여 배당하였더라면 선순위 저당권자가 다른 부동산의 경매대가에서 변제를 받을 수 있었던 금액의 한도에서 선순위자를 대위하여 저당권을 행사할 수 있다.
  ㉡ 채무자 소유의 부동산과 물상보증인 소유의 부동산 중 채무자 소유의 부동산에 대하여 먼저 경매가 이루어진 경우, 채무자 소유의 부동산의 후순위 저당권자는 물상보증인 소유의 부동산에 대하여 공동저당권을 대위할 수 없다(판례).
  ㉢ 채무자 소유의 부동산과 물상보증인 소유의 부동산 중 물상보증인 소유의 부동산에 대하여 먼저 경매가 이루어진 경우, 물상보증인 소유의 부동산의 후순위 저당권자는 채무자 소유의 부동산에 대하여 공동저당권을 대위할 수 있다(판례).

참고 공동근저당권을 이시배당하는 경우에 먼저 한 경매에서 공동근저당권자가 배당받은 채권액을 공동근저당권의 채권최고액에서 공제한 잔액의 범위 내에서만 두 번째 경매에서 배당받을 수 있다.

Part 03 계약법

계약총론

01 서론
02 계약의 성립
03 계약의 효력
04 계약의 해제와 해지

참고 계약은 단독행위·합동행위와 구별되는 개념이다.

참고 편무계약의 구별실익
쌍무계약에 한해 동시이행의 항변권, 위험부담의 법리가 적용된다.

참고 무상계약
1. 소비대차, 위임, 임치는 이자, 보수 지급 여부에 따라 결정
2. 쌍무계약은 언제나 유상계약이지만 유상계약이 반드시 쌍무계약은 아니다. 예 현상광고는 유상계약이나 편무계약이다.

제1장 계약총론

01 서론

1 계약

채권, 채무 발생을 목적으로 하는 것이면 내용, 종류를 불문하고 계약이다.

2 종류 제31회, 제33회, 제35회

전형계약 · 비전형계약	① 전형계약(유명계약): 15종의 계약유형(증여, 매매, 교환, 소비대차, 사용대차, 임대차, 고용, 도급, 현상광고, 위임, 임치, 여행, 조합, 종신정기금, 화해) ② 비전형계약(무명계약): 전형계약을 제외한 계약유형(대물변제, 공탁, 경개 등)
쌍무계약 · 편무계약	① 쌍무계약: 계약당사자가 서로 대가적 의미를 가지는 채무를 부담하는 계약(매매, 임대차, 도급, 유상임치, 유상위임, 유상소비대차) ② 편무계약: 당사자의 일방만이 채무를 부담하거나 또는 쌍방 당사자가 채무를 부담하더라도 그 채무가 서로 대가적 의미를 갖지 않는 계약(증여, 사용대차, 현상광고, 무상소비대차, 무상위임, 무상임치)
낙성계약 · 요물계약	① 낙성계약: 당사자의 합의만으로 성립하는 계약 ② 요물계약: 당사자의 합의 + 목적물의 인도, 일의 완성 등 급부를 하여야만 성립하는 계약(현상광고, 대물변제, 계약금계약)
유상계약 · 무상계약	① 유상계약: 계약당사자가 서로 대가적 의미를 가지는 출연을 하는 계약(매매, 교환, 임대차, 고용, 도급, 현상광고). 유상계약에 관하여는 매매에 관한 규정을 준용한다. ② 무상계약: 당사자 일방만이 출연의무를 진다든가 또는 쌍방 당사자가 출연의무를 지더라도 그들 사이에 대가성이 없는 계약이다(증여, 사용대차).

계속적 계약 · 일시적 계약	① 계속적 계약: 계약의 효과로서 발생하는 채권관계가 계속적으로 실현되는 것(임대차, 고용 등)으로 소멸을 해지라고 하고, 채권양도나 채무인수가 제한되고 사정변경의 원칙이 적용된다. ② 일시적 계약: 일시적으로 실현되는 것(매매, 교환 등)으로 채권양도나 채무인수가 원칙적으로 자유이지만 사정변경의 원칙이 적용될 여지가 없다.
본계약 · 예약	① 본계약: 예약에 의하여 장차 맺어질 계약 ② 예약: 본계약을 체결할 것을 미리 약정하는 계약

3 약 관 제32회

(1) 의 의

① 기업 또는 개인이 다수의 계약을 장차 체결할 때에 그들 계약에 포함시킬 목적으로 미리 일방적으로 작성한 정형적 계약내용(부합계약)을 말한다.

② 약관의 구속력의 근거는 법규범이기 때문이 아니라 당사자가 그 약관에 합의하였기 때문이다.

◇기출 계약의 성질상 설명이 현저하게 곤란한 경우에는 사업자의 설명의무가 면제된다. (○)

(2) 계약에의 편입

① 명시·설명의무를 이행하여야 한다. 불이행하면 약관을 계약내용으로 주장하지 못한다.

② 명시·설명하지 않은 약관
 ㉠ 작성자는 주장 불가능
 ㉡ 고객은 주장 가능

③ 보험약관의 기재사항이 별도의 설명 없이 보험계약자가 충분히 예상할 수 있는 것이거나 이미 법령에 의하여 정하여진 것인 경우에는 보험자에게 명시·설명의무가 없다(대판 2003다7302).

(3) 약관의 해석

① **신의성실의 원칙**: 신의성실원칙에 따라 공정하게 해석하여야 한다.

② **통일적(객관적) 해석의 원칙**: 고객에 따라 다르게 해석해서는 아니 된다. 보통거래약관의 내용은 개개 계약체결자의 의사나 구체적인 사정을 고려함이 없이 평균적 고객의 이해가능성을 기준으로 하되 보험단체 전체의 이해관계를 고려하여 객관적·획일적으로 해석하여야 한다.

③ **작성자 불이익의 원칙**(고객유리해석): 불명확조항은 작성자에게 불리하게 해석

④ **축소해석의 원칙**: 고객에게 불리한 조항은 좁게 해석

참고 약관의 뜻이 명백하지 아니한 경우에는 고객에게 유리하게 해석되어야 한다.

(4) 불공정약관조항에 대한 규제

① **신의칙에 위반하여 공정을 잃은 조항**(동법 제6조 제1항): 무효
② **고객에게 부당하게 불리한 조항**: 무효
③ **일부무효의 특칙**: 불공정한 약관조항만 무효, 나머지 부분은 유효(일부무효의 법리와 반대)

02 계약의 성립

1 합의에 의한 계약 성립 제31회, 제32회, 제35회

(1) **청약**: 상대방의 승낙과 결합하여 일정한 계약을 성립시킬 것을 목적으로 하는 일방적·확정적 의사표시를 말한다.

① **요건**
   ㉠ 상대방의 승낙이 있으면 바로 계약이 성립될 수 있도록 구체적, 확정적 제의
   ㉡ 계약의 내용에 포함되며 채무불이행책임이 수반된다.
   ㉢ 구체적, 확정적 제의가 아닌 경우 청약의 유인이며 채무불이행책임이 없다(상가분양광고).

② **청약의 효력**
   ㉠ 청약의 효력발생시기: 도달주의(제111조)
   ㉡ 발신 후 사정의 변화: 청약 발신 후 도달 전에 청약자가 사망하거나 행위능력을 상실하더라도 청약의 효력에 영향을 미치지 아니한다.
   ㉢ 승낙적격: 승낙을 받을 수 있는 효력으로 승낙기간이 정해진 청약은 그 기간 내에 한하여 승낙이 가능하다. 승낙기간을 정하지 않은 청약은 청약자가 상당한 기간 내에 승낙의 통지를 받지 못한 때에 효력을 잃는다.
   ㉣ 청약의 구속력
      ⓐ 원칙: 청약이 상대방에게 도달한 후에는 임의로 철회하지 못한다(제527조).
      ⓑ 예외: 불특정 다수인에 대한 청약, 승낙기간을 정하지 아니한 대화자 사이의 청약, 철회권을 유보한 청약은 도달 후에도 철회할 수 있다.
      ⓒ 승낙기간이 정해져 있는 경우에는 그 기간 동안, 승낙기간이 정해져 있지 않은 경우에는 상대방이 승낙 여부를 결정·통지하는 데 필요한 상당한 기간 동안 청약을 철회하지 못한다.

참고
1. 피청약자가 승낙을 거절하면 어느 경우에나 청약은 승낙적격 상실. 따라서 승낙기간 내에 생각을 바꿔 승낙하더라도 이미 거절의사가 도달하였다면 계약은 불성립한다.
2. 청약과 동시에 승낙기간을 정해 청약을 해야 하는 것은 아니다.

(2) **승낙**: 청약내용을 모두 수령하고 계약을 성립시킬 목적으로 청약자에 대하여 행하는 의사표시(법률사실)를 말한다.

① 요 건
  ㉠ 주관적 합치: 반드시 특정의 청약자에 대하여 하여야 한다.
  ㉡ 객관적 합치: 승낙과 청약의 내용은 일치하여야 한다. 청약에 조건을 붙이거나 변경을 가한 승낙은 청약을 거절하고 새로운 청약을 한 것으로 보아(도달주의) 청약자의 승낙이 없는 한 계약은 성립하지 않는다(제534조).
  ㉢ 청약이 유효하게 존재하는, 즉 승낙적격이 있는 동안 하여야 한다.

> **참고** 무의식적(숨은) 불합의 승낙자가 청약과 승낙이 불합치했음에도 합치하는 것으로 오신한 경우 계약은 성립하지 않는다.

② 승낙의 효력발생시기(발신주의)
  ㉠ 승낙의 통지를 발신한 때에 계약이 성립한다(승낙 ⇨ 효력발생).
  ㉡ 발신주의의 제한(제528조 제1항, 제529조): 승낙기간이나 상당한 기간 내에 승낙의 통지가 도달하지 않으면 승낙은 소급하여 효력을 잃는다(기간 내 부도달을 해제조건으로 발신주의에 의해 승낙은 효력을 발생한다).

> **참고** 여기서 상당한 기간이란 청약의 도달이나 승낙의 도달에 필요한 기간 등 구체적 사정을 고려하여 객관적으로 판단하여야 한다.

③ 연착된 승낙
  ㉠ 승낙의 통지가 승낙의 기간 후에 도달한 경우에 보통 그 기간 내에 도달할 수 있는 발송인 때에는 청약자는 지체 없이 상대방에게 그 연착의 통지를 하여야 한다(제528조 제2항). 다만, 승낙의 통지가 도달하기 전에 이미 지연의 통지를 발송한 때에는 연착의 통지를 할 필요가 없다.
  ㉡ 청약자가 승낙 연착의 통지를 하지 아니한 때에는 승낙의 통지는 연착되지 아니한 것으로 본다(제528조 제3항). 따라서 그대로 계약이 성립한다.
  ㉢ 연착된 승낙은 청약자가 새로운 청약(도달주의)으로 보고 이를 승낙할 수 있다(제530조).

2 의사실현에 의한 계약 성립

(1) **의의**: 계약체결에 있어서 청약자의 의사표시나 관습에 의하여 승낙의 통지가 필요하지 않은 경우, 명시적인 승낙의 의사표시가 없어도 승낙의 의사표시로 인정되는 사실이 있으면 계약이 성립하는 것을 말한다.

(2) **계약의 성립시기**: 의사실현의 사실이 있는 때(청약자가 그 사실을 안 때 ×)

> **참고** 의사실현에 의한 계약의 성립은 청약자의 이익을 보호하고 계약 성립에 관한 당사자 간의 분쟁을 방지하기 위해 둔 규정이다.

3 교차청약에 의한 계약 성립

(1) 의 의
서로 다른 쌍방 당사자가 각각 같은 내용을 가지는 계약의 청약을 서로 행한 경우(甲이 乙에게 자기 소유건물을 1억원에 매도하겠다는 청약을 하였을 때, 乙이 그 청약을 수령하기 전에 甲에게 그 건물을 1억원에 매수하겠다고 청약한 경우)

(2) 계약 성립시기
양 청약이 모두 상대방에게 도달한 때. 양 청약이 동시에 도달하지 않은 경우 나중청약이 도달한 때 계약이 성립한다.

4 계약체결상의 과실책임 제35회

(1) 성질: 신의칙상 부수의무위반으로 인한 계약책임설

(2) 요 건
① 원시적불능인 경우
② 객관적 전부불능인 경우. 일부불능인 경우 담보책임
③ 일방은 알았거나 알 수 있었던 경우
④ 상대방은 선의·무과실일 것

(3) 효 과
① 신뢰이익(계약의 유효를 믿었음으로 인하여 받은 손해)을 배상하여야 한다(예 목적물을 조사하러 간 비용, 대금지급을 위해 융자받은 금전의 이자).
② 그러나 이행이익(계약이 유효함으로 인하여 생긴 이익액)을 넘지 못한다(예 목적물의 이용이나 전매로 인한 이익).

(4) 계약교섭의 부당파기의 경우에 불법행위로 인한 손해배상책임을 인정하여야 하고, 이 경우 신뢰손해에 한정해서 손해배상을 청구할 수 있다. 그러나 계약체결이 좌절될 수도 있는 경쟁입찰에 참가하기 위하여 제출한 견적서의 작성비용, 제안서 작성비용 등은 손해배상으로 청구할 수 없다.

참고 계약체결상의 과실책임의 법적 성질에 대해 통설은 대체로 '계약책임'으로 구성하고 소수설은 '불법행위책임'으로 보고 있다.

기출 계약체결상의 과실책임은 원시적 불능을 알지 못한 데 대한 상대방의 선의를 요하나 무과실까지 요하지는 않는다. (×)

03 계약의 효력

1 동시이행의 항변권 제31회, 제32회, 제33회, 제35회

(1) **의의**: 쌍무계약에 있어서 상대방이 자기의 채무는 이행하지 않은 채 반대급부만을 청구해 올 경우 급부를 거절할 수 있는 권리를 말한다(연기적 항변권, 공평의 원칙 내지 신의칙).

☑ **동시이행의 항변권과 유치권의 비교**

동시이행의 항변권	유치권
쌍무계약에서 발생하는 채권에 따르는 권능	독립의 물권(법정담보물권)
거절할 수 있는 급부에는 제한이 없음	거절할 수 있는 것은 물건의 인도
담보제공하고 소멸 불가	상이한 담보를 제공하고 소멸 가능
제3자에게 대항 불가	제3자에게 대항 가능

> 참고: 유치권에서는 경매권이 인정되나, 동시이행의 항변권에서는 경매권이 인정되지 않는다.

(2) **성립요건**

① **쌍방의 채무가 동일한 쌍무계약에서 발생**
  ㉠ 쌍방이 서로 채무를 지더라도 그 채무가 다른 법률상의 원인에 의하여 발생한 경우에는 동시이행의 항변권은 인정되지 않는다(대판 88다카10753).
  ㉡ 동일성이 유지되는 한 당사자가 변경되어도 가능하다(상속, 채권양도, 채무인수). 단, 경개계약이 된 경우에는 안 된다.
  ㉢ 일방의 채무가 이행불능 기타 원인으로 소멸한 때에는 소멸. 단 일방의 채무가 이행지체나 채무자의 귀책사유로 이행불능되어 손해배상채무로 변하거나 상대방에게 대상청구권이 생긴 때에는 채무의 동일성이 유지되어 항변권은 존속된다.

② **쌍방의 채무가 변제기에 있을 것**
  ㉠ 선이행의무가 있는 당사자는 원칙적으로 동시이행의 항변권이 없다.
  ㉡ 선이행의무를 지는 경우에도 상대방의 이행이 곤란할 현저한 사유가 있는 경우 불안의 항변권(제536조 제2항)과 선이행의무자가 이행하지 않고 있는 동안에 상대방 채무의 변제기가 도래한 경우에는 예외적으로 동시이행 항변권을 행사할 수 있다.

> 참고: 부수적 채무불이행을 이유로 동시이행항변권을 행사할 수 없다.

③ **일방이 자기채무의 이행 없이 상대방에게 이행을 청구하였을 것**: 쌍무계약의 당사자 일방이 먼저 한 번 현실의 제공을 하고 상대방을 수령지체에 빠지게 하였다 하더라도 그 이행의 제공이 계속되지 않은 경우에는 과거에 이행의 제공이 있었다는 사실만으로 상대방이 가진 동시이행의 항변권이 소멸한다고 볼 수 없다.

> 참고: 이행의 제공이 계속되기 위해서는 제공 후 2회 이상의 최고가 필요하다.

(3) 효 력

① **연기적 항변권**: 상대방이 채무를 이행하거나 이행제공할 때까지 자기채무의 이행을 거절할 수 있는 연기적 항변권(영구적 항변권 ×)

② 동시이행의 항변권을 행사, 주장하지 않아도 항변권의 존재만으로 이행지체책임을 지지 않는다.

③ 동시이행의 항변권은 당사자의 원용(주장)이 있을 때에 비로소 그 기능을 발휘하여 상환급부판결을 하나, 당사자의 주장이 없으면 원고 또는 피고에게 패소판결을 한다.

④ 동시이행의 항변권이 붙은 채권은 이를 자동채권으로 하여 상계하지 못한다.

⑤ 동시이행항변권이 있더라도 채권의 소멸시효는 진행한다.

참고 동시이행항변권을 가지는 경우에는 이행기에 채무를 이행하지 않더라도 이행지체의 책임을 지는 것이 아니다.

(4) 인정범위의 확대

참고 판례가 부정한 경우
1. 변제와 채권증서의 반환
2. 변제와 담보권의 등기말소
3. 보증금의 반환과 임차권등기명령에 의한 임차권등기의 말소
4. 토지거래허가의무와 매매대금지급의무
5. 경매가 무효가 된 경우 매수인(경락인)의 소유권이전등기말소의무와 근저당권자의 배당금반환의무 사이

법률에서 준용하는 경우	• 전세권이 소멸한 때에 전세권자의 목적물 인도 및 전세권설정등기말소의무와 전세권설정자의 전세금반환의무 사이(제317조) • 계약해제로 인한 쌍방의 원상회복의무 사이(제549조) • 부담부 증여에서 쌍방의 의무 사이(제561조) • 매도인의 담보책임을 물어 계약을 해제한 경우의 쌍방의 원상회복의무 사이(제583조) • 일단 완성된 목적물에 하자가 있는 경우에 이를 보수할 수급인의 의무와 도급인의 보수지급의무 사이(제667조) • 종신정기금계약의 해제에 따른 쌍방의 채무 사이(제728조) • 가등기담보에서 채권자의 청산금지급의무와 채무자의 목적부동산에 대한 본등기 및 인도의무 사이(가담법 제4조 제3항)
해석상 인정되는 경우	• 계약이 무효 또는 취소된 경우에 당사자 상호간의 반환의무 • 변제와 영수증의 교부 • 채무변제와 채무이행확보를 위해 종전에 교부한 어음·수표의 반환관계 • 임대차계약이 만료된 경우에 임차인이 임차물을 인도할 의무와 임대인이 보증금 중 연체차임 등 당해 임대차에 관하여 위 인도시까지 생긴 모든 채무를 청산한 나머지를 반환할 의무 사이 • 토지임차인이 그 지상건물의 매수청구권을 행사한 경우에 임대인의 건물대금지급의무와 임차인의 토지인도의무 사이 • 부동산매매에 있어서 잔대금지급과 소유권이전등기의 관계 • 가압류등기가 있는 부동산매매계약에서 매도인의 소유권이전등기의무·가압류등기말소의무와 매수인의 대금지급의무 사이

2 위험부담 제31회, 제34회

(1) **의의**: 쌍무계약상의 일방채무가 채무자의 책임 없는 사유로 이행불능되어 소멸한 경우 그에 따른 불이익(위험)을 누가 부담하느냐 하는 문제를 말한다.

(2) **원칙** ⇨ **채무자위험부담주의**

쌍무계약의 당사자 일방의 채무가 당사자 쌍방의 책임 없는 사유로 이행할 수 없게 된 때에는 채무자는 상대방에게 반대급부의 이행을 청구하지 못한다(제537조). 또한 이미 이행된 것이 있는 경우에는 부당이득반환을 해야 한다.

(3) **예외** ⇨ **채권자의 귀책사유로 인한 채권자위험부담**

① 쌍무계약의 당사자 일방의 채무가 채권자의 책임 있는 사유로 이행할 수 없게 된 때 또는 채권자의 수령지체 중에 당사자 쌍방의 책임 없는 사유로 이행할 수 없게 된 때에는 채무자는 채권자에게 반대급부의 이행을 청구할 수 있다(제538조). 즉, 채무자는 의무를 면하나 채권자는 의무를 면하지 못한다.

② **이익상환의무**: 채무자는 자기채무를 면함으로써 이익을 얻은 때에는 이를 채권자에게 상환하여야 한다.

(4) **위험의 이전**: 특정물 매매에 있어서 채무자는 채권 성립 당시 특정물이 있던 장소에서 인도하여야 하므로 인도시에 위험이 매수인에게도 이전하는 것이 원칙이다. 부동산의 경우에는 소유권이전등기를 한 때를 기준으로 이전하고, 등기에 앞서서 인도가 행해진 때에는 부동산 인도시에 위험이 이전된다.

3 제3자를 위한 계약 제31회, 제32회, 제33회, 제35회

(1) **의의**: 계약당사자가 아닌 제3자로 하여금 직접 계약으로부터 생긴 권리를 취득하게 하는 것을 목적으로 하는 계약을 말한다(보험계약, 변제공탁, 병존적 채무인수 등).

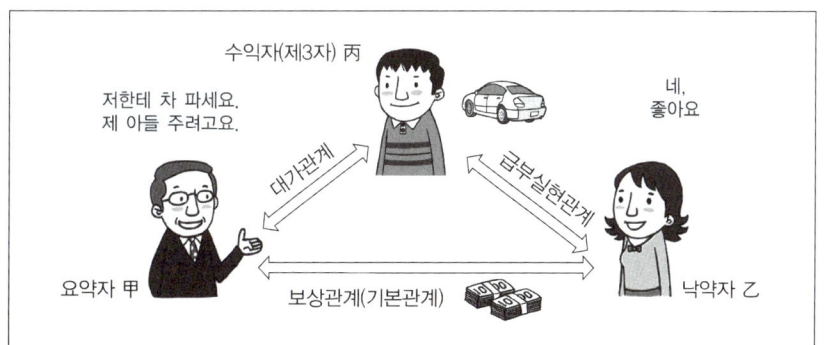

[판례]
1. 제3자를 위한 계약은 제3자에게 단순히 권리만을 부여해야 하는 것은 아니고, 제3자에게 일정한 대가의 지급 기타 일정한 부담하에 권리를 부여하는 것도 가능하다(대판 65다1620).
2. 낙약자가 제3자에 대한 채권에 관하여 채무의 면제를 하는 계약도 유효하다(대판 78다709).
3. 중첩적 채무인수계약은 제3자를 위한 계약이다.

(2) 요건

① 당사자(요약자와 낙약자) 사이에 유효한 계약이 성립
② 제3자로 하여금 직접 권리를 취득하게 하는 의사표시(제3자 약관)
③ 제3자는 계약 성립시에 현존하지 않아도 가능(태아, 설립 중인 법인 등)
④ 제3자가 취득하는 권리는 채권 또는 물권뿐만 아니라 채무면제도 가능
⑤ 제3자에게 권리취득하면서 약간의 의무를 부담하는 내용도 유효
⑥ 제3자를 위한 계약이 아닌 경우
  ㉠ 이행인수계약
  ㉡ 면책적 채무인수계약

(3) 효력

① **제3자(수익자)에 대한 효력**
  ㉠ 수익자는 계약의 당사자가 아니다. 따라서 계약해제권 ×, 취소권 ×, 원상회복청구나 상대방이 되지 않는다. 단, 제3자 보호규정의 적용에는 보호되는 제3자에 해당하지 않는다.
  ㉡ 수익의 의사표시[채무자(낙약자)에 대하여 직접 권리를 취득]
    ⓐ 수익자의 권리는 채무자(낙약자)에 대하여 수익의 의사표시를 한 때에 발생한다.
    ⓑ 낙약자는 상당한 기간을 정하여 계약의 이익의 향수 여부의 확답을 제3자에게 최고할 수 있고 채무자가 그 기간 내에 확답을 받지 못한 때에는 제3자가 수익을 거절한 것으로 간주된다.
    ⓒ 수익자의 수익의 의사표시 이후에 낙약자의 채무불이행이 성립하면 수익자는 손해배상을 청구할 수 있다.
    ⓓ 제3자의 권리가 발생한 때에는 계약당사자도 이를 변경 또는 소멸시키지 못한다.

② **요약자에 대한 효력**
  ㉠ 제3자에의 급부청구권: 요약자는 채권자로서 낙약자에 대하여 제3자에 대한 채무를 이행할 것을 청구할 권리를 말한다.
  ㉡ 계약해제권: 제3자의 수익의 의사표시가 있은 후 낙약자의 채무불이행에 대하여 요약자는 단독으로(제3자의 동의나 승낙 없이) 계약을 해제할 수 있다.

[참고] 요약자는 낙약자가 제3자에 대한 채무를 이행치 아니할 때 계약을 해제하고 자기의 채무를 면할 수 있다. 그러나 제3자는 계약의 당사자가 아니므로 해제권·취소권은 행사할 수 없고, 다만 낙약자의 채무불이행을 이유로 손해배상은 청구할 수 있다.

③ 낙약자에 대한 효력
  ㉠ 급부의무·반대급부청구권: 낙약자는 제3자에게 채무부담하나 요약자에 대하여 반대급부를 청구, 즉 쌍무계약의 경우 급부의무와 반대급부의무는 동시이행관계이다.
  ㉡ 항변권: 요약자와 낙약자 사이의 계약(제3자의 권리를 발생시킨 본래의 계약)에 한정 낙약자는 계약에 기한 항변으로 제3자에게 대항할 수 있다.
  ㉢ 요약자는 수익자와의 법률관계를 이유로 항변할 수 없다.

> **참고**
> 1. 보상관계(요약자-낙약자)의 하자: 계약의 성립에 영향을 미친다.
> 2. 대가관계(요약자-제3자)의 하자: 계약의 성립에 영향을 미치지 아니한다.

04 계약의 해제와 해지

| 해 제 | 1회적 계약 | 소급효 | 원상회복의무(손해배상청구) |
| 해 지 | 계속적 계약 | 비소급효 | 청산의무(손해배상청구) |

1 계약의 해제 제31회, 제33회, 제34회, 제35회

(1) 해제의 의의와 종류

① 의의: 당사자 일방의 의사표시에 의해 유효하게 성립하여 존재하는 계약관계를 해소하고 처음부터 계약이 존재하지 않았던 것과 같은 상태에 복귀시키는 것을 말한다.

② 구별개념
  ㉠ 해제계약(합의해제): 당사자 쌍방의 합의에 의해 계약이 해소되는 경우

구 분	법정해제	합의해제
성 질	상대방 있는 단독행위	계약
사 유	채무불이행	당사자 합의
효 과	• 손해배상청구 ○ • 대금반환시에 이자 가산 ○	• 손해배상청구 × • 대금반환시에 이자 가산 ×
소급효	소급효 ○	소급효 ○
제3자	제3자 보호 ○	제3자 보호 ○

ⓛ 취소와 비교

구분	해 제	취 소
대상	계약에 한정	모든 법률행위(단독행위, 계약, 합동행위)
사유	채무불이행·하자담보책임(법정해제권), 당사자의 약정(약정해제권)	제한능력, 착오, 의사표시의 하자 등 법률의 규정
효과	계약관계의 소급적 소멸(직접효과설), 원상회복, 손해배상	법률행위의 소급적 무효, 부당이득반환
권리의 소멸	상대방의 최고, 목적물의 훼손, 반환불능, 변경, 행사기간 경과(제척기간 10년)	추인 또는 법정추인, 법률행위를 할 수 있는 날로부터 3년 경과, 법률행위를 한 날로부터 10년 경과
반환 범위	언제나 전부반환	• 선의·제한능력자: 현존이익의 반환 • 악의: 전부반환
공통점	일반적 의사표시(형성권, 단독행위), 소급효가 있음	

ⓒ 실권약관특약: 매수인이 중도금 또는 잔금을 지체하면 당연히 해제된다는 특약을 말한다. 채무불이행이 있으면 당사자의 의사표시를 기다리지 않고서 계약은 당연히 효력을 잃는다는 점에서 해제의 의사표시를 해야 효과가 발생하는 해제와 차이가 있다.
  ⓐ 중도금 연체: 자동 해제
  ⓑ 잔금 연체: 등기를 제공하여 상대방을 연체에 빠지게 한 경우 해제
ⓔ 해제조건: 조건의 성취로 당연히 장래에 향하여 효력이 소멸
ⓜ 철회: 아직 법률효과가 발생하고 있지 않은 법률행위의 효력을 장래에 그 효력이 발생하지 않도록 하는 의사표시

③ 성 질
  ㉠ 상대방 있는 단독행위
  ㉡ 형성권(계약당사자와 그 승계인)
  ㉢ 약정해제권과 법정해제권

용어 형성권
권리자의 일방적 의사표시에 의하여 법률관계의 발생·변경·소멸 등의 변동을 발생시키는 권리를 말한다.

용어 약정해제권
당사자의 약정으로 계약을 체결할 때에 특약으로 해제권을 유보하는 것을 말한다.

(2) **해제권의 발생**

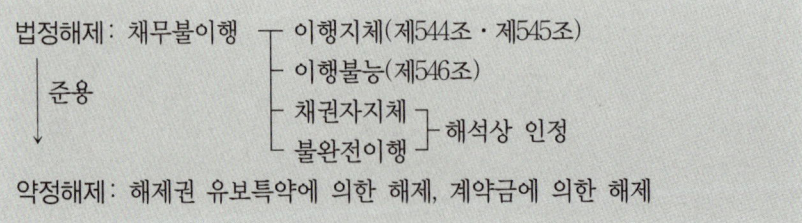

① 약정해제권의 발생
　㉠ 계약금의 수수 : 다른 특약이 없는 한 계약금이 수수된 계약에는 해제권이 보유된 것으로 추정된다(제565조).
　㉡ 약정해제권이 유보된 경우에는 최고 없이도 즉시 계약을 해제할 수 있다.

② 법정해제권의 발생
　각종 계약에 특유한 것과 공통한 것(채무불이행과 사정변경의 원칙)
　㉠ 이행지체로 인한 해제권
　　ⓐ 해제권 발생을 위하여 원칙적으로 최고를 필요로 한다.
　　ⓑ 최고를 요하지 않는 경우 : 정기행위(채무자가 이행거절을 분명히 한 경우)
　㉡ 이행불능의 해제권
　　ⓐ 채무자의 귀책사유로 인한 후발적 불능의 경우, 채권자에게 법정해제권이 인정된다.
　　ⓑ 매매목적물에 제3자의 가압류가 경료되어 있다는 사실만으로 계약의 이행이 불가능한 것으로 볼 수 없다.
　　ⓒ 매수인의 귀책사유로 이행불능이 된 경우 매수인은 계약을 해제하지 못한다.
　　ⓓ 해제권 발생을 위하여 최고를 요하는 것은 아니다.
　㉢ 불완전이행의 해제권
　　ⓐ 완전이행이 가능한 경우에는 상당한 기간을 정하여 완전이행을 최고한 후 유예기간이 경과한 때에 해제할 수 있다.
　　ⓑ 완전이행이 불가능한 경우에는 최고 없이 곧 해제할 수 있다.
　㉣ 채권자지체에 의한 해제권 : 해석상 인정
　㉤ 부수적 채무의 불이행과 해제 : 계약의 주된 목적의 달성에 필수적인 것이 아닌 부수적 채무의 불이행에 의해서는 해제권이 발생하지 않는다.

(3) **해제권의 행사**

① 해제권자 : 계약당사자의 지위를 갖는 자만이 해제권을 갖는다.

② 해제권의 행사
　㉠ 최 고

과대최고	• 본래의 수량을 청구하는 취지로서 채무의 동일성이 인정되는 정도이면 본래 급부할 수량의 범위에서 유효하다. • 최고의 수량이 현저히 과대하여 본래의 수량을 제공하여도 수령하지 않을 것이 명백한 정도이면 최고로서의 효력이 없다.
과소최고	• 최고한 수량만큼만 최고의 효력이 있다. • 다만, 근소한 과소최고는 전부최고로서의 효력이 있다.

참고 손해배상청구의 규정(제551조)은 채무불이행을 전제로 하는 것이므로 약정해제에는 적용이 없다.

참고 **일부이행지체의 경우**
채무의 일부이행은 채무의 내용에 좇은 이행이 아니므로 채권자는 원칙적으로 계약 전부를 해제할 수 있다. 다만, 수량적 가분급부의 경우 불이행부분만의 계약해제로 채권자의 이익이 충분히 보호될 수 있거나 불이행부분이 경미한 때에는 불이행된 부분에 한해 해제권이 발생한다.

참고 **최고 없이 해제 가능한 경우**
약정해제, 채무자가 미리 이행하지 아니할 의사를 표시한 경우, 정기행위, 이행불능(추완이 불가능한 불완전이행, 실권약관특약), 약정해제

참고
1. 최고기간이 상당한 기간에 미달할 때에는 최고는 유효하나 상당한 기간이 경과함으로써 해제권을 행사할 수 있게 된다.
2. 실권약관특약의 경우를 제외하고는 최고가 불필요한 경우에도 해제의 의사표시는 필요하다.
3. 해제권의 발생요건을 경감하는 특약도 유효하다(이행지체가 있으면 최고하지 않고 해제할 수 있다는 특약도 유효하다).
4. 해제 후에도 사기나 강박 등을 이유로 취소할 수 있다.

ⓒ 해제의 의사표시
  ⓐ 상대방에 대한 의사표시(무방식, 원칙적으로 조건이나 기한을 붙이지 못함, 단 상대방을 불리하게 하지 않는 조건을 붙이는 것은 가능)
  ⓑ 해제의 불가분성: 행사 + 소멸
    • 당사자의 일방 또는 쌍방이 수인: 전원으로부터 또는 전원에 대하여 하여야 한다(반드시 동시에 할 필요 없음).
    • 다수 당사자 간의 계약에서 해제권이 당사자 1인에 대하여 소멸한 때에는 다른 당사자에 대하여도 소멸한다(계약으로 발생한 채무가 분할채무이든 불가분채무이든 연대채무이든 상관없다).
  ⓒ 해제권의 불가분성에 관한 규정은 임의규정이므로 당사자의 특약이 가능하다.
  ⓓ 해제의 의사표시는 철회하지 못한다.

(4) **해제의 효과**

① 해제의 소급효
  ㉠ 계약의 소급적 실효: 해제에 의해 모두 소급적으로 소멸하고 이행된 급부는 법률상 원인을 상실하므로 부당이득으로 반환의무가 생긴다.
  ㉡ 물권변동과의 관계: 물권 해제가 있으면 당연히 복귀한다.
  ㉢ 제3자의 보호(소급효의 제한): 소급적으로 소멸하더라도 제3자의 권리를 해하지 못한다. 제3자란 해제된 계약으로부터 생긴 법률적 효과를 기초로 하여 새로운 이해관계를 가졌을 뿐 아니라 등기나 인도 등으로 완전한 권리를 취득한 자를 지칭한다.
    • 계약상의 채권을 양도받은 양수인 또는 그 채권을 압류한 자는 특별한 사정이 없는 이상 제3자에 포함되지 않는다.
    • 계약해제 당시 이미 주택임대차보호법 소정의 대항요건을 갖춘 임차인은 제3자에 해당한다.
    • 해제된 계약에 의하여 채무자의 책임재산이 된 계약의 목적물을 가압류한 가압류채권자는 제3자에 해당한다.
    • 해제의 의사표시 후 등기말소 전에 물권 또는 대항력 있는 임차권을 취득한 선의의 제3자는 제3자에 속한다.

② 원상회복의무
  ㉠ 처음부터 계약이 성립하지 않았던 상태로 복귀할 의무를 부담
  ㉡ 원물상환의 원칙: 수령한 원물의 멸실·훼손·소비 등으로 원물상환이 불가능하게 된 때에는 예외적으로 가격상환(해제 당시의 가격)을 하게 된다.

주의 甲이 乙에게 매매를 이유로 등기를 한 후에 甲이 매매를 해제한 경우, 물권적 효과설에 의하면 乙명의의 등기를 말소하지 않아도 해제와 동시에 소유권은 소급하여 甲에게 복귀한다.

기출 부동산매매계약의 해제 후 해제를 원인으로 하는 소유권이전등기의 말소등기가 있기 전에 해제사실을 모르는 제3자가 저당권을 취득한 경우 해제는 그 제3자에 대해서 효력이 없다. (○)

참고 원상회복은 부당이득 반환의 성질을 가지나 선의·악의와 현존이익의 여부를 묻지 아니하고 받은 급부를 전부 반환해야 한다.

ⓒ 이자의 가산: 채무의 이행으로 금전이 급부된 경우에는 그 받은 금액에 관하여 받은 날로부터 이자를 붙여서 반환하여야 한다. 이는 일종의 부당이득반환의 성질을 가지는 것이지 반환의무의 이행지체로 인한 손해배상이 아니다.
ⓔ 채무자가 목적물을 사용한 경우에는 반환까지의 그 사용에 의한 대가도 반환하여야 한다.

③ **손해배상의 청구**
㉠ 계약의 해제는 손해배상의 청구에 영향을 미치지 아니한다.
㉡ 계약의 이행으로 인하여 채권자가 얻을 이익, 즉 이행이익을 손해로서 청구하여야 하는 것이 원칙이지만 그에 갈음하여 채권자가 그 계약이 이행되리라 믿고 지출한 비용, 즉 신뢰이익의 배상을 구할 수도 있다.

④ **해제의 효과와 동시이행**: 계약이 해제됨으로써 당사자 쌍방이 원상회복의무·손해배상의무를 부담하게 되는 때에는 동시이행관계에 있다.

주의 배상액의 예정이 있는 경우 해제가 있더라도 그 특약은 유효하다.

(5) 해제권의 소멸

① **일반적 소멸원인**
㉠ 제척기간: 해제권은 형성권이므로 제척기간에 걸리며 그 기간은 10년이다.
㉡ 포기: 해제권자는 일방적 의사표시에 의하여 해제권을 포기할 수 있다.
㉢ 해제권의 실효
㉣ 해제권 발생 후의 이행

② **해제권에 특수한 소멸원인**
㉠ 존속기간의 경과 및 상대방의 최고(제552조)
  ⓐ 존속기간이 정해져 있는 경우 그 기간이 경과하면 소멸
  ⓑ 존속기간이 정해져 있지 않은 경우 상당한 기간을 정하여 최고 ⇨ 상대방이 그 기간 내에 해제의 통지를 받지 못하면 해제권은 소멸
㉡ 해제권자의 귀책사유로 인한 목적물의 훼손 또는 반환불능

참고 채무불이행으로 인해 해제권이 발생한 이후에 해제권을 행사하기 전에 채무자가 채무의 내용에 따른 이행을 하게 되면 해제권은 소멸한다.

2 계약의 해지 제31회

(1) 계속적 계약에 있어서도 이행에 착수하기 전에 채무불이행이 있으면 해지를 하게 된다(소비대차, 사용대차, 임대차, 고용, 위임, 임치, 조합, 종신정기금, 정기증여).

(2) 효 과

① 장래에 향하여 효력 소멸
② 청산의무
③ 손해배상의 청구에 영향을 미치지 않음

참고 계약의 해지는 소급효가 없으므로 원상회복의무를 부담하지 않으며, 청산의무를 진다.

제2장 계약각론

01 매매

1 의의

매매는 당사자 일방이 재산권을 상대방에게 이전할 것을 약정하고 상대방이 그 대금을 지급할 것을 약정함으로써 그 효력이 생긴다(제563조).

(1) 매매는 낙성·쌍무·유상·불요식계약으로서 매매에 관한 규정은 원칙적으로 다른 유상계약에 준용된다(제567조).

(2) 매매의 목적물인 재산권은 현존하여야 하는 것이 아니며, 장래에 있어서 성립될 재산권도 매매의 목적이 될 수 있다.

(3) 타인의 물건이나 권리도 매매의 목적물이 될 수 있다.

(4) 현실매매도 매매의 일종이다.

(5) 매매는 대금지급을 목적으로 하는 계약이다. 대금은 금전에 한한다. 만일 금전이 아닌 다른 물건이나 권리의 이전을 목적으로 하는 경우에는 매매가 아니라 교환이다(제596조).

2 성립 제33회, 제34회

(1) **매매의 예약**(제564조)

① 민법은 매매의 예약에 대해 일방예약에 관하여서만 규정하고 있으므로(제564조 제1항), 매매의 예약은 일방예약으로 추정된다.

② 예약완결권
   ㉠ 형성권, 예약의무자의 승낙은 필요 없다.
   ㉡ 예약권리자가 상대방에 대하여 매매완결의 의사표시를 할 수 있는 권리로서 양도성이 있고, 부동산매매계약의 예약완결권은 가등기가 가능하고 가등기 후에는 제3자에게 대항할 수 있다.
   ㉢ 예약완결권은 행사기간을 정한 경우에는 그 기간 내에, 행사기간을 정하지 않은 경우에는 예약이 성립한 날로부터 10년 내에 행사하여야 한다.

③ 예약완결의 기간을 정하지 않는 경우 예약자는 상당한 기간을 정하여 매매완결 여부의 확답을 상대방에게 최고할 수 있다. 만일 예약권리자가 그 기간 내에 확답을 받지 못한 때에는 예약은 그 효력을 잃는다(도달주의).

계약각론
- 01 매매
- 02 교환
- 03 임대차

참고 매매는 재산권이전과 이에 대한 대금 지급이라는 두 가지 점에 합치가 있으면 성립한다. 따라서 목적물인도의무와 대금의 지급시기 등에 대해서는 반드시 계약체결 당시에 구체적으로 특정될 필요는 없고 이를 사후에라도 구체적으로 특정할 수 있는 방법과 기준이 정해져 있으면 족하다.

용어 현실매매
계약과 동시에 당사자의 일방이 대금을 지급하고 이에 대하여 상대방이 재산권을 이전하는 매매로서 즉시매매라고도 한다.

참고 상가에 관하여 매매예약이 성립한 이후 법령상의 제한에 의해 일시적으로 분양이 금지되었다가 다시 허용된 경우, 그 예약완결권 행사는 이행불능이라 할 수 없다.

참고 매매의 일방예약은 상대방이 매매를 완결할 의사를 표시하는 때에 매매의 효력이 생긴다(예약완결권자의 완결의 의사표시를 정지조건으로 하는 정지조건부매매).

용어 예약완결권
매매의 일방예약에 의하여 일방 당사자는 상대방에 대하여 매매완결의 의사표시를 할 수 있는 권리를 말한다.

(2) **계약금** 제31회, 제33회, 제34회, 제35회
① 계약을 체결할 때에 당사자의 일방으로부터 상대방에게 교부되는 금전 기타의 물건을 말한다.
② 계약금계약은 요물계약이며 매매계약의 종된 계약이다. 매매계약과 동시에 체결되어야 하는 것은 아니다.

◇기출 매매계약의 성립 후에 교부된 계약금도 계약금으로서의 효력이 있다. (○)

③ 종 류
  ㉠ 증약금: 계약체결의 증거로서의 성질
  ㉡ 위약금: 특약을 한 경우에만 위약금 성질 발생
    ⓐ 위약금은 손해배상액의 예정으로 추정된다.
    ⓑ 매도인에 대한 위약금약정이 있고 매수인에 대한 위약금약정이 없는 경우, 매수인은 위약금지급의무가 없다.
    ⓒ 위약금약정이 없는 경우 매수인이 계약을 위반하더라도 계약금이 당연히 매도인에게 귀속되는 것은 아니다.
    ⓓ 위약금약정이 있을 경우에 계약금은 해약금의 성질과 위약금(손해배상예정액)의 성질을 함께 가진다.
  ㉢ 해약금: 특약을 하지 않는 경우

📢참고 계약금은 언제나 증약금의 성질을 갖는다.

📢참고 채무불이행으로 법정해제시에도 위약금약정이 있을 때에는 계약금 이상의 손해배상은 청구할 수 없다.

④ 해약금의 추정
  ㉠ 계약금, 보증금 등 그 명칭에 관계없이 원칙적으로 해약금의 성질을 가진 것으로 추정한다.
  ㉡ 해약금이 교부된 경우에는 당사자 간에 다른 약정이 없는 한 당사자의 일방이 이행에 착수할 때까지 교부자는 이를 포기하고 수령자는 그 배액을 상환하여 매매계약을 해제할 수 있다.
    ⓐ 약정한 계약금의 일부만 지급된 상태에서 수령자가 계약금에 의한 해제를 하기 위하여 상대방에게 상환하여야 할 계약금의 배액은 일부 지급된 금액이 아니라 약정 계약금을 기준으로 하여야 한다(판례).
    ⓑ 매도인이 계약금의 배액을 상환하고 계약을 해제하려면 계약해제의 의사표시 이외에 계약금의 배액 상환이 있으면 족하고 상대방이 수령을 하지 않는다고 이를 공탁할 필요까지는 없다(판례).
    ⓒ 매도인이 매매계약의 이행에는 전혀 착수한 바가 없다 하더라도 매수인이 중도금을 지급하여 이미 이행에 착수한 이상 매수인은 계약금을 포기하고 매매계약을 해제할 수 없다.
    ⓓ 토지거래허가지역에서 허가를 받은 것만으로 이행의 착수는 아니다.
    ⓔ 매도인이 매수인을 상대로 잔대금지급을 청구하는 소송만을 제기한 것만으로는 이행의 착수에 해당하지 않는다.
    ⓕ 특약이 없는 한 이행기 전에 이행한 경우에도 이행의 착수로 본다.
  ㉢ 원상회복의무나 손해배상청구권 발생하지 않는다.

🔖주의 우리 민법은 당사자의 특별한 약정이 없는 경우, 계약금은 해약금으로 추정하고 있다(제565조 제1항).

◇기출 매매계약의 일부 이행에 착수한 매수인은 매도인의 이행착수 전에는 임의로 계약금을 포기하고 계약을 해제할 수 있다. (×)

🔖주의 해약금해제와 일반적인 해제와의 구별
1. 동일점: 소급효가 있음
2. 차이점
  • 원상회복의무 없음: 일방의 채무이행 전에만 할 수 있으므로
  • 손해배상의무 없음: 채무불이행에 의한 해제가 아니므로

(3) **계약비용의 부담**: 당사자 쌍방이 균분하여 부담한다(예 목적물의 측량이나 평가, 계약서작성비는 포함되나 등기비용은 포함되지 않음).

3 효 력

(1) **매도인의 의무**(재산권이전의무)

① 매도인은 매수인에게 매매의 목적물이 부동산인 경우에는 등기에 협력할 의무를 지며, 동산인 경우에는 인도를 행할 의무를 진다.
② 종물은 주물의 처분에 따르는 것이 원칙이므로 특약이 없는 한 종물 또는 종된 권리(지상권, 대지사용권 등)도 이전해야 한다.
③ 매매계약이 있은 후 아직 인도하지 않은 매매의 목적물에서 생긴 과실은 매도인에게 속한다. 매매목적물의 인도 전이라도 매수인이 매매대금을 완납한 때에는 그 이후의 과실수취권은 매수인에게 귀속된다.
④ 매도인의 재산권이전의무는 특별한 약정이나 관습이 없으면 매수인의 대금지급의무와 동시이행의 관계에 있다.
⑤ 이전하여야 할 권리는 특별한 사정이 없는 한 아무런 부담이 없는 완전한 것이어야 한다.

> **참고** 부동산매매에 있어서 대금지급과 동시이행의 관계에 있는 것은 등기이지 목적물의 인도가 아니다.

(2) **매수인의 의무**(대금지급의무)

① **대금지급시기**: 매수인은 매도인의 목적물 인도 및 재산권 이전에 대한 반대급부로서 대금을 지급할 의무를 부담한다. 매도인의 채무이행기는 동시에 매수인의 대금지급시기로 추정된다(제585조).
② **대금지급장소**
  ㉠ 매도인의 주소(제467조 제2항) 예 지참채무의 원칙
  ㉡ 목적물의 인도장소(제586조) 예 매매의 목적물인도와 동시에 대금을 지급해야 할 경우
③ **대금이자**: 매수인은 목적물을 수령하기까지 이자지급의무를 지지 않는다.
④ **대금지급거절권**: 제536조(동시이행의 항변권), 제588조의 매매목적물에 대해 권리는 주장하는 자가 있는 경우, 위험한도에서 매수인은 거절 가능하다.
⑤ 매수인이 위 ④를 행사시 매도인은 매수인에 대해 대금공탁청구가 가능하다(제589조).

4 매도인의 담보책임 제31회, 제33회

(1) **의의**: 매매의 목적인 물건 또는 권리에 하자 내지 불완전한 점이 있는 때에 매도인이 매수인에 대하여 부담하는 책임이다.

① 법정책임이다.
② 무과실책임이다. 매도인의 고의·과실이 없어도 담보책임을 진다.
③ 특정물뿐만 아니라 불특정물(종류매매)에도 인정된다(제581조).
④ 원시적 일부불능의 경우에도 인정된다(목적물이 일부멸실된 경우, 제574조).
⑤ 후발적 불능에 인정되는 위험부담의 책임과 다르다.
⑥ 매도인의 담보책임을 면제·경감·가중하는 특약은 원칙적으로 유효하다. 단, ㉠ 매도인이 하자를 알고 고지하지 않는 경우, ㉡ 담보책임의 발생요건이 되는 권리를 매도인이 제3자에게 설정 또는 양도한 경우 특약이 있더라도 담보책임을 진다(신의칙에 반하기 때문).
⑦ 담보책임과 타 제도의 관계
   ㉠ 담보책임이 인정되는 경우에 동시이행항변권이 준용된다(제583조).
   ㉡ 담보책임과 착오의 경합 담보책임에 관한 규정만 적용된다.

> **참고** 원시적 전부불능은 계약체결상의 과실책임(제535조)

(2) **권리에 관한 담보책임**

① **권리의 전부가 타인에게 속하는 경우의 담보책임**(제570조)
   ㉠ 요건: 타인의 권리도 이를 매매의 목적으로 할 수 있다. 그러나 이 경우 매도인은 그 권리를 취득해서 매수인에게 이전하여야 한다. 매도인이 이를 취득해서 매수인에게 이전할 수 없는 경우에는 담보책임을 지게 된다(원시적·주관적·전부불능).
   ㉡ 내용
      ⓐ 선의의 매수인: 권리가 매도인이 아닌 타인에게 속한 것임을 알지 못한 선의의 매수인은 계약을 해제하고 손해배상도 청구할 수 있다.
      ⓑ 악의의 매수인: 매수인이 계약 당시에 그 권리가 매도인에게 속하지 아니함을 안 때에는 계약은 해제할 수 있으나 손해배상청구권은 인정되지 아니한다.
      ⓒ 권리의 전부가 타인에게 속하여 이전할 수 없는 경우의 담보책임은 제척기간행사에 제한이 없다.
      ⓓ 담보책임을 물어 해제할 때는 최고할 필요가 없으며 손해배상은 이행이익의 배상으로 보는 것이 판례의 입장이다.

> **기출** 매수인이 매매목적인 권리의 전부가 제3자에 속한 사실을 알고 있었더라도 매도인이 이를 취득하여 이전할 수 없는 때에는 매매계약을 해제할 수 있다. (○)

> **판례** 타인의 권리를 매매한 자가 권리이전을 할 수 없게 된 때에는 매도인은 선의의 매수인에 대하여 불능 당시의 시가를 표준으로 그 계약이 완전히 이행된 것과 동일한 경제적 이익을 배상할 의무가 있다(대판 66다2618).

ⓒ 선의의 매도인에 대한 특칙: 선의의 매도인은 손해배상을 하고 계약을 해제할 수 있다. 그러나 이 경우에 매수인이 악의인 때에는 그 권리를 이전할 수 없음을 통지하고 계약을 해제할 수 있다(제571조).

② **권리의 일부가 타인에게 속하는 경우의 담보책임**(제572조)
  ㉠ 요건: 매매의 목적인 권리의 일부가 타인에게 속하기 때문에 매도인이 그 부분의 권리를 매수인에게 이전할 수 없어야 한다(원시적·주관적·일부불능).
  ㉡ 내 용
    ⓐ 선의의 매수인
      • 원칙: 대금감액청구권 + 손해배상청구권
      • 예외: 잔존부분이라면 매수하지 않았으리라는 사정이 있는 때 ⇨ 해제권 + 손해배상청구권
    ⓑ 악의의 매수인: 대금감액청구권
  ㉢ 제척기간
    ⓐ 매수인이 선의: 그 불능사실을 안 날로부터 1년 이내
    ⓑ 매수인이 악의: 계약한 날로부터 1년 이내

③ **수량부족·일부멸실에 대한 담보책임**(제574조)
  ㉠ 요건: 당사자가 수량을 지정한 매매에 있어서 수량이 부족하거나, 목적물의 일부가 계약 당시에 이미 멸실한 경우에 매도인은 담보책임을 지게 된다(원시적·객관적·일부불능).
  ㉡ 내 용
    ⓐ 선의의 매수인
      • 원칙: 대금감액청구권 + 손해배상청구권
      • 예외: 잔존부분이라면 매수하지 않았으리라는 사정이 있을 때 ⇨ 해제권 + 손해배상청구권
    ⓑ 악의의 매수인: 담보책임을 물을 수 없다. 수량부족이나 일부멸실임을 알고서 매수한 자는 그러한 사정을 고려하여 매매대금을 조정하고 계약을 했을 것이기 때문이다.
  ㉢ 제척기간: 선의의 매수인은 그 사실을 안 때로부터 1년 이내에 행사하여야 한다.

④ **용익적 권리의 제한으로 인한 담보책임**(제575조)
  ㉠ 요건: 매매의 목적물이 지상권, 지역권, 전세권, 질권, 유치권, 대항력 있는 임차권의 목적으로 되어 있거나, 목적물을 위하여 있어야 할 지역권이 존재하지 않음으로써 매수인이 목적물을 충분히 사용·수익할 수 없게 된 경우에 매도인은 담보책임을 지게 된다.

참고 제574조는 특정물의 매매에 관해서만 적용되며, 불특정물의 매매에 있어서는 급부된 물건이 부족하더라도 그것은 단순한 채무불이행일 뿐 담보책임의 문제가 되지는 않는다.

기출 수량을 지정한 매매에서 계약 당시 매매목적물의 수량부족을 안 매수인은 대금감액을 청구할 수 있다. (×)

용어 제척기간
매수인의 계약해제권과 손해배상청구권은 용익권의 존재 또는 지역권의 부존재를 안 날로부터 1년 내에 행사하여야 한다.

ⓒ 내 용
　　ⓐ 선의의 매수인
　　　• 원칙: 손해배상청구권
　　　• 예외: 목적달성 불능 ⇨ 해제권 + 손해배상청구권
　　ⓑ 악의의 매수인: 매도인은 담보책임을 지지 않는다.
⑤ **저당권, 전세권에 의한 제한으로 인한 담보책임**(제576조)
　㉠ 매수인이 채무인수한 때에는 담보책임을 물을 수 없다.
　㉡ ┌ 경매가 실행된 때: 해제권 + 손해배상청구권
　　　└ 매수인의 출재로 소유권을 보전한 때: 구상권 + 손해배상청구권
　　ⓐ 저당권 또는 전세권의 존재에 관한 매수인의 선의·악의는 묻지 않는다.
　　ⓑ 제576조의 담보책임에 대해서는 제척기간이 없다. 즉 매수인은 언제든지 매도인에 대하여 담보책임을 물을 수 있다.
　　ⓒ 저당권이 설정되어 있다는 사실만으로 매수인은 담보책임을 물을 수는 없다.
　㉢ 가등기의 목적이 된 부동산을 매수한 사람이 그 뒤 가등기에 기한 본등기가 경료됨으로써 그 부동산의 소유권을 상실하게 된 때에는 민법 제576조의 규정이 준용된다고 보아 같은 조 소정의 담보책임을 진다.

책임원인	매수인	대금감액청구권	계약해제권	손해배상청구권	제척기간
권리의 전부가 타인에게 속하는 경우	선의		○	○	규정
	악의		○	×	×
권리의 일부가 타인에게 속하는 경우	선의	○	○	○	사실을 안 날로부터 1년
	악의	○	×	×	계약한 때로부터 1년
수량부족·일부멸실	선의	○	○	○	사실을 안 날로부터 1년
	악의	×	×	×	
용익적 권리에 의해 제한	선의		○	○	사실을 안 날로부터 1년
	악의		×	×	
저당권·전세권 행사에 의해 제한	선의		○	○	×
	악의		○	○	×

(3) 물권의 하자로 인한 담보책임

① 의 의
   ㉠ 원시적 하자일 것
   ㉡ 매수인이 선의임과 동시에 무과실일 것
   ㉢ 제척기간은 하자를 발견한 때로부터 6개월

② **특정물 매매에 있어서의 담보책임**(제580조)
   ㉠ 원칙: 손해배상청구권
   ㉡ 목적달성 불가능: 해제권 + 손해배상청구권

③ **종류물 매매에 있어서의 하자담보책임**(제581조): 특정된 후에 하자가 있을 때 매수인(선택)은 특정물 매매와 동일한 담보책임을 물을 수 있거나, 완전물의 급여를 청구할 수 있다.

(4) 경매에 있어서의 담보책임

① **요건**: 공경매에 한함
② 물건의 하자에 대한 담보책임은 인정되지 않고 권리의 하자에 대해서만 인정
③ **내 용**
   ㉠ 원칙 ⇨ 해제권 또는 대금감액청구권
      ⓐ 선의의 경락인은 채무자에 대해 계약의 해제 또는 대금감액의 청구 가능
      ⓑ 채무자의 무자력으로 만족을 얻지 못한 때에는 채권자에 대하여 그 대금 전부나 일부의 반환을 청구 가능
   ㉡ 예외 ⇨ 손해배상청구권
      ⓐ 채무자가 물건 또는 권리의 흠결을 알고 고지하지 않은 경우
      ⓑ 채권자가 하자의 존재를 알고 경매를 청구한 때
④ **제척기간**: 모두 1년의 제척기간

5 환 매 제32회, 제33회, 제34회

(1) 의 의

매도인이 매매계약과 동시에 특약으로 환매할 권리를 보류한 경우에 그 권리를 일정한 기간 안에 환매권을 행사하여 매매의 목적물을 다시 매수하는 것

(2) 성 질

① 환매권자의 일방적 의사표시로 발생(형성권) ⇨ 해제권유보부 매매
② 환매권은 재산권이므로 양도·상속·채권자대위권의 대상이 된다.
③ 매매목적물이 부동산인 경우 매매등기와 동시에 환매권의 유보를 등기한 때는 제3자에게 대항할 수 있다.

(3) 요 건

① **목적물**: 제한이 없다[동산·부동산·재산권(채권·무체재산권)].
② 환매대금은 원매매대금에 원매수인이 부담한 매매비용을 더한 금액이나 환매대금에 관하여 당사자 사이에 특약이 있으면 그 특약에 의한다(제590조 제2항). 목적물의 과실과 대금의 이자는 상계한 것으로 본다.
③ 환매기간은 다시 연장하지 못한다. 약정으로 이를 넘은 때에는 부동산은 5년, 동산은 3년으로 단축된다.
④ **환매권의 대위행사**(제404조)
  환매권은 매도인의 채권자가 대위행사할 수 있다.

(4) 효 과

① 환매시에는 매수인은 목적물을 반환하고, 매도인은 환매대금을 반환하여야 한다.
② 목적물의 과실과 대금의 이자는 상계되므로, 당사자 사이에 특약이 없으면 대금의 이자는 반환할 필요가 없다.
③ 매매계약이 무효이면 환매특약도 무효이다.
④ 환매기간을 정한 경우에는 그 기간을 다시 연장하지 못한다.
⑤ 환매특약등기는 매수인의 권리취득의 등기에 부기하는 방식으로 한다.
⑥ 환매특약은 매매계약과 동시에 해야 한다.

(5) 공유지분의 환매

공유지분도 환매할 수 있다.

> **용어 공유물분할**
> 공유관계에 있는 각 공유자 중 하나가 당해 공유관계의 소멸을 희망하는 경우에 그 희망자의 분할청구에 의하여 공유의 대상이 되는 목적물을 각각의 지분에 따라 각 공유자에게 따로이 귀속시키는 것을 말한다.

02 교 환 제32회

(1) 의의 및 성질

① 당사자 쌍방이 금전 이외의 재산권을 상호 이전할 것을 약정함으로써 성립하는 낙성·쌍무·유상·불요식계약을 말한다.
② 매매는 반대급부가 금전인데 비해 교환은 물건이나 권리의 양도이다.

> **참고** 부동산소유권의 이전 대가로 주식을 양도받는 약정은 교환계약이다.

(2) 성 립

① 당사자 쌍방이 금전 이외의 재산권을 이전하기로 약정하면 성립한다(제596조).
② **보충금**: 교환하는 재산권 가격이 불균형한 경우 일방이 보충적으로 지급하기로 하는 금전을 말한다. 이 보충금에는 매매대금에 관한 규정을 준용한다. 보충금의 미지급은 교환계약의 해제사유가 된다.

(3) 효력
① 쌍무계약이므로 동시이행항변권과 위험부담의 문제가 발생한다.
② 유상계약이므로 매매의 규정이 준용된다(제567조).

03 임대차 제32회, 제34회, 제35회

1 의 의

당사자의 일방이 상대방에게 목적물을 사용·수익하게 하고 그 대가로서 상대방이 차임을 지급할 것을 약정함으로써 성립하는 낙성·유상·쌍무·불요식계약을 말한다.

2 성립요건

(1) **임대차의 목적물**
① 물건에 한하며 권리는 민법상 임대차의 목적이 되지 못한다.
② 물건의 일부도 가능하다.
③ 반드시 임대인의 소유이어야 할 필요는 없고 임대인에게 그것을 처분할 권한이 있어야 하는 것은 아니다.

> 참고: 임대차의 목적물은 타인의 물건이라도 상관없다.

(2) **차임**: 금전에 한하지 않고 곡물이나 기타의 대체물의 지급이 가능하다.

3 부동산임차권의 물권화경향

> 참고: **부동산임차권의 물권화**
> 1. 임차권의 대항력
> 2. 방해배제청구권
> 3. 존속기간의 보장
> 4. 처분권의 인정

(1) 부동산임차인의 법률상 지위를 용익물권자에 상당할 정도로 강화시킴으로써 부동산임차권을 물권에 접근시키고 있는 경향을 말한다.

(2) **내 용**
① **대항력의 강화**
  ㉠ 민법상으로 임대차는 일반적으로 대항력이 없으나 다음 두 가지 경우에는 예외적으로 대항력을 갖는다.
    ⓐ 부동산임차인은 당사자 간에 반대약정이 없으면 임대인에게 대하여 그 임대차등기절차에 협력할 것을 청구할 수 있으며, 등기한 때에는 그때부터 제3자에 대하여 대항력이 있다(제621조).

ⓑ 건물의 소유를 목적으로 하는 토지임대차에 있어서는 등기하지 않은 경우에도 임차인이 그 지상건물을 등기하면 제3자에 대항할 수 있다(제622조, 건물멸실 후에는 대항력 없음).
ⓒ 주택임대차(상가건물임대차)의 대항력
　　ⓐ 주택임대차에서는 임차인이 주택을 인도받고 주민등록을 마친 때에는, 그 다음 날부터 대항력이 생긴다(동법 제3조 제1항).
　　ⓑ 상가건물 임대차보호법에서는 상가건물을 인도받고 사업자등록신청한 때에는 그 다음 날부터 대항력이 생긴다(동법 제3조 제1항).
② 방해배제
　㉠ 등기된 임차인 : 임차권에 기한 방해제거청구권 행사
　㉡ 점유하고 있는 임차인 : 점유보호청구권
　㉢ 임대인의 방해배제청구권의 대위행사
③ **임차권의 처분가능성**(부인) : 임차인에게 처분의 자유는 인정되지 아니하며, 임대인의 동의가 있어야 양도·전대할 수 있다.
④ **임차권의 존속보장** : 임대차의 최단기간에 대하여 민법은 아무런 규정을 두고 있지 않으며 주택임대차보호법과 상가건물 임대차보호법에서는 기간을 2년(상가는 1년) 미만으로 정한 주택임대차(상가임대차)는 그 기간을 2년(상가는 1년)으로 본다. 다만, 임차인은 2년(상가는 1년) 미만으로 정한 기간이 유효함을 주장할 수 있다고 규정하고 있다.

4 임대차의 존속기간

(1) 약정한 경우

① 최장기 제한은 없다.
② 최단기 제한은 없다. 단, 특별법(주택임대차 : 2년, 상가건물 임대차 : 1년)상 제한이 있다.

참고 임대차의 최장기간을 20년으로 제한하는 민법규정은 헌법재판소의 위헌결정으로 효력이 상실되었다.

(2) 약정기간이 없는 경우(강행규정으로 임차인에게 불리한 경우는 무효)

① 해지통고 : 임대차기간의 약정이 없는 때에는 당사자 쌍방은 언제든지 계약해지의 통고를 할 수 있다(제635조 제1항).
② 해지통고 후 해지의 효력
　㉠ 토지·건물 기타 공작물의 임대차에서 임대인이 해지통고를 한 때에는 6월, 임차인이 해지통고를 한 때에는 1월이 경과한 후에, 동산임대차는 5일 경과시 해지의 효력이 생긴다.

ⓒ 주택(상가건물)임대차에서 묵시적 갱신 후 임차인이 해지의 통고를 하면 임대인에게 그 통지가 도달한 때로부터 3월을 경과하면 해지의 효력이 생긴다.

(3) 임대차의 갱신

① **계약에 의한 갱신**(계약갱신청구권과 지상물매수청구권)
토지임대차에 있어서 그 기간이 만료한 경우에 건물·수목 기타 지상시설이 현존한 때에는 임차인은 계약의 갱신을 청구할 수 있으며, 이 경우 임대인이 계약의 갱신을 원하지 아니할 때에는 임차인은 상당한 가액으로 그 공작물이나 수목의 매수를 청구할 수 있다(제643조).
  ㉠ 토지임차인의 계약갱신청구권, 지상물매수청구권을 규정한 제643조는 편면적 강행규정이다. 따라서 이에 위반한 특약으로서 임차인에게 불리한 것은 효력이 없다.
  ㉡ 기간의 약정이 없는 토지임대차에서 임대인이 해지통고한 때에는 임차인은 계약갱신을 청구할 필요 없이 즉시 지상물매수를 청구할 수 있다.
  ㉢ 임차인의 채무불이행으로 계약이 해지된 경우에는 지상물매수청구권을 행사할 수 없다.

② **법정갱신**(강행규정이 아님)
  ㉠ 기간이 만료한 후에도 임차인이 임차물의 사용·수익을 계속하는 경우에는 임대인이 상당한 기간 내에 이의를 제기하지 않은 때에는 전 임대차와 동일한 조건으로 다시 임대차한 것으로 본다.
  ㉡ 다만, 존속기간은 약정이 없는 것으로 된다.
  ㉢ 제3자가 제공한 담보는 기간의 만료로 소멸한다(임차인이 제공한 것은 소멸 ×).

5 임대차의 효력 제31회, 제32회, 제33회

(1) 임대인의 의무

① **목적물을 사용·수익하게 할 의무**
  ㉠ 목적물인도의무: 임대인은 임차인으로 하여금 목적물을 사용·수익케 하기 위하여 그 목적물을 인도하여야 한다.
  ㉡ 방해제거의무: 제3자가 임차인이 점유하는 임차물을 침탈하는 등으로 그 사용·수익을 방해하는 경우에 임대인은 임차인을 위하여 그 방해를 제거하여야 한다.

ⓒ 수선의무(임의규정)
  ⓐ 임대인은 임대차계약이 존속하는 동안 임차인에 대하여 임대물의 사용·수익에 필요한 수선의무를 적극적으로 부담한다(제623조). 그 결과 임차인에게는 필요비상환청구권이 인정된다.
  ⓑ 임대인이 임대물의 보존에 필요한 수선을 하고자 할 때에 임차인은 이를 거절하지 못한다(제624조). 그러나 임대인이 임차인의 의사에 반하는 보존행위를 하는 경우에, 그로 인해 임차인의 목적을 달성할 수 없을 때에는 임차인은 계약을 해지할 수 있다(제625조).
  ⓒ 수선의무는 특약으로 면제될 수 있다. 대규모 수선은 면제되지 않고 소규모 수선만 면제 가능하다.
  ⓓ 통상의 임대차에서는 임대인은 도난방지 등과 같은 보존의무를 부담하지 않는다.

② **담보책임**: 임대차는 유상계약이므로 매매에 관한 규정을 준용한다.

(2) 임차인의 권리(임차권)

① **임차권**(목적물의 사용·수익권)
  ㉠ 임차인은 계약 또는 그 목적물의 성질에 의하여 정하여진 용법으로 임차물을 사용·수익하여야 한다(제654조).
  ㉡ 임차인은 임대인의 승낙 없이 임차물을 타인에게 용익하게 할 수 없다(제629조). 임차인이 이와 같은 임차권의 범위에 위반하는 사용·수익을 하는 때에는 임대인은 위반행위의 정지와 손해배상을 청구할 수 있으며 또한 계약을 해지할 수도 있다.
  ㉢ 건물의 임차인이 그 건물의 소부분을 타인에게 사용하게 하는 경우에는 임대인의 동의 없이 자유로이 할 수 있다(제632조).

② **차임증감청구권**(제628조, 편면적 강행규정)
임대물에 대한 공과부담의 증감 및 기타 경제사정의 변동으로 인해 약정한 차임이 상당하지 아니하게 된 때에는 당사자는 장래에 대한 차임의 증감을 청구할 수 있다.

③ **비용상환청구권**(제626조, 강행규정 아님)
  ㉠ 임대차를 위한 객관적 비용을 의미하며 임차인의 주관적 영업이익을 위하여 지출된 비용(예 간판설치비 등)은 비용청구의 대상이 되지 않는다.
  ㉡ 임의규정: 건물임차인이 자신의 비용을 들여 증축한 부분을 임대인의 소유로 귀속시키기로 하는 약정은 임차인이 원상회복의무를 면하는 대신 투입비용의 권리주장을 포기하는 내용이 포함된 것이다.
  ㉢ 필요비: 임대차가 존속하는 동안에도 지출 후 즉시 상환청구 가능하다.

참고
1. 특별한 사정이 없는 한 특약에 의하여 면하는 것은 소규모의 수선에 한한다 할 것이고, 기본적 설비부분의 교체 등과 같은 대규모의 수선은 이에 포함되지 아니한다.
2. 일시사용을 위한 임대차에도 임대인의 수선유지에 관한 제623조는 적용된다.

참고 부동산임차권은 원칙적으로 채권이지만, 이를 등기한 때에는 그때부터 제3자에 대해서도 효력이 있다. 등기된 임차권이 제3자에 의하여 침해당하고 있는 경우에 임차인은 임차권에 대해 방해제거청구권이 인정된다.

참고 임차인은 특별한 사정이 없는 한 자신이 지출한 임차물의 보존에 관한 필요비 금액의 한도에서 차임의 지급을 거절할 수 있다.

ⓔ 유익비: 임대차가 종료한 때에 그 가액 증가가 현존하는 경우에 한하여 목적물을 반환받은 날부터 6월 이내에 행사하여야 한다(유치권 ○).

④ **건물임차인의 부속물매수청구권**(강행규정, 형성권): 건물 기타 공작물의 임차인이 임대인의 동의 얻어 부속시킨 물건 또는 임대인으로부터 매수한 부속물이 있는 때에는 임대차가 종료한 때에 임대인에 대하여 그 부속물의 매수를 청구할 수 있다.

㉠ 제646조가 규정하는 부속물매수청구의 대상이 되는 부속물이란 건물에 부속된 물건으로서 건물의 구성부분으로는 되지 아니한 것으로서, 건물의 사용에 객관적인 편익을 가져오게 하는 물건이라고 할 것이므로 부속된 물건이 오로지 임차인의 특수목적에 사용하기 위하여 부속된 것일 때에는 이에 해당하지 않는다.

㉡ 채무불이행: 임대차계약이 임차인의 채무불이행으로 인하여 해지된 경우에는 임차인은 제646조에 의한 부속물매수청구권이 없다.

☑ **부속물매수청구권과 비용상환청구권의 비교**

부속물매수청구권	비용상환청구권
• 건물과는 독립한 물건 • 임대인의 동의를 얻어 부속하거나 임대인으로부터 매수시 • 강행규정 • 일시사용에는 부적용 • 유치권 ×	• 건물의 구성부분 • 비용이 발생하면 가능 • 임의규정 • 일시사용시에도 적용 • 유치권 ○

⑤ **토지임차인의 계약갱신청구권·지상물매수청구권**(제643조, 강행규정, 형성권) 건물 기타 공작물의 소유 또는 식목, 채염, 목축을 목적으로 한 토지임대차의 기간이 만료한 경우에 건물, 수목 기타 지상시설이 현존하면 임차인은 계약갱신을 청구할 수 있고, 거절당했을 때에는 지상물의 매수를 청구할 수 있다.

㉠ 임대인의 동의 없는 건물, 무허가 불법건물, 경제적 가치가 없는 건물, 임대인에게 소용 없는 건물, 미등기건물, 근저당권이 설정된 건물 등 지상물이 현존하면 매수청구할 수 있다.

㉡ 임대인 토지와 제3자 토지에 걸쳐져 건축된 건물은 임차지상 건물부분이 구분소유의 객체가 될 수 있는 경우에 한하여 매수청구할 수 있다.

㉢ 지상물매수청구 당시 시가로 매매가 결정되며, 철거비용을 포함한 모든 비용을 청구할 수는 없다.

㉣ 근저당권이 설정된 경우 채권최고액을 공제한 나머지 금액이 아닌 건물의 시가가 매수대금이 된다.

📝 **참고**
1. 부속물매수청구권을 행사하려면 임대차가 종료하여야 한다.
2. 적법하게 전대된 경우에는 전차인도 부속물매수청구권을 행사할 수 있다.

🔑 **기출** 일시사용을 위한 임대차에서는 부속물매수청구권이 인정되지 않는다. (○)

🔑 **기출** 부속물매수청구권에 관한 규정은 강행규정이므로 이에 위반하는 약정으로 임차인이나 전차인에게 불리한 것은 그 효력이 없다. (○)

📝 **참고** 강행규정이 아닌 것
1. 임차권의 양도·전대의 제한
2. 법정갱신
3. 비용상환청구권

📝 **참고** 편면적 강행규정
1. 경제적·사회적 약자에게 불리한 약정을 한 경우에만 무효로 하는 규정
2. 일부멸실과 감액청구, 해지권(제627조)
3. 차임증감청구권(제628조)
4. 기간약정 없는 임대차 해지통고(제635조)
5. 차임연체와 해지(제640조)
6. 임차인의 갱신청구권·매수청구권(제643조)
7. 임차인의 부속물매수청구권(제646조) 등

(3) 임차인의 의무

① **차임지급의무**
   ㉠ 차임의 지급시기: 특약이 없으면 후급이 원칙(제636조)
   ㉡ 차임채권의 확보를 위한 법정담보물권(제648조, 제650조, 제649조)
   ㉢ 차임지급연체와 계약의 해지(2기 이상 연체)
   ㉣ 공동차주의 연대채무(제654조)

② **목적물보관의무**(선량한 관리자의 주의의무로서 보관)

③ **목적물반환의무**

☑ 임대인·임차인의 권리와 의무

임차인	• 권리: 임차물을 사용·수익하는 권리, 비용상환청구권, 계약갱신청구권, 지상물매수청구권, 부속물매수청구권, 차임감액청구권, 보증금반환청구권 • 의무: 임차물반환의무, 임차물보관의무, 차임지급의무, 임차권의 무단 양도·전대하지 않을 의무, 공동임차인의 연대의무
임대인	• 권리: 차임지급청구권, 차임증액청구권, 목적물반환청구권, 법정담보물권, 임대물의 보존에 필요한 행위를 할 권리 • 의무: 비용상환의무, 목적물을 사용·수익하게 할 의무, 담보책임

6 임차권의 양도와 전대

(1) 의 의

① **원칙**: 임차권의 양도 또는 임차물의 전대는 임대인의 동의를 얻어야 한다. 임대인의 동의를 얻지 않은 경우에 임대인은 임대차계약을 해지할 수 있다(제629조).

② **예 외**
   ㉠ 건물의 임차인이 그 건물의 소부분을 타인에게 사용하게 하는 경우에는 임대인의 동의 없이 자유로이 할 수 있다(제632조).
   ㉡ 임차인이 임대인의 동의 없이 임차권을 양도한 때 그것이 임대인을 배신했다고 볼 수 없는 특별한 사정이 있을 때에는 임대인은 해지할 수 없다.

(2) 동의 있는 양도·전대의 효과

① **임대인의 동의 있는 임차권의 양도**: 양도인은 임대차관계에서 벗어나고, 임차권은 동일성을 유지하면서 양수인에게 이전한다.

> 참고
> 1. **양도**: 양도인(임차인)과 양수인 사이의 계약으로 임차권을 그 동일성을 유지하면서 이전하는 것
> 2. **전대**: 임차인이 자기의 임차목적물을 제3자에게 사용수익시킬 것을 내용으로 하는 임차인과 제3자 사이의 계약

참고
1. 임차인과 전차인 사이에는 전대차계약의 내용에 따른 법률관계가 발생한다.
2. 임대인과 임차인의 합의로 원래의 임대차계약을 종료케 한 경우에도 전차인의 권리는 소멸하지 아니한다.

② 임대인의 동의 있는 임차물의 전대
  ㉠ 임차권의 양도 또는 전대는 임대인의 동의 없이도 성립하나, 다만 그것을 가지고 임대인 및 기타의 제3자에게 대항하려면 임대인의 동의가 있어야 한다.
  ㉡ 임대인과 전차인 사이에 직접 임대차관계가 성립하는 것은 아니나 전차인은 임대인에 대하여 직접의무를 부담한다. 임대인은 전차인에게 직접 차임을 청구할 수 있다.
  ㉢ 임차인은 임대인에 대하여 임차물의 보관의무가 있으므로 전차인의 과실로 목적물이 손상된 경우 임차인은 그 책임을 면하지 못한다.
  ㉣ 전대차의 기초가 되는 임대차계약이 해지통고로 인하여 종료된 경우 임대인은 이를 전차인에게 통지하여야 하며 이 통지를 하지 않으면 임대인은 해지로써 전차인에게 대항하지 못한다.
  ㉤ 임차인의 채무불이행으로 임대차계약이 해지된 경우에는 전차인에게 이를 통지하지 않아도 대항할 수 있다.
  ㉥ 임대차가 합의에 의해 해지되어도 전대차는 소멸하지 않는다. 다만, 기간의 만료나 임대차가 해지된 경우에는 전대차도 소멸한다.
  ㉦ 전차인은 임대의 동의를 얻어 부속시킨 건물의 매수를 임대인에게 청구할 수 있다.

(3) **동의 없는 양도 · 전대의 효과**
  ① **임차인과 양수인의 관계**: 임대인의 동의를 얻지 않은 양도 또는 전대도 당사자 간에서는 유효하다. 다만 임대인에게 대항할 수 없다.
  ② **임대인과 양수인의 관계**: 양수인의 목적물에 대한 점유는 임대인에 대한 관계에서는 불법점유가 된다. 따라서 임대인은 임차물을 반환할 것을 청구할 수 있다. 즉, 임대인이 임차인과의 임대차계약을 해지하기 전에는 임차인에게 반환할 것을 청구할 수 있고 해지한 후에는 직접 자기에게 반환할 것을 청구할 수 있다.
  ③ **임대인과 임차인의 관계**: 임대인은 임대차계약을 해지할 수 있다. 그러나 해지를 하지 않는 동안에는 임차인은 종전의 지위를 그대로 유지한다. 따라서 임대차계약이 해지되지 않는 한, 임대인은 임차인에 대하여 차임청구권을 가진다. 그 결과 임대인은 양수인에 대하여 차이에 갈음하는 손해배상을 청구하지 못한다(해지한 후에는 양수인에게 차임에 갈음하여 손해배상을 청구할 수 있다).

전대차와 전전세의 비교

구 분	전대차(임대차인 채권)	전전세(물권인 전세)
당사자	임차인(전대인) - 전차인	원전세권자 - 전전세권자
인정 여부	무단전대의 금지(임대인의 동의 요함)	자유(전세권설정자의 동의 불요)
권리·의무	전차인은 임대인에 대하여 직접 의무를 부담	전전세권자는 원전세권설정자에게 아무런 권리의무가 없음
유상·무상	전대가 유상이면 임대차가 되고, 무상이면 사용대차가 됨	유상
소 멸	임대인과 임차인의 합의로 임대차를 종료하게 한 경우에도 전차인의 권리는 당연히 소멸하지 않음	원전세권이 소멸하면 전전세권도 소멸
공시방법	등기 없이도 전대 가능	전전세권설정등기 요함(부기등기 형식)

용어 전전세
전세권 위에 전세권을 설정하는 것, 즉 전세를 든 사람이 자신의 전세권을 그대로 유지하면서 그 전세물을 목적으로 하는 전세권을 다시 설정하는 것을 말한다.

7 보증금 제33회

(1) 부동산임대차, 특히 건물임대차에 있어서 임차인의 채무를 담보하기 위하여 임차인 또는 제3자가 임대인에게 교부하는 금전 기타의 유가물이다.

(2) 보증금은 보증금계약에 의하여 수수되는데 이는 임대차계약과는 별개의 계약이지만 종된 계약이다.

(3) 보증금계약은 '요물계약'이 보통이나, 낙성계약도 가능하다.

(4) 보증금반환과 임차물반환과의 동시이행관계를 인정한다.

(5) 임대차계약이 묵시적 갱신(법정갱신)된 경우에는 당연히 보증금도 갱신된 임대차에 존속하나, 제3자가 제공한 담보는 소멸한다.

(6) 보증금은 임대차관계에서 발생하는 임차인의 모든 채무를 담보한다.

(7) 임대인은 계약기간 중에도 보증금으로 임차인의 연체차임에 충당할 수 있다. 하지만, 임차인은 계약기간 중에 보증금의 존재를 이유로 차임의 지급을 거절할 수 있다.

(8) 임차인이 연체한 차임은 임대차 종료 후에는 보증금에서 당연히 공제되지만, 계약기간 중에 보증금에서 임차인이 연체한 차임이 당연히 공제되는 것은 아니다.

참고 보증금반환청구권의 성질
1. 임대차종료 후 임차물을 반환한 때에 임차인의 반대채무가 없을 것을 정지조건으로 하여 발생(多)
2. 임대차종료시 임대인의 반대채권의 존재를 해제조건으로 하여 발생(判)

8 임대차의 종료원인

(1) 존속기간의 만료

(2) 해지의 통고

(3) 해지

참고) 전세권은 임차권과 달리 전세권자와 그 양수인 사이의 합의만으로 유효하게 양도될 수 있다.

전세권 · 임차권 · 주택임차권 비교

구 분	전세권	임차권	주택임차권
성 질	물권	채권	채권
대항력	○	원칙: × 예외: 등기한 경우 인정	○ (주택인도와 주민등록시)
처 분	자유	임대인의 동의	
존속기간	10년 초과 불가	제한 없음	최소 2년 보장
갱 신	○	○	○
사용대가	전세금	차임	차임
증감청구	○	○	○
유지비	전세권자 부담	임대인 부담	
우선변제권	○	×	○
권리승계	○	×	○
부속물매수청구권	○	○	

Part 04 민사특별법

공부한 날   월   일

주택임대차보호법과 상가건물 임대차보호법

01 주택임대차보호법
02 상가건물 임대차보호법
03 비 교

제1장 주택임대차보호법과 상가건물 임대차보호법

01 주택임대차보호법

1 의 의

주거용 건물의 임대차에 관한 특례를 규정한 법으로써 민법상 임대차에 대한 특별법이며 편면적 강행규정(임차인에게 불리한 특약은 무효)의 성질을 가진다.

2 적용범위

(1) 보증금액에 상관없이 주거목적의 모든 주택에 적용

(2) 주거용 건물의 전부 또는 일부의 임대차(주거용 건물에 해당 여부는 임대차계약체결시 실지용도에 따라 결정)

(3) 주택의 일부가 주거 이외의 목적으로 사용되는 경우에도 적용

(4) 주택의 등기하지 아니한 전세계약에도 적용(이른바 채권적 전세)

(5) 미등기 무허가건물에도 적용

(6) 일시사용을 위한 임대차 ×

(7) 대지 포함

> **참고** 법인의 적용
> 1. 법인에게는 원칙적으로 적용되지 않는다.
> 2. 다만, 한국토지주택공사와 지방공기업법에 따른 지방공사, 중소기업에는 적용된다.
> 3. 중소기업 법인이 직원 주거용으로 주택임대차한 경우에는 적용된다.

> **참고** 비주거용 건물의 일부가 주거의 목적으로 사용되는 경우는 적용되지 않는다.

3 주택임차권의 대항력 제31회, 제32회, 제33회, 제34회, 제35회

(1) **대항요건**: 주택의 인도 + 주민등록을 마친 때(전입신고를 한 때)

① 대항력의 존속요건

주택의 인도와 주민등록이라는 대항요건은 취득시에만 구비하면 족한 것이 아니고 배당요구의 종기인 경락기일까지 계속 존속하고 있어야 한다. 그러나 임차권등기명령에 의한 등기를 한 때에는 그러하지 아니하다.

② 주민등록

주택임대차보호법상 주민등록이라는 대항요건은 임차인 본인뿐만 아니라 그 배우자나 자녀 등 가족의 주민등록을 포함한다.

③ 주민등록과 임차주택의 실제와 불일치시에는 대항력 없다.
  ㉠ 연립주택의 동·호수 등의 표시 없이 그 지번만을 신고 ×
  ㉡ 같은 담장 안에 있는 세 필지의 토지 중 임차주택의 부지가 아닌 인접한 다른 토지의 지번으로 주민등록 ×
  ㉢ 다가구용 단독주택의 경우 지번만 기재 ○. 단, 다세대주택의 경우에는 지번과 동호수까지 기재
  ㉣ 주민등록 신고서를 행정청에 제출하였다가 행정청이 이를 수리하기 전에, 공무원의 요구에 의해 신고서의 내용을 수정하여 수정된 전입신고서가 수리되었다면 수정된 사항에 따라서 주민등록 신고가 이루어진 것

④ 임차인의 잘못 없이 실제와 다르게 주민등록이 된 경우 대항력 있다.
  ㉠ 임차인이 전입신고를 올바르게 하였는데 담당공무원의 착오로 주민등록표상에 틀리게 기재된 경우 ○
  ㉡ 주민등록이 주택임차인의 의사에 의하지 않고 제3자에 의하여 임의로 이전되었고 그와 같이 주민등록이 잘못 이전된 데 대하여 주택임차인에게 책임을 물을 만한 사유도 없는 경우 ○

⑤ 전대차시

전차인(실제로 거주하는 직접점유자)이 주택을 인도받아 자신의 주민등록을 마친 때에는 그때부터 임차인은 제3자에 대하여 대항력을 취득한다.

(2) **대항력의 내용**

① 임차주택의 양수인은 임대인의 지위를 승계한 것으로 본다(제3조 제4항).

② 종전 임대인의 보증금반환채무는 원칙적 소멸하나, 임차인이 임대인의 지위승계를 원하지 않는 경우에는 임차인이 임차주택의 양도사실을 안 때로부터 상당한 기간 내에 이의를 제기한 경우 양도인(임대인)의 임차인에 대한 보증금 반환채무는 소멸하지 않는다.

참고 확정일자는 대항력 취득의 요건이 아니라 우선변제 요건이다.

참고
1. 대항요건: 주택의 인도 + 주민등록(전입신고) ⇨ 다음 날 오전 0시
2. 내용: 임차주택의 양수인은 임대인의 지위를 승계한 것으로 본다.

참고 임대인의 지위를 승계하는 양수인에 해당하지 않는 경우
1. 법인이 임차인인 경우 임차주택의 양수인
2. 임차주택의 대지만을 경락받은 자
3. 임차주택의 양도담보권자

③ 임대차가 종료한 경우에도 임차인이 보증금을 반환받을 때까지 임대차관계는 존속하는 것으로 본다(제4조 제2항).
④ 임차주택이 경매된 경우 임차권은 소멸하지만 보증금이 전액 변제되지 아니한 대항력 있는 임차권은 소멸하지 않는다(제3조의5).
⑤ **민법규정의 준용**: 매매의 목적인 주택에 대항력 있는 임차권이 존재하는 경우는 매도인의 담보책임에 관한 민법 제575조가 준용된다.

4 보증금의 회수

(1) 우선변제권

① **요건**: 대항요건(주택인도 + 주민등록 + 확정일자)
   ㉠ 확정일자의 요건: 확정일자를 받은 임대차계약서가 당사자 사이에 진정하게 작성되었다면 임대차계약서에 임차목적물을 표시하면서 아파트의 명칭과 그 전유부분의 동·호수의 기재를 누락하였더라도 주택임대차보호법 제3조의2 제2항에 규정된 확정일자의 요건이 인정된다.
   ㉡ 확정일자는 대항요건이 전제된 개념이다. 따라서 확정일자가 앞선다면 우선변제적 효력도 대항력과 마찬가지로 인도와 주민등록을 마친 다음 날을 기준으로 발생한다.
   ㉢ 확정일자 부여는 관할을 불문한다.

② **효력**
법원에 배당요구하여야 한다. 배당요구하지 않아서 후순위 채권자에 배당되더라도 부당이득반환청구할 수 없다.

③ 임차인이 임차주택에 대하여 보증금반환청구소송의 확정판결 기타 이에 준하는 채무명의에 기한 경매신청을 하는 경우에는 반대의무의 이행 또는 이행의 제공을 집행개시요건으로 하지 않는다. 즉, 목적물을 인도하지 않고도 경매를 신청할 수 있다.

④ 임차인은 임차주택을 양수인에게 인도하지 않으면 보증금의 수령을 할 수 없다.

⑤ 대항력 있는 임차권자는 경락인에게 대항할 수 있는 권리와 존속기간 만료 전이라도 우선변제권을 행사할 수 있는 권리를 선택하여 행사할 수 있다.

⑥ **우선변제권의 승계**
   ㉠ 임차인의 보증금반환채권을 양수한 금융기관은 양수한 금액범위 내에서 우선변제권을 승계한다.
   ㉡ 그러나 우선변제권을 행사하기 위해 임차인을 대리하거나 대위하여 임대차를 해지할 수 없다.

ⓒ 임차인이 대항요건을 상실하면(대항요건 상실, 임차권등기말소, 임차권등기명령에 의한 임차권등기 말소) 우선변제권을 행사할 수 없다.

(2) 소액보증금의 최우선변제권

① **의 의**
   ㉠ 소액보증금 중 일정액에 대해서는 순위에 관계없이 일반채권자는 물론 선순위 담보권자보다도 우선하여 경매절차에서 배당을 받게 된다.
   ㉡ 임대차계약의 주된 목적이 주택을 사용·수익하려는 것에 있는 것이 아니고, 실제적으로는 소액임차인으로 보호받아 선순위 담보권자에 우선하여 채권을 회수하려는 것에 주된 목적이 있었던 경우에는 그러한 임차인을 주택임대차보호법상 소액임차인으로 보호할 수 없다.

② **요 건**
   ㉠ '경매신청의 등기 전'에 주택의 인도와 주민등록 즉, 대항력은 갖추어야 한다.
   ⇨ 확정일자는 필요 없다.
   ㉡ 그러나 저당권이 설정된 대지에 건물을 신축한 경우, 그 건물의 소액임차인은 그 저당권의 환가대금에서 우선변제권이 인정되지 않는다.

   > 대항요건 및 확정일자를 갖춘 임차인과 소액임차인에게 우선변제권을 인정한 주택임대차보호법 제3조의2 및 제8조가 미등기주택을 달리 취급하는 특별한 규정을 두고 있지 아니하므로 대항요건 및 확정일자를 갖춘 임차인과 소액임차인의 임차주택(대지를 포함)에 대한 우선변제권에 관한 법리는 임차주택이 미등기인 경우에도 그대로 적용된다.

> **참고** 대항요건 및 확정일자를 갖춘 임차인과 소액임차인의 임차주택 대지에 대한 우선변제권에 관한 법리는 임차주택이 미등기인 경우에도 그대로 적용된다.

③ **범위**(대지가격 포함)

지 역	보증금의 액수	보증금 중 일정액
서울특별시	1억 6,500만원	5,500만원
수도권정비계획법에 다른 과밀억제권역(서울특별시 제외) 세종특별자치시, 용인시, 화성시	1억 4,500만원	4,800만원
광역시(수도권정비계획법에 따른 과밀억제권역에 포함된 지역과 군지역은 제외), 세종특별자치시, 안산시, 김포시, 광주시	8,500만원	2,800만원
그 밖의 지역	7,500만원	2,500만원

④ 소액보증금이 주택의 가액의 2분의 1을 초과하는 경우에는 주택의 가액의 2분의 1에 해당하는 금액에 한하여 우선변제권이 인정된다.

> **길잡이** 전세권과 임차권은 별개의 권리이다.
>
> 1. 최선순위 전세권자로서의 지위와 대항력을 갖춘 주택임차인으로서 지위를 함께 가진 자가 전세권자의 지위에서 경매를 신청한 경우에는 변제받지 못한 보증금에 대하여 임차인으로서 대항력을 주장할 수 있다.
> 2. 주택임차인과 전세권자의 지위를 가지는 자가 임차인의 지위에서 경매법원에 배당요구를 하였다면 배당요구를 하지 아니한 전세권에 관하여는 배당요구가 있는 것으로 볼 수 없다.

5 임차권등기명령제도 제31회

(1) **의의**: 임대차 종료 후 보증금을 반환받지 못한 임차인은 임대인의 동의 없이 단독으로 임차권등기명령을 신청하여 등기함으로써 대항력과 우선변제권을 유지하면서 주거이전을 할 수 있는 제도를 말한다.

(2) **신 청**

① 임차주택 소재지(임대인 주소지 ×) 지방법원·지방법원지원 또는 시·군법원에 등기명령신청

② 비용은 임대인에게 청구 가능

③ 임차권등기명령신청을 기각하는 결정에 대하여 임차인은 항고 가능

(3) **효 력**

① **임차권등기 경료시**(등기신청시가 아님) **대항력과 우선변제권 취득**

  ㉠ 임차인이 이미 이전에 대항력 또는 우선변제권을 취득한 경우에는 그 대항력과 우선변제권이 그대로 유지된다.
  ㉡ 임차권등기 경료 후 점유를 상실해도 이전의 대항력과 우선변제권은 유지된다.

② 임대인의 임대차보증금반환의무는 임차인의 주택임대차보호법 제3조의3에 의한 임차권등기말소의무보다 먼저 이행되어야 할 의무이다. ⇨ 동시이행관계가 아니다.

③ 임차권등기명령에 의한 등기가 경료된 주택을 임차한 임차인은 소액보증금 최우선변제권이 없다.

> **참고**
> 1. 임차권등기 경료된 주택에 이후 임차한 임차인은 소액보증금 최우선변제권이 인정되지 않음(우선변제는 인정)
> 2. 민법 제621조의 규정에 의한 임차권등기도 대항력, 우선변제권 인정

6 임대차의 존속기간

(1) 최단기간의 제한 ⇨ 2년

기간의 정함이 없거나 기간을 2년 미만으로 정한 경우는 그 기간을 2년으로 본다. 다만 임차인은 2년 미만으로 정한 기간이 유효함을 주장할 수 있다.

(2) 계약의 갱신(법정갱신)

① 임대인은 임대차기간 만료 전 6월에서 2월까지, 임차인은 임대차기간 만료 전 2월까지 갱신거절의 통지 또는 조건변경이 없으면 갱신하지 않는다는 통지를 하지 않은 경우 기간만료시에 전 임대차와 동일한 조건으로 다시 임대차한 것으로 본다. 다만 기간은 2년을 정한 것으로 한다. ⇨ 임차인은 언제든지 해지통고(통고 후 3월이 지나면 임대차 소멸)

② 2기의 차임의 연체 또는 의무를 현저히 위반한 임차인은 묵시적 갱신이 인정되지 않는다.

7 주택임차권의 승계

(1) 취지: 임차인과 가정공동생활을 하던 사실상 혼인관계에 있는 자의 주거생활의 안정을 보호하고 임차권의 승계를 인정하여 상속인과의 충돌을 피하기 위함이다.

(2) 승계권자(제9조)

① 상속권자가 없는 경우: 사실상의 혼인관계에 있는 자
② 상속권자가 가정공동생활을 하고 있지 아니한 경우: 사실혼 배우자와 2촌 이내 친족이 공동승계
③ 상속권자가 가정공동생활을 하는 경우: 상속권자만 승계

(3) 효 과

승계인은 임대차관계에서 생긴 채권·채무를 승계한다. 그러나 임차인 사망 후 1개월 이내에 반대표시를 하였을 때에는 승계하지 아니한다.

8 차임 등의 증감청구권

(1) 차임증감청구권 ⇨ 사정변경의 원칙

(2) 증액의 경우 제한 ⇨ 20분의 1 범위 내, 1년 이내 ×

(3) 보증금의 월차임 전환시 산정률 제한 ⇨ 연 10%와 기준금리에 3.5%를 더한 비율 중 낮은 비율을 초과할 수 없음

참고 주택임대차보호법에서는 사실상 사실혼 관계에 있는 사람을 보호하기 위하여 일정 범위 안에서 임차권의 상속을 인정하는 민법의 특별규정을 두고 있다.

기출 주택임차인이 사망한 경우, 그 주택에서 가정공통생활을 하던 사실혼 배우자는 항상 상속권자에 우선하여 사망한 임차인의 권리·의무를 승계한다. (×)

9 계약갱신청구권 제32회

(1) 임대인은 임차인이 임대차기간 만료 전 6월부터 2월까지 사이에 행하는 계약갱신요구에 대하여 정당한 사유 없이 이를 거절하지 못한다.

(2) 단, 다음의 경우에는 거절할 수 있다.

① 임차인이 2기의 차임액에 해당하는 금액에 이르도록 차임을 연체한 사실이 있는 경우
② 임차인이 거짓 그 밖의 부정한 방법으로 임차한 경우
③ 서로 합의하여 임대인이 임차인에게 상당한 보상을 제공한 경우
④ 임차인이 임대인의 동의 없이 목적 건물의 전부 또는 일부를 전대한 경우
⑤ 임차인이 임차한 건물의 전부 또는 일부를 고의 또는 중대한 과실로 파손한 경우
⑥ 임차한 건물의 전부 또는 일부가 멸실되어 임대차의 목적을 달성하지 못할 경우
⑦ 임대인이 다음 각 목의 어느 하나에 해당하는 사유로 목적 건물의 전부 또는 대부분을 철거하거나 재건축하기 위하여 목적 건물의 점유를 회복할 필요가 있는 경우
　㉠ 임대차계약 체결 당시 공사시기 및 소요기간 등을 포함한 철거 또는 재건축 계획을 임차인에게 구체적으로 고지하고 그 계획에 따르는 경우
　㉡ 건물이 노후·훼손 또는 일부 멸실되는 등 안전사고의 우려가 있는 경우
　㉢ 다른 법령에 따라 철거 또는 재건축이 이루어지는 경우
⑧ 그 밖에 임차인이 임차인으로서의 의무를 현저히 위반하거나 임대차를 존속하기 어려운 중대한 사유가 있는 경우
⑨ 임대인(임대인의 직계존속, 직계비속을 포함한다)이 목적 주택에 실제 거주하려는 경우

(3) 임차인의 계약갱신청구권은 1회에 한하여 행사할 수 있으며 이로 인하여 갱신되는 임대차의 존속기간은 2년으로 본다. 따라서 임차인은 4년의 임대차 기간을 보장받게 된다.

02 상가건물 임대차보호법

1 의 의

상가건물의 임대차에서 일반적으로 사회적 약자인 상가 임차인을 보호하기 위하여 민법상 임대차에 대한 특례를 규정한 법률이다. 민법 임대차 중에서 일정한 상가건물에 대한 특별법이며, 편면적 강행규정(임차인에게 불리한 특약은 무효)으로 이뤄져 있다.

참고 사회적·경제적 약자인 임차인들을 보호함으로써 상가 임차인들의 경제생활의 안정을 도모하기 위하여 상가건물 임대차보호법이 제정(2001. 12. 29. 법률 제6542호)되었다.

2 적용범위 제33회, 제34회

(1) 상가건물 임대차보호법이 적용되는 상가임대차의 범위

① **서울특별시**: 보증금액이 9억원

② **수도권 중 과밀억제권역**(서울특별시는 제외): 보증금액이 6억 9천만원

③ **광역시**(수도권정비계획법에 의한 과밀억제권역에 포함된 지역과 군지역, 부산광역시 제외), **세종특별자치시, 파주시, 화성시, 안산시, 용인시, 김포시 및 광주시**: 보증금액이 5억 4천만원

④ **그 밖의 지역**: 보증금액이 3억 7천만원

⑤ **환산보증금**: 보증금액을 산정함에 있어서 보증금 외에 월차임이 있는 경우에는 월차임에 100을 곱한 금액을 보증금에 합산한다.

⑥ 대통령이 정하는 보증금액을 초과하는 경우에도 대항력, 권리금, 3기 연체로 인한 해지규정, 계약갱신요구권은 인정된다. 즉, 우선변제권은 인정되지 않는다.

참고 환산보증금 = 보증금 + [차임(월세) × 100]
예 보증금 1억에 월세 300만원의 환산보증금은 4억원 = 1억 + (300만 × 100)

(2) 미등기 전세에의 준용

상가건물 임대차보호법은 목적건물을 등기하지 아니한 전세계약에 관하여 이 법을 준용한다. 이 경우 전세금을 임대차의 보증금으로 본다.

(3) 일시사용을 위한 임대차임이 명백한 경우에는 적용하지 아니한다.

기출 일시사용을 위한 임대차임이 명백한 상가건물에도 이 법이 적용된다. (×)

3 대항력 제31회

(1) 대항력 발생요건

대통령이 정하는 보증금액을 초과하는 경우에도 대항력은 인정된다.

① **상가건물인도 + 사업자등록의 신청**: 임대차는 그 등기가 없는 경우에도 임차인이 건물의 인도와 사업자등록을 신청한 때에는 그 다음 날부터 제3자에 대하여 효력이 생긴다.

용어 대항력
이미 성립한 권리관계를 제3자에게 주장할 수 있는 법률상의 힘을 말한다.

② 건물의 일부분을 임차한 경우, 사업자등록 신청시 그 임차부분을 표시한 도면을 첨부하여야 한다.

③ 사업자등록은 배당요구의 종기까지 존속하고 있어야 한다.

④ **전차인의 사업자등록**: 대항력있는 임차인이 적법하게 상가건물을 전대한 경우, 임차인이 대항력을 유지하기 위해서는 직접점유하면서 사업을 운영하는 전차인이 그 명의로 사업자등록을 하여야 한다.

> 기출 사업자등록은 상가건물 임대차의 대항력이나 우선변제권의 취득요건일 뿐 존속요건은 아니다. (×)

(2) 대항력의 내용

① 임차권 등기가 없는 경우에도 임차인이 건물의 인도와 사업자등록을 신청한 때에는 그 다음 날부터 제3자에 대해서도 임대차의 효력이 생긴다.

② 임차건물의 양수인(그 밖에 임대할 권리를 승계한 자를 포함한다)은 임대인의 지위를 승계한 것으로 본다. 임차인이 새로운 소유자와 종전 임대차계약의 효력을 소멸시키려는 의사로 별개의 임대차계약을 새로이 체결한 경우, 종전 임대차는 그 효력을 상실하므로 종전의 임대차를 기초로 발생하였던 대항력 또는 우선변제권 등도 같이 소멸하므로 이를 새로운 소유자 등에게 주장할 수 없다.

③ 임차인이 대항요건을 하기 이전에 그 상가건물에 대해서 이미 저당권등기나 가압류, 압류등기, 가등기 등이 행하여졌고 그 결과로 경매나 가등기에 의한 본등기로 인해 소유권자가 변경된 경우에는 임차권은 소멸되기 때문에 상가임차인은 신 소유권자에게 대항할 수 없다.

④ 민법 제536조(동시이행항변권)의 규정도 준용한다.

(3) 경매에 의한 임차권 소멸
임차권은 임차건물에 대하여 민사집행법에 의한 경매가 행하여진 경우에는 그 임차건물의 경락에 의하여 소멸한다. 다만, 보증금이 전액 변제되지 아니한 대항력이 있는 임차권은 그러하지 아니하다.

4 보증금의 회수

(1) 우선변제권

① **우선변제권 보장**: 대항요건을 갖추고 관할 세무서장으로부터 임대차계약서상의 확정일자를 받은 임차인

② **소액사건심판법 준용**: 임차인이 임대인에 대하여 제기하는 보증금반환청구소송에는 소액사건심판법의 일부규정을 준용한다.

> 참고 보증금의 회수
> 1. 경매(또는 공매)
> 2. 대항요건 + 확정일자 ⇨ 우선변제권 인정

(2) **최우선변제권**

① 건물에 대한 경매신청의 등기 전에 대항요건(인도 + 사업자등록)을 갖춘 소액임차인은 보증금 중 일정액을 다른 담보물권자보다 우선하여 변제받을 권리가 있다.

② **요 건**

㉠ 환산보증금을 가지고 최우선변제 대상인지 여부를 판단한다.
㉡ '경매신청의 등기 전'에 주택의 인도와 주민등록, 즉 대항력은 갖추어야 한다. 확정일자는 필요 없다.
㉢ 최우선변제권 있는 임차인 및 일정액의 범위
  ⓐ 서울특별시: 6천 500만원 ⇨ 2천 200만원
  ⓑ 수도권 중 과밀억제권역(서울특별시를 제외): 5천 500만원 ⇨ 1천 900만원
  ⓒ 광역시(군지역과 인천광역시지역을 제외) 안산시, 용인시, 김포시, 광주시: 3천 800만원 ⇨ 1천 300만원
  ⓓ 그 밖의 지역: 3천만원 ⇨ 1천만원

③ 임차인의 보증금 중 일정액이 상가건물의 가액의 2분의 1을 초과하는 경우에는 상가건물의 가액의 2분의 1에 해당하는 금액에 한하여 우선변제권이 있다.

5 등록사항 등의 열람·제공

(1) **의 의**

건물의 임대차에 이해관계가 있는 자는 건물의 소재지 관할 세무서장에게 다음의 사항의 열람 또는 제공을 요청할 수 있다. 이때 관할 세무서장은 정당한 사유 없이 이를 거부할 수 없다.

(2) **대 상**

① 사업자등록신청일
② 사업자등록신청일 당시의 보증금 및 차임, 임대차기간
③ 임대차계약서상의 확정일자를 받은 날
④ 임대차계약이 변경 또는 갱신된 경우에는 변경된 일자, 보증금 및 차임, 임대차기간, 새로운 확정일자를 받은 날

6 상가임대차의 존속기간 제35회

(1) 최단기의 제한

기간의 정함이 없거나 1년 미만으로 정한 임대차는 그 기간을 1년으로 본다. 단, 임차인은 1년 미만으로 정한 기간의 유효를 주장할 수 있다.

> ◇기출 기간의 정함이 없는 상가건물 임대차는 그 기간을 1년으로 본다. (○)

(2) 임차인의 계약갱신요구권

① 임대인은 임차인이 임대차기간만료 6개월 전부터 1개월 전까지 사이에 행하는 계약갱신요구에 대하여 정당한 사유 없이 이를 거절하지 못한다. 다만, 다음에 해당되는 경우에는 그러하지 아니하다(제10조 제1항).
  ㉠ 임차인이 3기의 차임액에 달하도록 차임을 연체한 사실이 있는 경우
  ㉡ 임차인이 거짓 그 밖의 부정한 방법으로 임차한 경우
  ㉢ 쌍방 합의하에 임대인이 임차인에게 상당한 보상을 제공한 경우
  ㉣ 임차인이 임대인의 동의 없이 목적 건물의 전부 또는 일부를 전대한 경우
  ㉤ 임차인이 임차한 건물의 전부 또는 일부를 고의 또는 중대한 과실로 파손한 경우
  ㉥ 임차한 건물의 전부 또는 일부가 멸실되어 임대차의 목적을 달성하지 못할 경우
  ㉦ 임대인이 건물의 전부 또는 대부분을 철거 또는 재건축하기 위해 건물의 점유 회복이 필요한 경우
  ㉧ 그 밖에 임차인이 임차인으로서의 의무를 현저히 위반하거나 임대차를 계속하기 어려운 중대한 사유가 있는 경우

② **갱신요구기간**: 최초의 임대차 기간을 포함한 전체 임대차 기간이 10년을 초과하지 않는 범위 내에서만 행사할 수 있다.

③ **갱신된 임대차의 효력**: 갱신되는 임대차는 전 임대차와 동일한 조건으로 다시 계약된 것으로 본다. 다만, 차임과 보증금은 대통령령으로 정하는 범위 안에서 증감할 수 있다.

④ 대통령령이 정하는 보증금을 초과하는 임대차에도 적용된다.

⑤ 임대인에게 정당한 사유가 없는 한 임대인의 갱신거절 통지의 선후와 상관없이 계약갱신요구권을 행사할 수 있고, 이에 따라 갱신된다.

⑥ 계약갱신청구권을 행사한 이후 임차인과 임대인이 신규 임대차계약 형식으로 체결한 경우, 종전 임대차에 관한 재계약으로 볼 것은 아니다.

> ◇기출 임차인의 계약갱신요구권은 최초의 임대차기간을 포함한 전체 임대차기간이 3년을 초과하지 않는 범위 내에서만 행사할 수 있다. (×)

(3) 묵시적 갱신(제10조 제4항)

① **요건**: 임대인이 임대차기간 만료 6개월 전부터 1개월 전 까지 사이에 임차인에 대하여 갱신거절의 통지 또는 조건의 변경에 대한 통지를 하지 아니한 경우에는 그 기간이 만료된 때에 전 임대차와 동일한 조건으로 다시 임대차한 것으로 본다.

② **존속기간**: 이 경우에 임대차의 존속기간은 1년으로 본다.

③ **계약의 해지**: 법정갱신이 있어도 임차인은 언제든지 임대인에 대하여 계약해지의 통고를 할 수 있고, 임대인이 그 통고를 받은 날로부터 3개월이 경과하면 그 효력이 발생한다.

주의 계약갱신요구권에 의한 10년의 기간은 법정갱신에는 적용되지 않는다.

(4) 차임연체와 해지
임차인의 차임연체액이 3기의 차임액에 달하는 때에는 임대인은 계약을 해지할 수 있다(제10조의8).

7 임차권등기명령

(1) 임대차가 종료된 후 보증금을 반환받지 못한 임차인은 임차건물의 소재지를 관할하는 지방법원·지방법원지원 또는 시·군법원에 임차권등기명령을 신청할 수 있다. ⇨ 주택임대차와 동일

(2) **소액임차인의 우선변제권 배제**: 임차권등기명령의 집행에 따른 임차권등기를 마친 건물을 그 이후에 임차한 임차인은 상가건물법 제14조(보증금 중 일정액의 보호)의 규정에 따른 우선변제를 받을 권리가 없다.

기출 주택임차인과 달리 상가건물 임차인은 임차권등기명령을 신청할 수 없다. (×)

8 차임 등의 증감청구권

(1) **의의**: 차임 또는 보증금이 임차건물에 관한 조세, 공과금, 그 밖의 부담의 증감이나 경제 사정의 변동으로 인하여 상당하지 아니하게 된 경우에는 당사자는 장래의 차임 또는 보증금에 대하여 증감을 청구할 수 있다.

(2) 증액의 제한

① 차임 또는 보증금에 대한 증액청구는 청구 당시의 차임 또는 보증금의 100분의 5의 금액을 초과하지 못한다.

② 증액청구는 임대차계약 또는 약정한 차임 등의 증액이 있은 후 1년 이내에는 하지 못한다.

③ 임대차계약이 종료한 후 재계약을 하거나 임대차계약 종료 전이라도 당사자의 합의로 차임을 증액하는 경우에는 적용되지 않는다.

(3) **월차임 전환시 산정률의 제한**: 보증금의 전부 또는 일부를 월 단위의 차임으로 전환하는 경우 그 전환되는 금액에 연 12%와 기준금리에 4.5배수를 곱한 비율 중 낮은 비율을 초과할 수 없다.

(4) **초과 차임 등의 반환청구**: 증액비율을 초과하는 범위 내에서 무효이고, 임차인은 초과 지급된 차임에 대하여 부당이득으로 반환을 구할 수 있다.

9 권리금 회수기회 보호

(1) **의의**(제10조의3)

권리금이란, 임대차 목적물인 상가건물에서 영업을 하는 자 또는 영업을 하려는 자가 영업시설·비품, 거래처, 신용, 영업상의 노하우, 상가건물의 위치에 따른 영업상의 이점 등 유형·무형의 재산적 가치의 양도 또는 이용대가로서 임대인, 임차인에게 보증금과 차임 이외에 지급하는 금전 등의 대가를 말한다.

(2) **권리금 회수기회 보호**(제10조의4)

① 임대인은 임대차기간이 끝나기 6개월 전부터 임대차 종료시까지 다음 각 호의 어느 하나에 해당하는 행위를 함으로써 권리금계약에 따라 임차인이 주선한 신규임차인이 되려는 자로부터 권리금을 지급받는 것을 방해하여서는 아니 된다.
  ㉠ 임차인이 주선한 신규임차인이 되려는 자에게 권리금을 요구하거나 임차인이 주선한 신규임차인이 되려는 자로부터 권리금을 수수하는 행위
  ㉡ 임차인이 주선한 신규임차인이 되려는 자로 하여금 임차인에게 권리금을 지급하지 못하게 하는 행위
  ㉢ 임차인이 주선한 신규임차인이 되려는 자에게 상가건물에 관한 조세, 공과금, 주변 상가건물의 차임 및 보증금, 그 밖의 부담에 따른 금액에 비추어 현저히 고액의 차임과 보증금을 요구하는 행위
  ㉣ 그 밖에 정당한 사유 없이 임대인이 임차인이 주선한 신규임차인이 되려는 자와 임대차계약의 체결을 거절하는 행위

② 권리금 회수기회 보호가 인정되지 않는 경우(제10조의4)
  ㉠ 계약갱신요구 거절사유가 있는 경우
  ㉡ 정당한 사유가 있는 경우
    ⓐ 임차인이 주선한 신규임차인이 되려는 자가 보증금 또는 차임을 지급할 자력이 없는 경우
    ⓑ 임차인이 주선한 신규임차인이 되려는 자가 임차인으로서의 의무를 위반할 우려가 있거나 그 밖에 임대차를 유지하기 어려운 상당한 사유가 있는 경우

ⓒ 임대차목적물인 상가건물을 1년 6개월 이상 영리목적으로 사용하지 아니한 경우

ⓓ 임대인이 선택한 신규임차인이 임차인과 권리금 계약을 체결하고 그 권리금을 지급한 경우

③ **손해배상**(제10조의4)

임대인이 권리금 회수기회를 방해하여 임차인에게 손해를 발생하게 한 때에는 그 손해를 배상할 책임이 있다.

㉠ 손해배상액

신규임차인이 임차인에게 지급하기로 한 권리금과 임대차 종료 당시의 권리금 중 낮은 금액을 넘지 못한다.

㉡ 행사기간

임대차가 종료한 날부터 3년 이내에 행사하지 아니하면 시효의 완성으로 소멸한다.

(3) **권리금 적용 제외**(제10조의5)

① 임대차목적물인 상가건물이 유통산업발전법 제2조에 따른 대규모 점포 또는 준대규모 점포의 일부인 경우(전통시장 내에 영세 상점은 대규모 점포에서 제외)

② 임대차목적물인 상가건물이 국유재산법에 따른 국유재산 또는 공유재산 및 물품관리법에 따른 공유재산인 경우

③ 전대차계약에 적용 ×

(4) **표준권리금계약서의 작성**(제10조의6)

국토교통부장관은 임차인과 신규임차인이 되려는 자가 권리금계약을 체결하기 위한 표준권리금계약서를 정하여 그 사용을 권장할 수 있다.

10 표준계약서의 작성(제19조)

법무부장관은 보증금, 차임액, 임대차기간, 수선비 분담 등의 내용이 기재된 상가건물임대차표준계약서를 정하여 그 사용을 권장할 수 있다.

03 주택임대차와 상가건물 임대차의 비교

구 분	주택임대차	상가건물 임대차
적용범위	1. 인적 범위 ① 주택임차인은 자연인 ○, 일정 법인(대한주택공사, 지방공사) ② 주택임차권을 임대인의 동의를 받은 양수인 또는 전차인 ○ 2. 주 택 ① 주거용 건물(주택)의 전부 또는 일부의 임대차 ② 주택의 일부가 주거 이외의 목적으로 사용 ○ ③ 미등기전세 준용 ④ 일시사용을 위한 임대차 × ⑤ 금액에 상관없이 적용됨	1. 대상: 상가건물 ① 상가건물은 현행 소득세법 부가가치세법, 법인세법에서의 사업자등록대상이 되는 건물(단, 상가건물의 임차인이라도 종교 자선단체 및 친목모임사무실은 제외) ② 자연인(외국인)은 물론 법인도 적용됨 2. 적용대상 보증금의 범위: 대통령령이 정하는 보증금액을 초과하는 임대차에 적용 ×, 즉 모든 상가건물의 임차인에 적용되는 것이 아니라 환산보증금이 해당 지역별로 다음 금액 이하인 경우에만 적용됨 3. 적용대상 임대차계약 등 ① 보증금우선변제의 보호를 받고자 하는 자는 건물의 소재지 관할 세무서장에게 임대차계약서상의 확정일자를 신청 가능 ② 미등기전세 적용됨 ③ 일시사용 임대차 적용 안 됨
대항력	1. 대항요건: 주택의 인도와 주민등록(전입신고)을 마친 다음 날부터	1. 대항요건: 건물의 인도와 사업자등록을 신청한 때에는 그 다음 날
대항력	2. 대항력의 내용 ① 임차주택의 양수인(기타 임대할 권리를 승계한 자)은 임대인의 지위를 승계한 것으로 본다(대항요건을 갖춘 후에 매매, 증여, 상속 등으로 임차주택의 소유권을 취득한 자). ② 임차인이 대항요건을 하기 이전에 그 주택에 대해서 이미 저당권등기나 가압류가등기 등이 행하여졌고 그 결과로 경매나 가등기에 의한 본등기로 인해 소유권자가 변경된 경우에는 임차권은 소멸되기 때문에 주택임차인은 신소유자에게 대항할 수 없다. ③ 제1순위의 저당권과 제2순위의 저당권의 설정등기가 있고 그 중간에 상가건물 임차인이 대항요건을 구비한 경우에 그 상가임차인은 제2순위의 저당권자의 경매실행을 통해서 목적물을 경락받은 경락인에 대해서는 대항할 수 없다. 즉, 이 경우 경락인은 양수인 개념에 포함되지 않는다. 3. 매도인의 담보책임에 관한 민법 제575조 제1항·제3항 및 제587조 준용	

보증금의 회수	1. 우선변제권: 대항요건 + 확정일자 ① 임차인 경매시 반대의무의 이행 또는 이행의 제공을 집행개시의 요건이 아님 ② 경매 공매시 임차주택(대지 포함)의 환가대금에서 후순위 권리자 기타 채권자보다 우선변제받음 ③ 임차인은 임차주택을 양수인에게 인도하지 아니하면 보증금 수령 못함 2. 소액보증금의 보호: 최우선변제권 보증금 중 일정액은 순위에 관계없이 우선배당받고 이때 경매신청등기 전에 대항요건 요함					
	3. 소액보증금의 범위와 기준			3. 소액보증금의 범위와 기준		
	지 역	보증금의 액수	보증금중 일정액	지 역	보증금의 액수	보증금중 일정액
	서울특별시	15,000	5,000	서울특별시	6,500	2,200
	과밀억제권역	13,000	4,300	과밀억제권역	5,500	1,900
	광역시 등	7,000	2,300	광역시 등	3,800	1,300
	기 타	6,000	2,000	기 타	3,000	1,000

임대차 등기 명령	임대차가 종료한 후 보증금을 반환받지 못한 임차인은 임차주택의 소재지를 관할하는 지방법원 또는 시·군법원에 임차권등기명령을 임대인의 동의 없이 단독으로 신청

존속 기간	1. 최단존속기간 ① 기간의 정함이 없거나 2년 미만 시 2년으로 보는데 임차인만 2년 미만을 주장 가능 ② 종료한 경우에도 임차인이 보증금반환받을 때까지는 임대차관계는 존속	1. 최단존속기간 2년을 1년으로
	2. 묵시적 갱신(주임법상 임차인이 만료 전 1월까지 통지하지 아니한 경우는 상임법에는 없음) ① 임대인이 임대차기간 만료 전 6개월 전부터 1개월 전까지에 임차인에 대하여 갱신거절의 통지 또는 조건을 변경하지 않으면 갱신하지 아니한다는 뜻을 통지하지 아니한 경우에 또 임차인이 임대차만료 전 1개월 전까지 통지 아니한 경우에는 존속기간이 없는 전 임대차와 동일조건으로 다시 임대차한 것으로 본다. 단, 임차인이 2기 차임연체나 의무위반시는 부적용 ② 임차인은 언제든지 계약해지의 통고를 할 수 있고 해지통고를 임대인이 받은 날로부터 3월이 경과하면 효력이 발생	

존속기간		3. 임차인의 계약갱신요구권
		① 임대인은 임차인이 임대차기간 만료 전 6월부터 1월까지 사이에 행하는 계약갱신요구에 대하여 정당한 사유 없이 거절하지 못한다.
		② 다음의 사유가 있으면 임대인은 거절할 수 있다.
		  ㉠ 임차인이 3기 차임 연체
		  ㉡ 임차인이 거짓 부정한 방법으로 임차
		  ㉢ 쌍방 합의하여 임대인이 임차인에게 상당한 보상을 제공
		  ㉣ 임차인이 무단 전대
		  ㉤ 임차인이 고의 중대한 과실로 파손
		  ㉥ 임대인이 철거·재건축 목적으로 점유회복이 필요한 경우
		  ㉦ 임차한 건물이 멸실로 임대차 목적달성하지 못한 경우
		  ㉧ 임차인의 의무위반이나 임대차 존속하기 어려운 중대한 경우
		③ 임차인의 계약갱신요구권은 최초의 임대차기간을 포함한 전체 임대차 기간이 10년을 초과하지 않는 범위 내에서만 행사할 수 있음

기타	1. 차임 등의 증감청구권: 증액의 경우 약정차임의 20분의 1, 증액이 있은 후 1년 이내는 못함
	2. 경매에 의한 임차권의 소멸
	  ① 경매시 임차주택은 소멸하되 보증금이 전액변제되지 아니한 대항력 있는 임차권은 예외로 소멸하지 않음
	  ② 대항력 있는 임차권은 주택임차인이 최선순위의 가압류나 근저당보다 먼저 대항력을 갖출 것
		1. 차임 등의 증감청구권: 증액시는 청구 당시의 차임 또는 보증금의 100분의 5 초과와 1년 이내는 못함

제2장 가등기담보 등에 관한 법률

01 서 설

1 의 의

채권자와 채무자 사이에 담보목적물에 관하여 대물변제예약이나 매매예약 등을 하고, 채무불이행시에 채권자가 예약완결권을 행사하여 그 소유권을 취득할 수 있도록 소유권이전청구권보전의 가등기를 하는 방법에 의한 물적 담보수단을 말한다. ⇨ 소유권이전형의 비전형담보

2 적용범위 제32회, 제34회

(1) 차용물의 반환에 관하여 차주가 차용물에 갈음하여 다른 재산권을 이전할 것을 예약함에 있어서 그 재산의 예약 당시의 가액이 차용액 및 이에 붙인 이자의 합산액을 초과하는 경우에 이에 따른 담보계약과 그 담보의 목적으로 경료된 가등기 또는 소유권이전등기의 효력을 정한다.

① 공사잔대금의 지급담보 ×
② 토지매매대금 등의 지급의 담보나 그 불이행의 제재 내지 보상으로 ×
③ 물품대금의 반환채무담보 ×
④ 단순한 매매잔대금의 채권담보 ×

(2) 가등기담보 ○, 양도담보 ○, 모든 종류의 담보가 적용대상 ○

(3) 등기 또는 등록할 수 있는 재산(선박, 자동차, 항공기, 중기도 가능), 단 전세권·저당권·질권은 제외

(4) 담보가등기인지 여부는 형식적으로 결정될 것이 아니고 거래의 실정과 당사자의 의사해석에 따라 결정

(5) 가등기담보 등에 관한 법률은 재산권 이전의 예약에 의한 가등기담보에 있어서 그 재산의 예약 당시의 가액이 차용액 및 이에 붙인 이자의 합산액을 초과하는 경우에 한하여 그 적용이 있다 할 것이므로, 가등기담보 부동산에 대한 예약 당시의 시가가 그 피담보채무액에 미치지 못하는 경우에 있어서는 청산금평가액의 통지 및 청산금지급 등의 절차를 이행할 여지가 없다.

가등기담보 등에 관한 법률
01 서 설
02 설 정
03 효 력

용어 담보계약
제608조의 규정에 의하여 그 효력이 상실되는 대물반환의 예약(환매·양도담보 기타 명목 여하를 불문한다)에 포함되거나 병존하는 채권담보의 계약

기출 공사대금채권을 담보하기 위한 가등기에는 이 법이 적용되지 않는다. (○)

용어 양도담보
담보목적물을 채권자에게 양도하는 형식에 의한 담보

> **판 례**
>
> 1. 가등기나 소유권이전등기를 할 수 없는 주식에 대해서는 가등기담보 등에 관한 법률이 적용되지 않는다.
> 2. 목적부동산의 예약 당시의 시가가 그 피담보채무액에 미치지 못하는 경우에 있어서는 동법 제3조가 정하는 청산금평가액의 통지를 할 여지가 없다.
>   - 가등기가 담보가등기인지 여부는 그 등기부상 표시나 등기시에 주고 받은 서류의 종류에 의하여 형식적으로 결정될 것이 아니고, 거래의 실질과 당사자의 의사해석에 따라 결정될 문제이다.
> 3. 일반적으로 부동산을 채권담보의 목적으로 양도한 경우 특별한 사정이 없는 한 목적부동산에 대한 사용수익권은 채무자인 양도담보설정자에게 있는 것이므로 양도담보권자는 사용·수익할 수 있는 정당한 권한이 있는 채무자나 채무자로부터 그 사용·수익할 수 있는 권한을 승계한 자에 대하여는 사용·수익을 하지 못한 것을 이유로 임료 상당의 손해배상이나 부당이득반환청구는 할 수 없다.

③ 법적 성질

[용어] 양도담보의 성질
양도담보의 목적물이 멸실되어 발생한 화재보험금 채권에 대해서도 양도담보권에 기한 물상대위를 할 수 있다.

(1) 담보물권성 ⇨ 경매청구권, 우선변제권, 별제권

(2) 담보물권의 통유성

02 설 정 제33회

① 담보설정계약

(1) **당사자**[채권자와 채무자(제3자)] : 가등기담보권자는 채권자가 원칙이나 제3자 명의로 가등기담보등기를 하는 데 대하여 채권자와 채무자 및 제3자 사이에 합의가 있었고, 제3자에게 그 채권이 실질적으로 귀속되었다고 볼 수 있는 특별한 사정이 있는 경우에는 제3자 명의의 가등기담보도 유효하다.

(2) **목적물**: 부동산 + 동산 중에서도 등기 또는 등록할 수 있는 것 ○

(3) **피담보채권**: 금전채권 + 금전채권 이외의 채권 + 최고액

(4) **설정계약의 내용**: 대물변제의 예약이나 매매의 예약(가등기 - 당사자 간의 합의)

2 가등기

(1) **가등기(가등록)를 갖출 것**: 가등기담보에 관한 설정계약만 되어 있고 가등기 또는 가등록이 되어 있지 않으면 가등기담보 등에 관한 법률은 적용되지 않는다.

(2) **공시방법으로서 등기**: 채권자만 표시 ○(피담보채권액 등 공시 ×)
가등기담보의 목적물이 다른 채권자에 의해 경매가 되는 경우에 가등기담보권자는 가등기인채로 그 가등기의 순위를 가지고 우선변제권 ○

03 효 력

1 일반적 효력

(1) **피담보채권의 범위**: 저당권에 관한 범위가 준용된다.

(2) **목적물의 범위**: 약정 ○(부합된 물건과 종물 ○)

2 가등기담보권의 실행 제31회, 제32회, 제35회

(1) **권리취득에 의한 실행**

① 담보실행의 통지
  ㉠ 통지 당시의 담보목적 부동산의 평가액과 민법 제360조에 명시된 채권액을 명시
  ㉡ 청산금 = 목적부동산 가액 − (피담보채권액 + 선순위 권리자)
  ㉢ 청산금이 없는 경우 없다는 뜻을 통지
  ㉣ 선순위 담보권이 있을 때 그 채권액을 계산함에 있어 그 피담보채권을 포함
  ㉤ 목적부동산이 2개 이상일 때 각 부동산의 소유권이전에 의해 소멸시키려고 하는 채권액과 그 비용을 명시
  ㉥ 채권자는 자신이 통지한 청산금의 수액에 관하여 다툴 수 없다. 즉, 실제 평가액이 청산금보다 적더라도 채권자는 그가 통지한 청산금에 구속된다(제9조).
  ㉦ 통지의 시기는 피담보채권의 변제기 이후이면 된다.

◊기출 청산금의 평가액을 통지한 후에라도 채권자는 청산금의 평가액 자체가 불합리하게 산정되었음을 증명하여 액수를 다툴 수 있다. (×)

◎ 가등기담보권자가 정당하게 청산금을 평가하지 않은 경우 담보권 실행의 통지로서의 효력이나 청산기간의 진행에는 영향이 없고, 다만 채무자 등은 정당하게 평가된 청산금을 지급받을 때까지 목적부동산의 소유권이전등기 및 인도채무의 이행을 거절하면서 피담보채무 전액을 변제하고 채권담보의 목적으로 마쳐진 가등기말소를 구할 수 있을 뿐이다.

㉣ 가등기담보 등에 관한 법률 제3조, 제4조의 각 규정에 위반하여 담보가등기에 기한 본등기가 이루어진 경우에는 그 본등기는 무효이다. 다만, 가등기권리자가 동법 제3조, 제4조에 정한 절차에 따라 청산금의 평가액을 채무자 등에게 통지한 후 채무자에게 정당한 청산금을 지급하거나 지급할 청산금이 없는 경우에는 채무자가 그 통지를 받은 날로부터 2월의 청산기간이 경과하면 위 무효인 본등기는 실체적 법률관계에 부합하는 유효한 등기가 될 수 있다.

② **청산기간의 경과**
㉠ 상대방에게 도달한 날부터 2개월(청산기간)
㉡ 이 청산기간 내에 후순위 권리자는 청산금에 불만이 있는 경우에 자신의 피담보채권의 변제기 도래 전이라도 경매를 청구할 수 있다(제12조 제2항).
㉢ 청산기간 경과 전 금지사항: 청산금권리자 처분금지, 채권자의 지급금지
   ⇨ 처분 또는 지급한 경우 후순위 권리자에 대항하지 못한다.

③ **청산금 지급**
㉠ 채권자는 청산금을 채무자 등에게 지급하여야 한다.
㉡ 채무자 등의 일반채권자가 청산금채권을 압류 또는 가압류한 경우에는 채권자는 청산금을 법원에 공탁함으로써 그 범위 내에서 채무를 면할 수 있다.
㉢ 채권자는 지체 없이 채무자 등과 압류채권자 또는 가압류채권자에게 공탁의 통지를 할 수 있다.
㉣ 채권자가 청산금을 공탁한 경우, 압류·가압류채권자를 보호하기 위해서 채권자는 공탁금의 회수를 청구할 수 없도록 규정을 두고 있다.
㉤ 청산금청구권자: 후순위 권리자(후순위 저당권자, 후순위 가등기담보권자, 대항력 있는 후순위 임차권자), 가등기담보권설정자, 제3취득자 ⇨ 선순위 권리자는 제외
㉥ 청산금의 지급과 소유권의 취득에 관한 위 규정에 반하는 특약으로서 채무자 등에게 불리한 것은 그 효력이 없다.
㉦ 청산금의 공탁: 채무자 등의 청산금채권이 압류 또는 가압류된 경우에는 채권자는 청산금을 법원에 공탁함으로써 그 범위 내에서 채무를 면할 수 있다(제8조 제1항). ⇨ 청산기간 경과 전에 하는 무청산특약은 무효이지만, 청산기간 경과 후에 하는 무청산특약은 유효하다.

> **참고** 청산금
> = 목적부동산 가액 - (채권액 + 선순위 권리자 채권액)

> **참고** 청구권자
> 채무자, 물상보증인, 제3취득자 및 후순위 권리자, 대항력을 갖춘 임차인 등이 청산금청구권자이다.

④ 소유권의 취득
  ㉠ 청산기간이 경과하여야 가등기에 기한 본등기를 청구할 수 있다.
  ㉡ 청산금이 없을 때에는 본등기를 갖춘 때에 목적부동산의 소유권을 취득한다.
  ㉢ 청산금이 있을 때에는 청산금을 지급하거나 공탁을 한 때에 본등기를 청구할 수 있다.
  ㉣ 청산금지급의무와 부동산소유권이전등기 및 인도의무는 동시이행관계에 있다. 청산기간 경과 후 채권자는 청산금을 채무자 등에게 지급하여야만 담보가등기에 기한 본등기를 할 수 있다.
  ㉤ 채무자는 청산금지급시까지 가등기담보권자의 본등기 및 인도를 거부할 수 있다.
  ㉥ 채권자가 담보권을 실행하여 담보목적물의 소유권을 취득하기 위해서는 청산금의 평가액을 채무자, 담보가등기 목적부동산의 물상보증인, 담보등기 후 소유권을 취득한 제3자에게 통지하여야 한다.

(2) **경매에 의한 실행**(공경매만 가능, 사적 실행 불가능)
① 경매시 담보가등기권리를 저당권으로 본다.
② 채권자가 경매한 경우에도 동일하다.
  ☼ **경매청구권**: 후순위 권리자는 청산기간 내에 한하여 그 피담보채권의 변제기 도래 전이라도 목적부동산의 경매를 청구할 수 있다(제12조 제2항).

[참고] 채무자 등은 청산금을 받을 때까지는 그 채무액을 채권자에게 지급하고 담보가등기의 말소를 청구할 수 있다. 단 채무의 변제기가 경과한 때로부터 10년이 경과하거나 또는 선의의 제3자가 소유권 취득한 때에는 말소청구할 수 없다(제11조 단서).

3 후순위 권리자의 권리보호(저당권자·전세권자·담보가등기권리자)

(1) **청산금에 대한 권리행사**(제5조)
① 후순위 권리자는 그 순위에 따라 채무자 등이 지급받을 청산금에 대하여 실행통지된 평가액의 범위 안에서 청산금 지급시까지 그 권리를 행사할 수 있고 채권자는 후순위 권리자의 요구가 있을 때에 이를 지급하여야 한다.
② 후순위 권리자가 청산금에 대한 권리를 행사함에 있어서는 그 피담보채권의 범위 안에서 그 채권의 명세와 증서를 채권자에게 제시·교부하여야 한다.
③ 채권자가 후순위 권리자로부터 명세와 증서를 받고 후순위 권리자에게 청산금을 지급한 때에는 그 범위 안에서 청산금 채무는 소멸한다.

(2) **채무자 등의 권리자에 대한 통지**(제6조)
① 채권자는 권리실행통지가 채무자 등에게 도달한 때에는 지체 없이 후순위 권리자에게 그 통지의 사실·내용 및 도달일을 통지하여야 한다.

② 채권자는 권리실행의 통지가 채무자 등에게 도달한 때에는 담보가등기 후에 등기한 제3자가 있는 경우에는 지체 없이 그 제3자에 대하여 채무자에게 권리실행을 통지한 사실과 그 채권액을 통지하여야 한다.

③ 후순위 권리자는 청산기간에 한정하여 그 피담보채권의 변제기가 도래하기 전이라도 담보목적 부동산의 경매를 청구할 수 있다.

(3) **청산금에 대한 처분제한**: 채무자가 청산기간의 경과 전에 한 청산금에 관한 권리의 양도 기타의 처분은 이로써 후순위 권리자에게 대항하지 못한다(제7조 제1항).

4 경매 등의 경우의 담보가등기

> 참고: 담보가등기가 경료된 부동산은 경매 등 담보가등기 권리는 그 부동산의 매각에 의하여 소멸한다.

(1) 담보가등기가 경료된 부동산에 대하여 경매 등 개시의 결정이 있는 경우에 그 경매의 신청이 청산금을 지급하기 전에 행하여진 때에는 담보가등기권리자는 그 가등기에 기한 본등기를 청구할 수 없고(제14조), 다만 다른 채권자보다 자기채권의 우선변제를 받을 권리가 있다.

(2) 이 경우 그 순위는 담보가등기권리는 저당권으로 보고, 담보가등기가 경료된 때에 저당권의 설정등기로 본다.

집합건물의 소유 및 관리에 관한 법률
01 서 설
02 건물의 구분소유
03 구분소유자의 권리와 의무
04 관리단 및 관리인
05 규약 및 집회
06 재건축 및 복구

제3장 집합건물의 소유 및 관리에 관한 법률

01 서 설

민법 제215조의 특별규정으로 1984년 제정되었고, 아파트·연립주택 등 공동주택은 물론, 오피스텔·주상복합건물 등 모든 집합건물에 적용된다.

02 건물의 구분소유

1 전유부분

(1) **의 의**

구분소유권의 목적인 건물부분을 전유부분이라고 한다. 구분소유권의 객체가 될 수 있음에도 불구하고 공용에 제공된 경우는 공용부분이다.

(2) **구분소유권**: 일물일권주의의 예외

(3) **전유부분의 요건**: 구조상·이용상의 독립성 + 구분행위

① 구분소유의 성립 시점은 원칙적으로 구분소유가 성립한 시점, 즉 건물 전체가 완성되어 당해 건물에 관한 건축물대장에 구분건물로 등록된 시점을 기준으로 판단하여야 하고, 그 후의 건물개조나 이용상황의 변화 등은 전유부분인지 공용부분인지 여부에 영향을 미칠 수 없다.

> **길잡이**
>
> 구분소유의 성립을 인정하기 위하여 반드시 구분건물의 표시에 관한 등기가 필요한 것은 아니다.
>
> 구분건물이 완성되기 전에도 건축허가신청이나 분양계약 등을 통하여 장래 신축되는 건물을 구분건물로 하겠다는 구분의사가 객관적으로 표시되면 객관적·물리적으로 완성되면 건축물대장에 등록되거나 구분건물로 등기되지 않더라도 그 시점에 구분소유가 성립한다.

② 상가건물의 지하주차장이 공용부분에서 제외되어 분양되었고, 독립된 것이라면, 구분소유의 대상이 될 수 있다.

③ 전유부분이 속하는 1동의 건물의 설치 또는 보존의 하자로 인하여 타인에게 손해를 가한 때에는 그 하자는 공용부분에 존재하는 것으로 추정한다(제6조).

> **참고** 구분소유권은 전유부분을 객체로 하는 소유권이고, 구분소유자는 전유부분의 소유자이다.

> **기출** 구조상 및 이용상의 독립성을 갖추고 있더라도 소유자가 구분건물로 등기하지 않고 1동의 건물을 객체로 등기를 한 때에는 구분소유권이 성립하지 않는다. (○)

2 공용부분 제31회, 제32회, 제33회, 제34회

(1) **의 의**

구조상 공용부분	규약상 공용부분
성질상 전유부분이 될 수 없는 공용부분	전유부분의 대상이 될 수 있으나 규약으로 공용부분이 된 부분
복도·계단·현관·외벽·베란다·지하주차장 등	관리사무소·기계실휴게실·회의실·창고·옥외창고 등
공용부분 취지의 등기 × 물권변동의 등기 ×	공용부분 취지의 등기 ○ 물권변동의 등기 ×

집합건물의 어느 부분이 구분소유자의 전원 또는 일부의 공용에 제공되는지 여부는 특별한 사정이 없는 한 건물의 구조에 따른 객관적인 용도에 의하여 결정되어야 한다.

(2) 공용부분의 법률관계

① **공유관계**
   ㉠ 공용부분은 구분소유자 전원의 공유에 속한다. 단, 일부의 구분소유자만의 공용에 제공된 것이 명백한 경우 그들 구분소유자의 공유에 속한다.
   ㉡ 각 공유자의 지분은 그가 가지는 전유부분의 면적비율에 의한다. 단, 공유자의 지분은 규약으로써 달리 정할 수 있다.

② **공용부분의 사용·관리·변경**
   ㉠ 각 공유자는 공용부분은 그 용도에 따라 사용할 수 있다(제11조).
   ㉡ 공용부분의 변경에 관한 사항은 구분소유자 및 의결권의 각 3분의 2 이상의 다수에 의한 집회의 결의로써 결정한다(2021. 2. 5. 시행).
   ㉢ 권리변동 있는 공용부분의 변경에 관한 사항은 관리단집회에서 구분소유자의 5분의 4 이상 및 의결권의 5분의 4 이상의 결의로써 결정한다(2021. 2. 5. 시행).
   ㉣ 변경 이외 통상의 집회결의, 단 보존행위는 각 공유자가 할 수 있다(제16조 제1항).

③ **공용부분의 수익·분담**: 규약에 달리 정함이 없는 한 그 지분의 비율에 따라 공용부분의 관리비용(공용부분의 유지·개량 등을 위한 필요비나 유익비)과 기타 의무를 부담(조세)하며 공용부분에서 생기는 이익을 취득한다(제17조).

④ **전유부분과 공용부분에 대한 지분의 일체성**
   ㉠ 공유자의 공용부분에 대한 지분은 그가 가지는 전유부분의 처분에 따른다.
   ㉡ 공유자는 그가 가지는 전유부분과 분리하여 공용부분에 대한 지분을 처분할 수 없다.

> **참고** 아파트의 특별승계인은 전 입주자의 체납관리비 중 공용부분에 관하여는 이를 승계한다. 그러나 공용부분의 연체료는 승계하지 않는다.

> **참고** 구분소유건물의 공용부분을 전유부분으로 변경하기 위해서는 먼저 그 건물부분이 구조상으로나 이용상으로 다른 전유부분과 독립되어 있을 것을 요한다.

> **참고** 전유부분과 대지사용권 대지권에 대한 등기가 마쳐져 있지 않은 상태에서 전유부분만 경락받은 자는 수분양자가 분양대금을 완납하지 못한 경우에도 대지사용권을 취득한다.

3 건물의 대지와 대지사용권

(1) **건물의 대지**: 전유부분이 속하는 1동의 건물이 소재하는 토지(법정대지) 및 제4조의 건물의 대지로 된 토지(규약상 토지) ⇨ 법정대지가 일부멸실 또는 분할로 건물이 소재하는 토지가 아닌 토지로 된 때에는 규약상의 대지가 된 것으로 본다(제4조 제3항).

(2) **대지사용권**: 구분소유자가 전유부분을 소유하기 위하여 건물의 대지에 대해 가지는 권리(소유권·지상권·전세권·임차권)를 말한다.

① **전유부분과 대지사용권의 일체성**(제20조)
   ㉠ 구분소유자의 대지사용권은 전유부분의 처분에 따른다.

ⓒ 규약으로 달리 정한 때를 제외하고 전유부분과 분리하여 대지사용권을 처분할 수 없다.
　　　🔔 분리처분금지는 그 취지를 등기하지 아니하면 선의로 물권(소유권·전세권·지상권)을 취득한 제3자에게 대항하지 못한다.
　　ⓒ 대지사용권은 전유부분과 일체성을 갖게 된 후 개시된 강제경매절차에 의해 전유부분과 분리되어 처분될 수 없다.
② **민법 제267조의 배제**(지분의 탄력성): 공유자가 그 지분을 포기하거나 상속인 없이 사망한 때에는 그 지분은 타 공유자에게 귀속하는 것이 아니라 국고에 귀속된다. 즉, 지분의 탄력성에 관한 민법 제267조의 규정은 대지사용권에는 적용하지 아니한다(제22조).
③ 대지공유자의 분할청구의 금지(제8조)

🔑 **기출** 구분소유자는 규약으로 달리 정한 때에도 대지사용권을 전유부분과 분리하여 처분할 수 없다. (×)

03 구분소유자의 권리와 의무

구분소유자의 권리의무 (제5조)	1. 건물보존에 해로운 행위, 공동이익에 반하는 행위는 할 수 없음 2. 주거용도를 주거 이외의 용도사용하거나 내부벽을 철거 또는 파손 중·개축할 수 없음 3. 전유부분·공용부분을 보존 또는 개량하기 위하여 필요한 범위 내 다른 구분소유자의 전유부분 또는 자기의 공유에 속하지 아니하는 공용부분의 사용청구할 수 있음(단, 손해시는 보상하여야함) 4. 전유부분을 점유하는 자(전세권자 또는 임차인)에게도 인정
의무위반자에 대한 조치	1. 구분소유자의 행위정지의 청구(제43조) 2. 사용금지청구(제44조) 3. 경매신청청구(제45조) ⇨ 공동생활의 유지가 곤란할 때(법원) 4. 점유자에 대한 조치(제46조)

04 관리단 및 관리인 제33회, 제35회

(1) 관리단

① 구분소유자 전원으로서 건물 및 그 대지와 부속시설 관리를 목적으로 하는 관리단을 구성한다.
② **일부공용부분**: 일부의 구분소유자는 규약에 의해 그 공용부분의 관리에 관한 사업의 시행을 목적으로 하는 관리단을 구성한다.
③ **관리단**: 구분소유자 전원으로 구성된다(전세권자와 임차인은 안 됨).
④ **권리능력 없는 사단**: 설립절차 없이 구분소유자의 전원으로 당연히 설립한다.

(2) **관리인**

관리인 선임·해임	• 구분소유자 10인 이상시 관리인 선임하여야 한다. • 관리단집회의 결의로 선임·해임한다(강행규정). • 관리인은 구분소유자일 필요는 없다.
권 한	• 공용부분의 보존관리 및 변경을 위한 행위, 관리단의 사무집행비용 및 금액관리 비용, 관리단을 대표하는 재판상 또는 재판 외의 행위, 기타 규약에 정한 행위 • 관리인에게 건물 전체 또는 상당부분에 대한 임대권한을 위임하는 내용의 규약은 무효이다.
의 무	• 보고의무: 매년 1회 사무보고 • 민법상 위임규정 준용

(3) **관리위원회**: 임기 2년

① 관리인의 사무집행

② 규약으로 달리 정하는 외에는 구분 소유자 중 관리단집회의 결의에 의해 선출한다.

③ 관리위원회의 위원은 규약에 달지 정하지 않는 한 구분소유자 중에서 관리단집회 결의에 의하여 선출한다. 위원의 임기는 2년 범위 내에서 규약으로 정한다(2021. 2. 5. 시행).

> **길잡이** 입주자대표회의
>
> 1. 입주자대표회의는 관리권한만을 가질 뿐이므로 구분소유자에게 고유하게 귀속하는 공용부분 등의 불법점유자에 대한 방해배제청구 등의 권리를 재판상 행사할 수 없다.
> 2. 입주자대표회의가 구분소유자를 대리하여 공용부분 등의 구분소유권에 기초한 방해배제청구 등의 권리를 행사할 수 있다고 규정하고 있다고 하더라도 이러한 규약내용은 효력이 없다.

05 규약 및 집회

(1) **규약** ⇨ **관리단의 기본규칙**

규약의 설정, 변경 및 폐지는 관리단 집회에서 구분소유자 및 의결권의 각 4분의 3 이상 찬성, 일부의 구분소유자의 권리에 특별한 영향을 미칠 때에는 그 구분소유자의 승낙을 받아야 한다(제29조 제1항).

(2) **집 회**

① **집회의 권한**(제31조) : 관리단의 사무결정은 동법 또는 규약으로 결정한다.
② **집회 종류**
  ㉠ 정기관리단 집회(제32조) : 관리인이 매년 1회 일정한 시기에 소집하여야 한다.
  ㉡ 임시관리단 집회(제33조)
    ⓐ 관리인이 필요하다고 인정한 때
    ⓑ 구분소유자의 5분의 1 이상 청구시(규약으로 달리 정할 수 있다)

(3) **집회 소집통지**

① 관리단 입회일의 1주일 전에 회의의 목적 사항을 명시하여 각 구분소유자에게 통지하여야 한다(단, 규약으로 달리 정할 수 있다).
② 구분소유자 전원의 동의가 있으면 소집절차를 거치지 아니하고 관리단 집회를 소집할 수 있다.

(4) **의결권 및 의결방법**

① 각 구분소유자의 의결권은 규약에 특별한 규정이 없는 경우, 그가 가지는 전유면적의 지분비율에 의한다(제37조).
② 전유부분이 수인의 공유에 속하는 경우, 공유자는 관리단 집회에서 의결권을 행사할 1인을 정한다(제37조 제2항).
  ㉠ 이는 강행규정에 해당한다.
  ㉡ 의결권자는 정하지 못한 경우 지분의 비율로 의결권을 행사할 수 없다.
  ㉢ 과반수 지분권자가 있는 경우 그 자가 의결권을 행사할 수 있다.
③ 관리단집회결의는 이 법 또는 규약에 특별한 규정이 없는 경우에는 구분소유자 및 의결권의 과반수로서 정한다(제38조 제1항). 의결권은 서면 또는 대리인으로도 가능하다.

> **참고** 의결정족수
> 1. 5분의 1 : 임시집회 소집
> 2. 2분의 1 이상 : 구분소유자 및 의결권의 과반수
> 3. 4분의 3 : 공용부분의 변경, 규약의 설정·변경·폐지, 사용금지청구, 경매청구, 인도청구
> 4. 5분의 4 : 재건축결의, 건물가격의 2분의 1 초과시 공용부분 복구결의시

06 재건축 및 복구

(1) **재건축의 결의**

① 재건축시 현저한 효용의 증가, 단 재건축의 내용이 단지 내의 다른 건물의 구분소유자에게 특별한 영향을 미칠 때에는 그 구분소유자의 승낙을 얻어야 한다(제47조 제1항).
② 구분소유자 및 의결권의 각 5분의 4(제47조 제2항)

> **주의** 여러 동을 재건축하는 경우 각 동마다 결의가 있어야 한다.

③ 재건축을 결의할 때에는 다음 각 호의 사항을 정하여야 한다.
　㉠ 새 건물의 설계 개요
　㉡ 건물의 철거 및 새 건물의 건축에 드는 비용을 개략적으로 산정한 금액
　㉢ 제2호에 규정된 비용의 분담에 관한 사항
　㉣ 새 건물의 구분소유권 귀속에 관한 사항

④ 하나의 단지 안에 있는 여러 동의 건물 전부를 일괄 재건축할 경우 개개의 건물마다 각 5분의 4 이상의 결의가 필요하다.

⑤ 재건축결의 시기에 관하여 아무런 제한이 없다.

⑥ 건물의 용도를 변경(주거를 상가로)하는 형태의 재건축결의도 허용된다.

(2) 재건축반대자에 대한 법률관계(제48조) ⇨ **구분소유권의 매도청구**

① **반대자에 대한 재건축 참가 여부의 최고**(서면 ○) **회답** ×: 참가하지 아니한 것으로 본다.

② **구분소유권 및 대지사용권의 매도청구**(시가에 따라): 최고 수령일로부터 2월 경과 후 재건축의 결의가 있은 후에 이 구분소유자로부터 대지사용권만을 취득한 자의 대지사용권에 대하여도 같다.

(3) 건물의 일부멸실 경우의 복구

멸실부분이 건물가격의 2분의 1을 초과하는 경우에는 구분소유자의 5분의 4 이상, 의결권의 5분의 4 이상으로 복구결의를 할 수 있다(제50조 제4항). 결의에 반대한 구분소유자는 찬성한 구분소유자에 대하여 건물 및 대지에 대한 권리를 시가에 따라 매수할 것을 청구할 수 있다(제50조 제6항).

제4장 부동산 실권리자명의 등기에 관한 법률

01 명의신탁(名義信託) 제31회, 제32회, 제33회, 제34회, 제35회

당사자 간의 신탁에 관한 채권계약(명의신탁약정)에 의하여 신탁자가 실질적으로는 그의 소유에 속하는 부동산의 등기명의를 실체적인 거래관계가 없는 수탁자에게 매매 등의 형식으로 이전하여 두는 것을 말한다(대내적 소유권은 신탁자가 대외적 소유권은 수탁자가 갖는 것).

02 부동산 실권리자명의 등기에 관한 법률

(1) 적용대상
① 동법은 부동산에 관한 소유권 기타 물권을 실권리자명의로 등기하지 않고 타인명의로 등기하는 경우에 적용된다.
② 소유권 및 제한물권 등 부동산물권, 가등기를 통한 명의신탁은 금지되며, 임차권과 같은 채권은 명의신탁이 허용된다.
   🔔 자동차 등의 명의신탁에는 이법을 적용하지 않는다.
③ 명의신탁이 아닌 경우
   ㉠ 부동산의 양도담보와 가등기담보
   ㉡ 소위 상호명의신탁(구분소유적 공유)
   ㉢ 신탁법, 신탁업법에 의한 신탁재산인 사실을 등기한 경우

(2) 명의신탁의 예외적 허용: 종중·종교단체·배우자에 대한 특례
① 조세포탈 등 법령상의 제한을 회피하기 위한 목적으로 하지 않는 한 유효하다.
② '배우자'는 법률상 배우자를 의미하며, 사실혼 관계에 있는 배우자는 포함되지 아니한다.
   ㉠ 그 후 명의신탁자와 수탁자가 혼인을 함으로써 법률상의 배우자가 된 경우, 그때부터는 그 명의신탁등기는 유효로 된다.
   ㉡ 배우자 일방의 사망으로 부부관계가 해소된 경우, 명의신탁약정은 배우자의 다른 상속인과 관계에서도 여전히 유효하다.
③ 명의신탁 해지를 원인으로 한 소유권이전등기를 청구할 수 있으며, 소멸시효에 걸리지 않는다.
④ **소유권의 2원화**: 대내적 - 신탁자 / 대외적 - 수탁자

(3) 명의신탁약정의 효력
① 동법의 적용 예외에 해당하지 않는 이상 신탁자와 수탁자 사이의 명의신탁약정은 무효이다.
② 무효인 명의신탁약정을 전제로 명의신탁된 부동산의 처분대금의 반환약정도 무효이다.
③ 명의신탁약정에 따른 등기로 이루어진 부동산의 물권변동은 무효로 한다. 다만, 부동산에 관한 물권을 취득하기 위한 계약에서 명의수탁자가 어느 한 쪽 당사자가 되고 상대방당사자는 명의신탁약정이 있다는 사실을 알지 못한 경우에는 예외적으로 유효하다.
④ 명의신탁약정과 등기의 무효는 제3자에게 대항하지 못한다. 제3자의 선의·악의는 불문한다.

(4) **양자 간 명의신탁**(이전형 명의신탁)

① 甲과 乙이 명의신탁약정을 하고 그 소유의 부동산을 乙에게 가장매매 또는 증여하고 乙명의로 소유권이전등기를 하는 경우(명의신탁약정과 등기이전은 무효이므로 소유권은 명의신탁자 甲)

② 甲, 乙 간의 명의신탁약정과 이에 기한 乙 앞으로 경료된 소유권이전등기는 모두 무효이다(제4조 제1항·제2항). 따라서 소유권은 신탁자 甲에게 귀속된다.

③ 甲은 乙에게 명의신탁해지를 원인으로 한 소유권이전등기를 청구할 수 없고, 그 소유권이전등기는 원인무효로서 말소되어야 한다.

④ 이 경우 명의신탁자는 명의수탁자를 상대로 진정명의회복을 원인으로 한 소유권이전등기를 청구할 수 있다.

(5) **3자 간 명의신탁**(중간생략명의신탁)

① 甲소유의 부동산을 乙이 매수하면서 丙명의로 소유권이전등기를 하는 방식이다. 乙과 丙 사이에 명의신탁약정이 맺어지는데 甲과 乙 사이의 매매계약은 유효하지만 명의신탁약정과 등기이전은 무효이다.

② 신탁자 乙과 수탁자 丙 간의 명의신탁약정과 그에 따라 丙 앞으로 경료된 등기는 무효이다(제4조 제1항·제2항).

③ 따라서 소유권은 원래 소유자인 매도인 甲에게 귀속된다. 甲은 무효인 丙명의 등기말소를 청구할 수 있다.

④ 매도인 甲과 매수인 乙(명의신탁자) 사이의 매매계약은 유효하다. 따라서 乙은 甲에게 매매대금반환청구를 할 수 없다. 다만, 乙은 甲을 대위하여 丙을 상대로 무효인 丙명의의 등기말소를 청구한 후 丙을 상대로 매매계약에 기한 이전등기청구를 할 수 있다.

(6) **계약명의신탁**(위임형 명의신탁)

① 매도인이 선의의 경우
   ㉠ 원 소유자(매도인)가 명의신탁약정의 사실을 알지 못하고 명의수탁자와 직접매매계약을 체결하여 명의수탁자에게 등기를 이전해 주는 방식이다.
   ㉡ 매도인 丙과 매수인 乙(수탁자) 매매계약은 유효하므로, 乙은 확정적으로 유효한 소유권을 취득한다.
   ㉢ 신탁자 甲이 수탁자 乙에게 제공한 매매대금 등 급부는 부당이득으로 반환청구할 수 있으나 부동산을 반환청구할 수 없다.
   ㉣ 신탁자는 수탁자의 소유물반환청구에 대해 매매대금반환청구권을 이유로 유치권을 주장할 수 없다.

ⓜ 신탁자 甲은 수탁자 乙을 대위하여 丙에 대한 등기이전청구나 매매계약상 권리를 행사할 수 없다.

② **매도인이 악의인 경우**
  ㉠ 수탁자 乙명의의 등기, 즉 물권변동은 무효이다. 이 경우 부동산의 소유자는 매도인 丙이다. 다만, 경매로 인한 계약명의신탁의 경우에는 예외적으로 유효로 한다.
  ㉡ 명의수탁자 乙이 그 부동산을 제3자 丁에게 처분하면 이는 매도인의 소유권을 침해하는 행위로서 불법행위가 된다.
  ㉢ ㉡의 경우 악의 매도인 丙이 명의수탁자 乙로부터 매매대금을 수령하였다면 매도인 丙은 수탁자 乙을 상대로 불법행위로 인한 손해배상청구를 할 수 없다.

③ 제3자는 선의·악의를 불문하고 권리를 취득한다.

제36회 공인중개사 시험대비 **전면개정**

2025 박문각 공인중개사
1차 핵심요약집 단기완성 30DAYS

초판인쇄 | 2025. 5. 25. **초판발행** | 2025. 5. 30. **편저** | 박문각 부동산교육연구소
발행인 | 박 용 **발행처** | (주)박문각출판 **등록** | 2015년 4월 29일 제2019-000137호
주소 | 06654 서울시 서초구 효령로 283 서경 B/D 4층 **팩스** | (02)584-2927
전화 | 교재 주문 (02)6466-7202, 동영상문의 (02)6466-7201

판 권
본 사
소 유

이 책의 무단 전재 또는 복제 행위는 저작권법 제136조에 의거, 5년 이하의 징역 또는 5,000만원 이하의 벌금에 처하거나 이를 병과할 수 있습니다.

정가 28,000원
ISBN 979-11-7262-919-9 | ISBN 979-11-7262-918-2(1·2차 세트)